dtv

Im Jahr 1838 beginnen Jacob und Wilhelm Grimm mit der Arbeit am ›Deutschen Wörterbuch‹. Während Jacob sich den Buchstaben A, B, C zuwendet, steigt Bruder Wilhelm beim D ein – und für beide beginnt ein lexikografisches Martyrium. Erst 123 Jahre später wird das Werk mit Band Nr. 33 abgeschlossen. Es umfasst über 320.000 Stichwörter und zeugt von einem unfassbaren Sprachreichtum.
Aus dieser Wunderkammer der deutschen Sprache versammelt das vorliegende Buch – ganz der Idee der Blütenlese folgend – die seltsamsten, wunderbarsten und unbekanntesten Wortschönheiten, um ihre unvergleichliche Poesie dem heutigen Leser neu ans Herz zu legen.

Der Herausgeber Peter Graf leitet die Verlagsagentur Walde + Graf und ist einer der Gründer des Verlags ›Das Kulturelle Gedächtnis‹.

EINE ungemein eigensinnige Auswahl unbekannter Wortschönheiten AUS DEM GRIMMSCHEN WÖRTERBUCH

Ausgewählt und herausgegeben
von Peter Graf

Grafisch in Szene gesetzt
von 2xGoldstein+Fronczek

dtv

Zum Gebrauch dieses Buches:

UNGEMEIN EIGENSINNIGE AUSWAHL UNBEKANNTER WORTSCHÖNHEITEN

aus dem

GRIMMSCHEN WÖRTERBUCH

heißt das vorliegende 352 Seiten umfassende Buch, und der Name ist Programm: der Band macht nichts anderes als, schön gestaltet, ein ursprünglich über 34.800 Seiten umfassendes Werk auf etwa ein Prozent seines Umfangs zu reduzieren. Und dies nach Lust und Laune des Herausgebers, ohne jeden wissenschaftlichen Anspruch und nur der Idee der Blütenlese folgend, um die seltsamsten, wunderbarsten und unbekanntesten Wortschönheiten aus dem Wortmuseum des Bedeutungswörterbuchs zu befreien und in einer überschaubaren Dosis dem heutigen Leser ans Herz zu legen.

Mehr ist nicht nötig, so meine ich, um sich eine Weile schmökernd durch Raum und Zeit zu bewegen, dem Ursprung der deutschen Sprache nachzuspüren und sich an ihr gleichermaßen zu erfreuen wie sich verwundert die Augen zu reiben.

Mal verzaubert einen der Klang eines Wortes, mal erfreut einen der dazu angeführte Beleg oder aber man steht vor dem Rätsel, was für eine Bedeutung sich wohl hinter einem Wort verbirgt, von dem man noch nie gehört hat.

Und alleine schon das durch das Alphabet vorgegebene Zusammentreffen der aus den unterschiedlichsten Bereichen und Zeiten stammenden Wörter verleiht dem „Grimmschen Wörterbuch“, und somit auch der vorliegenden Auswahl, eine unvergleichliche Poesie.

Dass die Lektüre nicht nur Erkenntnisgewinn mit sich bringt, sondern auch von hohem Unterhaltungswert ist

und den Spieltrieb anregt, wusste auch Jacob Grimm schon. Bei allem wissenschaftlichen Eifer, der ihn und seinen Bruder antrieb, und der es ihnen verbat, dieses lexikografische Martyrium – denn vor allem das war diese Lebensaufgabe eben auch – zugunsten anderer Forschung wieder abzustreifen, ebenso wichtig war ihnen, das Ergebnis ihrer Arbeit im Volk verankert zu wissen. In einem Brief gibt Jacob Grimm dieser Hoffnung Ausdruck. Schön wäre es „*könnte das wörterbuch zum hausbedarf, und mit verlangen, oft mit andacht gelesen werden. warum sollte sich nicht der vater ein paar wörter ausheben und sie abends mit den knaben durchgehend zugleich ihre sprachgabe prüfen und die eigene anfrischen? die mutter würde gern zuhören …*"
Und ein derartiger Gebrauch lässt sich, das wäre mein Vorschlag (und es ist ein Aspekt, der mich motiviert hat, dieses Buch herauszugeben), eben ganz wunderbar um die schon erwähnte spielerische Komponente ergänzen. Sei es indem man das Rätselraten angesichts der vielen unbekannten Wörter zum Familien- oder Gesellschaftsspiel am heimischen Küchentisch ausweitet oder indem man in einen Wettstreit über die längsten selbstverfassten Wortkreationen eintritt und so selbst sprachschöpferisch tätig wird. Man kann aber auch, wie in diesem Buch auf einigen Seiten vorgeführt, eigene Wortgeschichten kreieren. Es gibt zahlreiche Möglichkeiten, sich auf dieser Ebene in dem Buch zu verlieren.
Dass aber auch der Erkenntnisgewinn für Laien und nicht nur für Sprachwissenschaftler hoch ist, liegt daran, dass Jacob und Wilhelm Grimm (und nach ihnen alle anderen Menschen, die am „Deutschen Wörterbuch" gearbeitet haben) besonders viel Zeit und Sorgfalt darauf verwendeten, geeignete Belege für ein Wort zusammenzutragen. Und woher diese Belege stammen mussten, damit sich für die Herausgeber die mit dem Wörterbuch verbundene Absicht einlöste, formulierte Wilhelm Grimm wie folgt: „*Das Wörterbuch soll die deutsche Sprache umfassen, wie sie sich in drei Jahrhunderten ausgebildet hat: es beginnt mit Luther und schließt mit*

Göthe. Zwei solche Männer, welche, wie die Sonne dieses Jahrs den edlen Wein, die deutsche Sprache beides feurig und lieblich gemacht haben, stehen mit Recht an dem Eingang und Ausgang. (...) Luther gewann die deutsche Sprache, nachdem sie von der früheren, kaum wieder erreichbaren Höhe herabgestiegen war, wieder das Gefühl ihrer angebornen Kraft. Aus Luthers Jahrhundert war was sich nur erreichen ließ zu benutzen: hernach hat der dreißigjährige Krieg Deutschland und sein geistiges Leben verödet; auch die Sprache welkte und die Blätter fielen einzeln von den Ästen; was sich noch irgend auszeichnete, mußte berücksichtigt werden. Im Anfang des achtzehnten Jahrhunderts hing noch trübes Gewölk über dem alten Baum, dessen Lebenskraft zu schwinden schien. (...) Unserm Vaterland ist mehrmals ein Retter erschienen, der seine Geschicke wieder aufwärts lenkte: so erschien Göthe auch der Sprache als ein neues Gestirn. (...) Der Stab, mit dem er an den Felsen schlug, ließ eine frische Quelle über die dürren Tritten strömen; sie begannen wieder zu grünen und die Frühlingsblumen der Dichtung zeigten sich aufs neue. Es ist nicht zu erschöpfen, was er für die Erhebung und Läuterung der Sprache getan hat, nicht mühsam suchend, sondern dem unmittelbaren Drange folgend; der Geist des deutschen Volkes, der sich am klarsten in der Sprache bewährt, hatte bei ihm seine volle Freiheit wieder gefunden." **Neben diesen Quellen war Jacob und Wilhelm Grimm wichtig, auch die Sprachvitalität der verschiedenen Mundarten ausdrücklich zu würdigen und zu berücksichtigen, denn** *„man soll sich sein Recht nicht nehmen lassen, der Bär brummt nach der Höhle, in der er geboren ist. Und soll man den Vorteil aufgeben, den der Wechsel der höhern, geläuterten Rede und der heimischen Mundart, wie ihn verschiedene Stimmungen fordern, natürlichen Menschen gewährt?"* **Nein, das sollte man nicht und deshalb ist das Lesen der Belege für den heutigen Leser so spannend. Man taucht durch sie gleichermaßen ein in die Poetik bedeutender Schriftsteller und Geistesgrößen und kann der Wortfindung des Volksmundes beiwohnen. Außerdem begegnet man mit einer gewissen Intensität einigen Klassikern, die man selbst bisher womöglich nie** gelesen hat, neben den bereits genannten Luther und Goethe etliche gut und weniger gut bekannte und allen voran Jean Paul, dem die deutsche Sprache so schöne Wörter wie „Weltschmerz“ oder „Sprachmenschwerdung“ verdankt und der „Grimm“, wie das „Deutsche Wörterbuch“ auch genannt wird, unzählige Einträge. Aus diesen Gründen war es immer schon auch ein Nachschlagewerk für Schriftsteller und Lyriker. Rainer Maria Rilke notierte am 12. Mai 1904: *„Dann habe ich in Paris etwas begonnen, was ich gern fortsetzen würde: das Lesen in dem großen Deutschen Wörterbuch der Gebrüder Grimm, daraus einem Schreibenden, wie mir schien, viel Einfluß und Belehrung zukommen kann. Denn eigentlich müßte man doch alles, was in die Sprache einmal eingetreten ist und da ist, kennen und zu brauchen wissen, statt mit dem Zufallsvorrat, der gering genug ist und ohne Auswahl auskommen zu wollen.“*

Wie sehr das Generationenwerk „Grimmsches Wörterbuch“ zudem die deutsche Geschichte widerspiegelt, lässt sich auf vielerlei Weise besichtigen: *„Heute, Dienstag, 10. Januar 1961, pünktlich 17 Uhr, letztes Imprimatur erteilt“*, telegraphierte der Germanist Professor Bernhard Beckmann aus Berlin an seinen Kollegen Professor Theodor Kochs in Göttingen und fügte beschwingt hinzu: *„gaudeamus – Laßt uns fröhlich sein!“* Und die „Frankfurter Allgemeine Zeitung“ schrieb wenig später anlässlich der Vollendung des 123 Jahre zuvor von Jacob und Wilhelm Grimm begonnenen „Deutschen Wörterbuchs“: *„Es klingt fast wie ein Märchen, daß ein Gemeinschaftswerk deutschen Geistes, das die Grimms ursprünglich allein in etwa sieben, acht Bänden bewältigen wollten und sollten, nach so langer Zeit und vielfachen Krisen im Jahre der deutschen Teilung 1961 durch gemeinsame Anstrengung von hüben und von drüben doch noch vollendet werden konnte.“* Die Deutschen hatten in diesen 123 Jahren die deutsche Einheit erreicht und wieder verspielt und nun, Ende 2017, ist die Wiedervereinigung beider Staaten, die nach 1945 parallel an der Fertigstellung des „Deutschen Wörterbuchs“ arbeiteten – im Osten durch die in Berlin ansässige „Deutsche Akademie der

Wissenschaften" und im Westen durch die zur „Deutschen Forschungsgemeinschaft" gehörige Arbeitsstelle in Göttingen – selbst schon wieder Geschichte, wenn auch, wie man mitunter befürchten muss, mehr auf dem Papier als in den Köpfen der Menschen.
Wie wenig sich die Gebrüder Grimm bei ihrem Vorhaben aber von nationalistischen Gedanken leiten ließen, sollten sich nicht nur vaterlandsvergessene Kleingeister heutiger Prägung, die das Deutsche wieder auf das Kleine und Hässliche zu reduzieren versuchen, zu Gemüte führen. Sie wollten der damaligen Kleinstaaterei mit ihren vielen Grenzen die einende Kraft der Sprache entgegensetzen. „*Was haben wir denn gemeinsames als unsere sprache und literatur*", fragte Jacob Grimm 1854 im Vorwort zum ersten Band des Wörterbuchs und konstatierte eine „*in allen edlen schichten der nation anhaltende und unvergehende sehnsucht (...) nach den gütern, die Deutschland einigen und nicht trennen.*" Und auf welchen Werten die politische Einheit Deutschlands seiner Meinung nach gründen sollte, hat Jacob Grimm 1848 als Abgeordneter der verfassunggebenden Nationalversammlung in der Frankfurter Paulskirche in einem Änderungsantrag zur Formulierung der deutschen Grundrechte eingebracht. „*Ich habe nur wenige Worte vorzutragen zu Gunsten des Artikels, den ich die Ehre habe vorzuschlagen. (...) der Begriff von Freiheit ist ein so heiliger und wichtiger, daß es mir durchaus notwendig erscheint, ihn an die Spitze unserer Grundrechte zu stellen. Ich schlage also vor, daß der Artikel 1 des Vorschlages zum zweiten gemacht und dafür ein erster folgenden Inhalts eingeschaltet werde:* **Alle Deutschen sind frei, und deutscher Boden duldet keine Knechtschaft. Fremde Unfreie, die auf ihm verweilen, macht er frei.** *Ich leite also aus dem Rechte der Freiheit noch eine mächtige Wirkung der Freiheit her; wie sonst die Luft unfrei machte, so muß die deutsche Luft frei machen.*"
Wer also beim leidigen Thema Leitkultur nach Orientierung sucht, hier ist, wie auch in vielen Belegen des „Grimmschen Wörterbuchs" durchaus Inspiration zu finden.

Dennoch liegt auch ein Schatten auf dem „Grimmschen Wörterbuch“, denn auch zwischen 1933 und 1945 wurde daran gearbeitet und es ist skandalös, dass die damals dem Wörterbuch hinzugefügten Begriffsbelege immer noch, und zwar völlig unkommentiert, in der digitalien wie auch in den nur noch antiquarisch erhältlichen Printausgaben verblieben sind. Als ich mich Seite für Seite durch die über 34.800 Seiten des Wörterbuchs gearbeitet habe, fiel mir bald auf, dass es kein einziges positiv besetztes Wort in Zusammenhang mit „den Juden“ oder dem „Judentum“ gibt. Es gibt bestenfalls neutrale Begriffserklärungen. Hier spiegelt sich für mein Empfinden der allgemeine in allen Zeiten und durch die Belege aus mehreren Jahrhunderten im Wörterbuch dokumentierte Antisementismus wieder. Und ein Wort wie SCHACHERJUDENPACK steht in diesem Zusammenhang nicht alleine. Vielleicht, dachte ich mir, ist es durchaus richtig, beschämt auch über so infame Verunglimpfungen zu stolpern, denn Gesinnung manifestiert sich eben auch in der Sprache, aber dass sich im „Deutschen Wörterbuch“ Einträge aus „Mein Kampf“ oder dem „Völkischen Beobachter“ finden lassen, lässt sich durch nichts entschuldigen und muss geändert werden. Eines von mehreren Beleg-Beispielen, auf die ich stieß, lautet: „GIMPEL *wobei so mancher gute deutsche gimpel den juden bereitwilligst auf die hingehaltene leimrute flog* Adolf Hitler mein kampf (1933)“, auch das Wort JUDENFRAGE wurde ins „Deutsche Wörterbuch“ aufgenommen und Schreckliches mehr.
Im vorliegenden Buch findet sich von alledem natürlich nichts, aber wer die Schönheit der deutschen Sprache zu Recht feiert, darf vor dem Hässlichen eben auch nicht die Augen verschließen.

Peter Graf, November 2017

A • *der edelste, ursprünglichste aller laute, aus brust und kehle voll erschallend, den das kind zuerst und am leichtesten hervor bringen lernt, den mit recht die alphabete der meisten sprachen an ihre spitze stellen.* a *hält die mitte zwischen* i *und* u, *in welche beide es geschwächt werden kann, welchen beiden vielfach es sich annähert.*

☞ S. 12–25

ABMURZELN • *mutilare, schwer abschneiden,* **den knochen mit stumpfer klinge abmurzeln,** *absäbeln.* • *s.* **abmutzen.**

ABTRIPPELN • *was* **abtrappeln: wenn die princessin mit ihrer langen schleppe von falschem silbermohr abgetrippelt ist.** Wieland 11, 180

AFTERCHRIST *m.* • *falscher christ:* **denn, ohne duldung, lasz zu heiden uns weg von afterchristen gehn.** Gökingk 3, 174

AFTERWERK *n.* • *schlechte handlung, falsches werk:* **betrachte menschen recht, ach, alles, wirst du merken, ist selbstbetruges voll und voll von afterwerken.** Hagedorn •

hier würde vielmehr gerade der ort gewesen sein, die liebhaber vor dergleichen afterwerken der kunst zu warnen. Lessing 8, 159

ALTMENSCHLICH • *genuine, ingenue humanus:* **so neugesagt und doch so altmenschlich empfunden.** Herder 14, 94

ALTVERFALLEN • *vetustate obsitus:* **doch alt und halbverfallen ist das haus – nein in das altverfallne laszt mich ziehn.** Göthe 9, 382

ANÄUGELN • *oculis intueri, zärtlich anblicken:* **wie selig bin ich dan dich anzuäugelen.** Weckherlin 769

ANBLÜMEN • *ruborem offundere:* **davon die gute jungfer mit einem feinen färblein angeblühmt wurde.** *Simplic.* 2, 279 • *erröthen wird auf der wange erscheinenden blumen oft verglichen.*

ANDICHTLICH • *fictitius:* **wann angeregte, antichtliche, ergerliche, argtückische, öffentliche ergernissen vorhanden sind.** Fronsp. *kriegsb.* 1, 202b

ANDUDELN • *anleiern, ansingen:* **da kommen sie angedudelt.**

ANDUFTEN • *afflare:* **wie lieblich duften die blumen an; die uns mit ätherischem zauber anduften.** Tieck *Sternb.* 2, 114

ANDUPFEN • *molliter tangere, palpare:* **die wange leise mit dem finger andupfen; beide dupften fleiszig mit dem herrn Theodor an, aber keiner mit dem andern.** Hebel, *der friedensstifter* s. 329 • *richtiger* **antupfen,** *was man sehe.*

ANDUSSELN • *leviter intonare, vertigine corripi, gleichsam ahd.* **anaduȥilôn,** *fortbildung von* **anadioȥan,** *mhd.* **anedieȥen: sie kamen angedusselt,** *angeschwindelt, angesummt, halb in gedankenlosem schlummer, s.* **dussel** *und* **dusseln.**

ANDUTEN • *cornu adflare:* **der hirt schlägt nach ihr (***der kuh***), er peitscht sie, er dutet sie an.** Göthe 39, 282 • **duten** *ist ein nd.*

wort • *altn.* **þiota** • *schw.* **tjuta** • *dän.* **tude** • *ahd.* **dioȥan** • *mhd.* **dieȥen,** *von dem das vorausgehende* **dusseln.**

ANECDOTENJÄGER *m.* • *narratiunculararum captator:* **wir sind emsig nachzuspüren, wie die anecdotenjäger, wer dein liebchen sei und ob du nicht auch habest viele schwäger.** Göthe 5, 61

ANGST

ANGSTBEBEN *n.* • *trepidatio, zittern vor angst:* **sich für gechlingem angstbeben eilflüchtig in sturz begeben.** Melissus *ps.* V 8a

ANGSTBÖSEWICHT *m.* • *nequam, erzbösewicht:* **da weisz er selbs wol, der angstbösewicht, was der Luther vom gehorsam schreibt.** Luther 5, 303b

ANGSTGEZITTER *n.* • **ich sinke um in diesem angstgezitter, ich trage nicht das lächeln dieser augen.** Tieck 1, 318

ANGSTUMSCHLUNGEN • **der angstumschlungne geist.** Göthe 41, 188

ANHALSEN • *weidmännisch, cani lorum indere, s.* **halse, helse** • **besorglich uns das joch der knechtschaft halsen an.** Lohenst. *Cleop.* 94, 419

ANHASPEN • *affibulare:* **die thür ist angehaspet.** • *bergmännisch,* **die fahrten anhaspen.**

ANHÄUFELN • *cumulos pusillos facere, die erde am kohl, an den kartoffeln häufen,* **die reben mit erde anhäufeln.**

ANHEISCHIG • *promittens, recipiens in se, kann mit dem vorhergehenden* **anheischen** *nichts zu schaffen haben, sondern scheint, nach ihm, verderbt aus* **antheiszig** • *mhd.* **antheiȥec** Ben. 1, 660a • *ahd.* **antheiȥi** Graff 4, 1087 • *alts.* **andhêti,** *vovens, devotus.* **anheischig werden** *sagt man nicht mehr, nur* **sich anheischig machen,** *geloben, auf sich nehmen:* **er machte sich anheischig, mit dem gröszten theile des königlichen kriegsheeres zu ihnen überzugehen.** Wieland 7, 96 • **wer so spricht wie Tifan, macht sich anheischig sehr viel zu thun.** 7, 186

ANHEIMSCHEN • *bona devoluta recuperare, an sich bringen.*

ANHELMEN • *manubrio instruere:* die hack hab ich angehelmet schon. [Ayrer 244b] • *zu der hacke schon einen grif gemacht, d. i. die sache gehörig eingeleitet, eingefädelt.* • *s.* axthelm.

ANHUTSCHEN • *proserpere, heranrutschen.*

ANKIRREN • *cicurare, allicere:* den vogel mit brotkrumen ankirren; lockspeise, damit er die übrige gesellschaft ankirret. [J. E. Schlegel 3, 367] • die zuschauer durch die lockspeise der neuheit ankirren. [Gotter 2, xiii] • die mancherlei feinen schmeicheleien, womit sie auch diesen anzukirren weisz. [Göthe 38, 178] • *vgl.* ankörnen.

ANKLAFFEN • *allatrare, vgl.* anbaffen, anblaffen. *mhd.* wie tarstu sô ane klaffen den richter? [*myst.* 86, 4]

ANKNIXEN • *mit kurzer verbeugung eintreten* • *s.* abknixen.

ANKÖKEN • *eructare, evomere versus aliquem:* sie sind der gerechtigkeit so vol, das sie die andern armensünder anköken, gleichwie der grosze heilige phariseus [Luce 18] •

für groszer trunkenheit eraus köket und
speiet über den armen zölner. [Luther 5, 355a.b]

• *der auch* [Es. 28, 7] *verdeutscht:* sie daumeln von starkem getrenke und köcken die urteil eraus. *obersächs.* käken, ankäken; *mehr unter* köken.

ANKÜHNEN • *cicurare, kühn, dreist machen, ankirren:* von allen orten her angekünt und geludert. [*Simpl.* 2, 352]

ANKÜSSEN • *adosculari:*

als er der mutter
die gute nacht anküste. [J. Paul *Fibel* 121]

ANLIEBELN • *einen mit verliebten augen ansehen.* • Stieler 1158 *schreibt* anlieblen.

ANMASZER *m.* • *imitator, usurpator:* die verachtung empört die eigene eitelkeit gegen den anmaszer. [Kant 10, 11]

ANMÄULEN • *ringi, os aperire, ululare versus aliquem, wäre mhd.* ane miulen *und kann das franz.* miauler, *miauen erklären:* (die schwermer) solten dieselbigen (sprüche) wol anmeulen und flugs überhüpfen. [Luther 3, 365b] • die bilder haben (die schwermer) ein wenig angemeulet, aber doch nicht gebissen. [461] • anmeulen und plaudern heisze ich nicht beiszen. [480b] • ihr katzen und ihr hund, ihr kauzen und nachteulen helft mir zu tag und nacht anmäulen und anheulen! *friedens weheklage* 1640

ANMUNDEN • *jucundi esse saporis:* **die speise will nicht anmunden, der wein mundet an.**

ANMUTLEER • *venustatis expers:* **ist diese brust, die vor ein köcher seiner freuden, sein irdisch himmel war, geisttriebund anmutleer?** Lohenst. *Ibrah. sult.* 59, 245

ANMUTSKNOSPE *f.* • *virgo venusta.* Ettners *hebamme* 808

ANNISTELN • *entweder fortbildung des folgenden* **annisten** *oder verderbt aus* **annesteln:**

ich und mein kamerad, wies der herr befohlen hatte, nistelten uns an ihn an, als wären wir zusammengewachsen, dasz er sich nicht regen und rühren konnte. Göthe

ANPESTEN • *tabe inficere:* **die luft ist angepestet; angepestet von dem hauch der fremden sitte.**

ANPISCHEN • *einem* **pisch, psch** *zurufen, ihn heimlich locken, gebildet wie* **anpfuen.** *man hört auch* **anpeschen,** *wenn dies nicht ein anderes* **anpöschen, anposchen** *ist.*

ANPURREN • *incitare, stimulare, man könnte versucht sein, dies doch nur in niederd. gegenden vernommene verbum* **purren** *an die seite zu stellen dem ahd.* **purian, purran** (Graff 3, 163. 164) • *mhd.* **bürn** (Ben. 1, 153) • *schweiz.* **bürren** (Stald. 1, 244)*, welche erheben, in bewegung setzen ausdrücken, so seltsam das* **p** *für* **b** *erschiene. allein es ist vielmehr das nnl.* **aanporren, porren,** *mnl.* **porren,** *die wahrscheinlich aus dem franz.* **poindre** *entspringen und das anstechen, antreiben, anspornen des rosses bezeichnend in die vorstellung des ausreisens, ausziehens, übergehn, womit zufällig jenes ahd.* **purran,** *sich erheben, auf den weg machen einstimmt.* **Fischart** *gebraucht das einfache wort:* **schnurrt, murrt und burrt wie dort der heiden hauf.** Garg. 227a

ANPÜTSCHEN • *illidere, schweiz.* **anbütschen,** *anstoszen* (Stald. 1, 250)*, gehört zu* **anposzen, anboszen:**

die brausenden wellen pütschen mit gewalt an die steinwände an. Scheuchzer 1, 27. 76. 119. 2, 100

ANSCHELLERN • *frequentativ des vorigen:* **die heilung meines zerbrochenen arms, wie auch der angeschellerten beine.** *Felsenb.* 2, 65 • **war aber so unglücklich mit dem pferde**

zu stürzen und die rippen der linken seite anzuschellern. 2, 150 • dasz ich weiter keinen schaden nahm, als nur den linken arm ein wenig anschellerte. *irrg. der liebe* 600

ANSCHIEBSEL *n.* • *das angeschobne stück.*

ANSTANDSMASCHINE *f.* • müssen denn die armen prinzessinnen zu anstandsmaschinen entseelt und in säle gleichsam als eisöfen hingesetzt werden. J. Paul 37, 111

ANSTAUNENSWÜRDIG • *admirabilis:* anstaunenswürdig mitten im tempelhain stand der ambrosische lebensweinbaum. Voss

ANTASTER *m.* • *attrectator:*

bin allezeit unwillig gerissen und getrieben von nützlichen, heilsamen gescheften mich zu wehren und schützen gegen meine lügenhaftige und böswillige antaster. Luther 1, 362a

ANTUMMELN • *agitando accedere:* ein pferd antummeln.

ANVERNÜNFTELN • *argumentis probare:* und was er gegenwärtig hat und fühlt, braucht er sich nicht erst anzuvernünfteln. Fichte *grundz. der g. z.* 521

ANWINTERN • *hieme adventare, hibernare:* doch eh regen und sturm anwinterte. Voss 3, 140

ANWÜNSCHUNG *f.* • *häufig formelhaft:* mit anwünschung langwieriger regierung, unter anwünschung einer geruhigen nacht, alles heils und segens.

APFELGOTT *m.* • was ist das anders, dann aus gott einen götzen, ja einen apfelgott gemachet. Luther 4, 390a. s. • apfelkaiser, apfelkönig.

APOTHEKERBLEICH • derhalben aus mit disen langschaubigen, apothekerpleichen, gespenstmageren, seichstinkigen. *Garg.* 161a

ARBEITSELIGKEIT *f.* • *aerumna:* gedenk dein aigen arbaitseligkeit. Keisersb. *sieben schwerter u. scheiden* 3 • schwacheit und arbeitseligkeit auf erden. Agricola *spr.* 136a • dasz du dich segnen und unsers ellends, blindheit und arbetseligkeit erbarmen wirst. Frank *chron. vorr.* a iiia • wir wollen aber hie nicht allein von der arbeitseligkeit menschlicher affecten, anligen und gepresten reden. Thurneisser *prob. der harnen* 82 • nidertrechtigkeit, arbeitseligkeit, verfolgung. Philand. 1, 667 • o jammer, arbeitseligkeit, wie ist mir das ein grosz herzleid! Berchtold *redw.* 103 • warum schenkest du mir zuvor wermuth und gallen, ehe ich eine lieblichkeit geschmecket, warum sind anderseits so lange und unendliche arbeitseligkeiten, so viel leiden, bemühungen und thränen! Gryphius 1, 897 •

dasz wir keine ursache mehr hatten uns über einige arbeitseligkeit zu beschweren. *Simpl.* 1, 652

• vorher hatte ich die menschliche thätigkeit, diese mitleidswürdige arbeitseligkeit verachtet. Tieck *Sternb.* 2, 135

ARBEITSFEIND *m.* •

ARBEITSFLUCHT *f.* • *fuga laboris.*

ARGDENKLICH • *suspiciosus, argwöhnisch:* pfui, schämet euch, argdenklicher tyrann! *Leipz. avantur.* 1, 236 • sie sind wol gar ein wenig argdenklich? Rabeners *briefe* s. 42; *auch bei* Opitz *Arg.* 2, 29 • *s.* arggedenklich.

ÄRMELERLEUCHTET • *am ermel glänzend.* *Garg.* 112b

ARMENSÜNDERGLÖCKCHEN *n.* •

ARMENSÜNDERSTÜHLCHEN *n.* • auf dem armensünderstühlchen hat er den richter zum narren. Göthe 8, 245

ARMESÜNDERBLUME *f.* • Heine *buch der lieder* 160

ARSCH

ARSCHBÖLLER • *schläge auf den hintern, wol vom vorausgehenden abgeleitet.*

ARSCHEN • *lambere nates.*

ARSCHGREIFER *m.* • Behams *Wien* 285, 9

ARSCHHURE *f.* • es sind nit allein arshůrn, sondern auch maulhůrn, diebisch hůrn. Frank *spr.* 2, 201b • Fischart *im ehzuchtb.* 1578 K 8b *verfeinert* leibshuren.

ARSCHKAPPE *f.* • *als schimpfwort für männer.* *Garg.* 197b • *vgl. it.* chiappa *clunis.*

ARSCHKITZEL *m.* • *die frucht des hagedorns, wofür unsrer sprache sonst ein edles wort zu gebot stand* • *ahd.* hiofa • *mhd.* hiefe • *ags.* heope • *engl.* hep, *das auch noch in der volkssprache lebt. jener ausdruck scheint dem franz.* grattecu, gratecul *nachgebildet, doch hat ihn schon* Adam Lonicer († 1586) *und noch früher* *vocab. von* 1482: hyffen arskutzel oder hagenputz, *an zwei stellen.* *Henning* • herr Gräff, wie häszt

dann hier die frucht? [Gräff.] • **hainbutten.** [Henning.] • **die leut sage als ärschkitzele.** [Gräff.] • **das ist der gemeine name.** [Gräff 27]

ARSCHKRATZER [m.] • *ein schimpfwort.* [Garg. 197b] • *auch heiszt so der breite rückenmuskel, musculus dorsalis magnus, aniscalptor.*

ARSCHLOCHIG • **ja hetten sie den arslochigen, äolischen stinkenden sack aufknipft und windmäszig drein geblasen, da wers gangen, wie ein alt weib am stecken.** [Garg. 111b]

ARSCHSPÜLKÄMMERLEIN [n.] • *latrina:* **abgesöndert stehn von aller politischer gemeinschaft, wie die arsspulkämmerlin in häusern und die hurenkauten in stätten.** [Garg. 245a]

ARSCHWISCH [m.] • *franz.* **torchecul** • *russ.* **trjapka: weil denn e. c. h. dem keiser in sein kamergerichte scheiszt, der stadt Halle die freiheit, und dem schwert zu Sachsen sein recht nimpt, dazu alle welt und vernunft für faule arschwische helt, und alle ding so gar bepstlich, römisch und cardinalisch handelt; so wirds, ob gott wil, unser herr gott durch unser gebet schicken einmal, das e. c. h. den dreck selbst wird müssen ausfegen.** [Luther 6, 361a] • *spöttisch für trügliche schuldverschreibung deren,* **denen kein geld auf arschwisch aufzunemen zu hoch ist.** [Fischart *groszm:* 27] • **ich wags so dürr als im sommer die schneider zum arschwisch.** [Garg. 94a] • **wie sind das reuterkerles, wie ein igel ein arswisch?** [Garg. 135b]

ARSCHWOLF [m.] • *intertrigo, wenn man sich frat oder wund reitet:* **mit demselben saft den arswolf, so von reiten verursacht wird, bestrichen.** [Tabernaemontanus *s.* 253]

AUFBUDEN • *tabernas exstruere, buden aufschlagen.* • *s.* **bude.**

AUFBUSELN? • [Fischart Garg. 79a] *unter vielen wörtern, die vom schif gelten, hat auch* **aufgebuselt,** *heiszt das aufgenäht? mit aufgenähten segeln?* • [Stieler] *gibt* [262] **büseln, böseln** *consuere, sarcinare und schon ahd. war* **bôsôn** *suere* [(Graff 3, 217)] • *kaum ists das nnl.* **opbossen,** *aufraffen.*

AUFDAMEN • *im bretspiel einen stein an die stelle bringen, wo er* **dame** *wird.*

AUFHIMMELN • *migrare in caelum* [Stieler 841] • *nnl.* **ophemelen.**

AUFHOTZELN • *scheint frequentativ von* **aufhocken,** *wie* **angutzen** *von* **angucken:**

> **darumb hotzelt der ein hernider,**
> **das der ander aufhotzel wider.** [Garg. 45a]

AUFHUCKELN • *derselben bedeutung:* **dasz er** (*der tod*) **gleich kommen und ihme aufhuckeln werde.** [*Simpl.* 1, 47]

AUFKNAUPELN • *was* **abknaupeln.**

AUFKNEUFELN • *gehört zu* **knauf** *und* **knüpfen,** *stimmt also mit der bedeutung von* **aufknüpfen** [Schm. 2, 372] • *hat* **aufknäfeln** *für* **aufknöpfen. der Gemser sol versuchen, ob er dir künd die ohren aufkneufeln** (*aufrichten, aufmerksam machen*). [Luther 3, 67b] • **da must man** (*den bauern*) **die ohren aufkneufeln mit büchsensteinen, das die köpfe in der luft sprungen.** [3, 142b] • **du weist, sie ist ein böser teufel, die dich sonst ubertag aufkneufel** (*suspendere velit?*) [H. Sachs II. 4, 29d; *vgl.* I. 5, 521c] • *und* **aufknöpfen.**

AUFRUNZELN • *corrugare, die stirne in falten ziehen.*

AUFSCHNABELIEREN • *rostro vorare, aufpicken.* [Stieler 1895]

AUFSCHNATZEN • *comere, ornare, aufputzen, schmücken, in Hessen und der Wetterau, aber nur von leuten, nicht von sachen.* • *s.* **schnatzen, schnetzen.**

AUFSCHNOPERN • *gleichsam naribus vorare, abripere von fressenden pferden:* **unglücklicherweise waren die futtersäcke gefault, so muste der hafer von der erde aufgeschnopert werden.** [Göthe 30, 172] • *richtiger zu schreiben* **aufschnobern** *von* **schnauben.** *andere sagen* **aufschnuppern, Platen aufschnoppern** *und gebraucht es für naribus percipere, wie ein spürhund wittern, aufspüren:*

> **dasz er** (*der kritikus*) **in ihnen** (*Schillers tragödien*) **ein revolutionäres princip, ein beständiges auf lehnen gegen alles bestehende aufschnoppert.** [359]

AUFSCHNÜPFISCH • *auffahrend, von* **aufschnupfen: wie so gar unverschämt, schweinhaftig und aufschnüpfisch sie in reden oft sind.** [*Simplic.* 1, 347.s.] • **aufschnüppig** *und* **schnipfisch.**

AUFSTINKEN • *in sublime spargi* • *vgl. schw.* **stänka** *und* **aufduften: ihre sünde stinkt auf zum himmel; greuliche**

frevel, die bis zum himmel hin aufstinken (*oder* hinauf stinken). Schiller 122a

AUGEN

AUGENBLICKCHEN *n.* • *minimum momentum:* nur ein kleines augenblickchen. Lessing 1, 547 • wollt ihr ein augenblickchen mit herüberkommen? Fr. Müller 3, 375 • *nnl.* oogenblikje.

AUGENBLÖDE *f.* • *hebetudo visus, schwäche der sehkraft.*

AUGENBUTTER *f.* • *gramiae, lemae, gr. λήμη, γλήμη =* gramia (*mit wechsel des* l *und* r), *bei* Dasypodius augenziger, augkotzen, augenbutzen, *bei* Maaler 39a augenziger, *bei* Stieler 263 augenbutter • *sonst auch* augenkäse. • *nnl.* oogendragt.

AUGENDEUTLICH • *perspicuus:* ich verkannte ihn so wenig, dasz ich ihn vielmehr augendeutlich vor mir sah. Hippel *lebensl.* 4, 307

AUGENDIENER • *adulator* • *nnl.* oogendienaar • *mhd.* ougenschalc. *Amgb.* 35a • oigendiener. Schürens *chron.* s. 264 • das heer geschäftiger augendiener. Lessing

AUGENFRAGE *f.* • *wink mit dem auge:* nach einer augenfrage Lianens, ob sie es solle. J. Paul *Tit.* 2, 68

AUGENGESPENST *n.* • *nach einer schrift von Robert Waring Darwin on the ocular spectra:* wir haben bei recension des darwinischen aufsatzes den ausdruck augengespenst mit fleisz gewählt und beibehalten, theils weil man dasjenige was erscheint ohne körperlichkeit zu haben, dem gewöhnlichen sprachgebrauche nach, ein gespenst nennt, theils weil dieses wort durch bezeichnung der prismatischen erscheinung das bürgerrecht in der farbenlehre sich hergebracht und erworben. Göthe 54, 244

AUGENGIER *f.* • *oculorum aviditas, stärker als* augenlust: in hoffart, flaisch und augengir vil menschen leben als die thier. Schwarzenb. 157a

AUGENGRIMM *m.* • *oculorum truculentia:* Heinrich nahm an augengrimm zu und fuhr an Rosas sommerhasenbalg von gehler seide mit gehlsüchtigen blicken auf und ab. J. Paul *Siebenk.* 3, 145

AUGENLUST *f.* • *oculorum voluptas, augenweide:* du menschenkind, ich wil dir deiner augen lust nemen durch eine

plage. Ezech. 24, 16 • **der augen lust und hoffärtiges leben.** 1 Joh. 2, 16 • **mein tausendschön und augenlust! gemeinen über die sinnliche welt aufthut.** 43, 408. Ayrer 381b • **wenn fleisch, wenn augenlust, wenn hoffart dich ergetzet.** Gryphius 2, 433 • **da war dieses euer zeichen, euer eigen augenlust hat, weil so der herr befohle, zum exempel fort gemust.** Logau 2, 7, 7 • **es gaben auch die nach ordnung gesetzte bäume anmutiges durchsehen und augenlust.** *pers. rosenth.* 2, 28 • **eine lumpichte augenlust.** Weise *kl. leute* 311 • **wenn ich augenlust zu finden unter schatticht kühlen linden schielend auf und nieder gehe, und ein schönes mädchen sehe, möcht ich lauter auge sein.** Lessing 1, 53 • **die tugend, die durch Psychens ofne brust, wie durch krystall, ihm in die seele schimmert, läszt für gemeine augenlust ihm keinen sinn.** Wieland 9, 299 • **und suchtest, deinen geist zu letzen, ja nicht aus augenlust, der jüngsten mädchen kreis** Gotter 1, 245 • **und setzt die kunstgetriebenen geschirre zur augenlust auf ihre rechten stellen.** Göthe 10, 7 • **es ist eine behagliche augenlust, die sich im all-augenlustig: die augenlustigen und die vom hoffärtigen leben.** Hippel *lebensl.* 3, 42 *nach* 1 *Joh.* 2, 16

AUGENPFERDCHEN *n.* • *ἵππος, ein fehler der augen, wenn sie immer blinzen und springen.* • *s.* **augstal.**

AUGENSEUFZER *m.* • J. Paul *aesth.* 1, 130

AUGENSONNE *f.* • *deliciae oculorum.* Stieler 2059 • *leuchtendes, groszes auge:* **er klagt der schönen seine qual, er redt von strengen liebeskerzen, von augensonnen, heisz an pein, von tigermilch, von diamantnen herzen** Gellert 1, 101 • **deiner augensonnen wälzen brennt mich an vom kopf zur zeh.** Voss

AUGENSUCHT *f.* • *morbus oculorum.*

AUGENTROST *m.* • *euphrasia, eine den augen wolthuende, heilsame wiesenblume, sonst auch* **augendienst** *genannt* • *nnl.* **oogentroost** • *schw.* **ögontröst** • *dän.* **öientröst** • *altn.* **augnafrô** (*augenruhe*) • *ags.* **eágvyrt** • *engl.* **eyebright,** *wie mhd. der klee* **ougenbrehende** *heiszt und die euphrasia mit noch andern namen die tageleuchte, die weisze leuchte, der lichte tag, vgl. ags.* **däges eáge** (*tages auge*) *primula veris, engl. zusammengezogen in* **daisy.** • *schottisch sagt man* **ee o' day** (*auge des tags*) *schön für mittag* (Jamieson 1, 350 *und suppl.* [1, 361)] • **trœsten** *aber wurde mhd. mehr gebraucht für wolthun in den augen:* **ze sumere diu ougen trôsten schœne wise.** [*Servat.* 822] • *schöne wiesen thaten den augen im sommer wol, und* **blumentrost** *begegnet als eigenname. den gegensatz bildet* **der dorn im auge.** • **gilgen, augentrost, narciss, vergiszmeinnicht.** [Weckherlin 759] • **es stunde quendel zwar, auch augentrost die fülle und viel mehr kräuter da.** [Fleming 641] • **augentrost ist ein kraut, das soll da stehn, wer getrost es mit augen an darf sehn, dem musz lust zum herzen gehn.** [Rückert 384] • **gelber augentrost.** [Schnurr 1664 *p.* 228 *juni.*] • *eine andere euphrasia pratensis rubra oder odontites hiesz* **zahntrost.** *Wie nun aus blumen insgemein kosenamen für frauen gewonnen werden, deutet sich leicht die anwendung von* **augentrost** *auf geliebte, den augen wolgefällige frauen, obschon sie auch ohne bezug auf das kraut gefaszt werden mögen. doch hat dies* [Weckherlin] *im sinn, weil er* **ehrenpreis,** *veronica damit verbindet:* **mein augentrost, mein ehrenpreis!** [821] • *allgemeiner sind folgende stellen:* **wann ihm sein augentrost den hohen sinn genommen.** [Opitz 2, 146] • **dadurch (***durch ihren ausgesuchten anzug***) ward sie den männern, wie von anfang so immer mehr, dasz wir es nur mit dem rechten namen nennen, ein wahrer augentrost. denn wenn der smaragd durch seine herliche farbe dem gesicht wol thut, ja sogar einige heilkraft an diesem edlen sinn ausübt, so wirkt die menschliche schönheit noch mit weit gröszerer gewalt auf den äuszern und inneren sinn. wer sie erblickt, den kann nichts übles anwehen.** [Göthe 17, 68.]

AUGENÜBEL [*n.*] • *infirmitas, vitium oculi.*

AUSBAMMELN • *extremum sonare campana, auch* **ausbimmeln: die glocken hatten ausgebammelt.** [Wieland 21, 139]

AUSBUBEN • *puerum deponere, die bubenschuhe ausziehen und gesetzter werden:* **darumb sind sie zuvor wild gnug und wollen, wie man sagt, ausbuben, so sichs vielmehr hin-**

einbubet, wie die erfarung weiset. [Luther 1, 315a] • **denn seine (***des teufels***) gedanken stehen gewislich also: wenn ich die kindertaufe weg hette, so wolt ich mit den alten denn wol handeln, das sie die taufe würden verziehen und aufschieben, bis sie ausgebubet hetten.** [5, 186b] • **wenn er ausgebubet und das seine durchbracht hat.** [5, 383a] • **er wolle dieweil im sause leben und thun was in gelüstet und itzt wol ausbuben.** [7, 62a] • **sie hat ausgebubet.** *vitae impurae finem fecit.* [Frisch 1, 148c] • **er hat nunmehr ausgebubet,** *ad saniorem mentem rediit.* [Stieler 254] • *vgl.* **buben, erbuben, verbuben.**

AUSBURZELN • *elevare anum cadendo:* **wan sie (***die Dänen***) im schwimmen das gesesz hinten ausburzelen.** [Garg. 127a]

AUSFÖRSCHELN • *indagari:* **alle heimlichkeiten ausförschlen.** [Philander 1, 180] • **zu mir kamen die kerls als die besten freunde, förschelten und frägelten mich aus.** [*der arme mann im Tockenb.* 201] • *läszt sich als fortbildung des folgenden ansehen, doch auch unmittelbar vom ahd.* **forscal** *curiosus* (Graff 3, 697) *ableiten.*

AUSFREUEN • *affatim gaudere, sich satt freuen:* **ich will mich erst ausfreuen.** [Leisewitz *Jul. v. Tar.* 3, 3] • *satiare gaudio, vgl.* **ausweinen.**

AUSGEBEGELD [n.] • *geld zu täglichen ausgaben:*

weil sie aber nicht flugs bei ausgebegelde war.
Schelmufsky 2, 17

AUSGÖFFERN • *surripere, entwenden, heimlich in der hand bergen, von* **gaufe,** *vola manus, vgl. bair.* **gaufern** *eilig thun, haschen.* [Schm. 2, 18] • **ein ehrlicher mann kan nicht davor, wenn schelmen und diebe hinter seinem rücken was ausgöffern.** [Weise *comöd.* 270]

AUSHOLHIPPERN • *dasselbe:* **ich rede ciceroniane und ihr verstehet es nicht.** [*Cyr.*] • **ich verstehe genung, dasz ihr mich stichelt und ausholippert.** [Gryphius 1, 816]

AUSHOSEN • *exuere braccas:* **der flachs hoset sich aus,** *wenn er die wurzelhülsen fallen läszt. in Schlesien. ganz verschieden das nnl.* **uithoozen** *von* **hoozen** *schöpfen.*

AUSKRAMUNG [f.] • *expositio, ostentatio:* **hochmütige auskramung schöner und groszer gesinnungen.** [Lessing 4, 125] • **die auskramung deiner siebensächelchen.** [Gotter 3, 345]

AUSLACHENSWÜRDIGKEIT *f.* •

wenn man ihm (*so*) seine auslachenswürdigkeit hätte wollen empfinden lassen.
Kant 8, 150

AUSLÄNDEREI *f.* • *peregrinitas, putida peregrini moris admiratio:* aufgedrungene ausländerei. Niebuhr *kl. schr.* 1, 11 • es sei genug hier den grundquell dieser ausländerei unter den Deutschen angegeben zu haben. Fichte *reden an d. d. nat.* 163 • so wie alle ausländerei aus der sucht vornehm zu thun entsteht. 165 •

mithin wird die ausländerei doch die inländische webe aus ältestem und neuestem reichthum nicht erdrücken und bedecken. J. Paul aesth. 2, 200

AUSLUDERN • *gustare, exedere, auskosten:* ich wehr dir nun die losen gsellen, die alle gfresz ausludern wöllen. H. Sachs I, 232a

AUSLÜMMELN • *increpare,* lümmel *schelten.*

AUSNASCHEN • *ligurire,* intransitiv: ich wil mein esel nimmer hinleihen, dasz er ausnasch auf fremde waid. *fastn. sp.* 167, 2 • transitiv: du thust all heimlich winkl ausnaschn. Ayrer *fastn. sp.* 11a • sie hatten jene heitere unbefangenheit der kinder, die nur den honigbehälter der minute ausnascht. J. Paul *Tit.* 1, 17

AUSNEBELN • *exire in nebulam, verduften:* ein schmerz, der nebelt aus in worte, seufzer, zehren, erleichtert herz und brust. Lohenst. *Ibr.* 56, 139 • der zeichner ohne innere empfindung wird wol einen schatten, aber nur einen in unbestimmtheit ausnebelnden schatten des wahren naturcharakters erhalten. Lavater *phys.* 4, 2, 1

AUSPLÜSCHEN • *franz.* pelucher: und um seine schultern spielet ausgeplüscht ein hermelin. Herder 5, 93

AUSSPINTISIEREN • *excogitare, ausgrübeln:*

da geht er nun, und will alles ausspintisieren. Lessing

• das kundt ir kopf ausspüntesieren. Scheit *grobianus* R 2

AUSTITSCHEN • *was* austippen: klebebier brauen, welches auch so gut schmecken würde, dasz sie es gar mit fingern austitschen würden. *Schelmufsky* 2, 24 • einbrocken und austitschen; „must du denn alles austitschen?“ *zu neugierigen. andere schreiben* tütschen.

AUSZIFFERIEREN • *ausrechnen:* und kan auch wol auszifferiren wie sich ein ieder numerus gemert. *fastn. sp.* 741, 2

AUSZÜPSEL *n.* • *floccus, ausgezupftes haar.*

AUTSCHEN • autsch *ausrufen.*

AUWEHZEN • *auweh schreien, wie* ächzen, *ach rufen:* wann er etwan sochet (*seufzet*) und auwehzet auf seinem bett, da er schmerzlich krank ligt. Geo. Scherer *kunst und wundsegen für schieszen. Ingolst.* 1595. E 4b

B nimmt in allen dem phönicischgriechischen entstammenden alphabeten gleich hinter dem A seine bedeutsame stelle ein. denn dasz auf A, den grund aller vocale, unmittelbar die drei mediae, als grund und boden aller stummen consonanten folgen, musz ein groszes gewicht haben.

S. 28–41

BACHSCHNATTERIG • *inter lavandum garrula? instar rivi garrula?* nastriefige, plewelwäschige, bachschnadrige, pfudelnasse, sacksteubige, schneckkriechige, belzpletzige alte kupplerin. Garg. 47a

BADDELN • *volutari, putteln, engl.* paddle: bis der schlitten an einem eckstein zersprang und der stutzer in seinem luchspelze auf dem eise herum baddelte, wie ein floh im ohre. Weise *erzn.* 387

BADEGESTRIEGELT • *balneo pexus:* o badgestrigelter doctor von Costenz! Garg. 28a • *nach einem volksliede der zeit.*

BADESOMMER *m.*

so ein badesommer ist wirklich ein gleichnis eines menschenlebens.
Göthe an fr. von St. 3, 399

BALDANDERS *m.* • *ein Proteus, dessen gestalt immer wechselt, ein Ἀλλοπρόσαλλος* *Simpl.* 1. 592. 593 *und* H. Sachs I. 537. 538 *der* Baldanderst *schreibt*

BALDFÄHIGKEIT *f.* • *ingenii celeritas:* da verwundert sich Solon der geschwindigkeit und baldfähigkeit Anacharsis. Frank *chron.* 26a

BALDKÜNFTIG • *dasselbe:* der baldkünftigen gewissen entsetzung vertrösten. Kirchhof *mil. disc. 34 s* • schierkünftig, schierstkünftig.

BALLSPIELZIMMER *n.* •

BAMMELN • *suspensum agitari, sonst* bambeln, bampeln, pampeln, bäumeln: das band bammelt auf der erde; mit den füszen bammeln; am hohen baume bammeln; Danischmend und der kalender bemerkten sogleich, dasz unter den weibern ihres dorfs wenige waren, die nicht einen zierlich in musselin eingewickelten lingam am halse bammeln hatten. Wieland 8. 159 • sieh, so liesz ich dem Bacchus den linken arm übers knie bambeln. Fr. Müller 165 • die schwebende glocke erschallt, bammet (*vgl.* bimmeln): / wie anders, wenn der glocke bimbam bammelt, drängt alles zur versammlung sich hinein. Göthe 56. 31 • denn wir fühlen schon im schweben, schwanken, bammeln unergötzlich / unsere gliederchen. 41. 200 • bammelt erst die leichte waare, dieser gleich ist am altare neugeschlifnes beil bereit. 41. 220

wo des gefühles lippe stammelt,
ist schön die sterblichkeit verklärt.
ja ein biederherz wird hoch geehrt,
wenn zuletzt der schelm am galgen bammelt. [W. Schlegel]

BÄMMELN • *mulcere, vielleicht dem folgenden* bammen *verwandt.* [Hermes *in Soph. reise* 4. 367] *schreibt* pämmeln und hätscheln, *dorloter.*

BAMPELN • *was* bammeln. • [Stalder 1, 128] *erklärt bewegen, ziehen.*

BAMSCHEN • *nochmals dasselbe:* das kind bamscht; du sollst noch erdbeeren bamschen. [Stalder 1, 133] *hat aber ein* banschen, bantschen, *gierig, mit vollen backen essen* • [Schmid 41] bantschen • [Tobler 37b] pantscha.

BAMSEN • *verberare coria, das fell klopfen, prügeln.* der gerber bamset die häute. • *s.* wamsen.

BANGATHMEND • *trepide spiritum ducens:* es empört ihm das herz bangathmende wollust. [Voss *Luise* 3. 221]

BANGGEFALTET • banggefaltete hände. [Gotter 2. 65]

BANKBUBE *m.* • *potator, combibo, der auf der weinbank sitzt und schlemmt:* ihr landkündige und landschlindige weinverderber und bankbuben! [Garg. 17a]

BANKRAUMIG • *furax, die bank abraumend, was darauf liegt entwendend:* bankraumige, ruckenfegige, seckelschneidige galgenschwengel. [Garg. 47a] • *vgl. oben das sprichwort:* auf ungewischter bank ist gut finden.

BANKRUTSCHER • *m. spottname für schulkinder.*

BANNISIEREN • *was* bannen *und* bannieren: aber so sie von ihrem beginnen nicht bald abstehen, dannenhero aus unserm reich bannisirt werden. [Philander 1. 33] • aus dem parnasso bannisiret und verwiesen sein. [Schuppius 572] • dieser militair ist durch dieses eine wort bannisirt. [Tieck *nov. kr.* 4. 201. *vgl.* Schmeller 1. 177. *östr.*] • banasirn.

BARÄRSCHIG • *nudis natibus:* aber meim schulmeister wars erlaubt, wann ich in nöthen mein nestel auf allen ecken verknipft, der schnitt sie mir so lustig auf, das ich barärschig vor ihm niderful. [Garg. 286b]

BÄRENTRUNKEN • *ebrius instar ursi:*

etlich werden berntrunken, etlich sewevoll, etlich hundstrunken, etlich der teufel gar. [Frank *trunkenheit C 3a*]

BÄRENZOTTIG • *hirsutus instar ursi:* hüllte das töchterchen dann aus dem bärenzottigen fuszsack. Voss *idyll.* 16. 188

BARFÜSZEREI *f.* • *nuditas pedum:* unsere sinesische pedolatrie (*fuszanbeterei*) verstattet leichter jede höhere nacktheit, z. b. des busens, des rückens, als die barfüszerei. J. Paul Levana 1. 275 • *vgl. das nicht* barfusz *vor frauen gehn.*

BASTARTBAUERNSENF *m.* • *iberis umbellata; hier ist die unechtheit zweimal, durch* bastart *und* bauer *ausgedrückt.*

BASTARTPETZE *f.* • sohn einer bastartpetze, *the son of a mongrel bitch.* könig Lear 2. 2

BAUERNBESCHEISZER *m.* • *deceptor rusticorum:* • ein farender schüler zu ihm eintrat, wie sie denn umbgiengen vor jarn und lauter pawrenbscheiszer warn. H. Sachs II. 4. 63c

BAUMBEGRENZT • an einem kleinen baum und buschbegrenzten flusse. Göthe 31. 144

BEBEWAND *f.* • *paries tremulus:* aus düstern klosterhallen schallen verhaltne seufzer und verhallen • an unsres herzens bebewand. Göthe 47. 184

BEBUCKELN • *umbone ornare:* hieng das schwert / mit gold bebuckelt um die schultern. Bürger 150a

BECHERHELD *m.* • *potator:* wenn du ein so groszer becherheld bist, als du rühmst. Fr. Müller 1. 163

BEDIENTENSEELE *f.* •

BEEICHELN • *glande instruere:*

die bäume beeicheln sich; aber wer sitzet dir denn in dem beeichelten kranze, zechend mit wildem schrei?
Klopstock 2. 190

• beeichelte bäume *kommen in den wapen vor.*

BEEXCELLENZEN • dafür aber wurde ich so viel beexcellenzt, als ob ich der erste ordensgeneral wäre. Seume

BEFEHLSAUSRICHTER *m.* • werden aus den kirchenoberen servile befehlsausrichter. Schuderoff *protestantismus* 36

BEFEHLSHABERTON *m.* • in seinem gewohnten befehlshaberton. *denkw. des ritters* von Lang 1. 166

BEFLEISCHEN • *carne vestire* (*vgl.* einfleischen, zerfleischen): ein matter wolf voll nahrungssorgen / betrat an einem frühlingsmorgen /der fetten anger feuchtes grün. / da sah er mit erwünschten freuden /ein wolbefleischtes füllen weiden. Hagedorn 2, 21 • wolbefleischt = *wol bei fleisch.*

BEGABELN • *furca excipere, aggredi, schwächer als* **aufgabeln,** *mit der gabel anstechen:* **mitten in der raschen arbeit, eine junge hühnerbrust zu begabeln.** Kl. Schmidt

BEGAUZEN • *inspicere, für* **begutzen, begucken** (*s.* **angutzen**)**: ihre abgeschmutzte wäsch und hemder begauzen und durchsehen.** *mägdelob* 29

BEGECKEN • *infatuare, zum narrn, zum besten haben* • *nnl.* **begekken** Stieler 621 • **einen filz begeckte einer mit diesen worten.** Zinkgr. 2. 71 • **des habichts (Östreichs) flug sich strecket, d'andre churfürsten kräftenlos / er offenbar begecket.** *Utricularius* 1. 20

BEGIERDENSPEISERIN *f.* •

er kan alle nacht die begierdenspeiserin und sein vergnügen im arm küssen.
pers. rosenth. 7. 20

BEGIERDENZÄHMER *m.* • **und ist dis nit ein genugsam wunderlich mirakel, die kraft und tugend diser gewaltigen fleischdemmer und begirdenzämer zu erweisen?** *bienenk.* 27b

BEGLEITDUNSTKREIS *m.* •

als so spät in der nacht ... die prinzessin sammt ihrem begleitdunstkreis anfuhr. J. Paul *Hesp.* 1. 187

BEGLÜCKER *m.* • *felicitatis auctor.*

BEGLÜCKSELIGEN • *nnl.* **begelukzaligen: er sorgte euch zu beglückseligen.** Lohenst. *Arm.* 2. 965 • **beglückseligt mein herz mit eurer gegenwart.** Pierot *2, 102* • **eines von denen werkzeugen, deren sich der himmel sehr oft bedienet, wann er ein ganzes land beglückseligen will.** Canitz 187 • **die wohnungen der seligen würden durch die ankunft der königin beglückseliget.** Liscov 177 • **ewig müsse der himmel alle diejenigen beglückseligen, die ihnen ähnlich sind.** Lucius *an Gellert* 6. 146 • **der tag ihrer geburt sei mit den auserlesensten segnungen des himmels beglückseligt.** 6. 157 • **vielleicht hat sie der anblick der sonne, der uns neulich auf ein paar tage beglückseligte, zu dem ailhaudischen pulver verführt.** Leisewitz *br.* 278 • **das bedürfnis einer glückseligkeit und eines beglückseligenden gottes.** Fichte *anw. zum sel. leben* 236

BAUERNWIRTSHAUS
BAUERNTANZ
BAUER
BAUERNTÖCHTERLEIN
BAUERBENGEL
BAUERNROCK
BAUERNLUST
BAUERBENGELFREUDE
BAUER!
BAUERDÜNKEL
BAUERNSCHIMPF
BAUERNBENGELSPRUNG
BAUERNJUPPE
BAUERNKITTEL
BAUERNHAAR
BAUERNAUFRUHR
BAUERNFEIGE
BAUERBURSCHENSCHAFT
BAUERNFRIEDE
BAUERNVATERUNSER
BAUERNFEIERTAG
BAUERNFEIERTAG

BEGOSCHEN • *bemaulschellen, ducere alicui alapam:*

hielt es für eine ehr, wenn jemand von adlichen händen begoscht wurde. [Abr. a s. Clara 2. 365. *bair.*]

• goschen, abgoschen, *maulschellieren.* [Schm. 2. 77]

BEIBELEN • *ein dunkles wort, dessen sich die weinvisierer bedienten:* dann sein reimen war, wer etwas im glas uber laszt, dem teufel ein opfer laszt, darumb must er teglich nach der weinvisierer tabulatur viermal weiselen, treubelen und beibelen. [*Garg.* 43b] • *so alle vergleichenen ausgaben, man möchte aber* beigelen *lesen.* • *s.* beigeln *und* beigler.

BEIERLEICHE [*f.*] • funus minus solemne, eine leiche, zu der nur gebeiert, nicht geläutet wird.

BEIERN [*nnl.*] • beijeren, *mit dem klöpfel* (beijart) *an die glocke schlagen, statt sie im schwunge zu läuten.* • gern wol hört ich vordem, wenn zum morgenden feste der küster beierte / doch nun schallts mir wie todtengeläut von dem kirchthurm. [Voss 2. 22] • *der in einer anmerkung sagt:* „man läutet, indem man die glocke in vollem schwunge bewegt. man beiert, indem man den rand der ruhenden glocken mit den klöpfeln durch befestigte seile tactmäszig anschlägt.“ Mit meinem fusz wars noch lange nicht recht und ich muste bei jahren dran beiern. [*a. m. im Tock.* 179] • *wie* hinken *ein* clocher, cloper, clopiner *ist, an* glocke (cloche) *und* klöpfel *mahnend.*

BEINAHEWUNDER [*n.*] • *ein halbes wunder:* ich hüpfte nicht selten in meiner waarenkammer vor freuden hoch auf und betrachtete meine errettung als ein beinahewunder. [*der arme mann im Tockenb.* 213] • *gebildet wie* beinaheinsel.

BEINHASE [*m.*] • *pfuscher* [Felsenb. 2. 190] • *s.* bönhase.

BEITEINWEIL • *exspecta parumper:* lieben landsknecht, seit still und schweiget, ich wil euch ein eigen dorf eingeben, ligt allernächst hiebei, das heiszt Beiteinweil. [Frey *garteng. cap.* 44] • kom ich nicht hinüber, so bleib ich im dörflein Beiteinweil unterwegen. [*Garg.* 233b] • *auf ähnliche weise bildet man heute* warteinweil, warteinweilchen.

BEITMÜMPFEL [*n.*] • *frustulum praegustatum, ein biszlein, das vorläufig (en attendant) gekostet wird.* [Stieler 1305]

BEKEHRSÜCHTIG • des frommen und bekehrsüchtigen bischofs [Wieland 15. 240]

BEKLEINODEN • *gemmis ornare:* ob ich jeder wissenschaft ihren glanz gleich lasse, so ist es doch die poeterei alleine, womit der andren ihre stirnen gleichsam bekleinodet werden. [Logau 3. 2]

BELEIBZÜCHTIGEN • *mit einer leibzucht versehen* • *s.* leibzucht.

BELFERN • *gannire:*

so laszt uns nicht hören ir schreien, bellen, belvern, klagen und lestern. [Luther 8. 7b]

• das belfern der füchse. [Henisch 273] • ungeacht was bruder Neidhart darwider grunzen und belvern mag. [Oberlin 117] • fern nun blafts und belfert mit nahendem laut. [Voss 2. 38] • zwar belferte sie jämmerlich, doch muste sie sich geben. [Bürger 48a] • wie ein spitz an der kette gebelfert. [Platen 282] • zu ohren belfern, *obgannire.* [Henisch 273]

BELLERLEIN *n.* • *σκυλάκιον, ein bellendes hündchen* • mistbellerlein, *und die unter* bellen 1. [aus Keisersberg] *angezognen stellen.*

BELORBERN • *laurea ornare, mit dem ton auf* o: hat der unverhofte blitz dein belórbert haupt getroffen? [Gryphius 1. 396] • und mein belórbert haupt zu decken. [Lohenst. *Cleop.* 126 784] • die belórberte furie, krieg der erobrung. [Klopstock 2. 127] • o diese kunst versteht / nicht jeder kaiserlich belórberte poet. [Wieland 5. 160] • *seit* man *aber für* lórber lórbèere *vorzog, heiszt es auch* belórbèert: die stirn, wie ein priester, belórbèert. [Platen 282]

BELUGSEN • beluxen, *belauern, betriegen, von* belugen *abgeleitet, wie* ablugsen *von* ablugen.

BELZPLETZIG • *entweder den pelz flickend oder am pelz geflickt:* schneckkriechige, belzpletzige alte kupplern. [Garg. 47a]

BEMAULKORBEN • *fiscella capistrare, thieren einen maulkorb vorhängen:* geschweige, dasz die blendwerke, gaukeleien und zauberformeln länger bei ihm (*dem volke*) anschlagen sollten, womit es sich ehmals in seiner dumpfheit bemaulkorben und nach der pfeife seines führers tanzen machen liesz. [Wieland 7. 343] • kirre machen, zäumen und bemaulkorben. [8. 76] • thiere müssen sich bemaulkorben und bezäumen lassen. [29. 32]

BEMITTELMÄSZIGEN • *temperari, mitigari:* dieses (*düngen*) musz allein im herbst geschehen, sonderlich wann man taubenoder hünermist gebrauchet, damit ihre übrige scharfe hitz von des winters kühler feuchtigkeit bemittelmäsziget (*sich ermäszigt*). [Hohberg 1. 461b]

BEMURMELN • *murmure accipere, ahd.* pimurmilôn. [Graff 2. 860] • *mhd.* bemurmeln. [*fundgr.* 165. 13] • den kranken bemurmeln, *leise zaubersprüche über ihn ergehn lassen.*

BEMÜSELN • *illinere, infuscare, maculare. mhd.* und lant iu bemüseln / mit râme und ouch mit üseln antlitz unde varwe. [*GA.* 1. 215] • *nhd.* und ist schon, das si bede lauter und weisz sind, und nit in todsünd fallend, so wirt doch eins vom andern bemüslet durch bloszen anmut, den eins zum andern gewinnt. [Keisersberg *par. der sel.* 222] • also wilt du im die eer und seinen gůten lümden mindern und bemüslen. [*sünden d. m.* 27a] • *scheint verwandt mit* bemasen = bemâsen, *und* mâsen, müseln *weisen auf ein verschollenes verbum.* [Stalder 2. 222] • *hat* müselen, vermüselen *für zersägen.*

BENAMSUNG *f.* •

er muste deshalb von ihnen allerlei spottreden und benamsungen erdulden. [Göthe 48. 94]

• so haben wir in der ältesten zeit betrachtung, philosophie, benamsung und poesie der natur alles in einem. [49. 3]

BENELKEN • *setzt* Lohenstein öfter für mit nelken *schmücken, d. h. rothblühend erscheinen lassen:*

will ihr benelkter mund im grabe
blumen sämen? [Cleop. *112. 315*]

• des sommers zierde pralt auf den benelkten wangen. [*Ibrah.* 66. 461] • bengeln, fuste, virgis caedere, verberare, prügeln: wurd ich gepengelt hart. [H. Sachs I. 500d] • erzausen und mit feusten pengeln. [IV. 3. 58d] • wo sichs pengelt, da musz man mitmachen oder davon gehen. [Lehmann 90]

BENUDELN • *lagano farcire, in nudeln einmachen:*

es wartet schon auf dich ...
sauerkraut und ein benudelt huhn. [Günther 1102]

• sich benudeln, *mit wein anfüllen, betrinken.*

BEPANTOFFELN • *calceos soleis instruere* • bepantoffelt *soleatus:* kein bepantoffelt schnudler. [*Garg.* 279b]

BEPURPERN, BEPURPURN • *purpurare, röthen:* bepurpurte trauben; / denn als der rosen haupt, das anfangs weisz geschienen, / durch Aphroditens fusz bepurpurt ward und schön. *vgl.* purpurlippe. [Lohenst. *blum.* 69] • mein glanz bepurpert selbst der sonnen augen [*bran.* 79] • die sich bepurpurn. / du dringst Auroren nach / in ihr bepurpert schlafgemach. [Brockes 6. 103; Uz 1. 69] • indem sie (*die morgenröte*) rings um sich her die wolken bepurpert. [Zachariä 2. 6] • niemals müsse das licht den wollichten osten bepurpern, / dasz mein feuriges herz nicht dir zu ehren entbrenne. [2. 14] • bald werden volle rosen seine (*des gartens*) gänge bepurpurn. [Lucius *bei Gellert* 6. 277] • das mit welchem rosenfinger wer bepurpurt hat. / ich bepurpre [Herder 3. 120] • der kämmerer gesicht mit seinem blut. [Schiller 564] • wie die untergehende sonne, den berg bepurpurnd. [Göthe 38. 305] •

hier stehen deine jäger mit den zeichen
des mordes, und von deinem blut bepurpurt
(signd in thy spoil, and crimsond in thy lethe). [W. Schlegel *im Jul. Caesar* 3. 1]

BERNSTEINWIND *m.* • *der ihn an den strand treibt.*

BESCHABERNACKEN • *vexare.* [Stieler 1701] • *s.* schabernack.

BESCHANDFLECKEN • wo bleibet unterdessen bei solchen ungöttlichen händeln, die gerechtigkeit, die liebe, das gewissen? wirds nicht alles dardurch von ihnen selbst beschandflecket und prophanieret? [Chr. Andreae *buszposaune E* 4b]

BESCHIENBEINEN • *tibia instruere:* mächtig adelich war er beschinbeint, alle stümpf (*d. i. strümpfe*) lagen im glat an, fein wie es die jungfrawen gern sehen. [*Garg.* 114b]

BESCHLUMPERN • *maculare,* den rock, den mantel.

BESCHNICKSCHNACKEN • *irridere, verspötteln, bespötteln:* hervor musz er, der matte streich, dasz er beschnickschnackt werde. [Bürger 65a]

BESCHWAPPELN • sich, *heluari, tuburcinari, sich befressen, besaufen.* [Stieler 1962]

BESECKELN • sich, *was* sich besacken, *den beutel füllen, rebus suis consulere.* [Stieler 1660]

BESEICHERIN f. • *bettpisserin.*

BESITZGERECHTIGKEIT f. • dasz er eine newe besitzgerechtigkeit erlangte. *Harnisch* s. 121

BESTBEMITTELT • *locupletissimus.*

BESTIEFMUTTERN • *noverca donare:* der vater bestiefmuttert seine kinder, *heiratet wieder* • verschimmelte, verlegene, korbfällige, bestiefmuterte, unfolgsame, unhäusliche, verschreite, gereuterte töchter. *Garg.* 272b

BESUCHAMEISE f. • *formica migratoria, wer von besuch zu besuche läuft:* dieses gastwirtleben am hofe, dieses vorüberrennen der feinsten und geistreichsten fremden und besuchameisen, die in drei tagen vergessen sind. J. Paul *Hesp.* 2. 192

BETTBLUTTER m. • *wer auf Silvestermorgen der letzte aufsteht.* Tobler 39a

BETTELMÄNNISCH • *auf bettlerart:* besser bettelmännisch gefahren, als edelmännisch gegangen.

BETTELPATZIG • *bettelstolz.* • *s.* patzig.

BETTLERBETT n. • *so nennt* Fischart *Garg.* 95b *den wein, weil der bettler bei ihm weich schläft und seiner sorgen vergiszt.*

BETTSTROHLÄGERIG • *stramine decumbens:* das bettstrohlägerige vierfürstenthum. J. Paul 38. 154

BEZWACKEN • *circumradere, subtrahere, carpere:* die geltmittel beschneiden, bezwacken und hinterhalten lassen. Philander 2. 557 • er bezwackte nicht allein seinen herrn, sondern auch die wirte. *Simpl.* 1. 574 • einen bezwacken, beängsten und verfolgen. Butschky *Patm.* 169 • dem emsigen Galen genusz und ruhm bezwackt. Günther 382 • *vgl.* zwicken, bezwicken, zwacken *und* abzwacken.

BIBELBUCHSTÄBLICH •

durch diesen entschiedenen bibelbuchstäblichen glauben.
Göthe 48. 144

BIENENBÖSE • *periratus, gleich erzürnten bienen.*

BIENENKORBITÄT f. • da macht sie (*die kirche*) gleich ein pfaffenkönigreich, ein binenkorbitet und päpstliche monarchei oder alleinherschung daraus. *bienenk.* 37a • *gebildet wie* albertät, bierbausitat *u. a. m.*

BIER

BIERBALGER *m.* • **der bierbalger will an dem armen bier ein eer einlegen.** Frank *trunkenh. H 2b.*

BIERBEDARF *m.* • *quantum cerevisiae necessarium est.*

BIERESEL *m.* • **ein unruhiger hausgeist, der nachts alles zerschlagen soll, wenn ihm nicht ein krug bier hingestellt wird.** • *s. auch* **bierholer.**

BIERFROSCH *m.* • *potator, der im bier patscht, schwelgt, wie der frosch im wasser.* Stieler 1417 *hat* **bierpadde.**

BIERGLÜCK *n.* • *brauglück, glück im bierbrau.*

BIERHELD *m.* • *potator, bierzecher:* **wenn der trunkenbold trotzig ist und seines saufens als ein bierheld oder weinritter wil gerümet sein.** Luther 3. 244b • **unser füllpoden aber und volle zapfen wöllen den wein drutzen und dauzen und als die bierhelden und weinritter gerümet sein.** Frank *trunkenh. H 2b*

BIERLUDER *m.* •

BIERLÜMMEL *m.* •

BIERMANGEL *m.* • *potus defectio.*

BIERMÖRDER *m.* • *potator, der das bier mordet, tilgt, aufzehrt.* Garg. 59a • *mhd. würde man gesagt haben* **bierswende,** *heute* **bierverderber.**

BIERMUT *m.* • *animositas bacchica, biercourage.* Stieler 1298

BIERZEUGE *m.* • *ein mit bier und zutrinken gewonnener zeuge.* Stieler 2615 • *s.* **weinzeuge.**

BLAUSCHIELEND • *ein bezeichnender ausdruck für ins blaue fallend* (*s.* **schielen**), *besonders von milch gebraucht:* **gute milch musz blauschielend weisz sein.** Ettners *hebamme* 723

BLEIBHAFTIG • *dasselbe:* **so ich eines sitzes bleibhaftig were.** Paracelsus 2. 655c • *auch* Stald. 1. 184 *hat es.*

BLEIBLICHKEIT *f.* • *stabilitas:* **das heiszen gedenk, so du mit dinen gedenken von einem uf das ander ferst, das du denn dort an, denn hier an gedenkst on inheftung oder bliblichkeit diner gedenk.** Keisersb. *bilg.* 66c • **bleiblichkeit**

der ansätze und deren widerverschwindunge. Thurneisser *prob. der harne* 89

BLINKERBLANK • *was* blink und blank: alles war neu und blinkerblank. Kohl *Petersb.* 2. 349

BLITZHAGELDUMM • *vgl.* blindhagelvoll *und* blitzdumm: bist du dann so blitzhageldumm, dasz dus nicht merkst? Fr. Müller 3. 75

BLITZZWIEBELBLAU • *blau von schlägen oder vor kälte.*

BLUMENBUSEN *m.* • der schmetterling, den zum letzten male der mütterliche blumenbusen säuget. J. Paul *uns. loge* 3. 160

BLUMENERINNERUNG *f.* •

mancherlei aufgetrocknete
blumenerinnerungen früherer spaziergänge.
Göthe 17. 399

BLUMENGLÜCKLICH • nicht am ulmenbaum hast du ihn besucht ... / tändelnden ihn, blumenglücklichen Anakreon. Göthe 2. 73

BLUNTSCHEN • *plumpen, platschen, ins wasser fallen.*

BLÜTENUMDUFTET • blütenumduftetes grab. *Mess.* 17. 694

BLUTVERGOSSENHEIT *f.* • damit der wahnsinn dich nicht überfalle der blutvergossenheit, der ganz den geist zerstückt. Bettine *gespr. mit dämonen* 96

BOBBELN • bubbeln, *edere sonum enascentium et fatiscentium bullarum.* Stieler 205 • *engl.* bubble • *dän.* boble • *nnl.* bobbelen. • *vgl.* bluttern, gurgeln.

BODENBÖSE • *pessimus, grundböse, grundschlecht, in den boden hinein verderbt:* der kaffee schien ihm bitter und der eiertätsch bodenbös. Gotthelf *sagen* 5. 83 • andere sollten es sehen, es gibt deren, die bodenbös sind. 5. 154

BÖRSENGESUMSE *n.* • ich sehe auch wirklich nicht ein, warum nicht börsengesumse ebenso angenehm sein soll, als das rauschen des eichenwaldes. Lichtenberg 2. 179

BÖSEWICHTISCH • *facinorosus, scelestus:* sind das nicht feurige bösewichtische spiesze, so weisz ich nicht, was feur, bosheit und spiesze sind. Luther 1. 368a • du wilt die böswichtischen oberkeit dadurch bestätigen. 3. 132b

BRAUTEMPFINDUNG *f.* • *bräutliche sehnsucht:* froh von wonne des mais und brautempfindung singt der nachtigallknab im jungen ahorn. Voss 3. 35

BRECHBECHER *m.* • *scyphus vomitorius, ein becher von spiesglas, in welchem man wein eine nacht über stehn liesz, der dann zum brechmittel diente:* **der mann hält sich in steinbrüchen auf und säuft seine bittern extracte aus einem brechbecher fort.** J. P. *Hesp.* 4. 152

BROTNEID *m.* • *invidia quaestus,* **bei den handwerkern kommt dieser brotneid am meisten vor.**

BROTSORGE *f.* • *victus cura, nahrungssorge.*

BROTVERSTAND *m.* •

man sagt von menschen, dasz sie im eigentlichen brotverstande hungers gestorben sind. Hippel 2. 443

BRÜMMCHEN *n.* • *ein leiser schlag auf die lippen, dasz sie einen schall von sich geben, man* **schlägt** *den kindern* **ein brümmchen** *oder sie thun es sich selbst untereinander.*

BRÜMSELN • *was* **brumsen: von stiller wollust brümselnd und mit beinen und flügeln handthierend.** Tieck *nov. kr.* 4. 261

BUBENBEICHTE *f.* • *confessio simulata, scheinbeichte, wie sie aus eines schlechten menschen munde geht.*

BÜCHERGLÜCK *n.* • *fatum libelli.* • Logau *überschreibt* 2, 7, 96 **bücherglücke: bücher haben auch ihr glücke. / wann sie nicht gesalzen sein, / faszt man dennoch gute würze, pfeffer oder safran drein. / kümt es dir, ich bin zu friede, liebes buch, nur auch so gut, wann mit dir nur in geheime niemand was verschämtes thut.**

BÜCHERLUSTIG • *librorum cupidus:* **weil bücherlustige hernach das buch gar nicht begehren würden, wenn sie sähen, dasz es nicht vom teufel geschrieben worden.** J. P. *teufelsp.* 1. xiii

BUMBSEN • **bumpsen,** *wacker prügeln.* Stalder a. a. o.

BUMMELIEREN? • *in einem alten liede heiszt es:* **bummelierst du mir, so bummelier ich dir, in hohen freuden leben wir.**

BUMMELWITZEN • *superbire, übermütig sein:* **därfst nit a so bummelwitzn, kannst gleih aum boden sitzn.** Seidl *almer* 1. 70

BUNTGEWÜHL *n.* • *turba discolor:* **störe nicht den holden zug, du ros und reiter! jeder freue • sich des buntgewühls.** Göthe 11. 265

BUNTVERWORREN • **ein buntverworrenes gepäck.** *22, 126*

BURSCHENABENTEUER *n.* • *studentenabenteuer.* Gotter 3. 181

BUSCHKLÖPFERISCH • *praedatorius:* wie Olivier seine buschklöpferische übelthaten noch wol zu entschuldigen vermeine. *Simpl. ed.* Keller *s.* 607

BUSEN

BUSENGUCKERISCH • *clanculum limis oculis spectans sinum, nach dem busen schielend:* busenguckerisch beichtvätter. *bienenk.* 160b

BUSENKOLLER m. • *was* busengewand: wol manche sitzt so spröd und kalt, ders unterm busenkoller wallt. Stolberg 5. 239

BUSENSÜNDE f. • schoszsünde, lieblingssünde, die einer gern und wiederholt begeht.

BUSENWARM • *warm wie im busen:* so gieng es selig dahin in der weiszen busenwarmen nacht. J. P. *anh. zu Tit.* 2. 55

BUTTELNASE f. • *alca arctica, pica marina, ein wasservogel, nach dem engl.* bottlenose, *brantweinsnase.*

BUTTERBAMME f. • *panis butyro illitus, butterbrot.*

BÜTZELN • *für* bitzeln (sp. 58), *mordere, vexare:* dann noch ein sorg, welche mich bützelt und tag und nacht anficht und kützelt. Jac. Frischlins *Rebecca* 1589 s. 12 • das goslarisch bier hat ein ziemliche wärmende natur, ist etwas süszlechtig im anfang, darnach bützelt es mit einem weingeschmack auf der zungen. Tabernaem. 788 • so der salpeter aber bützelt auf der zungen und süsz ist, so ist er gut. Fronsp. 2. 221a

BUTZENMUMMEL m. • *dasselbe:* unverständige eltern und loses gesinde, welche die kinder mit dem mummel, butzenmummel, langen mann, dem schwarzen mann, der holzmutter, dem bösen mann, dem hopmann, dem kemmetfeger, und weisz nit was für narren schrecken. Moscherosch *christl. vermächtnus* 1643 s. 163. *in* Jägers *Ulm* 522 *steht* butzenmummler.

C • *gröszeren umfang gewinnt das bei uns eingedrungne* C *dadurch, dasz es in vielen aus dem latein und den romanischen sprachen entliehenen wörtern haftet. zwar könnte es als tenuis auch hier durch* K *vertreten werden und Ulfilas schrieb auf griechische weise kaisar karkara akeit faskja, wie wir noch heute kaiser kerker keller kiste kirsche. ahd. nahmen solche wörter häufig ein* CH *an: cheisar, charchari, chafsa, chiricha. als aber die romanische aussprache des* C *sich verwandelte, nur vor* a o u *und vor liquiden rein blieb, vor den übrigen vocalen zischend ward, erschien dieser zischlaut nunmehr auch in den seitdem aufgenommenen wörtern, und wir sprechen zelle (neben jenem unmittelbar verwandten keller) zentner zimmet zirkel aus.*

S. 44/45

CABALENMACHER m. • *fallaciarum architectus, ränkeschmied.*

CALDAUNEN pl. • *intestina, eingeweide,* **kuttelfleck.** Henisch 580 • *das* AU *wie in* **galaune, kartaune, posaune, kapaun** *u. a. m. mlat.* **calduna** • *böhm.* **kaldaun, kaltaun: ich haue dich, dasz dir die caldaunen am sattelknopfe hängen bleiben.** Weise *erzn.* 196

CALFACTERN • *denuntiare, anbringen, den mantel nach dem winde hängen* Tobler 93b • *überhaupt, den pudel machen, sich zu allem hergeben.*

CARTAUNENMÄCHTIG • **das wasser wird von inen beschworen mit disen carthaunenmächtigen worten.** bienenk. 1580 21a, 1588 15b

CATECHISMUSMILCH f. •

ich schäme mich vor mir selbst, dasz ich scheinen musz, eine solche catechismusmilch meinen lesern noch vorkauen zu wollen. Lessing 10, 88

CHARACTERSONNE f. • **die himmlischen charactersonnen trüben sich zu einem klümpchen erde ein.** J. P. aesth. 1, 53

CHARMIEREN • *delectare, leviter amare, bezaubern, liebeln:* **mit einer charmieren.**

CHRISTLÄSTERLICH • **disen grewlichen christlesterlichen irrthumb.** Melanchth. *collatio mit Schwenkfeld* 1593 *bl.* 2

CHRISTMITLEIDENTLICH •

dein unglück habe ich christmitleidentlich verstanden. Butschky kanzl. 693

CHRISTUSBILD • **christuskopf, christusthränen** (*coix lacryma, sonst auch* **Hiobsthränen)** *u. s. w. sind wortbildungen, die sich die neuere sprache herausnimmt, seit* **Christus** *unflectiert auch im obliquen casus gesetzt wird. hier wäre sonst ein fühlbarer gen. erforderlich.*

CHRONIKWAHRHEIT f. • **alles voll chronikwahrheit / und laune.** Ardinghello 1, 25

CLAUDITCHEN n. • *apparitor, häscherlein, nachtwächterchen:* **ein morgenstern, wie ihn die clauditchen zu Leipzig führen.** Gryphius 1, 837 • **liesz mir von etlichen clauditgen mein pferd aus dem häscherloch wieder herausziehen.** *Schelmufsky* 2, 40 • *das diminutivum setzt aber ein* **claudit** *oder* **claudite,** *schlieszer, einsperrer voraus, vgl.* **frohn-**

claudite. [*Schelmufsky* 1, 151] • *heiszt die tochter eines kerkermeisters* **Clauditte.**

COLLATZBAUCH *m.* • *compransor, schmausbruder:* **freszschnaufige maulprockcr, collatzbäuch, gargurgulianer.** [Garg. 17a]

COLOSSISCH • *colossal:* **colossisch hoch und puppisch klein.** [Göthe 2, 220]

COPEILICH • *abschriftlich, nachschreibend, nachmahlend:* **der geistesschwung des philosophen, von der copeilichen betrachtung des physischen der weltordnung zur architectonischen verknüpfung derselben nach zwecken hinaufzusteigen.** [Kant 2, 293]

CRUSTELIEREN • *franz.* **croustiller,** *deutsch* **krusteln,** *beim brotessen trinken.*

CURTISIEREN • *levitatibus amatoriis deditum esse, liebeln:* **ich stutzte in etwas, da in betrachtung zog, wie ich allem ansehen nach mit einer heidin courtoisierte.** [*Felsenb.* 1, 44] • **die freude, das lachen, das curtisieren, das saufen sind seine pflichten.** [Lessing 1, 413] •

das war ein spazieren,
auf dorf und tanzplatz führen,
must überall die erste sein,
curtesiert ihr immer mit pastetchen und wein. [Göthe 12, 187]

D *vermittelt den dünnen und scharfen laut* T *mit dem gehauchten* TH. *es nimmt in dem griechischlateinischen alphabet den vierten platz ein zwischen* Γ *und* E *oder* C *und* E*: in dem nur aus sechzehn buchstaben bestehenden altrunischen, das eine eigene sehr verschiedene ordnung hat, kommt es nicht vor, da ihm* Þ *und* T *genügt; jenes hat die dritte stelle, aber zwischen* U *und* O. *dasz unter* Þ *nur die aspirata gemeint sei, ergibt sich aus den namen þurs und þorn.*

S. 48–71

DABINNEN adv. • *darin; s.* **binnen** • **was lestmal (***ich***) euch vorgab dabinnen, darauf sprecht ihr woldt euch besinnen.** Schmidder *das new morgensfell* (1585) C. *IIa* • **was du am lesten sprachst dabinnen gefellt mir nit mit allen sinnen** *C. IIIb*

DACHDICHT • **und wanddicht,** *sartum tectumque* Henisch 630

DACHTELDECHTEL • *knöchlein womit die kinder spielen. heiszt es so, weil man bei dem spiel ihm einen schneller gibt?*

kleibelpain oder dachtel, womit die kinder kleubeln (*globulis ludere***) oder pickelkot, sorpes** Voc. 1482 *bei* Frisch 1, 181b

• **pickelkot** *heiszt* **bickelbein, kot** *ist das niederl.* **koot** *knöchel und würfel, wie* **bickel** *und* **talus. dechtel** *im Wörterb. v.* 1474 *bei* Diefenbach 252. 253

DADERER m. • *schwätzer, blatero* Stieler 269 • **däderer** Stalder 1, 256 • **doderer** *der schnell und undeutlich redet* Tobler 143 • *niederl.* **toterer** *stamler.*

DAHINTENDRAUF adv. •

DAHINVERSCHWINDEN n. • **einzelne romantische streiflichter fallen schon durch die griechische poesie hindurch, wohin z. b. Ödips dahinverschwinden im Sophokles gehört.** J. Paul *Vorsch. der ästh.* §. 25

DAHLENZEN • *wie* **dahlen. weg thalenzen,** *wegscherzen* Schoch *Studentenleben D 1b*

DALDERALDEI • *freudiger ausruf. wir mäher, dalderaldei! wir mähen blumen und heu! juchhei! ebenso* Voss 4, 110

DÄMELEI f. • *nachlässiges, gleichgültiges, gedankenloses wesen,* **vor lauter dämelei bringt er nichts zu stande.** • *s. das folgende*

DÄMELENDAMMELEN • *in einem halbbewusztlosen, bethörten, schlaftrunkenen zustand sich befinden, herumschlendern, albern, unklug sich benehmen, faseln, allucinari. niederd.* **dameln** *Brem. wörterb.* 1, 183 • **dammeln** Quickborn 285 • *vergl.* **dämmer** *crepusculum, der einher dammelt nach gedunken sam ob er für und für ganz trunken.* Eyering *Sprichw.* 3, 87 • **aber die mutter dammelt wie das töchterchen** Hermes 3, 257 • *wo auch* **dömeln** *geschrieben wird,* **ich dömelte neben her** 1, 413 • *der eine läuft den andern um, der schreit und macht den rücken krumm, und alles schmaust und dammelt* Voss 4, 198 • **barsch durchkältet der ost: wer im**

sturm lustreiset, ist unklug: nur ein wähliges paar wie das unsrige dammelt hindurch wol. *Idyll.* 16, 120 • *activ heiszt es in Liefland das kind schaukeln um es zu beruhigen, zum schweigen zu bringen;* s. Hupels *idiotikon* 46

DAMENBEFREIER *m.* • *das franz. champion.* sie spielen gerne den damenbefreier Wieland 5, 16

DÄMMERSÜCHTIG *adj.* • es ward mir so selig dabei zu sinne, so dämmersüchtig, so sterbefaul, / als flögen gebratne tauben ins maul. Heine *Romanzero* 168

DANKVERDIENER *m.* • *der durch unwürdige handlungen sich beliebt machen, dank verdienen will.* solchen geben sie allerhand schandnamen, heiszen sie verräter, dankverdiener, fuchsschwänzer, heimtrager *Bauernstands lasterprobe* 46

DARMWINDIG *adj.* • *torminosus* Henisch 655

DATTERER *m.* • *sprichwort,* jung datterer, alt schnatterer *wie in der jugend, so im alter* Eyring 3, 110 • *s.* dattern.

DAZWISCHENKUNFT *f.* • *interventus, im eigentlichen sinn und im bildlichen für vermittelung* Frisch 2, 489 • die dazwischenkunft von mancherlei umständen Kant 8, 282 • dazwischenkunft eines gottes Lessing 7, 219 •

nichts ist bedeutender
in jedem zustande
als die dazwischenkunft eines dritten Göthe 17, 12

• die dazwischenkunft des kaisers und ein bannstral aus Rom bewaffnete gegen ihn seine landstände und sein capitel Schiller 890

DECEMBERHUNGER *m.* • höfe d. h. hofleute, hofdamen sehnen sich so sehr unter menschen: wie thiere der decemberhunger so treibt sie ein edler vom throngebirge in die platten ebenen hinab (*in das idyllische leben*) J. Paul *Titan* 3, 196

DECKELWÄRMERIN *f.* • (*die ehefrau ist*) seine (*des mannes*) teckelwärmerin zu seim nabel, wann ihn der bärvatter plaget Fischart *Gargant.* 69b

DECKENSCHALK, DECKSCHALK *m.* • *heuchler, s.* decken *imperativische bildung* • *der warhaftig wein verrät sein herz und thut den deckenschalk auf* Frank *Trunkenheit* G ija • so steckt doch der vorig bub in der kutten dem deckschalk *ders. Sprichw.* 1, 122b

DEGENPÜPPCHEN *n.* •

heute gefallen mir unsere jungen degenpüppchen (*studenten*) wieder einmal! Friedr. Müller 2, 112

DEINERLEI • *deiner art, wie* meinerlei, seinerlei. würme die du in dir hast, sind nicht deinerlei Keisersb. *Postille* • lei *ist bei* allerlei *erklärt.*

DELKEN • *weiche masse drücken und knäten* • *s.* talken. • oder wie kan es gröber zugehn in der arznei dann wie man in der apotheken kocht? nun mag es doch fürwar nit gröber sein dann sudlen und delken durch einander Paracelsus 1, 219b

DENKANMICH *n.* • *vergiszmeinnicht, ehrenpreis, veronica chamaedrys.*

DENKUNMÖGLICHKEIT *f.* •

ohne sie vermögen wir nicht uns als uns selbst zu denken. man vergesse nicht dasz diese denkunmöglichkeit u. s. w. Fichte *Philos. journ.* 3, 270

DENSEN • *wie* dinsen *ziehen, transitiv und auch intransitiv.* densen *recken* Henisch 679 • der wird – schaf kälber huner und auch gens behüten dasz kein wolf hindens wegziehe. H. Sachs 5, 412c • reich, arme, alte und die jungen / wurden von seiner *(des elephanten)* sterk niderdrungen: / indem sah ich von weiten densen *(daher ziehen)* / den tod kommen mit seiner sensen 2. 2, 104d • *s.* umdensen.

DERMALEIN *adv.* • lern herschen und demütig sein, so du wilt herschen dermalein Henisch 674

DESFALLSIG • *s.* allenfallsig.

DESSELBENGLEICH • den frommen fürsten von Wirttemberg und Hessen desselben gleich Soltau 2, 158, 24

DETZLEIN *n.* • *trinkgeschirr, dimin. von dem aus dem französ. entlehnten* tasse, *ital.* taza, *dem es näher steht: man sagt auch bei uns* tatse Stieler 2259 • *bair.* tatz, tatze *f.*, tatzl *n.* Schmeller 1, 465 • die tatzien aus dero er getrunken Abrah. a S. Clara • lang den richtwein, die richter haben sich gesetzt. / wer den andern hat verletzt, / lang dem andern das detzlin / und bring ihm drei gesetzlin Fischart Garg. 94b

DEUCHEN • *rennen, rasch laufen in Schlesien* Weinhold *Schles. wörterb.* 14 • *vergl. das mhd.* tuht *kraft, stärke, impetus.*

DEUTELDÜRFTIG *adj.* • *einer künstlichen auslegung bedürftig.* **und sind hie nicht tunkele noch deuteldürftige wort, sondern dürre und helle** Luther 8, 1b

DEUTERLING *m.* • *zeigefinger.* Göthe *führt es an als ein wort dessen sich ein wunderlicher lehrer im clavierspielen bediente, nicht als ein allgemein gültiges,* • **und weder von einem däumerling noch deuterling noch goldfinger war mehr eine silbe zu hören. die däumerlinge und deuterlinge, die krabler und zabler, wie er die finger zu bezeichnen pflegte** 24, 186

DEUTSCH

DEUTSCHDEUTSCH • *deutsches deutsch.* **teutschteutsch sive meisterteutsch** *tersus, subtilis, verus et sincerus loquendi modus* Stieler 2277

DEUTSCHHEIT *f.* • *deutsches wesen, deutsche natur.* **mein teutschikait und üppig er ist mir durch in an (ohne) wasser oft erloschen.** Oswald v. Wolkenstein 13. 16, 15 • *bei* Stieler 2278 *wird es* **übersetzt** *natio germanica, gens teutonica; ferner integritas fides et religio Germanis propria und salus gloria et dignitas populorum Germaniae.* • **deutschheit würde sich nicht (***in die* **übersetzung** *der Ilias in hexametern***) hineinbringen lassen und griechheit, dasz ich so sage, noch weniger. deutschheit, gedrungene markige nervenstraffe deutschheit find ich auf dem wege den ich wandle, und sonst auf keinem andern** Bürger 180b • **ein gesicht von edler deutschheit** Lavater • **der lächerliche trotz auf deutschheit und die thörichte verachtung der ausländer** Lichtenberg 4, 304 • **dasz z. b. der Baier dem Preuszen gegenüber sich der gemeinsamen deutschheit nicht entsinnt** Fichte *Deduc. plan* 109 • Göthe *gebraucht es gerne ironisch,* **mit deutschheit sich zu zieren hat jeder sein armes wams zerschlitzt: sie ziehen ihr hemdchen durch die spalten, das gibt gar wunderreiche falten** 13, 54 • **jeder schauspieler sah nun wie er bald in helm und harnisch, jede schauspielerin wie sie mit einem groszen stehenden kragen ihre deutschheit vor dem publico producieren werde** 18, 198 • **so dasz männer und frauen, mägdlein und junggesellen fast aller deutschheit und**

nationalität zu vergessen scheinen 32, 129 • ich hatte erst lust in die komödie zu gehen um die deutschheit (*etwa im Otto von Wittelsbach*) in ihrem glanze zu sehen ders. Briefe an frau v. Stein 3, 213

DEUTSCHKOMISCH *adj.* • die englische poesie hat eine gebildete komische sprache, welcher wir Deutschen ganz ermangeln. das deutschkomische liegt vorzüglich im sinn, weniger in der behandlung Göthe 46, 208

DEUTSCHLICH *adv.* • *deutlich.* dutschlich *vulgariter, gemeinlich* *Vocab. v.* 1429 • deutschlich und mit claren langen worten *Bair. landtag von* 1514 s. 226 • dem alten herkommen nach erkant und teutslich und verstendlich ausgesprochen *Weisth.* 1, 634

DEUTSCHPOETISCH *adj.* • keine deutschpoetische seele würde je vom hexameter sich haben etwas träumen lassen Bürger 177b

DEUTSCHVERDERBER *m.* • *der die deutsche sprache, zumal durch einmischung unnötiger undeutscher wörter verdirbt, oder der falsche formen gebraucht.* • eine gesellschaft (*die deutsche zu Ulmstädt*) die durch grosze, unserer sprache und dem geschmacke geleistete dienste viel zu verehrungswürdig ist, als dasz sie einen solchen deutschverderber in ihrer zunft leiden sollte Sturz 2, 27

DICHEN *s.* • deichen *schleichen.*

DICHTELN *schwache versuche in der dichtkunst machen* • der eine übersetzt, der andre dichtelt Hermes *Sophiens reise* 3, 174

DICHTER

DICHTERADER *f.* • *bildlich die natürliche anlage zum dichter, wie man auch die* poetische ader *sagt.* es ist keine dichterader in ihm.

DICHTERBRUST *f.* • so schlang ich mich mit liebesarmen / um die natur mit jugendlust, / bis sie zu athmen, zu erwarmen / begann an meiner dichterbrust Schiller 48b • du sendest, freund, mir lieder / voll frischer waldeslust: / du regtest gerne wieder / auch mir die dichterbrust Uhland Ged. 362

DICHTERFITTICH *m.* • einen auf dichterfittigen emportragen Göthe 33, 112

DICHTERFLUG *m.* • *bildlich, erhebung des dichtergeistes.* seinen dichterflug konnte nichts hemmen. • indes von ihm gewandt im zauberkreis des spottes / mein blick den raum durchstrich, wo Coypels dichterflug / die traurige gestalt des bessern Donquixottes ins pantheon der narren trug Thümmel 10, 111

DICHTERFRÜHLING *m.* • darf so der irdsche lenz sich frei erschlieszen, so mög auch unser dichterfrühling sprieszen. Uhland 184

DICHTERGEBILD *n.* • *das von einem dichter geschaffene wesen-* du belebtest in mir brittisches dichtergebild Göthe 1, 316

DICHTERGEFÜHL *n.* • die begeistrung schwebte um seinen sanft geöffneten mund und aus seinen augen schossen die blitze des hohen dichtergefühls Klinger 10, 178. Thümmel *Reise* 5, 148

DICHTERGLUT *f.* • *fervor poeticus.* seine dichterglut haben die jahre nicht gedämpft. / aber lieb und dichterglut sind so selten wahr beisammen Göckingk 3, 95 •

meine dichterglut war sehr gering,
so lang ich dem guten entgegen gieng:
dagegen brannte sie lichterloh,
wenn ich vor drohendem übel floh Göthe 2, 251

DICHTERGREIS *m.* • hienach wird man wol dem deutschen dichtergreise vertrauen, dasz er *u.s.w., womit* Göthe *sich selbst meint* 46, 230

DICHTERKIND *n.* • sei uns willkommen, dichterkind, an deines lebens goldner pforte Uhland *Ged.* 96

DICHTERKÖNIG *m.* • es gelingt Ansari *(dem hofdichter)* seinen herrn am meisten zu befriedigen und er wird zum dichterkönig ernannt Göthe 6, 50 • *s.* dichterfürst.

DICHTERLAND *n.* • *das glückselige land, wie es dichter darstellen.* jenes feen- und dichterland Klinger 12, 107 • die winke die der dichter hier unserm lieben deutschen vater- und dichterlande in der wahren inschriftsprache gibt Göthe

33, 61 • müszig kehrten zu dem dichterlande heim die götter, unnütz einer welt Schiller 22b

DICHTERLEIN *n.* • *poetilla, wie* dichterling. das kleinste dichterlein Wieland 4, 162. Gotter 1, 286

DICHTERLUST *f.* • ha! wie bläht sich diese brust! / ha! wie stürmt, wie lodert drinnen / himmelsflamme, dichterlust! Overbeck Ged. 11

DICHTERMUND *m.* • *für dichter.* • von freuden welche noch kein dichtermund besungen. Wieland 17, 50 • lasz den freien dichtermund hier deinem lobe dienen Rückert 9

DICHTERPFERD *n.* • *das geflügelte musenpferd, Pegasus.* • denn ich kan nicht reisig kummen auf dem blanken tichterpferde Logau 3. 147, 58

DICHTERSCHWAN *m.* • mich nennt der durstige Hircan recht dichterisch den dichterschwan Hagedorn 1, 109

DICHTERSCHWUNG *m.* • *die erhebung der dichterischen kraft.* sein hoher dichterschwung achtet nicht auf das gemeine der welt. sie, jedem dichterschwung zu hoch, sie traulicher dem auge darzustellen, ist keine sammlung von pastellen, ist keine sprache reich genug Thümmels *Reise* 3, 363 • ihn risz der hohe dichterschwung hinweg Göthe 9, 160 • des jüngsten menschenalters dichterschwung. Schiller 25b • wessen gemüt nicht schon zubereitet ist über die wirklichkeit hinaus ins ideenreich zu gehen, für den wird der reichste gehalt leerer schein und der höchste dichterschwung überspannung sein 1198a

DICHTERTOLL *adj.* • *von thörichter zuneigung zu einem dichter getrieben.* wenn ein dichtertolles mädchen einem Herder oder Göthe um den hals fiele J. Paul *Katzenberger* 1, 12

DICHTERTRAUM *m.* • dichterträume über welt und menschen Klinger 11, 57 • du aber (*kind eines dichters*) schlummre selig hin in angestammten dichterträumen von himmelsglanz und waldesgrün, von sternen, blumen, blütenbäumen Uhland *Ged.* 96 • geliebte, lasz den strengen ernst sich mildern und lächle zu den leichten dichterträumen, dem unbewuszten spiel, den schattenbildern 175

DICHTERVOLK *n.* • *schlechte dichter. vulgus poetarum, turba, globus* Stieler 2388 • ich empfehle Ihnen also vor der hand das dichter- und romanschreibervolk noch ferner zu beliebiger züchtigung Wieland *in Mercks briefs.* 1, 100

DICHTERWEIN m. • *feuriger edler wein wie er dichtern gebührt.* **der füll ihm von dem dichterwein / in den pokal neun stutzer (weingläser) ein.** *Hagedorn 3, 29*

DICHTERWUNSCH m. • **wenn bei himmlischem tokaier / ein dichterwunsch nach süszem abenteuer / auch dann und wann durch seine nerven fährt.** Thümmel *Reise 3*, 305

DICHTERWUT f. • *furor poeticus.* Klinger 6, 292

DICK

DICKBACKE m. • *bucco, wie* **bausbacke.** Stieler 75 *und* Frisch 1, 194c *haben* **dickback.**

DICKBART m. • *der einen dichten starken bart hat* • *vergl.* **blaubart.**

DICKBAUCH m. • *homo ventriosus* Henisch 688, *wie* **dickwanst.** *vergl.* **dickkopf.** • *der sich satt gegessen hat.* **deszgleichen das proverbium / sein locum allhie thut bekumn, / welches im latein pinguis venter, / der dickbauch, non studet libenter** Eyering 1, 109 • *der wels, ein fisch, silurus.* • *eine muschel, buccinum areola* Nemnich 1, 694

DICKBEIN n. • *das bein von der hüfte bis zum knie, diech, schenkel femur* Stieler 124 •

der herzog hat sich heute nacht am dickbein verwundt, ich will ihn heute früh besuchen
Göthe *an frau v. Stein* 2, 57

• *auch* **das dicke bein, eine musketenkugel hatte mich am dicken bein gestreift** Chr. Weise *Erznarren* 70 • *eine münze,* **schreckenberger die man dickbeine nennt** Sam. Müller *Chron. von Sangerhausen* (Leipz. 1731) 12

DICKBEMELDET adj. • **dickgemeldet,** *wie das folgende.*

DICKGEMELDET adj. • *wie* **dickbemeldet, dickgesagt,** *oft genannt.* • **bald darauf hat dickgemelter Bolisloff einem fürsten aus Reuszen seine tochter verheirathet** Micrälius 2, 193

DICKGLÄUBIG adj. • *ironisch für rechtgläubig.*

DICKHALS [m.] • *mensch mit einem dicken hals.* • *in der Schweiz eine kuh mit einem kurzen und dicken hals* [Tobler 137a] • *eine art schleimfische, meerhirsch, blennius gattorugine* [Nemnich]

DICKHIRNSCHALIG [adj.] • *unfähig zu begreifen, stupidus.* • **was deine dickhirnschaligen wissenschaftsgenossen betrift, und was sie von menschen die unter einem andern himmel geboren sind, reden, bitt ich dich ja nicht zu achten** [Göthe an *Lavater* 96] • *vergl.* **dickstirnig.**

DICKSCHWER [adj. und adv.] • *durch dicke schwer.* • **blosz weil sie** (*die gute beobachtung*) **etwa in einem zu dickschweren werke eingekerkert niedersinkt** [J. Paul]

DICKICHTSCHAUER [m.] • *schutz gegen das unwetter im waldgebüsch.* • **in dickichtsschauer drängt sich das rauhe wild** [Göthe 2, 65]

DICKEDAK • **dickedäcket,** *ein bretspiel mit würfeln, das französische* **trictrac.** *bei* [H. Sachs] *sagt der spieler* [Clas Schellendaus] •

DERGLEICH ich dem bretspil anhang, / ich kan das kurz und auch das lang, / puff gegen puff, und puffregal / dickadak und die lurtsch zumal [5, 357b] • **in alea primus modus est das lurtschen buff, contrabuff, regalbuff, dickedäcket** [Moscheroch *de exercitiis academ.* 357] • **im dickedak darf es wohl keinem frommen** [Fischart *Groszmutter* 40]

DIDELDUMLA • *eine ausrufung, die wol den ton einer drehorgel nachahmen soll, wie* **dudeldumdei!** *bei* [Göthe *13, 37*] • **trallara, dideldumla, trallara tralla! / auf, mädchen, erscheine: dein liebster ist da.** [L. Stolberg 1, 425] • *auch* **dideldum, dumdideldum,** *häufig als refrain in liedern, besonders in tanzliedern.*

DIEB

DIEBRAUMISCH [adj.] • *der heimlich, diebisch hinwegräumt.* **ja das eseltreibig, lonsorgig, augendienschaft gesind ist im kaum gehorsam: ist murrisch, widerbefzig, diebraumisch, unvertreglich** [Fischart *Garg.* 69a]

DIEBSDAUME *m.* • *engl.* **thiefs thumb.** *der einem am galgen hängenden dieb abgeschnittene daume, in dem, wie man glaubt, wunderkräfte liegen sollen.* • **diebsdaum** Chr. Weise *Isaacs opferung* 3, 12 • *wer einen solchen daumen besitzt, hat glück, daher sagt man bildlich* **er trägt einen diebsdaumen bei sich** *es glückt ihm alles. man findet in sammlungen von alterthümern in gold und silber gefaszte daumen, welche wahrscheinlich spieler bei sich getragen haben, weil sie meinten damit das glück zu fesseln. wirtsleute im besitz eines diebsdaumens glaubten dadurch gäste herbeizuziehen* Panzer *Deutsche mythologie* 2, 295 • *ja sie steckten ihn in wein oder bier, um die käufer dadurch herbei zu locken* Stieler 283. Schmeller 1, 350 • *man gebraucht* **diebsdaumen** *auch im allgemeinen für* **diebsfinger,** *für den finger der stiehlt.*

der nachdrucker überträgt durch diebsdaum und einen sogenannten langen finger das eigenthum anderer geschickt auf sich
J. Paul *Herbstblumine* 3, 133

• **ich unterrichtete ihn es sei eine ehrliche hand, wovon er alle finger wegschneiden könnte, bis auf den nöthigen diebsdaum** ders **die gnadenmittel und diebsdaumen der censur** ders. *Holzschnitte* 10, 126 • **springt man so um mit gänslein, wie ganz gewis das schwarze da unter mir in der rotonde ist? braucht man das herz zum diebsdaumen?** ders. *Anhang z. Titan* 2, 29 • **a weis emol dein pute** *(pfote, hand)*, **ach, dau allmächtiger gott, wor mer jo der diebsdaume schont widder on des chwarzkarsche** *Der Amerikaner, Frankfurter lustspiel vom verf. des Gräff* (Frankf. 1835) s. 9 • s. *diebszehe.*

DIEBSLATERNLEINMACHER *m.* • Fischart *Groszmutter.*

DIEBWILLIG *adj.* • *zum stehlen geneigt.* **die diebwilligen und raubgierigen herren** Luther 6, 121a

DIECHWEH *n.* • *hüftenschmerz.* **ruckenweh, diechweh** Paracelsus *Opp.* 1, 304

DIENST

DIENSTATHEM *m.* • *bildlich für diensteifer,* **einen durch gehaltszulagen im dienstathem erhalten** Hippel 7, 115

DIENSTBEREITWILLIG, DIENSTBEREITWILLIGST • *bei der unterschrift in briefen* Butschky *Kanzlei* 231. 13

DIENSTBOTENTREUE *f.* • **knechts- und dienstbotenstreue** *Simpliciss.* 1, 320

DIENSTEHRE *f.* • *die mit dem amt verbundene ehre.* • **die dienstehre, woran in Deutschland auch die frauen theil nehmen, besteht in dem titel, der courtoisie mit ew. etc.** Hugo *Encyclopädie* (1835) 377

DIENSTEIDLICH *adj. und adv.* • **diensteidliche versicherung.**

DIENSTFLUCHT *f.* • *heimliche und bösliche verlassung des dienstes, daher*

DIENSTFREUNDLICH • *gerne zu diensten bereit, erbötig.* • **er ist dienstfreundlich gegen jeden** • *hilft wo er kann.* • **dienstfreundlich bitten** Butschky *Kanzlei* 10 • **mit dienstfreundlicher bitte** 167 • **in dienstfreundlicher antwort** 454 • **einen dienstfreundlich grüszen** *officiose et amanter jubere aliquem salvere* Frisch 1, 196b • **ich bitte ew. excellenz dienstfreundlich, Sie wollen mich zu ihrem schulmeister machen** Rabener 3, 47

DIESELBIGKEIT *f.* • *sagt* Fichte *für identität* Nachgelassene werke 2, 293 • **sehr gequält will er sich durch dieselbigkeiten gut, wichtig, golden wo möglich weiterschieben** J. Paul Ästhetik 2, 33a • *vergl.* **dasselbigkeit.**

DIFFIGDIFTIG *adj.* • *geschickt, klug, tüchtig, listig, eigentlich was auf das sorgfältigste, wie ein miniaturbild auspunctiert ist.* • **diffig** *callidus, solers, astutus* Maaler 91b • **diffig auf den gwin** *das.* Henisch 708 • **tiffig** Maaler 412d • **tifig** *schnell, behende, gewandt* Tobler 138 • *der auch das subst.* **die tifige**

gewandtheit anführt. • *in Schwaben* **diefig diffig düfig** *hurtig, fleiszig* Schmid 126. 146 • **diftig, deftig** (*oben sp.* 894) Stieler 313

DIFTELNDÜFTELN • *genau, pünctlich ausarbeiten,* **ausdifteln.** *oft hat es den nebenbegriff von kleinlichem, langsamem arbeiten* • **er diftelt den ganzen tag und bringt nichts zu stand.** •

> **als junge mädchen werden wir gewöhnt mit den fingern zu tifteln (*feine arbeiten zu machen*) und mit den gedanken umherzuschweifen** Göthe 22, 65

• *dann uneigentlich, nachsinnen, nachdenken, grübeln* Reinwald 1, 20. Schmeller 1, 358 • *in dem nassauischen kreise Siegen sagt man* **defteln** H. Schütz *Siegerländer sprachidiom* 1, 25b • **du sollst nicht über die religion grübeln und düfteln** Hebel *Schatzkästlein* 276 • **phantasieren und difteln** Lücke *in den Götting. gel. anzeigen* 1854 *s. 200* • **in den briefen zeigt alles den schreiber noch ganz in die gedüftelten geschäftchen des tages mit pedantischer pünctlichkeit vertieft** *Gervinus Gesch. des 19ten jahrh. 1, 73*

DIGEN • *anflehen, petere,* **ahd. digjan** Graff 5, 114 • *mhd.* **digen** Ben. 1, 328b • *alts.* **thiggian,** *wo es auch accipere bedeutet, wie das angels.* **þigan** • *altnord.* **þiggia;** *diese doppelte bedeutung erklärt sich daraus, dasz es ursprünglich heiszt machen dasz etwas erlangt wird. deshalb wird es auch zu* **dîhan** *gedeihen gehören. im mhd. nicht selten, wol aber in der folgenden zeit* • **acht nur ein jeder wie er dieg das er zů got sich selb verfieg, uf das er in dieg selber an.** Murner *Badenf.* K ij

DILLEDELLE *m.* • *so viel als* **diltap,** *in Franken und Schwaben* Schmeller 1, 364 • **dilledalli** Schmid *126*

DILLENDELLEN • *albern reden.* **darumb ists ein lauter tillens tellens und unnütz geplauder** Luther 3, 446

DILTAP, DILDAP, DILLTAPTILTAP, DILLEDAPP *m.* • *ein alberner, läppischer, ungeschickter mensch, ineptus, insulsus, tölpel. eine erklärung des worts, das sich im 15ten jahrh. zuerst zeigt, ist noch nicht versucht, folgende wird als vermutung aufgestellt: das erste wort der zusammensetzung scheint diele in der bedeutung von flur,* **tap** *aber abzuleiten von* **tappen dappen** *plump und ungeschickt umher laufen. ein* **diltap** *ist demnach ein roher und ungeschlachter* *mensch der auf der flur springt und tobt, andere dadurch belästigt, wie man auch* **ein tapp, tapps** *sagt* • *vergl.* **tappinsmus. dilmann.** • **Diltap** *ist in den* Fastnachtspielen 1, 790 *und* Gödeke *Mittelalter* 981b *der eigenname eines lärmenden bauern, der händel sucht* • H. Sachs *läszt einen* **Eberlein Dilltapp** *auftreten* 2. 4, 29b • **tiltap iners, ignavus et stultus** *Vocab. incip. teut.* Xa • **dildapp stultus tölpel einfaltspinsel Keisersb. tilltap stupidus, stipes, truncus** Guden *Cod. dipl.* 2, 518 • **tiltappen** *pl.* Fischart *Garg.* 197b • **wie dunkt euch nu, ir tiltappen beid, wie gevellet euch von mein herren der bescheid.** *Fastnachtsp.* 87, 25 • **ach ir verheiten jungen tiltappen** 88, 21 • **herr der wirt, ich heisz der tiltapp, / ich bin gar ein einveltiger lapp** 857, 10 • **Tiletapp** *bauernname* 372, 9 • **jo, sprach sie, lieber diltap min, din trüw zů mir ist gar do hin.** Murner *Geuchm.* F iiij • **sollich lappen und dildappen seind wir unter dem christenlichen namen das wir solchen • spottvögeln und schalksnarren das unser anhenken** Frank *Laster der trunkenheit* Ga • **ach herr gott, wie hab ich ein weib! die ist an seel, vernunft und leib / ein dildap, stockfisch, ein halber narr.** H. Sachs 3. 3, 19c • **ein dildap brütt ander dildappen** 5, 410c • **was woltest du denn des diltappen ders. da secht ihr halt eim narren gleich / wie ein seltzamer lap: ir secht wie ein diltap** Jac. Ayrer *Singsp.* 159a • **ich mein der dilltap dumlet sich.** Fuchs *Mückenkr.* 2, 163 • **aff, breimaul, klotz, diltapp u. s. w. namen welche die amasiae ihren amatoribus beilegen** *De fide meretr.* 99 •

heut weiser apt, morgen diltap: der heut ein hirt, ist morn ein apt. Eyering Sprichw. 1, 165

• **die scheelen hinkenden und knappen, die einfeltigen und diltappen** 2, 119 • **solch diltappen, maulaffen grob** 2, 373 • **sie** *(die frau)* **sol den man für keinen lapen Jäckel halten oder tiltapen.** *Meistergesang v. j.* 1608. *Berlin. handschr.* • **tiltap** Schönsleder Gg 2 • **dieledappe plumper mensch** Fichard *Archiv* 3, 284 • **dilltap** *homo stupidus, obtusae mentis* Frisch 1, 198a • *in Schwaben* **dilledapp** Schmid 126 • **dilltapp** Schmeller 1, 365 **didldåp** • Castelli Östr. wörterb. 110 • **eine dildappe fange** *bedeutet zu Mülhausen im Elsasz soviel als einen verächtlich und barsch abweisen, envoyer promener, envoyer paître. auch auf einen vogel ist der name angewendet,* **zil-**

zipfle, ein kleiner vogel welcher immer schreiet zilzel: etliche nennen ihn daher tilltapp Gesner *De avibus* 796. *entstellungen* • dideltapp Schmeller 1, 450 • *s.* dilledelle. *in Östreich* dillenk Höfer 1, 155 • *in Schwaben dirledapp* Schmid 126 • *in der Wetterau* dolldapch. • *niederd.* dudeldop, dudendop, dudenkop *Brem. wb. 1, 264* • der vogel triel oder griel, den einige charadrium nennen, ist ein tummer vogel, daher man in der Schweiz die tummen leute triellappen heiszt *Gesner* 257

DILTÄPPISCH *adj.* • billich heiszt man in den Diltappen, sein wort und werk ist als dilteppisch. H. Sachs 2. 4, 30b

DIMELNDIMMELN • *ziehen, recken.* discensio ist ziehung der glider mit einem seil, als da man einen dimelt Hier. Braunschweig *Chirurgia* 80 • *in der folgenden stelle heiszt es wol soviel als zerren, zergen, störung verursachen,* wer unter währendem geschenk dimmelt oder täuscht, soll in der gesellen strafe sein *Geschenk der schwarz und schönfärbergesellen zu Reichenbach* von 1783 • *vielleicht mit* dameln *schaukeln, hin und her bewegen, auch wol mit* tummeln *equos domare verwandt.*

DINGEBELEBER *m.* • durch dich erfährt man, dingebeleber, wie *u. s. w.* Kl. Schmidt

DINGFLÜCHTIG *adj.* • *dem gericht durch die flucht sich entziehen* Haltaus 229. *Brem. wörterb.* 1, 214 • swen man vor gerichte beklaget, dâ er zegegen ist, unde wirt er dincflühtic, er ist der klage schuldic Schwabensp. 178, 2 • sol ein man hie gelten, und gebiutet man in dar umb für, und entwîchet er von dem fürgebot und wirt dinkflühtig, sô ist der, der dâ für geboten hât, der êrst clager 393, 3. 5. 10, 15

DINGHART *m.* • *ein ungefälliger, widerwärtiger mensch, der gerne dingt, streitet, zankt. über die bildungen mit* hart *s.* Gramm. 2, 339. 340 Haupts *Zeitschr.* 5, 575 • mit dem dinghart will ich nichts zu thun haben Schmeller 1, 381. 2, 241

DINGSDA • *als eigenname.* der fremde ist kaum gegangen, so meldet sich der herr von Dingsda durch herrn von Jemand *Feuerspritze (Berliner zeitung)* 1854. *nr.* 48 • der feldmarschall Soundso und general lord Dingsda, der ehrenwerthe Soundso und generalmajor sir Dingsdort *Augsburger allgemeine zeitung* 1855 *nr.* 101 • der carneval in Dingsda *Berlin. zeitung* • *ähnlich das französ.* monsieur Chose.

DINGSDORT s. • *das vorhergehende.*
DINGSKIRCHEN • *von einem unbekannten ort.*

der ist nicht hier, der ist in Dingskirchen.

DINSCHELN • **dinschlende wort, liebliche wort und halb abgebrochen, wie die söugammen mit den kinden redend,** *loquela blanda et infracta* Maaler 91b *und daraus bei* Henisch 713 *und* Frisch 1, 199b • *es scheint mit* **dinsen** *verwandt, da man die worte hin und herzieht und abbricht.*

DINTENDEUTSCH n. • *das man nur in der schrift gebraucht?* **bub, lang her. ich insinuir dir mein nomination in das herz, verstehst disz dintenteutsch?** Fischart *Garg.* 83b

DINTENFRESSERIN f. • *verächtlich von einer weiblichen person die dinte gebraucht. s.* **dintenlecker.** • **ihr dintenfresserin** *(pl. Dialectica und Rhetorica sind gemeint)* **packt euch weg, / ehe man euch steck gar in die säck: der künstler dörfen wir mit nicht** Isaac Gilhusius 22

DIP, DIP, DAP • *bezeichnung des schalles bei leisen tritten.* **im stillen busch den bach hinab / treibt Amor seine spiele. / und immer leise dip, dip, dap, / so schleicht er nach der mühle. / es macht die mühle klap, rap, rap, / so geht es stille dip, dip, dap, / was ich im herzen fühle** Göthe 43, 243

DIRDIRLIREN • *wie eine lerche singen,*

es dirdirlir, dirdirlir, dirdirlirliret die lerche.
Prätorius *Winterquartier* 227. Betulius *Pegnitzschäferei* 35

DISTELBAHN f. • *bildlich wie* **dornenweg,** *voll leiden und beschwerden. Herkules spricht wohl* **dem der mit mir treten kann hier auf der tugend distelbahn.** Lohenstein *Sophonisbe* 76, 584 • *s.* **distelweg.**

DISTELFRÄSZIG adj. • *eine distelfräszige eselin* Fischart *Ehzuchtb.* 496

DISTELMENSCH m. • *bösartiger mensch. und* **wie an disteln keine traube wächst, also wenig kommt etwas guts von einem distelmenschen** Paracelsus 393

DITTICHEN n. • *dimin: von* **ditte** *mamilla.* **die mutter gibt dem kind das dittichen** *sagt man in Hessen.*

DODELN • *schwätzen, plappern, blodern, dann auch stammeln, stottern, wie* **dadern dodern. dodlen** *argutari* Maaler 91d. Henisch 722 • **dodla dodlen** Tobler 143 • **doddeln** *stammeln, stottern* *Brem. wörterb.* 1, 219 • *vergl.* **dudeln.**

DOLCHBEWEHRT *adj.* • *mit einem dolch bewaffnet.* • ha! wo war ich mit der retterstimme, mit der hohen dolchbewehrten hand! Bürger 97a

DOLCHGESTÜMMELT *adj.* • hielts derhalben gar nicht mit den mottengefressenen, wurmstichigen, dolchgestůmmelten münzbeschnittenen bruchbindern Fischart *Garg.* 61a

DOLCHWORT *n.* • *einschneidender verletzender ausdruck.* ha! zuviel war das! / der abschied und das andre dolchwort „moloch"; zuviel zum überleben Klopstock 9, 61

DOLLISIEREN • tollisieren, *thöricht, unsinnig handeln.* nit weniger *(als Xerxes der den berg Athos bekriegte und das meer peitschen liesz)* künigklich hat dollisiert der grosz Alexander, der seins vatters verleugnet S. Frank *Chronica* 123a • denn was ist anders dollisiren denn irrgehen im gemüt ders. *Lob der thorheit* 32b • wie süsz aber dollisiren und narren sei, so sie unzählbare welt bauen, so sie die sonnen, den mon, sternwelt etc. gleich als mit einem finger oder faden abmessen 48b • disz sprichwort trift die kindlin klein, / die bald gescheid und listig sein, / ganz jung weisheit von sich thun geben: / dieselben kindlin nicht lang leben, / oder thun leichtlichen dollsirn, / weil sich zu bald bemüht das hirn Eyering 1, 703

DOLLUST *m.* • *tolle lust, sinnliche begierde,* sie (*Helena*) liesz die reichtumb sich bewegen, er (*Paris*) liesz den dollust sich erregen Fischart *Ehezuchtb.* 432

DÖLPELBACH • *wie Narrenhausen.* solch lächerlicher bosz (posse) geschach bei den tollen zu Dölpelbach Wolgemut *Esopus* 2, 464

DOMHERRNBAUCH *m.* • *uneigentlich für wolbeleibtheit.* • der grosze ansehnliche mann mit der ernsthaften miene, der ehrwürdigen unterkehle und dem domherrnbauche Rabener 4, 295 • ein domherrnbauch gefüllt mit eitel butter stinkt nur und leuchtet nicht Blumauer

DOMPFAFFENSTÜCKCHEN *n.* • *kleine lieder die der gimpel lernt, dem man sie vorpfeift oder mit einer drehorgel vorspielt, z. b. das trompeterstückchen. uneigentlich,* zuletzt hast du zwar ein kleines dompfaffenstückchen dran gehängt von besonderer theilnahme, allein ich lasse mir nichts weisz machen; das war nach der alten drehorgel gepfiffen Bettine *Briefe* 2, 112

DONNER

DONNERAAS n. • *scheltwort.* • katze, du donneraas, wilst du nicht hinaus? *Ehe eines mannes* 211 • *s.* aas. donnerhagelsaas.

DONNERFROH adj. • *vom donner erfreut.* • und der donnerfrohe Kronion / schreckte zu schändlicher flucht die unsrigen. Voss *Odyssee* 14, 268 • meld es dem donnerfrohen Kronion, ob es ihn rühret. Bürger 191a

DONNERMAUL n. • *scheltwort, os nefandum* Stieler 1255 • *Frau.* über mich musz gleich alles kommen. *Miller.* über dich? ja, blaues donnermaul, und über wen anders? Schiller 192a *vergl. oben* 82

DONNERMENSCH m. • ein seelentriumphator, oder ein donnermensch wie Luther J. Paul Katzenberger

DONNERSCHELM m. • *scheltwort, sycophanta sacerrimus* Stieler 1707 • du schelm, du erzschelm, du sternschelm, du stralschelm, du donnerschelm Chr. Weise *Floretto* 13

DONNERWETTERMÄNNCHEN n. • ein wahres politisches wetterja donnerwettermännchen J. Paul *Komet* 2, x

DOPPEL

DOPPELAUFGABE f. • die physische erdkunde hat eine grosze doppelaufgabe in ihren forschungen sich vorgesteckt.

DOPPELBIER n. • *stärkeres bier, cerevisia fortior, duplicis pinguedinis* Frisch 1, 202a • *franz. double bière, engl. strong beer.* Danziger dubbelt bier *Facet. facetiar.* 105 • das hanauische doppelbier *Simpliciss.* 1, 160 • schnaps und doppelbier Kind *Gedichte*

DOPPELBILDARTIG adj. und adv. • das telescop ist nun aufgestellt. den mond zeigt es köstlich, mit den planeten will es aber noch nicht ganz gelingen, ob man gleich den ring des Saturns sehr deutlich unterscheidet; vielleicht gelingt es uns auch noch das zweideutige und doppelbildartige in diesen fällen bei seite zu bringen Göthe *an Knebel* 227

DOPPELBRAUT *f.* • *eine unverheiratete die von zwei männern kinder hat.* • als ich mich ebenso gerührt als erzürnt von der doppelbraut geschieden hatte, fiel mir der nutzen des frühlings und sommers besonders auf. sie sagte vor mir aus der grosze sei von einem bauernsohne und das kleine von einem fröhner J. Paul

DOPPELCHEN *n.* • *eine kleine münze.* • man liesz mich ruhig über die schwelle, sobald ich mein doppelchen für die ansicht des mir zugemuteten aquavits auf den teller gelegt hatte Thümmels *reise* 6, 420

DOPPELDIEB *m.* • *bifur, trifur, plus quam fur* Henisch 730 • *ein groszer dieb, wie man franz. sagt* un double fripon.

DOPPELFRAGE *f.* • *die durch ob und oder gebildet wird.* • ich weisz nicht ob er ausgegangen oder daheim geblieben ist. einerlei ob er es war oder sein sohn Zumpt *Lat. grammatik* § 554

DOPPELGIPFEL *m.* • *berg mit zwei spitzen.* • die lavenmassen im vorgrunde, den doppelgipfel des Monte Rosso links, gerade über uns die wälder von Nicolosi, aus denen der beschneite, wenig rauchende gipfel hervorstieg Göthe 28, 196

DOPPELGIPFELICH *adj.* • doppelgipflicher (*biceps*) Parnass J. Paul *Grönl. proc.* 48

DOPPELGLÜCK *n.* • doppelglück, bruder! Benzel Sternau

DOPPELHELD *m.* • vermeinstu das ein kleiner man sein feust nit auch gebrauchen kan und wol so bald ein that im feld verbringn als ein toppel held? Ringwald *l. w.* 146 • er wird wol als ein duppel held den sieg behalten *Ev. P via.* • *vielleicht das adj.*

DOPPELHERZIG *adj. und adv.* • *uneigentlich für falsch gesinnt,* qui a le coeur double, l'ame double.

DOPPELMOPS *m.* • *eine art schnupftaback, so genannt von dem wappen einer alten holländischen fabrik, auf dem zwei möpse abgebildet waren* Herforts *Waarenlexicon* 590

DOPPELRAUSCH *m.* • der durch den maienduft der grünenden kirche, theils durch die augen (womit er die geliebte betrachtete) sich einen doppelrausch zuzog J. Paul *Fibel* 74

DOPPELSÜNDE *f.* • eine solche doppelsünde gegen die freundschaft J. Paul *Siebenk.* 2, 43

DOPPELVERSTÄNDIG *adj.* • *zweideutig, ambiguus* Henisch 730

DOPPELZWERGGESTALT f. • wie sich die doppelzwerggestalt (Zoilo-Thersites) so schnell zum eklen klumpen ballt Göthe 41, 41

DÖRRMAULEN • *trocknen mund haben, hungern* (?). *es setzt* dörrmaul *voraus* • *vergl.* dürrschnabel. • dann das du alle tag zu im schleufst und albeg (allweg) mit im friszt und dich volseufst und läszt mich und meine kind dorrmaulen. *Fastnachtsp.* 54, 6

DÖRRSOMMERIG adj. • *gebraucht* Fischart *von dem in einem heiszen sommer gewachsenen, also starken wein, er spricht* von fürnen (*firnen*) und heurigem, dörrsommerigen und järigen, mostigem und verjartem *Garg.* 57b

DORTLÄNDISCH adj. • *gegensatz zu* hierländisch, *gebraucht* Heyne *in einem brief.*

DÖSBARTEL m. • der dösigste dösbartel *albernste kerl* Kosegarten

DÖSCHELN • *in einen ballen zusammenbringen.* • entsteht der sohmen (*samen*), ein jedes körnchen gegen dem anderen gekehrt und also zusammen getöschelt Thurneisser 62

DOSENGESICHTCHEN n. • *ein liebliches zierliches gesicht, wie man es als miniaturbild auf dosen findet.* das mädchen hat ein rechtes dosengesichtchen. • *s.* dosenstückgesicht.

DÖTSCHKAPPE f. • *ein schallender schlag, ein klapps an den kopf.* dötsch *wie* datsch. • sie wollen ihm den brief nemen, er gibt jedem eine dötschkappen J. Ayrer *Trag.* 186a

DOTTERBLUMENKETTE f. • *welche kinder aus den stengeln von leont odon taraxacum zu machen pflegen, daher auch die pflanze* kettenröhrlein *heiszt, wie* Nemnich *anmerkt* • *s.* kettenblume. • oben stand ein knabe der eine dotterblumenkette niederliesz J. Paul *Titan* 2, 52

DRACHEN

DRACHENHAARIG adj. • *mit drachenhaaren bedeckt. bildlich, durch welcherlei künste,* durch welche tugenden du dir gewannst das drachenhaarige antlitz Voss

DRACHENHEULEN *n.* • *planctus draconum. bildlich bezeichnet es ein heftiges, weithin schallendes geheul* Henisch 739

DRACHENMILCH *f.* • *lac magicum, wie* hexen *oder* zaubermilch Stieler 1266

DRACHUMWUNDEN *adj.* • den drachumwundnen erdenkörper, wie giftgeschwellt er (*Laokoon*) unterliegt! Herder

DRADRAUEN • *schnattern, wie* dadern. • der hund ball und die katz murmawet, der han kurlückt, die gans dradrawet. Rollenhagen *Froschm.* Pp

DRASCHEN • *groszen lärm machen.* ihr kinder trâscht nich su Bernd 320

DRATZMUTIG *adj.* • *trotzig gesinnt* Aretins *Beiträge* 9, 1101 • *mhd.* tratzmuot *ist bei* dratz *bemerkt.*

DRECK

DRECKAUFSTÖSZIG *adj.* • wann es sich begab das er zornig, rasend, hirnbrünstig, treckaufstöszig, unsinnig ward Fischart *Garg.* 111b

DRECKBATZE *m.* • *scheltwort für einen unreinlichen menschen der koth und schmuz an sich hat* • *s.* batze. • von solchen dreckbatzen Fischart *Garg.* 50b • *bei* Rollenhagen *heiszt der froschkönig* Dreckpatz *Froschm.* Bv 2 • Fischart *sagt auch* du mein treckbatzends gesind *Groszm.* 55

DRECKDORF *n.* • *wo die straszen kotig sind* • *s.* dreckstadt. • dreckdorf, speckdorf Simrock *Sprichw.* 1699

DRECKSCHLÜNDIG *adj.* • *uneigentlich ein scheltwort* • du loser, dreckschlündiger mann H. Sachs 2. 4, 33b

DRECKTRANTSCHEN • *im kot herum patschen.* zum mistladen und drecktrantschen war ich gut genug Chr. Weise *Betrug* 41 • *s.* trantschen.

DREIBROT *n.* • *bei den arbeitern auf dem land ein nachmittägiges zwischenmal, welches dem* **neunbrot** *am vormittag entspricht.* • **die arbeiter setzen sich zum dreibrot nieder** Schmeller 1, 409 • **Dreibrot** *ein personenname.*

DREIMÄNNERWEIN *m.* • *schlechter, untrinkbarer wein. man sagt wer ihn trinken solle, müsse von einem andern gehalten werden, und ein dritter müsse ihn eingieszen* Frommann *Mundarten* 3, 12 • *der volksscherz ist durch* **dreimänner** *für* **traminer** *entstanden.*

DREMELN • *den stock, den knüttel gebrauchen* • *s.* **dremel** *also schlagen, stoszen, schieben* Schmeller 1, 489. 490 • **gedremmelt** *gedrückt voll* Weinhold *Schles. wörterb.* 16a • *in der Wetterau heiszt es tüchtig durchprügeln* Weigand

DREPPELN • *s.* **trippeln.**

DREUSCHENDRÄUSCHEN • *heftig regnen, so dasz man es rauschen hört, wie* **trätschen;** *es bezeichnet das laute niederfallen der tropfen.* **es regnet dasz es dreuschet** Stieler 333. Reinwald *Henneberg. idiot.* 1, 22 • **dreischen** Heynatz *Antib.* 1, 307 • *in Leipzig* **drêschen,** *im Hennebergischen* **träschen** Frommann *Mundarten* 2, 467 • *sprichwörtlich,* **wo man wäscht, da musz man auch dreuschen** *plätschern, ubi ligna caeduntur, cadunt schidia* Stieler 333 • *uneigentlich,* **er bekommt schläge dasz es dräuscht** *klatscht* Heynatz *Antibarb.* 1, 306 • *bei* H. Sachs *lärmen, geräusch machen, so thetens denn mit dreussen und schnaufen diesem lauten gedös zu laufen* 4. 3, 81c • *bildlich, laut schwätzen blatterare, effutire,* **die weiber dreuschen in einem fort.** *ein uraltes wort das zwar nicht im mhd. erscheint, aber im gothischen,* **driusan gadriusan** *fallen cadere,* **afdrausjan gadrausjan** *mit dem acc., einen herabstürzen* • *altsächs.* **driosan** • *niederd.* **drusen druusken** *Brem. wörterb.* 1, 263 • **drusen** *rieseln* Groths *Quickborn* 321 • *ags.* **dreosan** *und* **drusian** *Beowulf* 3265 • *niederl.* **druischen** *rauschen* • *schweiz.* **droseln** *mit geräusch niederfallen* Stalder 1,308 • *schwed.* **drossa** *stillare* • *dän.* **drysse** *herabfallen. verwandt ist das ahd.* **trôrjan** *gieszen, schütten* Graff 5, 545 • *mhd.* **trôren** *triefen,* **trora** *fliezen* Tobler 165a • *altn.* **dreira.** *in* Haupts *zeitschrift* 7, 457 *wird* **traurig,** *weil man die augen dann niederschlägt, von* **driusan** *abgeleitet. die ital. sprache musz das wort früh aufgenommen haben, denn dasselbe ist* **strociare** *herabströmen, wozu* **strocio**

geräusch des fallenden wassers gehört Diez *Roman. wörterb.* 443 • *endlich läszt sich auch δρόσος hierherziehen* s. *Geschichte der deutschen sprache* 316 • *s.* **ausdreuschen. fortdreuschen. mitdreuschen. nachdreuschen. überdreuschen. zerdreuschen.** • *vergl.* **dräuschelicht.**

DRIPSDRILI *m.* • *spottname für einen menschen der sich albern und blöd benimmt.*

denkst du dasz es mein casus in gelehrten gesellschaften da zu sitzen wie ein dripsdrill? und ich hatte lust was zu lernen Hermes 4, 92. 120

• *in Preuszen ist* **drepsdrell** *spottname für einen unvorsichtigen* J. Bock *Idiot. prussicum* 7 • **Trippstrill** *ist ein ort im würtenbergischen. man antwortet kindern, einfältigen und unbescheidenen, wenn man einen ort nicht weisz oder nicht nennen will, auf die frage wo?* • **z' Trippstrill** Schmid 139

DRIPSDRILLEN • *einfältig, zimperlich thun.* • **dripsdrillen und kein ende!** Hermes 3, 257

DRITTHIMMELVERZÜCKT *adj.* • *in den dritten himmel verzückt.* • **und ist warlich eben, wann die freszglock im magen sturm schlegt und der klipfel verstopft ist und gelegt, die recht dietalisch zeit zu solchen gemsenkletterigen und tritthimmelverzuckten materien und reinspinnenden gedanken** Fischart *Gargantua* 23a

DROHAUGENBLICK *m.* • **von diesem drohaugenblick an ward sie mismüthig** Hippel 8, 38

DROLLGAST *m.* • **trollgast,** *ein ungebetener gast der als schmarozer einem andern sich anhängt* Reinwald *Henneb. idiot.* 1, 172. Schmidt *Westerwäld. idiot.* 267, *den man nicht dulden will, der sich* **fort drollen** *soll.* • **es soll keiner kein hund mit bringen, wenn sie biszent einander unter dem tisch und springent uf die benk, und hat nieman kein ruw noch rast vor inen, dovon so losz einer den hund doheim; und bei dem hund verstand auch ein trumpel oder truillgast, denn keiner soll kein trumpelgast mit im bringen** Keisersberg *Postille* 3, 43 • *s.* **drollmann.**

DROLLMAUL *m.* • *der grosze, dicke, herabhängende lippen hat, labeo.* • **trollmaul** Schottel 1434. Rädlein 890b. *Brem. wörterb.* 5, 117 • **trolmaul** Golh *Onomasticon* 101 • **trollenmaul** Maaler 409c • **trollimaul** Stalder 1, 308.

DRUCKLUSTIG adj. und adv. • durch gemeinsame bemühung / der schreib- und drucklustigen Göthe 45, 162

DUCKELMAUS f. • *die maus die sich duckt, verbirgt, wie* duckmaus. *Cayphas sagt von Christus* er wolt mit der sprach nicht heraus, duckt sich wie ein dockelmaus. *Passionsspiel von* 1683

DUDELDUMDEI • *unnützes geschwätz.* nun ja, machen sie nur nicht so viel paperlapp und dudeldumdei Kotzebue *Dramat. spiele* 2, 51 • *nachahmung des klangs, ausrufung.* • orgelum, orgelei, dudeldumdei! Göthe 13, 37. 38 • heisa, juchheia! dudeldumdei! das geht ja hoch her. bin auch dabei. Schiller 324b

DUFTAUSHAUCHEND adj. und adv. • rund umblüheten ihn die akazien, duftaushauchend. Mörike *Ged.* 121

DÜFTETRUNKEN adj. • *bildlich* • der morgenwind wirft sich düftetrunken herunter vom blütengipfel aufgebogner blumen J. Paul *Q. Fixlein* 210

DUMMERHEINZ m. • dummer Heinz, *dummkopf, wie* dummerjahn • *niederd.* dummhinrk (*Heinrich*) Schütze *Holst. idiot.* 1, 269 • hüt dich vorm alten tummerheinz, verkauft die brillen und fuchsschwenz. B. Waldis *Esopus* 221b *bei* Eyering 3, 134 *dieselbe stelle, wo aber* thummerhenz *steht.*

DUMMPFIFFIGKEIT f. • *alberne schlauheit.* • der dichter zeigt uns die betrügereien des wucherers, die dummpfiffigkeit des bauern W. H. Riehl *Pfälzer* 298

DUMMSCHNUTE f. • *einfaltspinsel wie* dummbart, *hört man in Hessen und in der Wetterau als scheltwort, doch nur im gemeinen leben. eigentlich jemand der dummes zeug schwätzt.* • schnute *für* schnauze *ist niederdeutsch* • dumsnute *Brem. wörterb.* 1, 269 • dummsnuut Schütze *Holst. idiot.* 1, 269 • *schwed.* dumsnut Dalin 1, 362b

DUMSHIRN • *rohe gesinnung, ein junger wilder mensch.* • der könig gab zur antwort 'so wil ich ihnen (*den Venedigern, alten, weisen, erfahrenen männern*) ein armada junger, toller dumshirn übern hals führen' Lehmann *Blumengarten* 1, 445 • und dazu (*zum verwüsten*) bedarf man nur dumshirn 1, 470 • *vergl.* düppelhirn.

DUNKELMÄUSELN • *blinde kuh spielen* Tobler 159

DUNKELSDICHTE f. • *grosze dunkelheit.* wohl raubten kampf, gedräng und dunkelsdichte vorsicht dem geist und sehkraft dem gesichte. Gries *Tassos befr. Jerusalem* 12, 49

DURCH

DURCHBUBBELN • *s.* bubbeln [2, 457] • ich hatte die ganze hexenscene im Macbeth, wo sie kochen und zaubern und murmeln und alle zaubertöne durchbubblen, übersetzt Herder *in Mercks briefsaml.* 1, 15

DURCHDULDEN • *von anfang bis zu ende dulden.* • nach durchduldeten jahrhunderten [Merkel]

DURCHLIEBEN • *in liebe durchleben.* • dasz noch einst, durchströmt von dankbarkeit, sich dein herz der langen reihe durchgeliebter tage freue [Gotter 1, 126]

DURCHMAUSEN • *alles durchsuchen* [Rädlein 207b] • *heimlich wie eine maus.* sie hat den schrank von oben bis unten durchmaust.

DURCHSCHMALGERN • *überall beschmieren, beklecken, interlinere, variis locis delere* [Frisch 2, 205a. Nieremberger Ll] • *vgl.* schmalgen *speisen durcheinander mengen, unreinlich kochen* [Schmeller 3, 470. Schmid *Schwäb. wörterb.* 470]

DURCHSPINTISIEREN • *mit gedanken durchgrübeln* [Stieler 2092] • *s.* ausspintisieren.

DÜRRMAULEN • *wie* dorrmaulen *darben, hungern.* der narren fasznacht kombt des dienstags nach der herren fasznacht, und wird mancher fasznacht halten dasz ein weil darnach dürrmaulen musz [*Schnackischer biszweilen phisierlicher calender, allmanach und prockdickein* (von Peter Kuglmann) *Nürnb. s. a. bl.* 9b] • bistdu (*spricht der satan zu Jesu*) gottes kind? solte gott dein vater sein und dich also dürrmaulen lassen? [Otho *Evangel. kirchentrost* 342] • das wäre deines dings (*spricht der mann zu dem keifenden weib*) wan ich stets zu haus sitzete und dürrmaulte [Philander 2, 349] • der wil lieber dörmäulen als nicht wissen tapfer aufzutreten [Schuppius 434]

DÜSTERGELB [adj.] • *schmutzig gelb.* • wach, gleichwie ihr blick das düstergelbe matte kerzenlicht, so wach vernahm jüngst ihr ohr den ruf [Bürger 100a]

E • *ein unursprünglicher, darum auch schwankender, unbestimmter vocal, der in unsrer sprache allzusehr um sich gegriffen und ihren wollaut beeinträchtigt hat. wenn im gothischen sechs, zehn, zwölf silben hintereinander das reine, kräftige a zeigen, z. b. afar tvans dagans; vas manna habands ahman; ahak atgaggandan ana ina, drängt bei uns in eben so viele sich das dünne, blasse* e.

☞ S. 74–85

EDEL

EDELBEWEGT • edelbewegte, plastische darstellung. Göthe

EDELDREIST • so edeldreist und erhaben. Herder 18, 187

EDELLÜGEND • des vaters tücke / teuschte edellügend die jungfrau. Stolberg 5, 210

EDELUNGEDULDIG • hinter ihr steht Herkules, edelungeduldig, eine kleine schale hinhaltend. Stolberg 7, 207

EGLISCH • *difficilis, launisch, absonderlich* • mein sinn seltzam, eglisch und wunderlich, all mein gedanken die sind sunderlich. H. Sachs *I, 540a* • mein gwand das ist ein igels balk, darmit deck ich mein groben schalk, bin stachlicht ganz iglischer art, / halt allenthalben widerpart. 540c

EHEGRAB *n.* • und morgen / musz ich in mein ehegrab. Herder 8, 87

EHEKITT *m.* • *maltha jugalis:* dasz man etwas anders als geld zum ehekitt mache. J. P. *nachlasz* 4, 148

EHEKRÜPPEL *m.* • *homo conjugio debilis redditus:* dasz du wider deinen willen copulirt worden wärest, wie ein arme jungfer an einen alten reichen ehekrippel. *Simpl. K.* 505 • der armselige ehekriepel hier, der schon selbst erwachsene und verheiratete kinder hat, der ehster tage groszvater werden wird, den soll ein frisches mädchen von zwanzig jahren heiraten. Lessing 2, 483 • einen armen, alten, schwachen ehekrüppel musz ich schon mehrere jahre nur so hegen und pflegen. Göthe 11, 309 • doch vor allen mag er necken ehekrüppel, liebesgecken. Arnim *schaub.* 2, 38

EHRENNÄHRLICH • *honeste nutriens, ehrlich nährend:* er schicket sich nach ordnung der natur zu einer ordenlichen, ehrennehrlichen, nachbaurlichen, gesindfolgigen, gemeinnutzlichen, handlichen und wonhaftlichen haushaltung und eigenherd. Garg. 63b

EHRFURCHTSAMPELN *f.* • *lampades reverenter accensae:* ihr sterne spart die silberkerzen und zieht die matten strahlen ein, entflieht ihr himmlischen gesichter, es wird um diese zimmer lichter, vor welchen viel verbundne herzen mit ehrfurchtsampeln dienstbar sein. Günther 1126

EHRSUCHTSKITZEL *m.* • Gökingk 1, 210

EIERTRETER *m.* • *homo circumspectus, timidus, der wie zwischen eiern auftritt.*

EIGENRECHTFERTIG • *se ipsum probans:* die selbweisen und eigenrechtfertigen können nicht anders denn bös für gut widergeben. Luther 1, 30a. 3, 11a • *s.* eigendünkend.

EINAUGENBLICKFLIEGE *f.* •

rollende wecker sind wir, die sogleich ausgeschnarret haben, nicht eintagfliegen sondern einaugenblickfliegen. J. P. anh. zu *Tit.* 1, 5.

EINDIGERIEREN • *einverdauen:* dem blut wird alles das zugerechnet, das zusambt der feuchte auch geferbt und dick oder eindigeriert ist. Thurneisser *prob. der harne*

EINEINZIG • *verstärktes einzig:* Isaak, der eineinzige. Hippel 4, 427 • endlich must ich Ännchen selber bitten umzukehren: „es musz, es musz doch sein!" dann noch einen eineinzigen kus, aber einen, wies in meinem leben der erste und letzte war. *der arme mann im T.* 85

EINGEISTEN • *inspirare:* eingeistet wort reden. Frank *sprichw.* 2, 119 • der tröster, der heilig geist, wird euch alle ding leren, ja euch eingeisten und erinnern alles so ich euch gesagt hab. *weltb.* 119a (*vgl. Joh.* 14, 26) • also formieret gott den ersten menschen und eingeistet in sein angesicht ein lebendigen geist und athem des lebens. *chronica* 6b • ungeacht, das sie (*die schrift*) von gott eingegeistet ist. Fischart *bienenk.* 35a • so was eigenes, ursprüngliches und eingegeistetes. Herder 20, 309 • *ein unbeholfnes, nach deutlichkeit ringendes und darum wieder aufgegebnes wort. hätten wir noch das dem goth.* gaisjan *entsprechende* geisen, *welchem* geist *entstammt, so dürften wir auch* eingeisen *für inspirare sagen,* eingeisten *ist ungeschickt, wie* inspiritare *wäre.* • Göthe *hat ein anderes* eingeisten *gebildet im sinne von sich geistig oder in den geist eines versetzen:* mit welchem glück er (*Talma*) sich in eine tyrannenseele einzugeisten trachtete. 46, 164

EINGEWEIDEWURM *m.* • wenn so zuweilen die eingeweidewürmer des ichs, erbosung, entzückung, liebe und dergleichen wieder herumkriechen und nagen und einer den andern friszt. J. P. *Tit.* 3, 171

EINGLITSCHEN • *was* eingleiten: husch, ist das luftige gesindel in den kopf des speculanten hin eingeglitscht. Tieck *ges. nov.* 4, 179

EINHOTZELN • einhutzeln, *corrugari, gleich gedörrten hutzeln einschrumpfen:* Maria und Joseph! wie hotzelt ihr ein, mein sixchen! es musz euch was angethan sein. Bürger 66b

EINLÜGEN • *mentiendo persuadere,* einem etwas einlügen. sich einlügen, *mendaciis aditum sibi parare:*

das ist ein schalk, ders wol versteht,
er lügt sich ein, so lang es geht. Göthe

EINLUMPEN • *pannis obseri, verlumpen:* aber wie ich eingelumpt bin, das ist unbeschreiblich. Weise *erzn.* 342

EINRUNZELN • *rugari:* das alte, eingerunzelte mütterchen; die entfärbten eingerunzelten arme. J. P. *biogr. bel.* 1, 87

EINSPICKNARDISIEREN • *mit* spica nardi *wolriechend machen:* (die ehefrau) henkt järlichs ir kleider in die merzensonn, salzt das getüch ein, lavandelierts und einspicknardisierts. *Garg.* 74b

EINSUCKELN • *sugere, einsaugen* • *vgl.* einsutzen.

EINSUTZEN • einsutzeln, *was* einsuckeln, einlutschen: solche wasser dienen zur nahrung des kindes, dasz es dieselbe einsutze mit dem mund und abschlinge. *von zufällen der kindbetterinnen. Nürnb.* 1687. *s.* 263. (*vgl.* Schm. 3, 302.)

EINTAGSTHIERCHEN *n.* •

EINTAGSWESEN *n.* •

EINTEUFELN • *diabolo imbuere:* du bist doch sonst so ziemlich eingeteufelt. Göthe 12, 176

EINTÖCKELN • *involvere, einwinden, einkleiden, wie eine tocke:* solche reine windelein, darein Christus eingetöckelt ist. Mathesius 122b

EINTRACHTSGLÜCK *n.* • man machet sich die lust aus diesem eintrachtsglücke

EINURBEN • *coalescere?* rachgier ist in der thierischen natur eingeurbet. Gotthelf *im schuldbauer* 352 • den leichtsinn konnte sie nicht lassen, der war eingeurbet. *ges. schriften* 8, 312 • *die bedeutung von einverwachsen, eingefleischt läszt sich rathen, das wort aber sonst nirgends aufweisen.* mit Alb. von Rütte • *es aus* urbar *zu erklären, scheint unrathsam.* Stalder 2, 424 *hat* ürbsi *griebs, arulla, was vielleicht weiter führt.*

EINVERDAUEN • *digerere, verstärktes* verdauen, *in sich verdauen:* ich kann das nicht einverdauen.

EINVERLEIBUNGSANTRAG *m.* • *antrag auf einverleibung.*

EINVETTERN • *insinuare se in alicujus cognationem seu amicitiam, sich für einen vetter ausgeben, mit vetter um sich werfen, sich vertraut und beliebt machen:* er weisz sich überall meisterlich einzuvettern. Stieler 532 • *verstärkt,* sich einvettermicheln •

dein lob, gedruckt mit baskerwillischen lettern,
soll lesen heid und christ und jud und muselmann.
so denk ich mich bei dir, prinzessin, einzuvettern.
Kl. Schmidt *kom. dicht.* 242

• *vgl.* anvettern, ausvettern, bevettern, einschwägern.

EINZELARBEITER *m.* • *der auf eigne hand und unzünftig fertigt.*

EINZELEIGENTHUM *n.* • *gegensatz von* gesamteigenthum *oder* gemeingut. *besser sagt man* sondereigen, sondereigenthum.

EINZWITSCHERN • *minuriendo accedere, einschmettern:* die nachtigall sang und der sperling zwitscherte mit ein.

EIRUND *n.* • *ovata forma.* macht ... fast ein eirund. Brockes 3, 582 • frei und heiter zeigt sich des kopfes zierliches eirund. Göthe 40, 285 *und* 296 • jedem eindruck unempfänglich aber blieb verschleiert sein (*des spiegels*) geschlifnes eirund. Platen 332b

EISÄCHTIG • *glacialis:* das überfroren oder eisächtig hochmeer, *glacialis oceanus.* Frisius 605a. Maaler 128a

EISCHHEIT *f.* • *gebildet von* eisch *häszlich:* o meine keuschheit, keuschheit! schrie die äbtissin. „eischheit, eischheit!“ sagte die novitiatnonne. Bodes *Tristr. Shandy* 7, 73

EISEN

EISENBRAUT *f.* • *sponsa ferrea, ensis:* nun lasz das liebchen singen, dasz helle funken springen! der hochzeitmorgen graut. hurrah, du eisenbraut! Körner 1, 110

EISENFRESSER *m.* • *was* eisenbeiszer: da stehet der spruch, wer nu ein eisenfresser ist, der beisze im eine scharten. Luther 3, 74 • das den zornigen, trotzigen, stolzen eisenfressern die zeen so stumpf sollen werden. 324b • als seien sie damit die rechten eisenfresser. [329b] • solche mechtige eisenfresser und hellenbrecher. [490] • wolt es doch dem bösen eisenfresser bapst Julius nicht gelingen. [4, 433b] • die unverzageten helden und mannhaftigen eisenfresser, die jetzt donnern und wettern, so dazumal nichts denn ah und awe singen kundten. [5, 47a] • die groszen eisenfresser und scharrhansen zu hofe. [411a] • das es kriegen die eisenfresser, den es nie gedacht ist. [413b] • wil er aber gar ein eisenfresser sein, als die giganten berg auf einander tragen und gott den himmel stürmen wollten. Kirchhof *wendunm.* 32a • Silvie erschrack und meinte es wäre ein eisenfresser, der ihren liebsten auf ein paar kugeln ins freie feld hinaus fodern wolte. Weise *kl. leute* 14 • hatte Florindo das glück, dasz er im dritten gange dem unbekanten eisenfresser eines in den arm versetzte. *erzn.* 28 • solch sein cartell trug Solande an die zehen eisenfresser mündlich vor. *pol. stockf.* 246 • eingebildeter eisenfresser. *Felsenb.* 1, 31 • gevatter hilf und wirf das glas dem eisenfresser ins gesichte. Hagedorn 3, 124 • so ein bramarbas und eisenfresser, will einnehmen alle feste schlösser. Schiller 325b • das ist ein grobian, ein wahrer eisenfresser! Körner 3, 173 • da scheitert meine kunst. ein rechter eisenfresser! [3, 337] • mir verrückt der eisenfresser / Mars den vorsatz. Tscherning *frühling* 199 • du Türkenwürger, komme mir, / machst du mein feines tuch zu nichte? / noch flieszt der wein, noch werd ich nasz, / gevatter hilf und wirf das glas / dem eisenfresser ins gesichte. Hagedorn 3, 124 • so ein bramarbas und eisenfresser,/ will einnehmen alle feste schlösser. Schiller 325b • das ist ein grobian, ein wahrer eisenfresser! Körner 3, 173 • da scheitert meine kunst. ein rechter eisenfresser! [3, 337]

EISENFRESSERISCH • *prahlerisch.*

EISENFREUDE *f.* • *ensis, vgl.* eisenbraut: was klirrst du in der scheide, du helle eisenfreude, so wild, so schlachtenfroh? mein schwert, was klirrst du so? Körner 1, 109

EISENSÄUFER *m.* • *ein kranker, der eisenoder stahltinctur trinkt:* über mangel an eisenfressern und überflusz an eisensäufern. J. P. *anhang zu Tit.* 2, 6

EISERNALTERHAFT • *nach dem eisernen alter aussehend:* für unsre schönen geister merke ich noch dieses an, dasz

Theokrits hirten in ihrer breiten sprache oft solche unarkadische und eisernalterhafte dinge sagen, die selbst unter dem tone dieser Vierlander idylle (de winterawend) sein würden. Voss *im inhalte seines musenalm.* 1777

EISGEBÄREND • **vom glühenden ost bis zum eisgebärenden nord.** Schubart *ged.* 1, 444

EISUMFANGEN • *glaciatus:* **deine liebe fühle ich noch warm in diesem eisumfangnen herzen.** Wieland 26, 118

EISZAPFENWORTE • **wenn ein mann harte eiszapfenworte ausstöszt** (*frigide dicit*). J. P. *Katzenb.* 1, 28

EITELDARM *m.* • *ventriculus inanis* • *nnl.* **ijdeldarm,** *leerdarm, einer, der immer hungrig ist.*

EITELMACHERIN *f.* • *mhd.* **îtelmecherinne,** *eine frau, die mit blick, rede, gewand männer an sich zieht.* Berthold 389. 454 *und in Göbels ausgabe* 1, 35

EITELSCHÖN • *pulchritudinis fluidae.* Stieler 1754 • *eine ungewöhnliche, aber gute zusammensetzung, in welcher der ursprüngliche sinn von* **eitel** *durchscheint.*

EITERBISSIG • *mordax, virulentus:* **Hiob hatte einen höllenrigel daheim, eine eiterbissige haderkatz, die ihn verhöhnet in seiner jammeraschen.** Otho *krankentrost* 933 • **also dasz der abgesandte nicht so eiterbissig empfangen wurde, als ich mir wol eingebildet, obzwar ich auch nicht glauben kan, dasz er eben auch so gar ein angenehmes und köstlich botenbrot gekriegt haben wird.** *Simpl. stolzer Melcher* s. 852

EKELESSEN *n.* • *cibus nauseam movens.* Stieler 894

EKELREDE *f.* • *sermo nauseosus.* Stieler 1540

EKELWEICH • **die ekelweiche preisaufgabe der französischen academie.** J. P. *freiheitsb.* 136

ELEMENTER *m.* • *ein scheltwort:* **sagen wir doch auch butterseele, mondscheinmensch, aprilsnarr, Hans in allen gassen, elementer, brausekopf, hasenfusz, fuchsbalg u. dgl. m.** Tieck *nov. kr.* 4, 49

ELENDSFETT *n.* • *man sagt von einem kümmerlich lebenden:* **er schmelzt arme ritter in elendsfett.**

ELENDSOFEN *m.* • **in unsers lebens elendsofen.** *Es.* 48, 10. Hagedorn

ELFENBEINBEBUCKELT • und seiner hand hinab zu staub entfiel das elfenbeinbebuckelte gezäum. Bürger 165a

ELLENSCHMÄLERER *m.* • *der die elle kleiner macht:* elenschmeler, diebische becken. Fischart *groszm.* 88

EMPFINDELEI *f.* • *nimia sensuum mollities:* empfindelnde erzieher, ob sie gleich noch so sehr gegen empfindelei eifern. Kant 4, 200 • aus theilnehmender empfindelei einer affectierten humanität. 5, 170 • man hat muthige, man hat zärtliche rührungen. der hang zu den letzteren heiszt empfindelei. 7, 126 • freiheit der empfindung ohne empfindelei. Stilling 4, 168 • ich weisz nichts von romanenschwung und hass empfindelei. Gotter 1, 238 • sie liesz sich im vorigen sommer mit einem gewissen herrn in empfindelei ein. Klinger 1, 170 • *Minchen.* bauen sie auf meine unerschütterliche treue. *Stackel.* empfindelei! Kotzebue *dram. sp.* 3, 243

EMPFINDUNGSGRILLE *f.* • was sonst die brust mit lust und schmerz durchdringet, sind süsz und eigen nur empfindungsgrillen. Wilh. von Humboldt 7, 455

EMPOREILAND *n.* • *auftauchende insel:* dieses blumige emporeiland umkreisete er den ganzen tag. J. P. *uns. loge* 1, 59

EMPORLÄCHELN • *subridendo oculos levare, lächelnd aufblicken.*

EMPORPOSAUNEN • *tubis exaltare:* thörige anschläge wurden durch eigennützige haufen zur patriotenklugheit emporposaunt. Sturz 1, 242

ENGELANMUT *f.* • an engelanmut reich. Schubart 313

ENGELGUT • ein engelgutes mädchen.

ENGELSCHWÄRMERIN *f.* • *quae angelum sibi fingit,* macht dann der süsze wahn der süszern wahrheit platz, so wirst du doch auf mich, auf mich nicht zürnen, die engelschwärmerin geheilt zu haben. Lessing 2, 198

ENGLISCHSCHÖN • o englischschöner leib! Weckherlin 767

ENTÄHNLICHEN • *dissimile esse, aufhören zu gleichen:* schweiget von dem, was die kunst gebar. die vergleichung entähnlicht durch ihr heiteres. Klopstock 2, 164

ENTBILDERN • *imaginibus nudare:* den baum der phantasie entbildert nun des verstandes kalte hand. Rückert 138

ENTFRAUEN • *exuere feminam, gebildet wie* entmannen, *evirare, doch hat effeminare den sinn weibisch machen und gilt von männern:*

der civilisationsschlendrian, der auch das weibliche geschlecht erniedrigte, ich möchte sagen, entfrauete. Pestalozzi 6, 359.

auch nnl. begegnet ontvrouwen.

ENTFRÖHLICHEN • *contristare, nnl.* ontvrolijken. Stieler 554

ENTHALSKRAUSEN • *collari nudare:* von meinem ehrenmann blieb, wenn er blank und bar, entstaatsperrückt, enthalskraust, ausgewindelt aus seinem groszen amtstalar, vom haupt bis auf den fusz entschindelt, vor mir erschien, blieb, sag ich, blank und bar so wenig, dasz es kaum der rede würdig war. Bürger 106b

ENTKÜSSEN • *osculando tollere, abküssen, wegküssen:* knaben faszten das knie sich niederbeugender väter und entküsten dem auge der väter die männliche thräne. *Mess.* 5, 245 • oft entküst ich dem veilchen die tropfen. Schubart *ged.* 1, 66 • er fühlte der liebe kus auf der stirne, blickte dank und starb. sie entküste den augen den scheidenden lichtstral. Stolberg 3, 281

ENTLÄSTIGEN • *gleicher bedeutung, gegensatz zu* belästigen: gott will uns von allen sorgen und bekümmernissen befreien und entlästigen. Scriver *seelensch.* 1, 324 • der christ darf vergönnte und zulängliche mittel wol gebrauchen, ob er sich seines anliegens entlästigen könne. 2, 162 • ich war kaum von diser dienstbarkeit entlästiget. Butschky *kanzl.* 649 • das herz des menschen ist immer geneigt sich seiner pflichten zu entlästigen. Rabener 1, 106 (1757. 1, 18) • morgen also werde ich von meinem traurigen revisorate entlästigt. *briefe* s. 214

ENTNAFZEN • *in soporem incidere, entschlummern:* nun sprichstu, ich entschlaf nit also, aber ich entnafz. das haiszt entnafzen, wenn ains anfacht zu schlafen und zucket doch wider ... hüt dich vor dem entnafzen, wann warlich wilt du des vil treiben, du entschlafst hinden nach, das dir der kopf zů der erden felt. Keisersberg *geistl. spinnerin* b 5b • nun sprichst du, lieber got, wie sol ich im thůn, das ich also entnafz? b 5c • ich wird nit steigen auf mein bett, noch auch keinen schlaf geben meinen augen und meinen augenbrowen kein entnafzen und kein ruw meinen schläfen bis das ich find ein statt dem herrn. *predigten* 97a • also das sie nahent die ganze nacht über schrien, do entnafzet sie ein wenig und es gedaucht sie, wie das sie wäre in der kirchen. Oberlin 316

ENTNOTHDÜRFTEN • *alvum exonerare:* **ihr könnt auch lernen, dasz auf der nase des helden die fliege sich entnothdürften darf.** Lavaters *physiogn. IV, 2 viertes fragment*

ENTSCHULDIGUNGSSCHWAMM *m.* •

einen verdrusz mit einem entschuldigungsschwamm abwischen. Brandts *bericht von Taubmann* s. 39.

ENTSELBSTIGEN • *desgleichen:* **die absichten der gottheit dadurch zu erfüllen, dasz wir, indem wir von einer seite uns zu verselbsten genöthigt sind, von der andern in regelmäszigen pulsen uns zu entselbstigen nicht versäumen.** Göthe 25, 217

ERBEGLÜCK *n.* • *dives hereditas.* Stieler 675 • *reiche erbschaft.*

ERBIMMEN • *irasci, erzürnen, nur einmal gelesen:* **ach her got, dich nicht erbimme, in deinem grimme!** Melissus *ps.* A 3a • *auszerdem, so wenig als das einfache* **bimmen** *gar nicht erscheinend. man würde zuerst mit* Schmeller 1, 175 • *an zusammenziehung aus* **erbidmen** *denken, wenn die bedeutung von erzittern stimmte. doch führt dieser ein nürnbergisches* **bims** *zorn,* **bimsig** *zornig an, das verwandt sein musz. wahrscheinlich fiel* **R** *aus wie in* **stumpf** *für* **strumpf, focht** *für* **furcht, mader** *für* **marder, fudern** *für* **fürdern, fodern** *für* **fördern** • *sp.* **temblar** *für* **tremblar** • *alts.* **linôn** *für* **lirnôn** • *a. m.* **bimmen** *steht demnach für* **brimmen** *und* 2, 383 *haben wir* **brimmen** *fremere* 2, 364 • **erbremst** *iratus, so dasz auch* **bims** *aus* **brims** *hervorgeht und dem* **bremse, bremsen** *gleicht.* • *s. hernach* **erbremsen.**

ERBKAMMERTHÜRHÜTER *m.* •

ERBLAPPEN • *contremiscere, concidere, dissolutum pendere, schlottern: mhd.* **mîn kunst ist tôt erblappen und gêt in maniges ôren niht.** Frauenlob 447, 20 • *nhd.* **erst sie mit streichen in begapt, das im all sein leichnam erplapt vom haupt pisz zu den füszen.** *fastn.* 1280 • *vgl.* **blappen** 2, 66 *und* **plappen** *bei* Stalder 1, 180 *der ihm die bedeutung eines plaudernden, plätschernden, anschlagenden wassers und dann die von wanken, schwanken, fallen gibt. wir sahen* 2, 141 *gerade so in* **blodern** = **blaterare ähnliche vorstellungen geeinigt, vergleicht man die sonst erscheinenden for-**

meln plip plap plum (Bergmann Walliser s. 98) • **blip blap blum** (Frommann 3, 397), **enplipfes und enplapfes** (Helbling 3, 364) • *so läszt sich auf ein altes* **blippen blap** *und daraus auf ein reduplicierendes* **blappen bliep** *gelangen. ich meine auch* **blippenblap ähnl***ich dem* **snipfensnapf** *gelesen zu haben.*

ERBSENWÄCHTER *m.* • *pisorum custos, schotenhüter:* **du entlegnes thal, in dessen mitte noch im herbst ich oft die halbe nacht in des erbsenwächters halmenhütte, die er längst verlassen, zugebracht.** Schmidt von W. 81

ERBÜCHSEN • *trajicere sclopo, todt büchsen, erschieszen.* Stieler 258

ERDBRÜSTLEIN *n.* • *pectusculum terrae, tumulus:* **denn get der frid abhin unz ans erdbrüstli.** *weisth.* 1, 118 • **erdbrüst** *pl., hügelchen* (*auch* **erdgrüst**). Stalder 1, 345

ERDVERHIMMELT • *caeli jam in ista terra compos:* **jedermann meinete und gedachte, dasz dieses weib schon im leben als erdverhimmelt und eine allerangenehmste freundin gottes wegen solcher geistlichkeit** (*geistlichen gesinnung*) **seie.** *Simpl. K.* 620

ERGEILEN • *exhilarare, recreare, froh, geil, übermütig machen: mhd.* **ich mein die minne, / diu manges trûrgen sinne / mit freuden hëlfe ergeilet.** *Parz.* 733, 5 • **ër wart an allen dingen / erjunget und ergeilet.** *tr. kr.* 11053 • *nhd.* **sich ergeilen,** *sich erlustigen, erheitern, in üblem sinn:* **wiltu dich gnůg erbůben, ergeilen, so machstu daraus ein gewonheit und natur, der du kein widerstand kanst thun.** Frank *paradoxa* 60a • **ist doch nichts dann volle weis, trunkene räth, aus völle des weins reden sie, ergeilend sich in demselbigen, wie dann ein jedlicher trunkener mensch thut.** Paracelsus 2, 410a • **sich mit einander ergeilen** (*mutwillen treiben*). Sebiz 147 • **an meim bittren elend hönisch sich ergailet.** Melissus *ps.* J 1a *fehlt in den wörterbüchern. ahd. galt* **irgeilisôn** *luxuriari.* Graff 4, 183

ERHABENSCHAUERLICH • Klinger 8, 85

ERHASEN • *pavere, furchtsam sein, niederducken wie ein hase* • *span.* **alebrarse** • *schweiz.* **erhaset, forchtsam, zaghaft,** *frigens.* Frisius 585b • **ab einer gfaar erhasen oder erschräcken,** *submittere animum.* 1256b. Maaler 111b • **die statt ist gar erhaset oder erschrocken,** *pavor cepit civitatem. daselbst* • **und unsers bedünkens wollen die bürger hie kleinmütig und darob erhaset sein.** Kresz *bei Melanchthon* 2, 90

• **erhasen,** *metu opprimi.* Denzler 97b. *nach* Stalder 2, 24 • *der ein heutiges* **erhäsmen, erhäsmet** *anführt, findet sich* **erhasen** *auch in der übersetzung der propheten von* 1528. Schmeller 2, 244 • *hat ein bair.* **derhasen.**

ERHOTZELN • *succussare, succutere, erschüttern, stoszen.* Frisius 1262b. Maaler 112a • *s.* **hotzeln.**

ERKOSEN • *blande confabulari, plaudern, schwätzen, stammt nicht aus* **kiesen,** *sondern vom ahd.* **chôsôn** *fabulari, mhd.* **kôsen,** *franz.* **causer: hei muostich mich erkôsen mit der vil lieben eine.** *MS.* 1, 2b • **müeste ich noch gelëben, daȥ ich die rôsen mit der minneclîchen solde lësen, sô woldich mich sô mit ir erkôsen, daȥ wir iemer friunde müesten wësen.** Walth. 112, 5 • **mit dem ich leider niht entar mich erkôsen nâch mînem muote vor der leiden merker huote.** *Renn.* 395 • *nhd.* **unde bat on fruntlichen, das her zu om queme, das her sich muntlichen mit om erkosen mochte.** Rothe *dür. chr. cap.* 293

ERLABELN • *frequentativ oder diminutiv des folgenden* **erlaben: mit küssen nectargleich begabelen, erlabelen.** Weckherlin 769 • *denn kaum zu denken sein wird an das längst erstorbne* • *ahd.* **lapul, label** (Graff 2, 79) *dessen bedeutung labium, labrum sonst auf küssen und mit den lippen berühren führen könnte. auch das vorangehende* **begabelen** *machte schwierigkeit.*

ERLAUSTERN • *was* **erlauschen, erlauern: statliche und subtile hasen die ligen hie heimlich im rasen, sind nasenweise, schleichen sacht umbs netz herumb, nim ja wol acht. mit fleisz man sie gar schnell ergattert, wenn man nur hört und nicht vil schnattert, so werden sie erlaustert fein, vil sanfter als ein wildes schwein.** *rennplatz der hasen mit der leimstangen. Erfurt* 1594 B 2b • **ernstbefaltet:**

sie liegt im schosze des kummers, tief decket schmäliger staub die ernstbefaltete stirne von dir (*gott*) zum denken gebaut. Karschin 1764 s. 218

ERNSTFREUNDLICH • **die gebäude im ernstfreundlichen geschmack.** Göthe 21, 216 • **es ist nicht immer nöthig, dasz das wahre sich verkörpere, schon genug wenn es geistig umher schwebt und übereinstimmung bewirkt, wenn es wie glockenton ernstfreundlich durch die lüfte wogt.** 49, 23

ERSCHNARGARKEN? • *das vielleicht noch in einer volksmundart fortlebende* **schnargarken** *mag etwa dem bair.* **schnarrmaulen,** *hungerleiden* [(Schm. 3, 494)] • *gleichkommen, so dasz* **erschnargarken** *soviel wäre als hunger oder durst büszen:* **bub, wasser her, schenk, schenk mein sohn, schenk, das wird mir die leber erfrischen. gib her, dasz ich mich ergurgele** (*mir die gurgel spüle,* [sp. 832 nachzutr.]) **und erschnargarke.** [Garg. 240. Oberlin 1424] • *hat* **schnargickel** *febris catarrhalis, offenbar von* **schnarren,** *stridere, rauh reden und* **schnargarken** *könnte das nemliche sein,* **erschnargarken** *also die rauheit der kehle durch räuspern vertreiben.*

ERZGENERALFELDDUMMHEIT *f.* • *gehäufte verstärkungen von* **dummheit: vielleicht reizt auch wol einmal die erzgeneralfelddummheit die hohnlache zum ausbruche.** [Bürger 184b]

ERZHURENTREIBER *m.* • *scortator:* **o wie fein lauts, wenn ein bischof ein erzhurntreiber ist und heiszt einen armen pfaffen keusch leben.** [Luther 5, 299a]

ESELMÄNNISCH •

insonders hochgeöhrter eselmännischer Hanswurst!
Riemers *reime dich.*

ESELSADEL *m.* • *nobilitas asinina.* [von Georg Nigrinus]: **er ist ja einer von Battenberg, vom guten esels adel ein scherg.** [Nasus *Nasenesel* 23b]

ESSICHMIENE *f.* • *saures gesicht:* **erbittert durch die essigmienen und giftblicke und die unhörbarkeit seines blutsfreundes.** [J. P. *Hesp.* 3, 12]

EUROPAMÜDE • *quem tenet Europae satietas.*

EWIGWESEN *n.* • *wie* **ewigsein: rettet ihn aus sünd und noth, vom verderben zum genesen, nimmt ihm die vergänglichkeit, schenket ihm ein ewigwesen.** [Logau 1, 180, 61]

ECHTDEUTSCH • *genuine germanicus:* **echtdeutsche sprüche, lieder.**

F • *unser deutsches* F *erscheint in mehr als einer lage, am gewöhnlichsten in der lautverschiebung* P F F, *wo classischem* p *nicht nur goth. sondern auch hochd.* f *gegenüber stehn, tenuis schob sich in verengter asp. und stockte dann, genau wie classisches* k *sich in goth. und ahd.* h *umsetzte; denn nur in der lingualreihe ergieng der lautwandel ungestört* t th d, *wohingegen die gutturalen* k h h *statt* k ch g, *die labialen* p f f *anstatt* p ph b *darbieten.*

☞ S. 88–107

FABEL

FABELBUHLER m. • *amator fabularum, nugarum, fabelliebhaber:* dieweil sie (*Jesuiten*) doch zu Dillingen gleichmäszige grillen anno 1571 in des Gregorii magni vier büchern der gespräch von erscheinung der welschen seelen, so von dem eiferigen fabelbuler Adam Wallaser nach verteutscht worden, haben lassen trucken. Fischart *bienenk.* 215a

FABELFROH • *fabulis laetus:* die fabelfrohe kindheit.

FABELHAFTIGKEIT f. • *fabulositas:* die fabelhaftigkeit der nachricht leuchtete ein.

FABELHANS m. • *fabulator, fabeler.* Stieler 73, 765 • tractätlein genant der verthädigte fabelhans. Schuppius 607 • der semperlustige fabelhans oder knospus (*von* Megerle). 1703 • wenn ihm ein fabelhans von drachen spricht, die auf hohen felsen und in zerstörten bergschlössern hausen. Hebels *schatzkästlein* 107 • *vgl.* faselhans, junghans, karsthans, maulhans, prahlhans, schmalhans *u. a. m.*

FABELZUCKER m. • *fabulae dulcedo:* glaubt nicht, als ob der zweck nur die vergnügung wäre, der fabelzucker deckt oft eine bittre lehre. Lichtwer 141 • falbeln, fälbeln, *plicare, in falten ziehen:* der wirth ringelte und fälbelte sein gesicht. J. P. *lit. nachlasz* 4, 172 • gefalbeltes kleid.

FALKENHELL • *clarissime:* mein auge schaute falkenhell durch meilenlange räume. Bürger 6b

FALLSTRICKSEELE f. • der lord zerfaserte diese fallstrickseele nicht, da sie, wie er sagte, zu unbedeutend zur genugthuung, zu schwarz gebeizet zur strafe sei. J. P. *Hesp.* 4, 178

FALSCHBESCHEIDEN • Horaz spielt nicht den falschbescheidnen. Ramler *dichtk. des Hor.* 121

FALSCHFREUNDLICH • aber die schlange verbarg das nattergift tief in ihrem busen, that falschfreundlich gegen sie. Musäus *volksm.* 2, 93

FANGGEDÄCHTNIS n. • *memoria excipiens:* ich setzte dadurch die Britten in stand, es wie jener alte poet zu machen, der die gedichte, die ein andrer poet öffentlich herlas, augenblicklich in seinem fanggedächtnis behielt. paling. *1, xxvii*

FANTÄSTIG • *cerebrosus, kibig, einbildisch, zänkisch.* Maaler 131b

FANTERTEUSCHIG • *ein unverständliches wort bei* H. Sachs I, 449c • mit ir kleidung ist sie fürwitzig, fantertewschig und sehr popitzig. *es scheint darin* ertäuschig, *commutans gelegen.*

FARBEN

FARBENFEUER *n.* • lieblich, wie der Iris farbenfeuer / auf der donnerwolke duftgem thau, / schimmert durch der wehmuth düstern schleier hier der ruhe heitres blau. / im palaste brennend farbenfeuer Schiller 73a • machte himmlisch irdisches gemäuer. Rückert *ges. ged.* 1, 317

FARBENFLOCKE *f.* • *farbige flocke:* mit betäubten sehnerven und vorausschwimmenden farbenflocken (*er hatte in sonnenaufgang geschaut*) gieng er langsam in den wald wie in einen dunkeln dom. J. P. *Hesp.* 1, 165

FARBENKLECKSER *m.* • *tabulam maculans coloribus, schlechter mahler.* • farbenklecker Stieler 973

FARBENLUSTIG • der farben und lebenslustigen niederländischen schule entsprossen. Göthe 31, 117

FARRENFRECH • *protervus, frech wie ein stier:* farrenfrech mit schwetzen und pletzen. Garg. 149b • *doch mit wortspielendem bezug auf παρῃσία, freimütigkeit.*

FATZBUB *m.* • *lotterbub, possenreiszer.* Rädlein 270b. Frisch 1, 252b

FATZER *m.* • *joculator, cavillator, scurra, schwätzer, aufschneider:* ich sprach, wo bleiben denn die schwatzer, eerabschneider, spötter und fatzer? H. Sachs I, 358d • ein verächter, fatzer und spötter. IV. 2, 65d • ein höflicher fatzer kann eine ganze gesellschaft lustig machen. Stieler 442 • *s.* fatzbub, fatzmann.

FATZVOGEL *m.* • *scurra, spaszvogel, spottvogel, speivogel:* ich hab seithero selber zeit diesen dingen vielmalen nachgedacht, warumb etliche fürsten und herren heutigs tags viel mehr einen schneider oder zwergen oder fatzvogel zu einem kammerdiener haben, als irgend einen gelehrten, erfahrenen kerl. Philander 2, 53 • noch dannoch waren leut unter ihnen, die man fatzvögel nennete, diese bekümmerten sich wenig, namen alles auf die leichte achsel und hatten in ihrem creuz anstatt des trosts allerhand gespei. Simpl. K. 100 • ein fatzvogel unterm umstand (*unter den umstehenden leuten*) sagte. *Springinsfeld* 17 *s.* 34

FATZVÖGELISCH • *scurrilis:* und solche scheinen von solcher sicheren und fatzvöglischen art zu sein. *Simpl. K.* 101

FAULBETTCHEN *n.* • *dasselbe:* sei der grüne rasen mein faulbettchen. Wieland 13, 18 • ich fand sie in einem kleinen saal ihres gartens auf einem faulbettchen liegen. 13, 92

FAULLÄSSIG • *piger:* Domitianus fiel in allerlei grobe laster als zorn, tirannei, faullessigkeit, unkeuscheit. Frank *chron.* 135b

FAULTHÄTIG • weiber sind schnellredig und faulthätig. Fischart *ehz.* 563

FAUNISCH • *faunenhaft.*

FEDER

FEDERALLEE *f.* • *das bett,* in die federallee spazieren.

FEDERFAUL • *piger scribendi, schreibfaul:* schreibe mir balde und werde nicht federfaul, wie es in der entfernung gar leicht geschieht. Göthe *an Knebel* 31

FEDERFUCHSER *m.* • *scriba, verächtlich ein mann von der feder:* ist mirs doch wie gift und operment, wenn ich den federfuchser zu gesichte kriege. Schiller 183a • Konrad fuhr mit häszlichen reden gegen ihn an, nannte ihn einen wollkratzer und federfuchser. Arnim *kronenw.* 1, 409. Hartmann *kiltabendgesch.* 1, 13 • *vgl.* schulfuchs.

FEDERKAUEN *n.* • *mandere pennam, nicht recht wissen was man schreiben soll:* ein schreiben an dich will seinen guten tag haben und federkauen hab ich nicht gelernt. Zelter *an Göthe* 517

FEDERKRIEG *m.* • *was* federkampf, *streit der schriftsteller, auch die diplomatische unterhandlung:* ihr rennet nicht nach hohen ehren, / ihr wünscht euch nicht an titeln reich, /

kein zwiespalt in geweihten lehren, / kein federkrieg verhetzet euch. Hagedorn 3, 56 • ein solcher federkrieg darf ihm niemals lange dauern. Göthe 32, 257

FEDERSCHURKE m. • *scriba nequam:*

der schreiber war einer der grökten federschurken, der je in unserm lande dintenkünste und radiergewalt ausgeübt. Pestalozzi 2, 265

FEGEFEUERLEBENSMINUTE f. • eine fegfeuerlebensminute. J. P. *Tit.* 2, 216

FEHLERFROH • *vitiis aliorum laetus:* die fehlerfrohe leichtgläubigkeit des gefühllosen schwätzers. *Dyanasore* 1, 131

FELDERRUHE f. • beklaget meine noth ihr heiden, und du, du stille felderruh. Neumark *lustw.* 149

FELSENAN • *adverso clivo, sursum:* sein erschütterter geist (er rang noch kaum mit dem tode) risz ihn, von dem mördrischen feinde zum unsinn empöret felsenan. *Messias* 2, 147 • oft musz er felsenan sich mit den händen winden. *Oberon* 9, 37

FELSENSINN m. • *starrsinn:* du wirst seinen felsensinn mildern. Fr. Müller 1, 62 • mir ward ein herz von eis beschieden, ein felsensinn. Hölty *im musenalm.* 1773 s. 31

FELSENVOLL • *scopulosus:* wer sanftes rauschen liebt aus felsenvoller welle. Gökingk 3, 149

FENSTERAUGE n. • *nach* fenster *ein pleonasmus:* gegenüber sah den grafen das weisze schlosz mit den blitzenden fensteraugen an. J. P. *komet* 3, 101

FENZIG • sp. 1321, fänzig, *artig, schmuck, wozu noch einige belege:* zeuch mich doch gar fenzig von leib, das mich hat grawsam lieb das weib. H. Sachs II. 4, 30d • ja ihr glaubts nicht, wie er (*der schneider*) den fenzigen huren so schöne kleider machen können. *Simpl. K.* 226 *nach DGK*

FERGELN • *an etwas hin und her fahren, reiben, fegen, wetzen. ein bairisches wort.* an einem fergeln, *nicht ablassen ihn mit bitten, fragen, anreizungen zu belästigen.* Schmeller 1, 562 • *wie sonst* an einem nergeln.

FERN

FERNGEDÜFT *n.* • *die duftende ferne:* **des rauhen hüfthorns ton durchschmettert das ferngedüft.** Frid. Brun *im m. a.* 1798 s. 182

FERNSCHÖN • *in der ferne, von fernher schön. s.* **feldschön,** *denn in mehrern zusammensetzungen begegnen sich* **feld** *und* **fern.**

FERNSEHER *m.* • **propheta.** *telescopium:* **wer sein lebenlang in einer düstern höhle gesteckt hat, was weisz der von einem fernseher zu sagen, wodurch man auf zehn meilen weit sehen mag?** *pers. baumg.* 7, 29

FERNSEULIG • *rarseulig, wenn die seulen weit von einander stehn, gegensatz zu* **feinseulig. fernverworren, und ihm deucht, ob aus den tiefen fernverworrne stimmen riefen.** Lenau *neuere ged.* 26

FETTSCHWANZ *m.* • *adiposa ovium cauda. bildlich,* **ohne alle leidenschaften, diese fettaugen und fettschwänze der tugend.** J. P. *jubelsen.* 43 • **dieser gedankenstrich soll nicht der fettschwanz eines perioden mit schlechter wolle sein.** *grönl. proc.* 2, ix • *steht auch für das* **fettschwänzige schaf** *selbst:* **zwanzig fettschwänze ankaufen.**

FEUERENTZÜCKEN *n.* • *summa voluptas:* **geliebtes bild, das mir mit feurentzücken die seele füllt.** Hölty 153

FEUERFÄNGIG • *was* **feuerfähig.**

FICKENFAUL • *avarus, der ungern seinen beutel zieht:*

ich habe viel, viel geld, mein vater liesz mir solch zeug genug und ich bin auch nicht fickenfaul. Weisze *lustsp.* 3, 231

FICKFACKEN • *virgis caedere, steupen, ficken:* **steckte ihr das schnupftuch ins maul und hielt sie so lang, bis dasz Halso, nach vorhergegangner aufhebung des rocks, das kalte fleisch tapfer abgefickfacket.** Salinde 232 • *da auch ein gaukler mit der ruthe aufschlägt, nimmt* **fickfacken** *den sinn von fallere, decipere, teuschen an.* • *das nnl.* **fikfakken** *bedeutet aber eitle, nichtige dinge treiben.*

FINANZENFRESSER m. • *judex numarius, bestechlicher richter:* es ist kein ärger finanzenfresser im lande als der mann. Weise *erzn.* 303 • sehen mich die herren für einen finanzenfresser an? *comödienpr.* 260

FINGER

FINGERBRILLE f. • etlich machen fingerbrillen (*sehen durch die finger*). Garg. 185b • sehet nicht durch die fingerbrille. Mestwert 73

FINGERDEUTLICH • *aperte, ut digito monstrari possit:* so lang sie einen nicht fingerdeutlich vom gegentheile überführt. Möser *p. ph.* 3, 36

FINGERFASENACKT • *verstärktes* fasenackt (sp. 1339) *rockenphil.* 2, 4

FINGERSCHNELL • *fingerfertig, fingerfix* • *nnl.* vingersnel.

FINGERSINNLICH • als könnten wir die andere welt so fingersinnlich machen, als dasz zweimal zwei vier ist. Hippel 3, 135 • *vgl.* fingerdeutlich.

FINGERWALD m. • *capillus. weil die raufenden finger ins haar greifen, das haar ist ihr wald, in den sie gehn,* haar *steht oft für* wald: da klatscht, da kümmert sich das alte trödelweib in jeder rockenzunft um alle spindelgrillen, da sucht er unter lichts der köchin zeitvertreib, da holt er Hsen aus, da forscht er von Sybillen ..., wie oft sich frau und mensch bei dem begräbnis raufen, und Fritz und Florida nach fingerwalde laufen. Günther 501 • *man dürfte an einen ortsnamen* Fingerwalde *denken, doch keinen solchen gibt es in der nähe von Schweidnitz, wo das gedicht spielt.*

FINKELFECH • *brennendbunt.* MS. 2, 75b • *die ableitung von* finke *bestärkend.*

FINSTERBANG • *dessen dichte finsterheit bangen erregt:* vorbei an finsterbangen klagenden wäldern. Fr. Müller 1, 60

FINSTERNISLEHRER m. • *tenebrio, finsterling:* hütet euch für den finsternislerern. Luther 3, 437b

FINSTERSTÜNDIG *adv.* • *noctu, bei nacht:* jetzt erst, ihr mühsam finsterstündig strebenden, für euch ein ruhmahl! denn wer nachts arbeitete, geniesze, wenn die andern früh zur mühe gehn. Göthe 40, 387

FINTENVOLL • *fallaciarum plenus:* mein monsieur verstand die fintenvolle vorher studierte rolle wie ich mein abc. Bürger 22a

FIPPERN • *tremere, beben, zittern, wol nach dem lat.* vibrare, vibrari: fipern *labiis tremere.* Prasch *bei Schmeller* 1, 507 • der mund pidmet und fippert im. H. Sachs II. 2, 91b • ohren klingen, augen fippern. *rockenphil.* 3, 56 • auf seinen lippen fipperten thränen; die sterne fippern, *strahlen mit zitterndem glanze;* die strahlen des sonnenlichtes, welche aus einer gerüttelten gelte mit wasser an der decke eines zimmers oder an den wänden eines hauses umher fippern. Reiske *Thuc. vorr.* b 3 • *kärntnerisch:* mein diendle ist sauber in sunntaggwandlan, va lautar liab fippern die füertuchbandlan. Frommann *mundarten* 5, 246 • fippern, ängstlich umher tasten. Hermes *Soph. reisen* 1, 427 • herum fippern. *Wurmsame* 2, 248

FIPSEN • *einen schlag geben, schnalzen, fingerschnellen.*

FIRLEFANZEN • *ineptire:* wie solt ein arm man thun, der gern schreiben wolt und künd nichts? er musz je so firlefanzen und mit worten umbher schweifen, das die leut denken, er wölle ein buch schreiben. Luther 2, 149b • Henisch 1105, 63 *setzt* firofanzen, *spiegelfechten* •

man schaft hinaus die netze, spiesz und lanzen und mancher legt die rüstung an sofort, denn solche jagd braucht mehr als firlefanzen, nicht hasen oder rehe gibt es dort. Gries *Bojardo* 2, 28, 20

FISCHBEWOHNT • *piscosus:* so schwebt in tief gesenktem bogen um fischbewohnter klippen rand die mewe längs dem meeresstrand. Schiller 40b

FISCHLEIMFIRNIS *m.* • Klinger 11, 188

FISCHWIMMELND • *fischerfüllt:* dasz wir hurtig durch fischwimmelnde pfade hinsegelten. Voss

FISIERLICH • *mirus, wunderlich, närrisch:* mit runden, langen, breiten, schmalen, spitzen mücklein und andern fitzirlichen (? fisierlichen) zum anblick dringenden gestalten bekleidet. Philander 1, 454. Stalder 1, 373 • fitzirlich *mahnt an* fitz *und* fitzelbändchen.

FITTICHSCHWEBEND • *volans, praetervolans:* hat ihn mit ruhm nicht die fittigschwebende gekrönt? Stolberg 13, 131 • fittigschwebende beute des pfeils. 14, 321

FITZFATZ *m.* • *fustigatio, staupbesen:* so ferne sie nicht den fitzfatz auf den buckel haben und mit diesem aus dem amt hinaus gewiesen sein wolte. *Salinde* 114 • *vgl.* fitzeln fetzeln *und* fickfack.

FITZNASE *f.* • *eine person, die die nase rümpft:* den augenblick will ich zu der fitznase laufen und ihr die zunge aus dem halse schneiden. Weisze *lustsp.* 3, 380

FIXFINGRIG • *digitis velox:* zum Zeuxis prahlt einst Agatharch, ein kleiner, fixfingriger, behender pinselmann. Bürger 64a

FIXSTERNHIMMEL *m.* •

FLATTERSCHÖN • *vergänglich schön.*

FLAUMENWEICH • erwachet Banquo! Malcolm! Donalbain! / werft diesen flaumenweichen schlaf von euch, / des todes scheinbild und erblickt ihn selbst! Schiller 565a

FLEDERFLITZCHEN *n.* • *name eines vögleins, nach dem reim:* federflitzchen, federflitzchen sasz auf einer stangen, / hat ein gelbes hemdchen an und liesz die hosen hangen. *wol* flügel *für* hosen *zu setzen.* flitschen, flitzen *ist flattern.*

FLEDERMAUSHERZ *n.* • wenn ihr liebhaber von irdischen gerichten seid, will ich hier etwas auftischen, das eure gaumen reizen soll, von wolfsleber, fledermausherzen *u. s. w.* Friedr. Müller 2, 153

FLEDERMAUSMASKE *f.* • lustigkeit ist die beste fledermausmaske des nehmens, sogar des geizes. J. P. *komet* 1, 2

FLEDERWISCHJUNGFER *f.* • *ein armes, junges mädchen, das flederwische feil hat:* weisz Sylvia schon wie es in der welt zugehe? „ob sie es wisse? es scheinet, du verstehest nicht, dasz man nicht mehr nach der alten weise lebe und dasz die kleinen mägdlein besser wissen, was die widder vor hörner tragen, als da wir jung waren, eine zimliche flederwischjungfer“. Gryphius 1, 877

FLEHMÜTHIG • *supplex:* bitten demüthig, flehmüthig, wehmüthig, laszt uns im haufen nun auch mit laufen. Rückert, *Chamisso musenalm.* 1833 s. 27

FLEISCH

FLEISCHBÖSEWICHT m. • *furcifer:* du fleischböswicht, nun sag doch an, was hastu mir ie guts gethan? Murner *gauchm. s.* 1047 • bin von Lazaro Schwendi, als einem erzvorzweifelten fleischbosewicht auf die fleischbank geopfert worden. Sastrow 2, 172 *auch in* Hayneccius *Hansoframea* 2, 2

FLEISCHGIERIGKEIT • *libido*: Barbara was ein weib unerschöpflicher fleischgierigkeit, ein übelstinkends vasz aller laster. Frank *chron.* 204a • alle winkel (*zu Rom*) stecken voll huren und buben, all unzucht und unsaubere fleischgierigkeit springt in diser stadt. Kirchhof *wendunm.* 1565 *s.* 385. 1602 *s.* 364

FLEISCHVERMESSEN • *temerarius:* hat einen fleischvermesznen muth, kein gnad bei ihm ersuchet. Ringwald *evang.* z 8b

FLEISCHWEISE • *nach dem fleisch, nicht nach dem geist:* die weltgelerten, fleischweisen im bůchstaben der schrift. Frank *spr.* 2, 164a

FLICKNACHRICHT f. • über flicknachrichten sich einen weg zur begeisterung bahnen. Herder 2, 91

FLIEHENWOLLEND • *fugiturus:* aber wenn er (*der krokodill*) pfeilschnell mit zähneblinkendem rachen schon über den sand daherschieszt, wehe dem fliehenwollenden! Willamov *dithyramben* 41

FLITTERHERLICHKEIT f. • ebenso schwer ists auch, dasz ein mann, der sich an der flitterherrlichkeit der neuen welt ergötzt, ein gefühlvoller künstler werde. Göthe 44, 6

FLITTERKÖPFIG • gott bewahre dich, dasz du je unter diese schalen, verzerrten, aufgeblasenen, flitterköpfigen menschen gerathest. *Woldemar* 149

FLÖTENWIND m. • er hörte seinen sohn flöte spielen, wodurch er bis aufs innerste seines herzens berührt wurde und sprach: der flötenwind hat feuer in meinem herzen aufgeblasen. *pers. baumg.* 3, 22

FLUCHABWENDER m. •

FLUCHSINNEND • *κακὰ μητιόων*, **doch nun haben es anders gewollt fluchsinnende götter.** [*Od.* 1, 235] • Uschner: **die unheilsinnenden götter.** [*Il.* 15, 27] • *verdeutscht* [Voss] *dasselbe wort:* **arglisten entwerfend • unheilvolles ersinnend.** [Uschner]
FLUCHTERREGER [*m.*] • *s.* **fluchtverbreiter.**
FLÜGELFLATTERSCHLAGEN [*n.*] • **mordgeschrei und sterbeklagen. ängstlich flügelflatterschlagen!** [Göthe 41, 141]
FLÜMEN • *mingere, pissen.* [Stalder 1, 387]
FOLTERFRAGE [*f.*] • *peinliche frage:* **hab im wetter ganzer blitzen, unter seuch und ach und zagen, unter glut und folterfragen, ich noch nicht genung gestritten!** [Gryphius 2, 43]
FOLTRISCH • *quälend, peinigend:* **so unerträglich schwer und foltrisch ist mein schmerz.** [Weckherlin 90]
FOPPICHT • *facetus, lepidus, neckisch.* [Stieler 536]
FORKELN • *furca excipere, gabeln, spieszen, wird vom hirsch gesagt:* **wenn der hirsch sich nicht mehr auf seine läufe, sondern auf sein gehörn verläszt, steht und nicht vom platze weicht, kampft er alles ab was ihm zu nahe kommt, spieszt manchen hund, der ihm zu scharf ist, forkelt einen jäger, der sich nicht wol vorsieht.** [Heppe *jagdhund* 74]
FORMUMFORMEND • *transfigurans:* **bei tag der wolken formumformend weben, bei nacht des sternenheeres glühend leben!** [Göthe 47, 145]

FORT

FORTBECHERN • *pergere bibere.* **sichfortbegeben,** *alio se conferre, wegreisen.* • **fortbeinen,** *in fugam vertere, einem beine machen.* [Stieler 125]
FORTBRITSCHEN • *aufugere, davon britschen, sich davon machen.* [Stieler 238]
FORTDUSSELN • *semisomnem errare:* **ich musz nur wieder anfangen meinen weg allein so fortzudusseln.** [Lessing 12, 500]
FORTHIMMELN • *migrare in caelum, cedere vita, dahin fahren, sterben.* [Stieler 841]
FORTSUMSEN • *bombitando avolare,* **die biene sumste fort.**

FOSSELN • *in lumpen gehen.* Stalder 1, 392 • s. **föszli.**

FOTZBEISZER *m.* • *saures, herbes getränk, das im mund beiszt.* Schmeller 1, 581

FOTZDUDELN • *scherzhaft für küssen, von* **fotz** *maul.* Schmeller 1, 581

FÖTZLI *n.* • *feile dirne, zotte.* • *ein lump.* • *vgl.* **föszli.**

FOTZNEN • *mit der faust aufs maul schlagen.* Schmeller 1, 581. Frommann *mundarten* 4, 45

FRAGESCHRAUBE *f.* • *retinaculum inquisitorium:* **durch angesetzte frageschrauben irgend ein geständnis aus mir foltern zu wollen.** Tieck *ges. nov.* 8, 300

FRANKIERZWANG *m.* • *francadura forzata.*

FRANZÖSELN • *Gallos male imitari, nachäffen.*

FRATZENMAHLER *m.* • *der caricaturen mahlt.*

FRAUBASENBEDENKLICHKEIT *f.* • *inanis dubitatio:* **er langweilt mich immer mit seinen fraubasenbedenklichkeiten.** Fr. Müller 3, 136 • *viel besser das folgende* **fraubaserei.**

FRECHIGKEIT *f.* • *dasselbe:* **umb ihren frevel oder frechigkeit.** Thurneisser *nothg. ausschr.* 1, 16

FREI

FREIFRESSER *m.* • *der nichts zahlt und andern das brot aus dem munde nimmt.* Fritz Reuter *olle kam.* 3, 41

FREIGEBORENHEIT *f.* • *ingenuitas:* **mit dem verlornen ring meiner freigeborenheit beschenken.** Abele 4, 107

FREIHEITATHMEND • *libertatem spirans.*

FREIHEITSHASSER *m.* • *von Friedrich dem groszen:* **würdig war er uns mehr, als dein beglücktester freiheitshasser, o Rom, Octavian zu sein.** Klopstock *oden* 1771 s. 161

FREIMILDIGKEIT *f.* • *liberalitas:* **in freimiltigkeit sol under andern herren diser künig gleichen nicht leben.** Frank *weltb.* 206b

FREITHOFBLÜMLEIN *n.* • *graues haar, das einzeln zum vorschein kommt.* Schmeller 1, 629

FREIWILLIGLICH • *sponte:* **und wenn sie selber scheiden sich freiwilliglich, wie du und ich.** Rückert *ges. ged.* 1, 260

FREMD

FREMDHERLICH • *alieni territorii.*

FREMDIGKEIT *f.* • *res mira, singularis, sonderbarkeit:* **wann auch gewesen wer in Jesus zeit zu finden ein mittel und arznei für krüpel und für blinden, die keiser hetten sie gefunden, die mit lust zu aller frembdigkeit anlegten zeit und kost.** Opitz *Hugo Grot.* 376

FREMDLINGSFLUR *f.* • *regio peregrina:* **o du, in fremdlingsflur verbannter, wie warst du freud und wehmut ganz, begrüszte dich ein unbekannter im holden laut des vaterlands.** Voss 5, 61 • *da wir uns unter fremdling mehr den wandernden pilger, den aus der fremde gekommnen, weniger den angesesznen ausländer denken, so scheint der ausdruck übel gewählt. das gleiche gilt von noch einigen der folgenden zusammensetzungen.*

FREMDLINGSLEBEN *n.* • **zog sehnsucht mich vom irren fremdlingsleben ins vaterland mit mächtiger gewalt.** Gries *befr. Jer.* 12, 33 • **da quella vita errante e peregrina nella patria ridurmi ebbi vaghezza.**

FREMDLINGSSPUREN • *externa vestigia:* **immer befleckt sei dir von fremdlingsspuren das ehbett, zugang biete der lust immer geöfnet das haus.** Voss *Tibull* 1, 10, 5

FRESSENHEIT *f.* • *voracitas.* Serranus *synon.* 72c • *gebildet wie* **trunkenheit.**

FRESZFIEBER *n.* • *febris famelica, ardor edendi:* **er kriegt alle mittage das fieber. „das freszfieber vermutlich“.** Gotter *jahrmarkt* 92 • **krank bün ik just nich, ik hewt fretfewer.** Fr. Reuter *läuschen un riemels* 47 • *der stärkere grad heiszt* **hundshunger,** *bulimus, faim canine* • *nl.* **vreetzietke.**

FRESZLICH • *edulis:* **der freszliche und saufliche gott.** Luther 3, 339b

FRESZSCHNAUFIG • *inter edendum anhelans, avide vorans:* **freszschnaufige maulprocker.** Garg. 17a • *die schnaubend ins maul brocken.*

FREUDE

FREUDEBEBEN n. • *frohes beben:* wo ist die brust, die eine welt in sich erschuf und trug und hegte, die mit freudebeben erschwoll, sich uns den geistern gleich zu heben? Göthe 12, 34

FREUDENFRISCH • *freudenfroh: mhd.* in vröuden vrischem sinne. *GA.* 1, 183, 523

FREUDENMOSTIG • götter, keine frostige ewigkeit, eine freudenmostige jugendzeit! Rückert 250. *ges. ged. 1, 281*

FREUDENOHRENKLINGEN n. • er wachte nicht aus seinem schlafe, sondern aus seinem brausenden freudenohrenklingen auf. *uns. loge* 2, 171

FREUDENRÄUBER m. • wir waren beide ganz allein, bedroht von keinem freudenräuber. Bürger 109a • und für die weiber bist du (*regen*) freudenräuber (*der verfolg steht* 3, 1807). Schmidt *von W.* 254 • er sah sich in seiner zukunft nach freudenräubern um, die seinen triumphwagen anfallen könnten, er fand sie alle sichtbar zu schwach gegen seine arme und waffen. J. P. *Tit.* 3, 2 • freudescheu, als von der freudescheuen zunft geschwollner stoiker ein mitglied abzugeben. Wieland

FREUDEVERARMT • *arm an freude:* als trübsinnig sofort, freudeverarmt ich gieng. Platen 110

FREUNDNACHBARLICH • *vicinis conveniens, ut inter vicinos decet.* Stieler 104 *und* Butschky: und beide hatten sich in diesen abendstunden / zu einer betefahrt freundnachbarlich verbunden. Wieland 22, 73 • in freundnachbarlichem vernehmen stehn; freundnachbarlichen beistand leisten; freundnachbarliche sinnesart.

FREUNDSCHAFTSSONNE f. • die ihm nach dem untergang der freundschaftssonne als stiller liebeshesperus fortschimmerte. J. P. *flegelj.* 3, 12

FREVELBÖSE • eine frevelböse that mutwillig zu begehen. *Weimar. jb.* 2, 217

FRIEDELISPELND • hütte des dämmernden friedelispelnden hains. Overbeck *ged.* 139

FRIEDESÄUSELND • das hohngezisch des witzlers mengt sich nicht in dieser espen friedesäuselnd wehen. Salis 148

FRISCHERDINGS • *denuo,* von frischem, *gebildet wie* allerdings, freierdings, neuerdings, schlechterdings: denn wenn ich den hrn. pastor Göze kenne, so versteht er seinen vortheil zu wol, dasz er nicht lieber mich festhalten, als frischerdings auf einen Michaelis losgehen sollte. Lessing 10, 165

FROHMURMELND • ein frohmurmelnder bach; wie frohmurmelnde frühlingswasser flosz den ganzen heiligen abend heiteres geschwätz des sohnes und der mutter durch stube und stubenkammer. J. P. *Fibel* 31 (22)

FROHUMKRÄNZT • Cytherens sohn führt seine braut hervor, / und nähert sich den jubelvollen reihen, / die frohumkränzt der liebe blumen streuen. Hagedorn 2, 112

FROMMBÖSE • *ein sinngedicht überschrieben* „bösefrom und fromböse“ *lautet:*

wer keinem böses nie und auch nie gutes thut, heiszt der gutböse dann, heiszt der dann bösegut? Logau 1, 103, 26

FROSCHGOSCHIG • *froschmaulig:* wo wöllen wirs (*die kirche*) aber hin setzen? in lateran? ja warlich in lataran und ranolata, da keiser Nero seinen breiten frosch gebar. und wiszt ir wie? Nero wolt kurzumb, sein arzet solten machen, dasz er auch ein kind gebär, da gaben sie im froschleich ein, dasz ihn ein frosch aufblehet. letzlich schisz er seinen frosch und hielt ein grosz kindbettermal, davon nennt man das ort lata rana oder froschbreite, dahin wir allen suavischwaifigschwätzigen schwäbischen froschgoschigen breiten schwatzmäulern, wie ir auch seit, ein tempel stiften. *Garg.* 221a b, *vgl. keiserchr.* 4132-73

FROSCHMENSCH *m.* • *in einen frosch verwandelter mensch.* Wieland 20, 226. 238. 249

FRUCHTBEGLÜCKT *adj.* • *reich mit frucht gesegnet.* bis zu des Aetna fruchtbeglücktem fusz. Göthe 7, 240 • wie stehen einer welt entgegen, die von allen seiten her nach unsern fruchtbeglückten feldern dringt. *s.* 242

FRUCHTSCHWERNICKEND *adj* • (*wo*) fruchtschwernickende halme winken, dem schnitter zur lust, im flutentblöszten gefilde. Pyrker *Tunisias* 3, 134 • frühglücklich, in der kindheit, der jugend, noch nicht vorgerückter lebenszeit glücklich. insbesondere früh verstorben und so selig: frühglückliche seele, du musztest auch von des lebens leid ein wenig dulden. wie lohnt dichs jetzo, dasz du so bald ein genosz der erben des heils wardst, derer auch, die höher als ich auf der seligkeit stufe stehn! Klopstock *Mess.* 11, 434 • *eben so singt der dichter die frühverstorbene gattin an:* sei den deinigen hold, frühglückliche seele! vergisz nicht uns, wir hoffens zu dir, in der seligen hütten. Neubeck *gesundbrunnen s.* 84

FRÜHLING

FRÜHLINGISCH *adj.* • *dem frühling eigen, in ihm daseiend, in ihm vorkommend.* wie lang der frülingsch nachtgleicher vorlauf. Thurneisser *archidoxa* 149 • das frühlingische aequinoctium. Praetorius *storchs winterquartier* 259 • weil der frühlingische storch ist angekommen. 370

FRÜHLINGSDUFTGESTIEBE *n.* • *gleichsam ein feiner regen von duft aus den blüten im frühlinge.* im frühlingsduftgestiebe eines erdenhimmelreiches. Rückert *ges. ged.* 1, 220

FRÜHLINGSLEBENSPRACHT *f.* • *die lebenspracht des frühlings in grün und blüten:* wenn in öder winternacht er (*der flusz*) vom tode schwillt und bei frühlings lebenspracht an den knospen quillt. Göthe *an fr. v. Stein* 1, 155 • *anders in den werken* 1, 112, *wo blosz* frühlingspracht (*s. d.*). *die freie wortstellung* frühlings lebenspracht *wäre vorzuziehen, wenn sie nicht jetzt zu ungewöhnlich erschien.* • *vgl.* fremdlingsreisetritt.

FRÜHLINGSWUNDERKIND *n.* • diesen seltnen schmuck der fluren, dieses frühlingswunderkind. Rückert *ges. ged.* 1, 462 • *vgl.* frühlingskind.

FRÜHPETER *m.* • *ein zu früh nach der trauung geborenes kind. eine mehr scherzhafte benennung* (s. Heynatz *synonym. wörterb.* 1, 397b), *in welcher der eigenname* **Peter,** *wie in* **drehpeter, lügenpeter** *u. a., appellativisch gebraucht ist.*

FRÜHSTÜCKSFEHLER *m.* • *ein fehler in beziehung auf das einnehmen des frühstücks:* **inzwischen wird mein freund Siebenkäs ... mirs nicht verargen, dasz ich auch seinen frühstückfehler ... der welt entdecke.** Jean Paul *Siebenkäs* 3, 7

FUCHSSCHWÄNZERIN *f.* • *eine nach gunst strebende schmeichlerin, eine niedrige schmeichlerin, eine kriechende, heuchlerische schmeichlerin, eine die zu gefallen redet, assentatrix:* **und da soll kein fuchsschwänzerin, wie ihr seid, brechen meinen sin.** Birk *doppelsp.* 129

FUCHSWÖRTLEIN *n.* • *ein schmeichelwörtchen:* **die süszen fuchswörtlein in dem briefchen entschuldigten mich reichlich.** *der arme mann in Tockenburg* 99

FUCHSZUNDERROTH *adj.* • *überaus fuchsroth.* **ein fuchszunderrother bart** *ist ein* **feuerbart,** *wie er in der jungfernanatomie* 127 *heiszt. davon das gleichlautende adv.*

FÜLLHORNMILD *adj.* • **in fülle spendend, in gröster** *fülle spendend, besonders früchte:* **mütterlich umpflegete sie (***die insel Sicilien***) deiner (***Proserpinas***) erzeugerin reichliche, füllhornmilde hand stets.** Platen 134

FUMMELMADAM *f.* • *in Hamburg spottend für ein in kleidung und gang nachlässiges, in jener dazu nicht eben reinliches frauenzimmer.* Schütze 1, 339 • *auch* **fumelk** (*ebenda*), *anderwärts* **fumelke,** *nachlässiges frauenzimmer sowol in ihrer kleidung als in der arbeit.* *brem. wb.* 1, 467

FUMMELTASCHE *f.* • *ein unordentliches frauenzimmer. in Ostfriesland, wo* **fummeltaske** *gesprochen wird.* Stürenburg 63b • *zusammengesetzt aus* **fummeln** *in der bedeutung* II 4 *und aus* **tasche,** *das schon mhd. verächtlich für frauenzimmer vorkommt, zumal in zusammensetzungen.*

FUNKELFAUSEN *pl.* • *leeres blendwerk zur täuschung, vorspiegelungen, ausflüchte. siegerländisch, wo man z. b. hört* **dat sin lutter fonkelfûse,** *das sind lauter vorspiegelungen, ist lauter leeres blendwerk um zu täuschen.* Schütz 1, 26b • *in Nassau zu und bei Idstein so wie hier und da am Rhein* **funkelefause.** Kehrein 1, 146 • *zusammengesetzt aus* **funkeln** (*s. d.*) *und* **fausen** (*s. d.*).

FUNKENDZWITZERND • *zwei zusammengesetzte participia praes. als adj.: zitternd sich bewegenden funkenartig hellen schein von sich gebend.* • *s.* **funken** 1 b *und* **zwitzern: ein funckendzwitzrendes gestirn.** Weckherlin 448

FUNKENKENNER *m.* • *einer der kenntnis über die elektrischen funken, überhaupt über die elektricität besitzt:*

und weil auch für gelehrte männer der thorweg (*zu Harvstehude*) schuldigst offen steht: so kommen hier die funkenkenner und sehn die electricität.
Hagedorn 3, 118

FÜRBÜNDIGLICH *adv.* • *ausgezeichnet, vortreflich, eximie, egregie, insignite, insigniter.* • **fürbündigklich,** *als adv., bei* Dasypodius 333b *und danach bei* Henisch 1292, 67

FURCHT

FURCHTBARANGENEHM *adj.* • *furchtbar und zugleich angenehm:* **da schwand der furchtbarangenehme traum.** *Herder.*

FURCHTBARSCHRECKLICH *adj.* • *zum schrecken furchtbar. dann auch adv.:* **und wie des sonnenblickes helle nur das nebelgrau der wetterwolken schwärzt, gestalteten die hoffnungsblicke auch nur mein geschick mir furchtbar-schrecklicher.** V. Weber *Tell* 225

FURCHTGRETHE *f.* • *ein furchtsamer mensch, gleichviel ob männlichen oder weiblichen geschlechtes. als schelte in der Schweiz, wo schon mit dem bloszen* **greth** *f., der kürzung des frauennamens Margarethe, eine memme männlichen oder weiblichen geschlechtes bezeichnet wird.* Stalder 1, 405. 478 • **furchtgrethe** *ist hiernach verstärkender ausdruck. man sagt auch* **fürchtigrethli** *n.* (Stalder 1, 405)*, zusammengesetzt mit dem von* **fürchten** *abgeleiteten gleichbedeutenden schweiz.* **fürchti** *m., mit dem man in demselben sinne noch die weitere zusammensetzung* **fürchtibutz** *bildet.* Stalder *ebenda.* • *auch kürzer und hier wol mit* **fürchten,** *schweiz.* **förcha,** *d. i.* **förchen, fürchen** (Tobler 201a)*, zusammengesetzt,* **fürchgrethli** *n., = memme die sich fürchtet:* **fürchgretli du, warum laufscht alliwil; es gscheht der i dseel recht!** Corrodi *de herr professer (Winterthur 1858) s. 141.* • *s.* **scheuch-**

bündel. *in manchen gegenden Mitteldeutschlands würde man, wenn das dim. da gebraucht würde,* **furchtgrethel, fürchtgrethel** *hören.* • *vgl.* **furchthase, furchthenne.**

FURCHTSAMFREUDIG *adj.* • *und dann auch adv.: mit schüchterner zurückhaltung freudig.* **er hörte menschenschritte ... und furchtsamfreudig dachte er daran, es könne sein vater sein.** Jean Paul *Titan* 1, 149

FÜRGUGELFRANZ *m.* • *einer der zur probe in einem kloster ist, um mönch zu werden? ein noviz?* **werden etwan caveler** (*schinder*), **fürgugelfrantzen, wann sie den Hans von Geller** (*rauhes brot*) **nicht acheln** (*essen*) **mögen unnd schmalkachel** (*übles redende, verleumder*) **sind.** Fischart *praktik groszmutter* 50 (*bei Scheible* 583) • *wie diese stelle zeigt ein wort der gaunersprache, in der* **gugelfranz** = *mönch und* **gugelfränzin, gugelfrenzin, gugelfranzin** = *nonne.* Gengenbach 368a. *weimar. jahrb.* 1, 340. 4, 97. Grolman 27a. Train 50b • *das vorgesetzte* **für** *würde dann die bedeutung »vorher« haben.* s. für II 3

FURIENAPPETIT *m.* • *der eifer und das wütende verlangen der furien* (*rachegöttinnen*): **sie** (*Dido*) **risz mit furienappetit ihr haar sich aus.** Blumauer *Aeneis* 1, 161

FURZ

FURZAUFLESE *m.* • *einer der fürze aufliest oder sammelt, einer der sich für* **überklug** *haltend nichtige kunst treibt:* **darnach befragt sich Ehrenbrecht von Tugendsteig bey einem ausz dem nachtrosz der sieben faulkünstlichen meistern, ausz den furtzaufflesen, was diese mommerey beger.** Fischart *Garg.* 151b (1608 S 5b. *Scheible* 279) • *in dem letzten theile des wortes,* **lese** *m., hat sich ahd.* **lëso** *m., leser, erhalten, das nur bei* Notker ps. 93, 20 *sich findet und freilich da lector bedeutet, allein das wort kann auch eben so wol den aufsammler ausdrücken, wie das erst im* **11.** *u.* **12.** *jh. nachweisbare* **lësare** (Graff 2, 248. *gl. trev.* 12, 23) *blosz die bedeutung* *weinleser, winzer, vindemiator, hat. übrigens würden wir heute* **furzaufleser** *sagen.*

FURZKERL m. • *ein elender mensch, ein erbärmlicher wicht. livländ.,* s. Gutzeit 1, 302a *auch* **furzmichel** *(s. d.).* • *vgl.* **furz** *als zeichen verächtlicher abweisung* sp. 952 *und als schelte* sp. 953

FURZKLEMMER m. • *ein geizhals gröster und kleinlichster art, ein erzknicker.* **er ist ein wahrer furzklemmer.** s. Wander 1, 1296

FURZLOCH n. • *die afteröfnung.* • *ein elender mensch, ein erbärmlicher wicht. livländ.* s. Gutzeit 302a • *Vgl.* **loch. fuselvieh** *n. verkümmertes, kleines vieh.* • *tirol.* s. Frommann 5, 337. Schöpf 163

FUSEN • *eilen, eilig sich fortbewegen. pommerisch und rügisch* **he fusede mi (mich) vörbî, er lief an mir hitzig vorbei.** Dähnert 139a • *diese bedeutung führt auf gleiche wurzel mit ags.* **fŷsan, eilen,** *festinare, antreiben, stimulare, fortschnellen.* • *herumsuchen. kärnt., wo auch das herumschnobern der hunde und schweine* **fûsen** *heiszt.* Lexer 106 • *cimbrisch* **fusegen,** *grübeln, durchstöbern, durchsuchen.* Schmeller *cimbr. wb.* 123b • **greifen, tasten. ebenfalls kärnt.** s. Lexer a. a. o. • *sich mit kleinigkeiten beschäftigen. auch diese bedeutung ist kärnt.* s. Lexer a. a. o.

FUSZBALLSPIELER m. • *einer der den fuszball schlägt oder treibt:* **du niederträchtiger fuszballspieler.** Tieck *Shakspeares könig Lear* 1, 4. *engl.* **you base foot-ball player.**

FUSZGÄNGERGEWÖLK n. • *eine gewölkartig sich ausbreitende masse fuszvolks:* **hinter ihm rollt fuszgängergewölk und geschildete heerschaar.** Voss *Aen.* 7, 793 *insequitur nimbus peditum.*

FUSZVOLKSTUMULT m. • *geräuschvolle bewegung und lärm des fuszvolkes beim kampfe:*

so vieles rossgewieher muthgen schalles,
so viel fussvolkstumult und kampfgeschrei.
Gries *Ar.* 31, 87

tumulti di pedoni.

FUTNEID m. • *eifersucht einer weiblichen person auf eine andere, zumal in hinsicht geschlechtlicher beiwohnung.*

FÜTZELER m. • *einer der sich gern und viel mit weiblichen personen abgibt. so luzernisch und* **zürichisch maitlifützeler** *spottend von einem sich gern mit mädchen abgebenden jünglinge.* Stalder 1, 402 • *abgeleitet von* **fützeln.**

FYSIERLICH adv. • *verschmitzt, callide, astute.* Maaler 153a. *bei* Frisius *fehlend* • *s.* **visierlich.**

FUTZIG, FÜTZIG adj. • *in hinsicht des weiblichen geschlechtsgliedes beschaffen. so in dem in der oben* sp. 46 *unter* **fotzenthürlich** *angeführten stelle* von Fischart *gebildeten* **wunderfůtzig,** *wofür auch* **Jacob Grimm** *nach einer aufzeichnung mit recht* **wunderfützig** *liest. oder ist das wort in dem sinne von »wunderbar weibisch« zu fassen, wo dann* **fützig** *so viel als weibisch wäre? vgl.* **futze.** • *später, wie z. b. in den drucken von* **1608** Sij a *und* **1617** *(Scheible)* s. 273 *durch misverstand oder in vorwitziger besserung geändert in* **wunderfitzig,** *welches so viel als »so erpicht oder versessen dasz man ein wunder daran sieht« bedeuten würde. vgl.* **fitzig** • *livländisch* **vorderfuzig** *und* **hinterfuzig,** *je nachdem die lage des weiblichen geschlechtsgliedes zu sehr nach vorn oder nach hinten ist. doch geläufiger sind die formen* **vorderfötzig** *und* **hinterfötzig.** Gutzeit 1, 294b

G • *die aussprache des* G *(wie des* B, *auch* D*) ist eine zweifache, eine härtere und eine weichere, mit jener mehr dem* k, *mit dieser mehr dem ch sich nähernd; die erstere gilt wo das* G (B, D) *vom einflusse der vocale ganz frei ist, hauptsächlich im anlaute, die andere wo es diesem erweichenden einflusse der vocale oder auch der liquiden* l, r *ausgesetzt ist, wie in legen, sagen, und berg, balg, wo letztere fälle nicht dem auslautgesetze folgen.*

☞ S. 110–123

GABELN • *auch* **gäbeln,** *mit der gabel arbeiten, bearbeiten, fassen, essen u. ä.* • *ein altes sprichwort vom heumachen:* **wer nit gablet, so die brem zablet** *u. s. w.* Keisersb. *has im pf.* Bb ijc, *narrenschiff* 84 (Frisch 1, 312a), *vgl.* Brant 70 überschr. • **auch unter breme** *und* **krabbeln** II, 1, a, *bei* Henisch 1354 *auch:* **wer im hew nicht gappelet (: zappelet)** • *schwz.* **gäbeln** *das heu wenden, umschütteln* Tobler 209a • **den mist, welcher zwischen die steine** (*des stallbodens*) **getreten war, herauszugäbeln.** Gotthelf 2, 153 • *der hirsch* **gabelt** *seinen gegner, spieszt ihn. auch allgemein* **einen gabeln,** *furcâ transfigere* Aler 830b • *beim essen:* **wir hatten nichts zu gabeln,** *wie* **löffeln;**

Mareili … gäbelte (*verlegen*) auf dem teller herum. Gotthelf 13, 275

• (*nd. dagegen* **ingaffeln** *wie mit der streugabel fressen* Br. wb.). *im scherz* **gabelieren** Stieler, Frisch (*wie* **schnabelieren).** • *Bildl.:*

auch sticht man geschäfte auf,
gabelt (*wie* fischt) herum nach klienten.
Gotthelf 19, 93

• *so* **aufgabeln,** *auch* **ergabeln.** *mit einer* **gabel** *stützen,* **untergäbeln** Garg. 100b • *auch auf der* **gabel** *reiten, von hexen, s.* **dargabeln.** *mit einer* **gabel** *versehen,* **gegabelt** *furcosus* Steinbach • *z. b. ein zweig. Eigen bildlich:* **sie hůbent** (*hielten*) **in eine gegablete frag für.** *evangelienb.* 54b (Kuhns *zeitschr.* 18, 45) • **der gelert doctor verstund wol warumb der herr die gegablete und gehürnte frag an in legt.** Pauli *sch. u. ernst* c. 18 (s. 73 Öst., 1555 **gablete und gehörnte** 41a), *verfängliche, spitzige, ursprünglich ein scholastischer ausdruck für dilemma? bei* Frisch 1, 312b *„syllogismus cornutus". s.* **gabel** II, 8 • **sich gabeln,** *sich gabelicht theilen, bergm., s.* **gabel** II, 3, f • *auch in der sprache der geographen, z. b.* **ein flusz gabelt sich.** *vgl.* **gabelung.** • *hess. rhein. sich fügen oder schicken wozu, passen,* s. Vilmar 113, Kehrein 148, *eig. wol von holzstücken.*

GABELREITERIN *f.* • *hexe.* M. Kramer 1787 • **gablreiterin** Schönsleder S 1b • **gabelreuterin** Garg. 47a (74)

GABENFRESSER *m.* • *spöttisch, richter der bestechung annimmt, δωροφάγος* Denzler • (*„dorica musa clarus"*) Aler, Frisch

GABENGIERIG • *strenicus, strenarum cupidus,* **gabengyrich** *voc. opt.* Lpz. 1501 Cc 5b • *nrh.* **gavengyrich** *gemma* Dief. 555b

GACHELN • *laut, schütternd lachen:* **gachlen** *oder* **gichlen,** *cachinnari.* Frisius 167a, Maaler 153b (Henisch 1330, Schottel 1321, Stieler 595 *haben es wol nur entlehnt)* • *ebenso nl.* **gachelen** *und* **gichelen, gichen** Kil., *vgl.* **geicheln** Frisch 1, 312b • *ostfries.* **giecheln** Stürenb. 70a • (*in Aachen aber* **kakelen,** *im Teuth.* 98a **gakelen** *cachinnari*); *eigenthümliches zusammentreffen des alem. mit dem nl., das öfter auftaucht, oft genug wie einwirkung vom Niederrhein herauf. s. dazu* **kachen** *und* **kichern.** • *Eigen ist nd.* **gaffeln, gamfeln,** *laut lachen* *bei* Schambach • *schott.* **gaff, gaffaw, gawf, gaulf.**

GACKELFREUDE *f.* • *närrische, thörichte:* **ir** (*der frommen*) **fröd ist inwendig im herzen und geistlich ... es ist nit ein gackel oder ein narrenfröd.** Keisersb. 15 *staffeln* 8b. *oder* **gackel?** • *s.* **gageln.**

GÄCKLER *m.* • *schwätzer, fem.* **gäcklerin.** M. Kramer 1787

GADENHENGST *m.* • *verliebter* **gadenknecht** (*s. d.*): **starb der kaufmann und verliesz seine alte witwe sampt deren tochter, die ... ihr von einem gadenhengst ein junges zweigen lassen.** *Simpl.* 1, 418 (1, 4, 18)

GADERZICK *f.* • *durchfall:* **die ein flüssigen bauch haben und die stätig mit der gaderzick (citocacio) beladen sind.** Tabernaemont. 633 • *aus dem ärztlichen* **carthartica,** *„purgaz"* Dief. 106c • (*καθαρτική reinigungsmittel*). • *vergl.* **Catharina** *oben* 2, 609, *auch* 5, 276.

GAGA • *wie* **gagag.** *der schrei der gans:* **so sitzt die gans da und brütlet, die schreiet gaga, gaga!** Frey *gart. c.* 1 • *die gans selber: sprichw.* **flieget ein gans übers meer, so kompt ein gaga wider.** Albertinus *narrenhatz* 230 • **so seind sie gäns und gaga vor wie nach.** *das.* (*s. u.* **kickezen 1**). *genauer vom schrei* **ga ga,** *auch* **ga ga ga,** s. Wackern. *voc. anim.* 2 24 • **ihr gesang ist da ga ga ga.** Garg. 92a (160 *Sch.*) • *Übrigens auch vom schrei der krähe* • **mhd. gâ,** *s. u.* **gagen** [2]

GAGACKEN • **gacken** *verdoppelt* (*s.* **gacksen, gagagen**): **das huhn gagackt, die ente quackt.** *wunderh.* 3, 421 • **die henne fröhlich gaggagagt.** *geistl. vogelgesang das.* 359 • *var.* **gagagagt, gagackt, gagaggat** s. Wackern. *voc. an.* 2 124b.

GÄHHITZIG • *jachzornig.* M. Kramer 1787 • **der gähehitzige zorn.** Philander 2, 499 • *im adv.:* **gleichwol soll man auch nit fräfenlich noch gähhitziglich mit peinlicher frag auf sie tringen.** Fischart *Bodin* (1591) 230

GÄHNAFFE *m.* • *maulaffe, gaffer,* **„gähnaffen feil haben“** Kirsch, Steinbach • *schwäb.* Schmid 219 • *nordböhm.* Fromm. 2, 31 • **gänaffe** Kramer 1787 • **einem gähnaffen machen,** *höhnend, wol wie* **pah!** *gesagt wird mit gähnendem munde: Amalia* (*die um Petern wirbt*). **nun, ihr werdet doch auf den abend brav mit mir tanzen?** *Peter.* **o ja, zumal wenn mir Lieschen** (*seine geliebte, die ihm eben etwas untreu ist*) **gähnaffen macht.** Chr. F. Weisze *der ärntekranz* 1, 8 (1772 s. 70) • *später geändert; eigentlich wol „einen zum g. machen“. oberd. öfter* **ginaffe,** *s. d., schweiz.* **gálaff,** *sächs.* **gâkaffe,** *erzgeb.* **gækaff,** *thüring.* **sperraffe** • *vgl.* **maulaffe,** *auch* **gähnmaul.**

GÄHNMÄULEN • *maulaffen feil halten, dumm gaffen:* **summa, in ewigkeit wird man sichs (es** *gen.***) nicht gnug wundern ... können (***über Christi opfer***), und wir klötz und steine achtens eben, wenn wirs hören, als fiele ein fauler apfel vom baum, gehnemeulen dagegen „oh“.** Luther 5, 212a (*Dietz* 2, 3b) • *s.* **ginmaulen.** *das* **e** *in der bindung ist übrigens gut md., wie in* **grasegrün** *u. a.*

GALANTERIEWAARENHÄNDLER *m.* •

GALLENKODERIG • **der gallenkoderig eifer.** *Garg.* 207b (*Sch.* 384) • **koderig** *ist phlegmatisch,* **gallicht** *aber cholerisch, hier satirisch vermengt wie es scheint, doch s. auch* **kodern.**

GALLENKRÄMER *m.* • **ein neidiger gallenkrämer,** *der nicht leiden kann dasz die sonn ins wasser scheint, alter zoilus.* Aler 833b • *s.* **galle** *neid* *sp.* 1186 *und* krämer 2, b

GÄMELN • *scherzen, schäkern, mhd. bei* David von Augsburg: **unde gämelt mit einem affen.** *myst.* 1, 323 • *varianten* **gamelt, schimpfet** • *vgl. noch siebenb.* **gämeln** *mit dat., schmeicheln, liebkosen* Schuller *beitr.* 20, Haltrich *plan* 42b • *nordfries.* **gämelt** *spielt* Outzen 93 • *mhd.* **gamenen** *verspotten* Schm. 2 1, 910 • *ags.* **gamenjan** *jocülari* Ettm. 409 • *s. unter* **gämlich** 3, *b* • *auch* **gammeln**

GAMMELMATT *m. ? n.?* •

wann man in Italien kommt, so findet man ... pomeranzen, citronen, granaten, melonen (*als gewöhnliche speise***). allein was haben wir hier? gammelmatt, speck, würst, geräuchert fleisch ... dasz er ein groszer creuzträger sei, weil er gammelmatt essen müsse.**

Schuppius 135 (*Hiob, an den leser*)

• *es ist das dän.* **gammelmad** *pökelfleisch, das also auch in Hamburg gangbar war, wie das schwedische* **knackerbrö** (*s. d.*) • *dän.* **mad,** *schwed.* **mat** *m., altn.* **matr** *ist speise* (*mhd.* **maȝ**)**,** *besonders fleisch, in schwed. mundarten auch kurzweg speck* [Rietz 433b] • **gammel** *aber ein uns verlornes adj. für alt, altn.* **gamall,** *schwed.* **gammal,** *ags.* **gamol, gomol,** *wovon auf deutschem boden schon aus der ältesten erreichbaren zeit nur noch verschwindende spuren im alts.* **gigamalôd** *gealtert im Hel.* (*altn.* **gamlaðr**)**,** *auch ahd. vermutlich in namen wie* **Gamalinc, Gamaldrût** [s. *oben* 1, 263] • *ob in niederd.* **gammlig** *schimmelnd* (*s.* **gämlich** [2, e]) *ein rest bis heute gerettet vorliegt?*

GÄNSE

GÄNSEACADEMIE [*f.*] • *versammlung von gänsen:* **wenn jemahls einer in einer gänse-academie ein zierlich gänse-adagio schnattern gehört.** [Fr. Müller 1, 313] • *vergl.* **gänsemarkt.**

GÄNSEARSCH [*m.*] •

das maul geth ihnen nit anderst als wie ein gensarsch.

Schwabe *tintenf.* 51

• *vergl. vom vergnügten wackeln des gänseschwanzes* [sp. 1260]

GÄNSEGEDICHT [*n.*] • *gedicht auf die gans:* **di unter der mahlzeit** (*beim verzehren der martinsgans*) **gesponnenen gänsegedichte.** [Butschky *kanz.* 355] • *vgl.* [sp. 1263]

GÄNSEHIMMEL [*m.*] • *ein himmel für die gänse, von dem unterm volke hie und da die rede ist, z. b. in Baiern, wo man einem ironisch sagt, er werde* **in den gänshimmel kommen** [Schm. 2, 56] • *westf., in der grafschaft Mark* **im gausehimmel sin,** *ohnmächtig sein, auch* **bi der gaus sin** *und blosz* **gausen** [Woeste *bei Fromm.* 3, 366, *Kuhns zeitschr.* 2, 200] • *mekl.* **bi der gôs sîn,** *zerstreut sein* [K. Schiller 3, 11a] • (*wie* **himmeln**)**,** *abschwächung einer älteren vorstellung, auf die näher wol das führt, was die nonne von Engelthal im büchlein von der genâden überlast* [(*her. von* K. Schröder *Stuttg.* 1871)] • *von einer klosterschwester erzählt, die oft entzückungen hatte:* **eȝ kom zů eim mal, daȝ sie die vers in baiden chôren las. dâ sprach die priôlin zů ir „du tůst sam ein gans, sing in**

dînem chôr und lâʒ einen chôr stên". dâ fledert sie mit den armen und wônt, sie wêr ein gans, biʒ die priôlin sprach „du bist kein gans". dâ lieʒ sie aller êrst von der ungepêrde. [14, 8ff.] • *sie war wol da „im gänsehimmel"* (**ir sinne wâren in got** [13, 38]), *die* **gans** *aber könnte auch da für den* **schwan** *eingetreten sein* [(sp. 1262)], *ihre christliche „entzückung" zugleich altgermanisch ein* **schwanen** *der schwanjungfrau, die sich plötzlich in einen schwan verwandelt fühlt. Auf den* **gänsehimmel** *weist auch was* [K. Schiller s. 12a] • *beibringt als eine volksmäszige niederd. rede (verwendet von* [Auerbach *Barf.* 150, c. 11]), *wer immer bete und sich was darauf einbilde, der bete sich durch den himmel durch und müsse auf der andern seite des himmels die gänse hüten; s. auch*

GÄNSEGLAUBE • **gänseprediger** *und die redensart von des pfaffen gänsen* [sp. 1261] *(unten), bes. aber das. (α), dasz der himmel (der eigentliche) nicht für die gänse gemacht sei. aber der himmel hat auch einen* **vorhimmel** *(s. auch* [IV2, 1338] **bauernhimmel, fischerhimmel**), *und der* **gänsehimmel** *scheint eine art hinterhaus oder hinterhof des himmels.*

GANZBEINICHT • *mit ganzen knochen, unverletzt (vgl.* **gliedganz, ganz** [A, 1, a]): **wie viele ganzbeinigt nach hause kommen sollen.** [*westph. Robins.* 80] • **wie er diesen vogel** *(einen menschen)* **ganzbeinigt fangen könne.** [*irrgarten d. l.* 474] • *noch z. b. sächs., thüringisch.*

GARTEN

GARTENEINSAMKEIT [f.] • **in meiner garteneinsamkeit fahre ich an meiner arbeit recht eifrig fort.** [Göthe *an Schiller* 7. aug. 1799]

GARTENGEHEIMNIS [n.] • *bei den gärtnern, gewisse kenntnisse und künste im gartenbaue, die sie geheim halten.* [Campe] • *ein buch:* **bewährte gartengeheimnisse, wie pflanzen und blumengewächse zu tractieren ...** [*Nürnb.* 1734]

GARTENPOLONAISE *f.* • *polonaise die durch den garten geführt wird, bei sommerbällen.*

GARTENPOPANZ *m.* • *vogelscheuche im garten.*

GARTENTAUGENICHTS *m.* • *nennt bei* Gotter 3, 166 **ein gärtner seinen gesellen.**

GASSELN • **gässeln,** *oberdeutsch, zu* **gasse.** *bair. östr.* **gasseln, gässeln,** *auf nächtlichen besuch zum liebchen gehn* Schm. 2, 72, Schöpf 177, Fromm. 5, 343 • *s.* **gässelgehn** *und* **gasse** II, 3, *d*, *mehr unter* **fenstern** 2, *wo nachzutragen* **fenstern gehn** *Simpl.* 1, 331 *Kurz* (3, 21 überschr.) • **fenstratum gehn** *Garg.* 171b • *s.* **gassatim,** *auch* **gassieren.** *dasselbe scheint altschwäb.* **gaszlen: secht, do wurdens gaszlent her und rumplen unter enander sam wildeu swein von Flandern.** Wittenweiler *ring* 8d, 23 • *von einem haufen der daherbraust, beim nachturnier; vgl.* **gaslen in den straszen** *das.* 56d, 23 *und* **gassatim gehn** *von tollem umherschwärmen, bair.* **gasselbub** *nachtschwärmer.*

GASSEN

GASSENANDACHT *f.* • *bei* J. Paul *biogr. bel.* 1, 150 **von dem singen der bettler vor den häusern.**

GASSENENGEL *m.* • *heuchler die sich vor den leuten heilig stellen* Frisch 1, 322c • **so könden** (*d. i. können*) **etlich gassenengel bei den leuten den schalk so meisterlich bergen, dʒ man schwern möcht es wern engel, aber daheim sind sie hausteufel.** Frank *spr.* 2, 156a

GASSENLANG *adj.* • *und adv. gleich* **eine gasse** *oder* **gassen lang,** *von* Stieler 1065 *verzeichnet, along the street* Ludwig • *vgl.* **gassenbreit,** *besonders* **gassenweit.**

GASSENWÖRTLEIN *n.* • *proverbium,* **gemeiner spruch, gassenwörtlin.** Junius *nom.* 11a

GASTBEFREUNDUNG *f.* • *wechselseitige gastfreundschaft, ξενία (s. unter* **gast** *II, 5, d*): **so lasz uns drauf die waffen wechseln, dasz auch andern kund die väterliche gastbefreundung sei.** Bürger 172a *(Il. 6, 231)*

GÄSTENGEFÜLSEL *n.* • *gäste als füllung eines salons.* J. Paul *flegelj.* 2, 40 (1800 s. 63)

GASTMILD • *freigebig gegen fremde, gastfrei:* **so sein die Teutschen vor getreu, redlich und gastmild geacht gewesen.** Hutten 5, 229 • *noch dän., norw.* **gjestmild,** *gewiss auch mhd. schon* **gastmilte.**

GAULTUMMLER *m.* • *rascher, kecker reiter u. ähnl.* Voss *Il.* 5, 316. 345 (*ταχύπωλος*).

GAUMENLÜSTLING *m.* • *gourmand.* Campe *nach* Bertuch

GAUNERGENIE *n.* • *genie in der gaunerkunst.*

GEBERDENSPÄHER *m.* • *ausspäher der mienen und geberden (wegen der mienen s. das folgende):* **doch hab ich immer sagen hören, dasz geberdenspäher und geschichtenträger des übels mehr auf dieser welt gethan,als gift und dolch in mörders hand nicht konnten.** Schiller *don Carlos* 1, 1

GEBÖFEL *n.* • *collectivum zu* **bofel** *(s. d.), eig. schund, unrat:* **die das thorechte geböfel zembt von sünden.** Melanchthon *kurzer begr. der ernewten christ. leer* (1524) 5 • *vgl.***gepöfel.**

GEDÄCHTNISGELEHRTER *m.* • *gelehrter mit blosz gedächtnismäszigem wissen* im *taschenb. f. dichter* 4, 27 (1775) • *ein sinngedicht* **auf einen gedächtnisgelehrten** *von* Hensler • *das wort auch in* Ramlers *Logau* 2, 371 *anm.*

GEDÄCHTNISKRAM *m.* • *todtes wissen, nur im gedächtnisse aufgespeichert.* Campe

GEDANKEN

GEDANKENFABRIK *f.* • **die entstehung und bildung der gedanken, fabrikmäszig gedacht:** *zwar ists mit der gedanken-fabrik wie mit einem weber-meisterstück, wo ein tritt tausend fäden regt u. s. w.* Göthe 12, 95 • *vergl. die wendung* **gedanken machen** sp. 1968 *(d)*

GEDANKENFLUCHT *f.* • *flucht in gedanken:* **die beiden freunde redeten sogar viel von einer flucht aus dem kloster ... es blieb indess bei dieser gedankenflucht.** Auerbach *dorfg.* (1846) 1, 300 • *anders* **ideenflucht,** *flucht vor ideen.*

GEDANKENFREUND *m.* • *freund des denkens, sinnender gedanken:* **willkommen, o silberner mond ... du entfliehst? eile nicht, bleib, gedankenfreund!** Klopstock *od.* 1, 223 *(die frühen gräber)*

GEDANKENHIMMEL *m.* • *von der stirn als wohnstatt der gedanken:* **so ruhet im angesichte die stirn auf den beiden bogen der augenbraue, wie ein gedankenhimmel.** Herder *plastik* 110 • *vgl.* **gedankentempel.**

GEDANKENKRANK • *krank an gedanken, vom denken:* **mein Faust, der ist gedankenkrank.** Lenau 2, 87

GEDANKENMEER *n.* *gedankenmasse, die um uns oder vor uns flutet wie ein meer (s. unter* **gedanke** II, 8, c**): es drängen sich gedanken-meere in jeden punkt der ewigkeit.** Lavater *auss.* 3, 298 • **wie an dem ufer eines gedankenmeeres, wo auf der höhe desselben der blick sich in den wolken verliert, so stehe ich an seinen (***Winkelmanns***) schriften.** Herder *krit. w.* 1, 14 • **befiel mich (***schlaf***) mitten im gedankenmeer von gottes schicksal mit den menschen.** *ged.* 1817 2, 114

GEDANKENVORBEHALT *m.* • *ein nur in gedanken gemachter, verschwiegener vorbehalt, reservatio mentalis:* **will man uns zu den zeiten des gedankenvorbehalts zurückführen?** Campe *aus einer zeitung*

GEDANKENVORRAT *m.* • **wenn ich doch canäle in meinem kopfe ziehen könnte, um den inländischen handel zwischen meinem gedankenvorrathe zu befördern.** Lichtenberg *1, 23 (42)* • *vgl.* **vorrath von kenntnissen und gedanken** Zimmerm. *eins.* 2, 46 • **dergleichen gedankenvorräthe.** Herder *Adrast.* 2, 55 • *sentenzensammlungen;* **wol giebt sich gerade hierin die mächtige einwirkung des von den Römern überkommenen gedankenvorraths deutlich kund.** Sybels *hist. zeitschr.* 18, 314

GEFOTZELT • *villosus, zottig, z. b. eine matratze,* **auf beiden seiten gefotzelt,** *vestis amphimalla* Aler 863a, Denzler 2, 124b • *s.* **fotzeln** *und das folgende.*

GEFÜHLEMPÖREND • **das gefühlempörende wurde mit schatten bedeckt.** Schiller X, 528, 16

GEFÜHLSNARR *m.* • im spott von gefühlsmenschen gesagt, nach form und inhalt wol eine der neuesten schöpfungen.

GEGEN

GEGENDANKBAR • *mit dank erwidernd:* über einen treuen nothfreund und gegendankbaren menschen ist nichts. *Simpl.* 1685 1, 444 • *also wol auch* gegendank.

GEGENGIFTMISCHER *m.* • doch kündigte schon sein (*Pestalozzis*) Lienhardt und Gertrud den gegengift-mischer seines zeitalters an. J. Paul 38, 92 *(Lev.* § 135 *anm.)*

GEGENSCHIMPFEN • *wiederschimpfen* Stieler 1796 • pöbelhaftes gegenschimpfen Campe *mit beleg.*

GEGENZÄRTLICHKEIT *f.* • *erwiderte zärtlichkeit.* Campe, *mit beleg aus* Meiszner

GEHEIMELEI *f.* • *mysticismus.* Campe

GEHEIMNISDUNKELHEIT *f.* • dasz die Griechen einen schatz von bildern aus der geheimnisdunkelheit der Ägypter gezogen. Herder III, 397 *(krit. w.* 3, 54*)*

GEHEIMNISGRÜBLER *m.* • *mystiker. ders.*

GEHEULERGOSSEN • *in geheul sich ergieszend,* geheulergoszne kläger (*beim leichenzuge*) Schiller I, 182, 136 • *elegie auf den tod Weckerlins.*

GEHIRNÄTHER *m.* • *die ideenwelt in sinnlicher fassung;* nur sieht ein autor einem noch im gehirnäther zu hoch schwebenden plane oder spanischem schlosse nie dessen freie geräumigkeit oder dessen enge wirklichkeit deutlich an. J. Paul 42, 139 (ästh. § 74) • *man faszte die lebensgeister, den nervengeist* (*s.* gehirn 3, *i*) *als* äther, *d. h. als ausflusz des weltäthers (nach* Hartley, Newton*), s. z. b.* Hallers *tageb.* 1, 79, Creuz 2, 158 • *vgl.* Schillers „ätherstrahlgenie“ *a.* • *s. auch* gehirnsaft.

GEHIRNDUNST *m.* • *dunst im gehirn, von trunkenheit:* als der gehirndunst sich verzogen hatte. Brentano 5, 361 • *vergl. unter* gehirn 3, *b a. e.* Riemer

GEHIRNWELTGLOBUS m. • *vom menschlichen kopfe* J. Paul *uns. loge* 2, 110 • *vergl.* **gehirnkugel**

GEHORCHARBEITER m. • *frohnarbeiter, zu* **gehorch** *frohndienst, im nordosten:* **die gehorcharbeiter bei dem dammund brückenbau.** Hamann 1, 19 • **von dem schaarwerk und gehorcharbeitern.** 431 • *es heiszt wol* **im gehorch arbeiten**

GEILDUMM • **übermütig von selbstgefühl: der ihm selbst geylthumb ist, ist andern ein grewel.** Lehman *flor.* 2, 36 • *vgl.* **geil werden** *vom selbstgefühl* sp. 2585 (3, *b*) *und* **dummkühn.** *oder druckfehler für* **heilthumb?**

GEILREIZIG • *leicht zur lust gereizt, wollüstig, ein wort* Fischarts:

> **die schön Helena war geltgeizig, der schöne Paris war geilreizig ... er lisz den dollust sich bewegen.**
> *ehz.* 27 (3, 255 *Kz., klost.* 10, 432)

GEISTERHEIMATH • **land der frommen** *u. s. w.* Arndt *ged.* 166

GEISTERSEUCHE f. • *seuche welche die geisterwelt, den zeitgeist ergriffen:* **hier kenn ich meinen Karl nicht mehr. spricht so der grosze mensch, vielleicht der einzge, den die geisterseuche seiner zeit verschonte?** Schiller V, 20

GEISTESVERWILDERUNG f. • **durch das sittliche verderben und die daher entspringende geistesverwilderung.** Fr. Schlegel 1, 108

GEIZGELD n. • *pecunia corrasa ab avaro* Stieler 682 • *das ein geizhals ergeizt hat:* **wann geitzgelt kompt ins armen hand, so wirds erst recht wol angewand.** Henisch 1447

GEIZKNAUSER m. • *geizhals:* **o wie oft habe ich den geizknauser und den prasser gefragt, nach welchem recht sein reichthum ihm gehört?** Hermes *Soph. reise* 1, 395 • **knauser** (*s. d.* 2, *b*) *scheint eig. nager, der nur kaupelnd iszt, sich auch das essen abdarbt, und* **geizkefler** *bestärkt diese annahme.*

GELÄPSCHE n. • *läppisches thun* (*s.* **läppschen**)**: die Hinz Hunze, so das kneipviehtolle für laune, geläpsche für witz, flegelgeklappe für jugendfrische ... halten.** Jahn *merke zum deutschen volksthum* xvii.

GELATZET adj. • *mit einer glatze behaftet:* **do sprach der ritter: o fraw, unser fund** (*erfindung*) **ist nit gut, dann der dieb was gelatzet, wan man den härigen sehe, so würd unser list gemerket.** Steinhöwel Äsop 46a • *es heiszt sonst* **glatzet,** *s. d.*

GELAUBWIRKT • *mit laubwerk geziert:* **auf die weis der crenelirten, gewässerleten ... gelaubwirkten und durchsichtigen seulen.** *Garg.* 114a (*Sch.* 204)

GELD

GELDFRESSEND • *geldgierig:* **wann der tag der angst und noht einbrechen wird, werden die bösen, geldfressenden richter weinen und heulen, die gerechten aber frölich und herlich sein.** Butschky *kanz.* 328 • **die ungerechten, geldfressenden richter.** *Patmos* 118 • **bei allen geldfressenden bosheiten und verbrechen, die er verübt.** Pestalozzi *Lienh. u. G.* 2, 218 • *bei* Campe *viel geld erfordernd, kostend, geldverzehrend, so auch schweiz.* Stalder 1, 439

GELDGREIFGEIER *m.* • *geldgieriger mensch* J. Paul 1, 104 (*s. u.* **geldgeier**), *zugleich im wortspiel mit* **greif** *und* **greifen.**

GELDKACKER *m.* • *conflator monetae* Stieler 906 • *der sich selber aus eignen mitteln geld macht, vgl.* **geldbrecher** *mit derselben lat. erklärung und* **geldscheiszer.**

GELDMELKEND • *bei* Fischart groszm. 87 *vom* **geltmelkenden Judasbürstlein** (*s. u.* **geizkreuzig**), *der geldbedürftige als „melkende kuh“ gedacht.*

GELDTROTZIG • *trotzig aufs geld.* Schottel 705a

GELDVERGESSEN • *vergessen, vergeszlich in bezug auf geld:* **Julienne war auf der ganzen reise die geschäftsträgerin der gräfin gewesen, die, wie sie sagte, nicht kopf genug habe, um sich einen hut darauf zu kaufen, so rasch, geldvergessen und träumend sei sie.** J. Paul 24, 184 (*Tit. 4, 205*)

GELEGENHEITSDENKER *m.* • *denker nach gelegenheit, nicht vom fach oder systematisch:* **er** (*Lessing*) **war in der philosophie, wie in der wissenschaft überhaupt, fragmentist und gelegenheitsdenker ... ein gelegenheitsdenker in dem groszen styl, wie sogar Leibnitz noch ein solcher heiszen mag und wie Goethe ein gelegenheitsdichter war.** C. Hebler *Lessingstudien* 116

GELEHRTENSCHLENDRIAN *m.* • das alamodische beiwort curieuse, welches nach dem jetzigen gelehrtenschlendrian den fürnehmsten zierath eines wohlgesetzten titels ausmachet. J. G. Hamann *in Gottscheds vern. tadl.* 1, 342

GEMSENKLETTERIG • *in die höhe kletternd nach gemsenart, bildlich* (*vergl.* gemsensteiger):

zu solchen gemsenkletterigen und tritthimmelverzuckten materien und reinspinnenden gedanken (*wie im Gargantua*).
Fischart *Garg.* 23a (*Sch.* 28)

• *man sagte wol auch* gemsenkletterer.

GEMÜTSABMATTUNG *f.* • *hebetatio animi* Stieler 1249

GEMÜTSHURTIGKEIT *f.* • *acumen ingenii* *ders.* 862

GENEMEULEN • *mit offnem* (*gähnendem*) *maule auf etwas blicken:* unser schwermer ... gaffen und genemeulen dieweil auf das leiblich essen, wie die narren eim ins maul sehen und mit den augen anglotzen. Luther 3, 363a • gehnemeulen 5, 212a • *s. unter* gähnmäulen.

GENIEUNWESEN *n.* • *geniewesen tadelnd:* Wieland hat nur einmal wahre knittelverse gemacht, in der titanomachie, eine burleske gegen das heutige genieunwesen. Böttiger *lit. zust. u. zeitgenossen* 1, 234

GERNSEINWOLLEND *part. der es gern sein will:* (*Lysippus*) sein gröszter held war Alexander, den er ... so sehr zum vergnügen dieses gernseinwollenden göttersohns arbeitete. Wieland 24, 196

GERNVERGEBER *m.* • *der gern* (*die sünden*) *vergibt:* von David wird unser himmlischer vater ein gernvergeber genennet *ps.* 32, 5. Scriver *seelensch.* 1, 781

GESANGSLANGWEILE *f.* • *langweile beim gesang, langweiliger gesang:* diese kirchliche gesangslangweile. B. Weber 256

GESÄSZGEFRÄSZ *n.* • *hosengelumpe, gemeint sind die zerschlitzten, befransten gesäszhosen, eine tracht des 16. jahrh.,* gesäszgefresz *Garg.* 3 • *s.* gesäsz [4] *und* gefräsz [5]. *dieses* gefresz *ist erhalten im schweiz.* gefrêsz, *abfall von zerschnittenem papier, gesägtem holz u. s. w.* Stalder 1, 393. *schweiz. idiod.* 1, 1318, 4, *und ist gleichen stammes wie das fem.* fräse, *klein geschnittenes stroh* *th.* 41, 64

GESCHENKEFRESSEND *part. adj.* • *geschenke* übermäszig *beanspruchend:* doch deuten die immer wiederkehrenden klagen über die geschenkefressenden könige auf einen nachhomerischen zustand. Fr. Schlegel 3, 157

GESCHWISTERBÄNKCHEN n. • *kleine bank für die kinder einer familie:* indes ich auf dem geschwisterbänkchen oder kinderstühlchen sitze. J. Paul *flegelj.* 2, 8

GESICHTERTRUNKEN adj. • *trunken von erscheinungen, die man hat, s.* gesicht II, 4, b. d: ahndung- und gesichtertrunken. Kosegarten *bei Campe*

GESTIRNGELDPRACTIKER m. • *der durch verkauf von practiken (prophetischen kalendern) geld macht,* gestirngeltpracticher Fischart *groszm.* 4

GESUNDHEITSSCHOKOLADE f. • von Campe (351) *als niedriges wort bezeichnet,* gesundheitschokolat • *holl.* gezondheidschokolad • *dän.* sundhedschok. • *engl.* sanative chocolate • *frz.* chocolat de santé. Nemnich 354

GETÜMMELMÜDE adj. • *vereinzelte zusammensetzung, die* Campe 4, 681 *aus* Kosegarten *belegt*: süsze, störungsfreie ruh lächelt dem getümmelmüden in der eintracht arme zu.

GEWISSENSSPARBÜCHSE f. •

er … wollte meinen innern menschen rühren, um meine bettelpfennige oder dukaten aus der gewissenssparbüchse herauszuluchsen K. Gutzkow *ritter v. geiste (9, 8)* 92, 343

GIFTBEKLEMMEND part. • dichter nebel … giftbeklemmend Immermann 15, 72 *B.*

GLORGEWÜRDIGT part. adj., • *zu* glorie, glori, *„himmlischer ehre und herrlichkeit für wert erachtet", einmalig im* 17. *jh.:* die glorgewürdigste mutter gottes Dannhawer *catech.-milch* (1657) 6, 621

GLOSSENGLAUBEN m. • *verächtlich von dem glauben, der sich auf auslegungen gründet (s.* glosse 1 d): in der väter glossenglauben, das ist, im losen glauben Luther 23, 67 *W.*

GLÜCKBEGABT part. adj. • *„vom glück ausgezeichnet, begünstigt":* den glückbegabten göttersohn Bürger 171 *Bohtz* • zwar reicht er treu dem könig den glückbegabten arm Novalis *schr.* 4, 123 *Minor*

GLÜCKSELIGKEITSCHIMÄRE f. • *utopie, glückseligkeitszustände darstellendes phantasiegebilde:* gemälden sozialistisch-kommunistischer glückseligkeitschimären *handwb. d. staatswiss.*2 3, 1

GLÜCKSELIGSCHMERZLICH *adj.* • ein glückseligschmerzliches sehnen P. Dörfler *abenteuer d. Peter Farde* (1929) 86

GURGELABSCHNEIDER *m.* • *mörder, als romanfigur:*

(*wer interessiert sich noch*) für die biederen gurgelabschneider, die herz und messer an der rechten stelle haben Spielhagen 7, 302

• die typischen gestalten des tugendhaften gurgelabschneiders, des harten wucherers und der ... bordellschönheit Treitschke *aufsätze* (1886) 3, 232 • *wie* halsabschneider *heute auch für „wucherer"* üblich • *vgl.* gurgel [2 b] *sowie* gurgelschneider.

GURGELFREUDE *f.* • *die freude am essen und trinken, zu* gurgel [1 b]: die epicurischen bauchknechte, suchen nur die elende gurgelfreude L. Pollio *ewig. leben* (1583) 117a • drey ding sind ..., die einem podagramischen den schmertzen verursachen und mehren, die gurgelfrewd, die buhlerey und der gähehitzige zorn Moscherosch *gesichte* (1646) 4, 56 • der gurgelfreude allzu geneigt sein v. Kobbe *gesch. v. Bremen u. Verden* (1825) 2, 259

GUTTUER *m.* • *„wohltäter" vgl.* guttäter: die pettelörden baten got tag und nacht, dasz ire gutthuer und speiser wider komen *städtechron.* 3, 148

GUTVERGEUDERIN *f.* • *zu* gut [B 1 b], *n., „verschwenderin"*: (*mode,*) du flinkste gutund geldvergeuderin Hoffmann v. Fallersleben *ges. schr.* 5, 297

H • *reiner hauchlaut von den ältesten zeiten her ist vorhanden in den mit* h *anlautenden echten interjectionen, also in* ha, haha, ho, hu, huss, hum, *in* aha, ahî *u. a. auch das altindische zeigt die gleichen naturlaute auf:* hâ, hahî, ahahâ, ahê, ahô; *der Grieche lacht ἆ ἅ und der Lateiner* ha ha he; *unserm* oho *gleicht bei den römischen komikern* eho *und unserm* hm, hum *derselben hem.*

S. 126–141

HAARGESICHT *n.* • *mit haaren bewachsenes gesicht, dann auch der träger eines solchen:* pfui, Uli! so ein haargesicht, so eine iltishaut, so einen tanzbär. *arme mann im Tockenb.* 72

HAARHUSCHE *f.* • *schnelles raufen der haare* (*vgl.* husche *und* huschen): eine haarhusche, ein raufen oder unvermuthete haarrupfe. Frisch 1, 479 • oder zeucht mir sonst eine harhuschen. Luther *tischr.* 206a • so wirt er uns eine gute harhusche geben. 426b • und von unsert wegen hohn und spott, streiche und harhuschen gewarten. Mathesius *fastenpredigten* 52b • (*sich zankende eheleute*) hebben einen kattentoch mit einander, mit mulschelligen backenschlegen und haerhuschen. N. Gryse *bei Schiller, mecklenb. thierb.* 3, 7a • neulich gab ich ihm etliche harhuschen, wenn es wieder also käme, so kriegt er wohl gar einen schilling (*ohrfeige*). Chr. Weise *komöd.* 319 • wenn jemand deinen leib ins gedränge brächte, da auf einer seite ein kopfstosz, auf der andern eine haarhusche erfolgte. *kl. leute* 304

HAARKLAR *adv.* • *accuratissime, planissime:* wann sie sie gedultig anhören wolten, wolte sie alles haarklar erzählen, wie es hergegangen. *Simplic.* 2, 306 • *Kurz. vgl.* haarfein, haarklein *und* aufs haar, bis aufs haar (*sp.* 20)

HABEBALD *m.* • *der bald hat oder erhält, wie die folgenden eine imperativische bildung* • Göthe *hat einen der im* 2. *theile des Faust auftretenden drei gewaltigen so genannt* 41, 264

HADERLUMPENSCHREIER *m.* • *der nach haderlumpen schreit* (*vgl. oben*), *lumpensammler.* Frisch 1, 392b

HADERSUPPENGESINDEL *n.* • aber es (*ihr*), es brändelten hadersuppengesindel, es habts wollen gscheiter sein? ei so wollt ich dasz es wärt, wo der pfeffer wachst. Schwabe *tintenf.* s. 41

HAGESTOLZENKRAM *m.* • *kram, wie ihn ein hagestolz um sich her hat* (*vgl. das zweitfolgende*): packt aus den hagestolzen kram. Overbeck *ged.* 82

HAHNESPFLICHT *f.* • sind kapaunen, leisten keine hannespflicht. Logau 2, 186, 50

HAINUMSÄUSELT *part.* •

doch ach! welch geschrei erschallt unferne der seestadt,
drüben am strand Arenys, des hainumsäuselten dörfchens?

Pyrker *Tunisias* 2, 230

HALB

HALBBARBARISCH *adj.* • überseeische heerfahrten in halbbarbarische länder. *preusz. jahrb. bd.* 22 *s.* 55

HALBBILDUNG *f.* • *unvollkommene ausbildung des menschlichen geistes:* die dilettantische halbbildung fast aller unserer bühnenleiter. *grenzboten* 1846 *no.* 43 *s.* 175 • kleinigkeiten, von denen der referent behauptet, dasz sie lediglich der halbbildung und kleinbürgerlichkeit ein interesse ablocken. *blätter für litter. unterhaltung* 1866 *s.* 761 • *vgl.* halbgebildet.

HALBEINSAMKEIT *f.* • leben sie recht wohl in ihrer halbeinsamkeit. Göthe *an Schiller* 591

HALBHÖSLER *m.* • *schimpfname für landsknechte oder umherschweifendes gesindel:* naschige, sackbloderige, seckelschneidige galgenschwengel, halbhöszler, galgenasz, rabenfuter. *Garg.* 47a

HALBVERDEUTSCHUNG *f.* • der deutsche ... begab sich bei den Franzosen in die schule, um lebensartig zu werden, und bei den Römern, um sich würdig auszudrücken. diesz sollte aber auch in der muttersprache geschehen; da denn die unmittelbare anwendung jener idiome und deren halbverdeutschung sowohl den weltals geschäftsstil lächerlich machte. Göthe 25, 72

HAMSTERAUGEN *n. plur.* • wenn über meine hüttenschwelle / die habsucht ihre hamsteraugen rollt. Kl. E. Schmidt *poet. briefe* 61

HANDGROB *adj.* • *von grober handarbeit gebraucht:* in einigem knechtischem oder handgroben werk. Philander *(lugd.)* 5, 51

HANTIERLICH *adj.* • *bei* Stieler 753 *operosus, laboriosus, dann auch dolosus, fallax. bei neueren im sinne von bequem, handlich:* hübsch und hantierlich um die wohnungen geordnet. Kohl *alpenr.* 2, 107

HAPPELN *verb.* • *der form nach dasselbe wie* hapern, *der bedeutung nach in den mundarten verschieden: obersächs.* happeln *nicht fortwollen,* hier happelt es, *hic haeret aqua.* Hederich 1214

• *wozu* Steinbach 1, 699 *ein persönliches* **ich happele, will nicht fort,** *haereo fügt; dem steht in der bedeutung zunächst, in der form durch den lang gewordenen und umgelauteten vocal geschieden, das osterländ. düringische* **häpeln,** *schlecht, schwankend gehen, namentlich von kleinen kindern gebraucht, die noch nicht ordentlich laufen, zu dem wieder das schweizer.* **häpeli** *schwächling* Stalder 2, 21 • *tritt. von hier aus erklärt sich hessisches* **happeln, übereilt, unordentlich handeln** Vilmar 150, *mit den dazu gehörigen bildungen* **der happel** *unverständiges eilen, einfalt,* **die happel** *oberflächliche person, zumal mädchen,* **happelig übereilt handelnd, bildungen wie ähnliche** *auch in Baiern vorkommen:* **der happeler, happerdidel übereilter,** *närrischer mensch,* **happelig, übereilt, hudlerisch, happerdätschig übereilt, närrisch, das gehappel** Schm. 2, 221 • *die schriftsprache hat sich gegen die sämmtlichen formen abwehrend verhalten.*

HARMONIEDURCHTÖNT *part.* •

kleiner punkt im lichtumflosznen harmoniedurchtönten raume seiner gränzenlosen schöpfung. Overbeck *verm. ged.* 2

HASENSCHRECKIG *adj.* • *schreckhaft, verzagt wie ein hase:* **ich zitter wie ein backof. ich bin nicht hasenschreckich.** Frank *sprichw.* 1, 16a • **der gesund sihet frölich, der reich trotzig, der ubelthäter under sich, er bleicht leicht, darf hasenschreckig niemands recht ansehen.** Agr. *spr.* (1560) 25a

HÄTSCHELCHEN *n.* • *das geliebkoste, verzärtelte kind:* **ob sie gleich denkt, frau mutter, dasz er das hetschelgen ist.** *frau Schlampampe leben* 52

HAUDERN *verb.* • *wie ein truthahn schreien (s. oben die interj.* **hauder**): **dein kleiner vetter läszt dich grüszen und schickt dir einen türkischen hahn von zucker, wo er nicht haudern kan so beisz ihm den kopf ab.** Chr. Weise *freim. redner* 750

HAUFENMACHERIN *f.* • *die die leute zusammenbringt, kupplerin (vergl.* **zu haufen machen** *sp.* 588): **das du verprent werdest, du alte kuplerin und haufenmacherin, ain feindin der erberkait und ein fürerin alles übels.** Wirsung *Calixt.* (1520) F iijb

HAUPTZWECKLOS *adj.* • *eines hauptzweckes entbehrend:* **die reise ist nicht rathsam und hauptzwecklos.** Hippel *br.* 14, 66

HAUTEHRLICH adj. • wie oft manch hautehrlicher kerl auf schmahlem ungemächlichem tritt steht ... und mancher lauskerl (mit verlaub zu reden) einen breiten stuhl hat. Fr. Müller 3, 64 • *nach* ehrliche haut (sp. 708) *gebildet.*

HAUTJUCKIG adj. • *das hautjucken habend, kitzlich, übermütig* (s. sp. 704): mit diser weisz ... möcht einer ein jeden hautjuckigen vogel für ein gauch ansehen. *Garg.* 122b

HAUTSATT adv. • *sehr satt:* könig! wenn ihr einmahl hautsatt zu lachen lust habt, so laszt mich referieren. Fr. Müller 2, 23 • *nach der redensart* sich die haut voll lachen (sp. 704) *gebildet.*

HAUTSCH interj. • hautsch, hautsch, ist es so kalt. *wegkürzer* 47a

HECHELBARTIG adj. • hör mein hechelbartiger kund, kanst auch durch den knebelbart pfeifen? Fischart *groszm.* 74

HECKENHURE f. • *die im gebüsch ihr wesen treibt:*

der war ein hierte und pfeifer, that seinem fromen weibe wenig guts, henget sich an heckenhuren.
Joh. Rhode *tugends. weiberspiegel* (1586) P 6b

HECKENSCHWEIN n. • *erinaceus europaeus, der igel, englisch* hedge-hog. Nemnich 2, 1520

HECKENVOLL adj. • *mit dornbüschen erfüllt:* denn fällt mich Morpheus an: und reist mich hin und wieder / durch heckenvolle berg, in ein cypressenthal / und unbewohntes feld, und mahlt die rauhe quaal verliebter seelen ab! A. Gryphius 1698 1, 210

HEIDSCHNUCKISCH adj. • von den heidschnuckischen bauern konte man nichts habhaft werden. *Leiermatz* (1668) *no.* 298

HEILIGENFRESSER m. • *spottname für den frömmler, als der die heiligenbilder, wenn er sie verehrend küsst, vor inbrunst gleichsam anbeiszt* (*vergl.* fressen 2, *theil* 41, 133): gleichwol seit ir, frater Jan, nit also, ir seit kein heiligenfresser, kein himmelsnister. *Garg.* 246a • wollen sich fromme herzen der welt nicht gleich stellen, da rufet man sie für simpel und heiligenfresser, für sönderling und sauerseher aus. Otho 673 • konte mich nicht gnugsam verwundern über den küchenmeister, welcher ein groszer heiligenfresser sein wolte, und ... fleiszig in der bibel lase. Schuppius 505 • es sind, wie ich höre, noch einige pfäfferchen auf dem lande, welche auch wollen zu naseweis werden: denen heiligenfressern will ich bei instehender visitation ein gebisz anlegen oder was anders zu käuen für geben. *interim* 274

HEIMBLEIBIG *adj.* • *(eine fromme frau)* ist schamhaft, züchtig, heimpleibig. Fischart *ehez.* 543

HEISERHARSCH *adj.* • *heiser und rauh:* recht widerlich / drang mir ins ohr ihr (*der eulen*) heiserharsches schrillen. H. Heine 16, 45

HEISZHIRNIG *adj.* • das hündlin ist zu hitzig in dem houpt ... warümb geschicht es me, du hest den hunt zů vill by dem für lygen ... darümb ist er so heiszhirnig und so bald bereit erfür zu faren. Keisersberg *bilg.* 146a

HEISZHÖLLENANGST *adj.* • bei meiner treu es thet mir heiszhöllenangst sein. Schwabe *tintenf. a 3b.*

HEISZTHEILNEHMEND *part.* • auch ich stand auf einem der hohen felsengestade, schauete heisztheilnehmend hinab. Klopstock 2, 192

HELDENSCHÖN *adj.* • kan gar wol aus einem ungestalten leibe ein heldenschönes gemütte kommen. Butschky *kanzl.* 484

HELLBLAUÄUGIG *adj.* • klar auch blickt sie umher, als hellblauäugiges glückskind. Voss 2, 110 *(Idyll. 6, 124).*

HERBSTARREST *m.* • *beschlagnahme der weinernte.* Schm. 2, 235

HERBSTHERD *m.* • *vogelherd, welcher im herbst auf die fremden halbvögel, weindrosseln, meeramseln, krammetsvögel u. s. w. gestellt wird.* Jacobsson 2, 255a

HERBSTLÜMMEL *m.* • *hagestolz* (*vergl.* herbstknecht). *als schimpfwort:* ungeschliffener knäffel, plumper herbstlimmel. Abr. a S. Clara

HERRENBISZCHEN, HERRENBISZLEIN *n.* • *leckerbissen:* solche ... herrenbiszlin. Fischart *bienk.* 141b

HERZ

HERZANNAGEND *part.* • *θυμοβόρος:* sollen wir gegen einander hier hadern, etwa wie weiber, / welche, innig vergröllt von herzannagender zwietracht, / schimpfend gegen einander die mitte der gasse betreten? Bürger 233b

HERZAUSDEHNEND *part.* • es giebt noch andere herzausdehnende augenblicke von ähnlicher art. Wieland 8, 37. *vgl.* herz *sp.* 1208

HERZBLUTDÜRSTEND *part.* • denn Attilas herzblutdürstende geister / drängten sein volk mit stets empörterem grimm in das feuer / mordender schlünd. Pyrker *Tunis.* 4, 407

HERZENSHAUCH *m.* • Lenau *neue ged.* 249. *s. die stelle unter* herzensgüte.

HERZVIELGELIEBT *part.* • herzvielgeliebte fürstliche gemahlinn. Rist *Parn.* 290 • seiner hochgräfl. excell. herzvielgeliebten frau gemahlin. Schuppius 217 • herzvilgelibter vater. Butschky *kanzl.* 271

HERZWISSER *m.* • *der eines fühlen und denken durchaus weisz, vertrauter freund:* sein innerster herzwisser der im ganz geheim was, Johannes der portuensisch bischoff. Franck *chr.* 297b

HERZWUNDER *n.* • *als poetischen ausdruck für groszes wunder, „in magnum ducens mortalia corda stuporem" gibt* Stieler 1391

HEUCHELKEUSCHHEIT *f.* • predigen wider den ehestand, und doch selbs in falscher heuchelkeusscheit, das ist, in allerlei unzucht leben. Luther 7, 413b

HEUNEN *verb.* • *heulen, bellen wie wolf und fuchs: gannire* winson, hiunon *ut vulpes* Dief. 257b (13. *jahrh.*) • gleich als die wölf singen und heunen. H. Sachs 1, 515c • *bair.* hüenen, hienen, hünen, *auch* hinnen *heulen, vom hunde, dann auch verächtlich vom menschen, weinen und in weinerlichem tone reden.* Schm. 2, 202. • *s. unten* höhnen.

HEUSCHRECKLICH *adj.* •

mit jenen heuschrecklichen frommen fratzen, die etwa dem spieszbürgerlichen pinsel eines Nürnberger stadtmalers ... ihr trauriges dasein verdanken. H. Heine 2, 331

HEXENREITIG *adj.* • *gewohnt wie die hexen zu reiten:* schneckenkriechen, hechsenreutige mareschrötlein, aufhocker, wichtelein, erdmännlein. Fischart *groszm.* 132

HIMMEL

HIMMELABTRÄUFELND *part.* • **gefilde werden glänzen / mit himmelabträufelndem, segnenden thau.** Stolberg 2, 85

HIMMELHEITER *adj.* • *serenus.* Maaler 222b *mit dem subst.* **himmelheitere,** *serenitas.* • **als mit himmelsheitern zügen ich den neuen engel liegen / an der mutter brüsten sah.** Miller *ged.* 337

HIMMELHONIG *m.* • *manna.* Maaler 222b

HIMMELHUND *m.* • *als rohes schimpfwort, wie auch* **hund** *als solches gebraucht wird.* **himmel***verstärkt, vgl.* sp. 1334 *und vorher* **himmelheinz.**

HINDIESEN, HINDIESHALB *adv.* • *auf dieser seite nach jener zu, vgl.* **dieset, diesent** *aus* **diesseit** *theil* 2, 1144 *und* **herdieshalb** *oben* sp. 1080: **die hetten sich des landes (das hindisen des Jordan was) angenommen für ain tail, wann sy hetten / vil vichs und was gůte wayd hindiszhalb.** Keisersberg *ausgang der k. Israel* 1510 L 5a

HINTENLECKER *m.* • *für einen gegen die frauen sehr zuthulichen mann.* Garg. 61a

HINTENSTIMMIG *adj.* • **man hat** (*am klaviere*) **vorn-, hinte- und seitenstimmige tafelform.** *kunst des clavierstimmens s.* 5

HINTERHARRENWÄRTIG *adj.* • *eine bildung von* Fischart: **der hinderharrenwertig nachzug ward bestimpt dem herzogen von Rackedennarren.** *Garg.* 201a

HINTERKLAFTIGKEIT *f.* • *verläumdung:* **ich wil mich für zweierlei, nach des h. Augustini lehre, sonderlich hütten, als: für denen, so durch ihre hinterklafftigkeit vil unrechts unter den menschen stiften, und dem gleisner.** Butschky *Patm.* 71

HINWIDERUMEN *adv.* • *erweitertes* **hinwiderum,** *aus* **hinwiderumhin** *entstanden:* **welche verhoffende grosze courtoisie gegen ew. excellenz ich hinwiderumben gehorsamlich zu verdienen mir die tag meines lebens angelegen sein lassen werde.** *Simpl.* 4, 56 *Kurz*

HINWIDERWÜNSCHUNG *f.* • nebenst hinwiderwündschung alles selbstbegehrenden wolergehens. Butschky *hd. kanzl.* 25. ähnlich 303. 730

HINWURZELN *verb.* •

Ferdinand starr und einer bildsäule gleich, in langer todter pause hingewurzelt, fällt endlich wie von einem donnerschlag nieder. Schiller *kab. u. liebe* 5, 7.

HIPPENBÜBISCH *adj.* • *nach art eines hippenbuben, schmähsüchtig, verlästernd:* als ich itzt auf sein vergifte hippenbübische schrift drei mal geantwort habe. Eck *bei* Luther 1, 163a

HIPPIG *adj. und adv.* • *ein mitteldeutsches wort, düringisch* hippig, heppig, hipprig, *dürr, mager, elend,* ein hippriges mädchen, *ein dürres, unansehnliches* • *in der Pfalz* hippig *krankhaft, besonders von dem sonderbaren appetit der kranken und schwangern gebraucht:* mir ist oft so hämisch und dämisch und dumm, so hurrig und schnurrig und weisz nicht warum, so hippig und schnippig und weisz nicht wornach, das ändert und wendert mit jeglichem tag. Fr. Müller 1, 314. • *vgl. das bei* hippe *sp. 1552 bemerkte; aber auch das sp. 1309 aufgeführte* hiefrig *scheint nicht abzuliegen.*

HIRNBRÜNSTIG *adj.* • wann es sich begab, das er zornig, rasend, hirnbrünstig, treckaufstöszig, unsinnig, grimmig, schreiend, weinend, wütend und teufelisch ward. Garg. 111b

HIRNFERTIG *adj.* • *mit schnell bereitem verstande:* sondern auch so vil, hirnfertiger weise, ersehen, wie alle diese hohe künste und wissenschaften ... einem jeden fantasten unvermerkter weise einzugieszen. Philander 1, 64

HIRNHUMMEL *f.* • *hummel des hirns, bild für närrische phantastische gedanken:* heben dann endlich die hirnhummeln gar völlig zu schwärmen an. *Simpl.* 1 (1713) s. 271

HIRSCHBÜRSCH, HIRSCHBIRSCH *f.* • *birsch auf hirsche, schieszzeit der hirsche:* bei Jacobsson 2, 264b hirschbursche, hirschpursche.

HOCHGRIMM *m.* • (*er, ein greis*) lernt die schimmer des ruhmes, lernt der Fama donner, und des gefürchteten hochgrimmes blitz, der ungewitter kühlende regen mit füszen treten. Herder *zur litt.* 12, 88

HOCHHERRAUSCHEND *part.* • **der hochherrauschende waldstrom.** Stolberg 12, 10 • **hochherrauschender** wind. 20 • **himmelathmend** *part.* • *seligkeit athmend* (himmel I, 8, *c sp.* 1340): **mit hoher himmelathmender wonne / drückt er diesz volle herz an ihre offne brust.** Wieland 23, 52 *(Oberon 7, 81)*

HOCHWELTVERSTÄNDIG *adj.* • *in hohem grade die welt kennend:* **dem hochweltverständigen** Platoni. Schuppius 522 • **hockeln, höckeln,** *verb. frequentativbildung des folgenden, intransitiv kauern.* Stalder 2, 49 • *transitiv auf dem rücken tragen, neben* **huckeln** (Schm. 1, 1050 *Fromm.*) • *wie* **hucken** *neben* **hocken** *geht:* **viele leute hatten das gespenst hockeln müssen.** Auerbach *dorfgesch.* 1, 340 • *vergl. auch* **huckeln** *und* **aufhuckeln** *theil* 1, *sp.* 672 • *nach* hock 1 *sp.* 1647 **höckeln** *mit nüssen spielen, ein spiel der kinder, wo eine gewisse anzahl von nuszhöcken aufgestellt wird, die man mit einer gröszern nusz umzuwerfen sucht.* Stalder 2, 48 • *schon bei* Maaler: **höcklen, oder mit nussen kurzweilen** *ludere nucibus* 227d

HODENBRÜCHIG *adj.* • *ramicosus, herniosus* Maaler: **er ist hodenbrüchig bisz ann hals. er heiszt ein man, aber der nam ist an im verlorn.** S. Frank *sprichw.* 1, 28a

HODENMÄNNLEIN *n.* • *als liebkosung:* **was? ... mein kleins hodenmänlin, ich glaub du hast in die kannen geguck?** *Garg.* 137b

HOFFNUNGSDUNST *m.* • **durch hoffnungsdunst, der sie betrogen.** Brockes 3, 575

HOFFNUNGSGRÜN *n.* •

vielleicht haben die bisherigen äquinokzialstürme uns das vaterland wie einen frühling aufgedeckt, mancher schnee ist geschmolzen und wir sehen das hoffnung-grün des theuern bodens.

J. Paul *friedenpred. s.* 30

HOFFNUNGSMORGENRÖTHE *f.* • **hofnungsmorgenröthe glänzt in ihrem glühenden auge.** Sturz 1, 90

HOF

HOFHÖRIG *adj.* • *einem adlichen hofe gehörig, in unterthanenverhältnis zu ihm stehend:* **was aber hofhöriger man uszwendig den gerichten sitzt, und ir sundrig brot essend, der**

yegliger sol des jars den vögten geben zway viertal roggen und ain vasnachthun fur all dienst. *weisth.* 1, 106 • hofhörig lüt. *das.;* daʒ umb hoffhörigi güter nieman urtail sprechen sol, denn der in den hoff gehörre. 108 • ze disen dryn gedingen sol ein amptman schaffen, daʒ den gotshusliuten und den, die von im belehent, und allen den, die dahin hofhörig und zʒ iren tagen komen sint, dar gebotten werd. 4, 483 (*Schwarzwald,* von 1413) • es gibt jetzt in unserm stifte noch mehrere arten von freien leuten, worunter die sogenannten hausgenossen die ersten sein mögen, welche anderwärts hofhörige, oder auch hobesund klobsleute genannt werden ... da sie von ihrem hofe einen gutsherrn erkennen, so können sie nicht als wehren, sondern nur als leute betrachtet werden, die aus einer besondern verpflichtung dienen. Möser *osn. gesch.* 1, 66 • *anderwärts wird aber bei dem letzteren schriftsteller* hofhörig *und* leibeigen *nicht unterschieden:* so hat man die geschichte unsrer bauerhöfe, und mit derselben zugleich die art und weise, wie freie eigenthümer ganz natürlicher weise zu leibeignen und hofhörigen pächtern herunter sinken können. *patr. phant.* 1, 330 • in dem erbrechte, was der leibeigene oder hofhörige an dem hofe hat. 3, 280 • uns arme hofhörige leute. 2, 356

HOFHURE *f.* • *franz. courtisane:* ein junger mensch, welcher ien hofhure besucht hatte und nun wieder heraus gehen wollte. *polit. stockf.* 313

HOFLECKER *m.* • *schmarotzer am hofe, mhd.* hovelecker (Lexer *wb.* 1, 1362) • als denn groszen herren geschicht von den hofleckern, die sie loben, auf mein eid herr ir haben im recht gethon, so went (*glaubt*) er denn es sei also. Keisersberg *sünden d. munds* 31b • *auch höfischer feinschmecker:* das fleisch desz fisches wirt allein von den reichen und hoffleckern begert. Forer *fischb.* 42a

HOFMANNSBESCHEIDENHEIT *f.* • mit hofmannsbescheidenheit? die erlaubt sich einen lach wenn ihr roth werdet. Göthe 42, 68

HOFSCHMEICHLER *m.* • wehe dir könig Herodes, dasz du deinen gottlosen hofschmeichlern glauben gibst. Reiszner *Jerus.* 2, 91b • disz waren seine (*des Gargantua*) hofschmeichler, seine aufwarter, wie die mäusz des Diogenis schma-

rotzer, die ihm aufwarteten weil er etwas hat. Garg. 131a • **es habens die hoffschmeichler than.** H. Sachs 3, 1, 152e

HOFZORN *m.* • **wo er** (*der die schuhe bestellt*) **nicht möchte bisz an den morgen beiten, wölle er** (*der schuster*) **einen hofzorn wagen, und ein paar schuch, so er seinem eignen weib gemacht ... holen.** Kirchhof *wendunm.* 427a • *es ist als bild für einen groszen zorn gebraucht, wie ihn hohe herrschaften zu äuszern pflegen.*

HOHLHIPPER *m.* • *ursprünglich hausierender verkäufer von hohlhippen (s. d. und* **hippenjunge**)*, der bei seinem geschäft einer schlechten behandlung ausgesetzt war:* **ich darf euch schelten wie die holhipper.** Paracelsus *opp.* 1, 202 B • *der aber seinerseits dies vergalt, daher das wort in der bedeutung schmäher, lästerer seit dem* **16.** *jahrhundert gewöhnlich ist:* **wer iederman schrepfen wil, der leid auch dasz man im schrepf. holhipper sollen sich mit dreck lassen beschütten.** Frank *spr.* 2, 112a • **welchen doct. Peucer ... ein scurram, das ist ein carthäuserischen lotterbuben und holhieper nennet.** Fischart *bienk.* 194a

HOHNÄFFEN *verb.* • *höhnen, verspotten:* **fieng ich an ... die leute die bei mir vorüber giengen, zu hohnäffen und auszuzischen.** Plesse *1, 49.* • *vgl.* **hohlhippeln** *sp.* 1718

HOLLÄNDEREI *f.* • *ein wirtschaftsgut, bei dem die hauptsache in viehzucht und im wiesenwachse besteht.* Jacobsson 6, 94b • **der mensch überhaupt sieht den mond für eine monatuhr, die fixsterne für sein immobiliarvermögen an, und die wandelsterne für seine beweglichen güter, ... das pflanzenreich für sein musztheil und das thierreich für seine Holländerei.** J. Paul *paling.* 2, 12

HÖLLE

HÖLLENHUHN *n.* • *höllisches, gespenstisches huhn:* **da krähte das andere höllenhuhn, die gräblein thaten sich alle zu.** *volkslied aus dem kuhländchen bei* Wackernagel *kl. schriften* 2,

405 • *vgl. dazu ebenda* anmerk. 10 *und* Köhler *in Pfeiffers Germania* 11 *seite* 92.

HÖLLENHUND *m.* • *teufel unter der vorstellung eines hundes:* Gorjo huob dia hant ûf: gebôt er uper den hellehunt. Müllenhoff *u.* Scherer *denkm.* xvii, 59 • wâfen, hêrre, wâfen, über des hellehundes list, daȥ er uns sô geværec ist! *Gregor.* 163 • das pös alt weib spricht zu dem teufel Sathanas: wisse, du pöser hellehund. *fastn. sp.* 505, 6 • bringe sie (*die seele*) zu diesen stunden von den bösen hellehunden und bringe sie in die seligkeit. 952, 9, *vgl.* 951, 20 • schaw, wie mit tiefem schlund, und aufgesperrtem rachen, den garausz mir zu machen, dort steht der höllen-hund. Schnüffis *mirant. flötlein* 21, 4 • *als schimpfwort für einen bösewicht:* willst mich die leut vergiften machen? meinst ich hab kein gewissen, du höllenhund? H. L. Wagner *kindermörderin* 10 • steh, höllenhund! schimpfend von einem gewöhnlichen hunde: er wedelt, wenn den andachtbund gebeth und wink und kuss beleben! er wedelt! o der höllenhund, der unschuld ärgernis zu geben! Hagedorn 2, 27 • *der Cerberus:* er habe die pforten der hölle erbrochen, den weg aus dem reiche der schatten zurück gefunden, und schleppe, über sie triumphirend, mit stolzer faust den höllenhund durch die städte Griechenlands zur schau. Lessing 4, 227 • *bildlich:* welcher drei strittigkeiten hat, der richte zwo, wenn er kan, zu recht, das ist mein raht. aber ich rahtete auch disz, dasz er den dritten zu end brächte, damit dieser höllhund kein kopf nicht habe. Schuppius 771. höllenhund • *cerberus, heiszt auch ein gestirn im nördlichen theile des himmels. mathemat. lex.* 1 (1747) 294 • turn, hell-hound, turn! Schiller *Macbeth* 5, 12 • *ein höllischer, gespenstischer hund: Lucifer.* auf mein feuerrosz dann, und die neuangekommenen seelen mit meinen schwarzen höllenhunden wie die hasen gehetzt. Fr. Müller 2, 26 • jach fahren tausend höllenhunde, laut angehetzt, empor vom schlunde. Bürger 71b

HÖLLENLUCHS *m.* • *tückischer teufel unter dem bilde eines luchses:* wie im eisen der fuchs, zagt ein alter höllenluchs. Göthe 12, 67

HÖLLENWURM *m.* • der teufel unter der vorstellung eines drachen (*vgl. auch* höllendrache): bruder Lutz ... bringt über dreiszig jahre bereits, dem höllenwurm und seinem

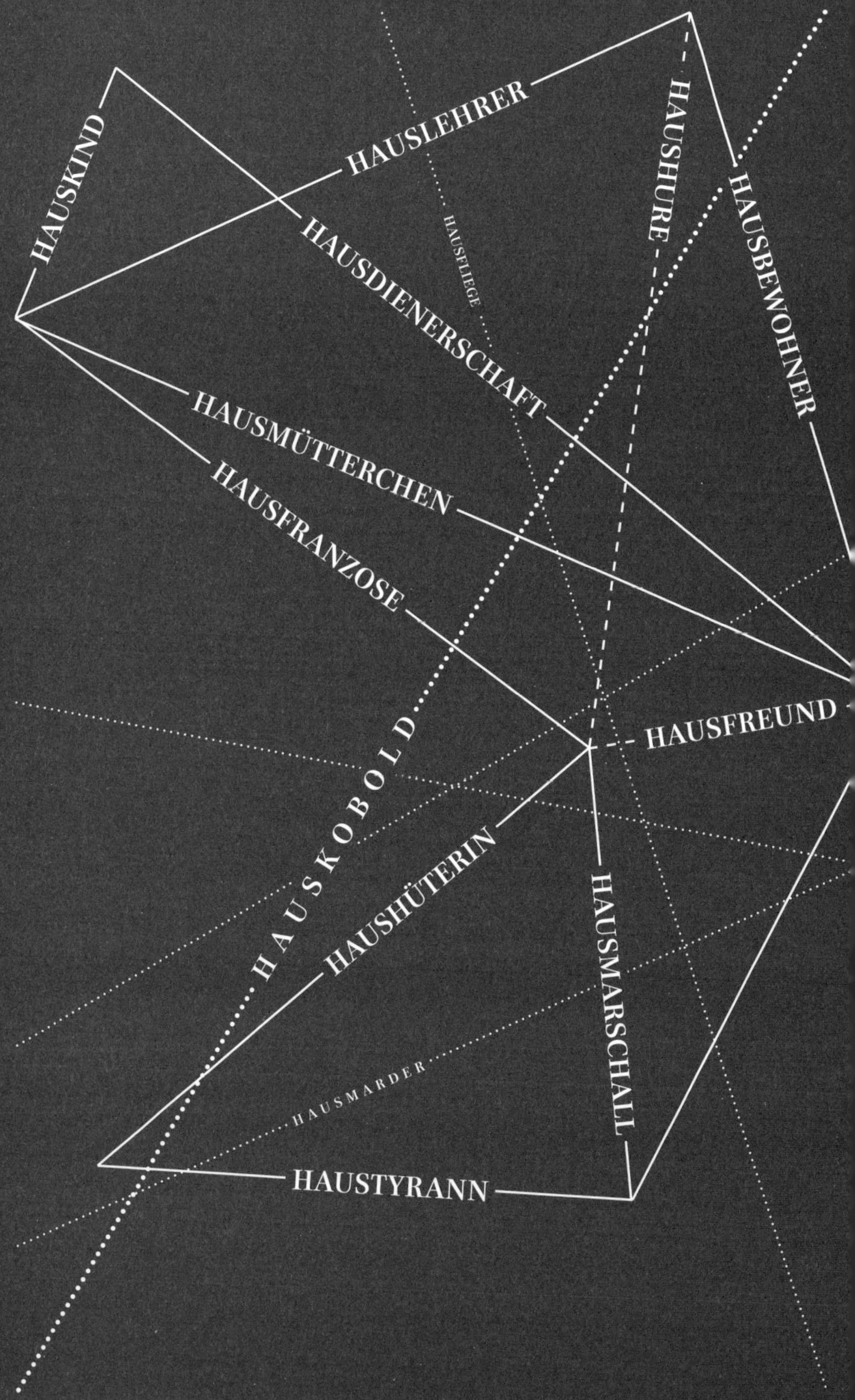
HAUSKIND
HAUSLEHRER
HAUSHURE
HAUSBEWOHNER
HAUSDIENERSCHAFT
HAUSFLIEGE
HAUSMÜTTERCHEN
HAUSFRANZOSE
HAUSFREUND
HAUSKOBOLD
HAUSHÜTERIN
HAUSMARSCHALL
HAUSMARDER
HAUSTYRANN

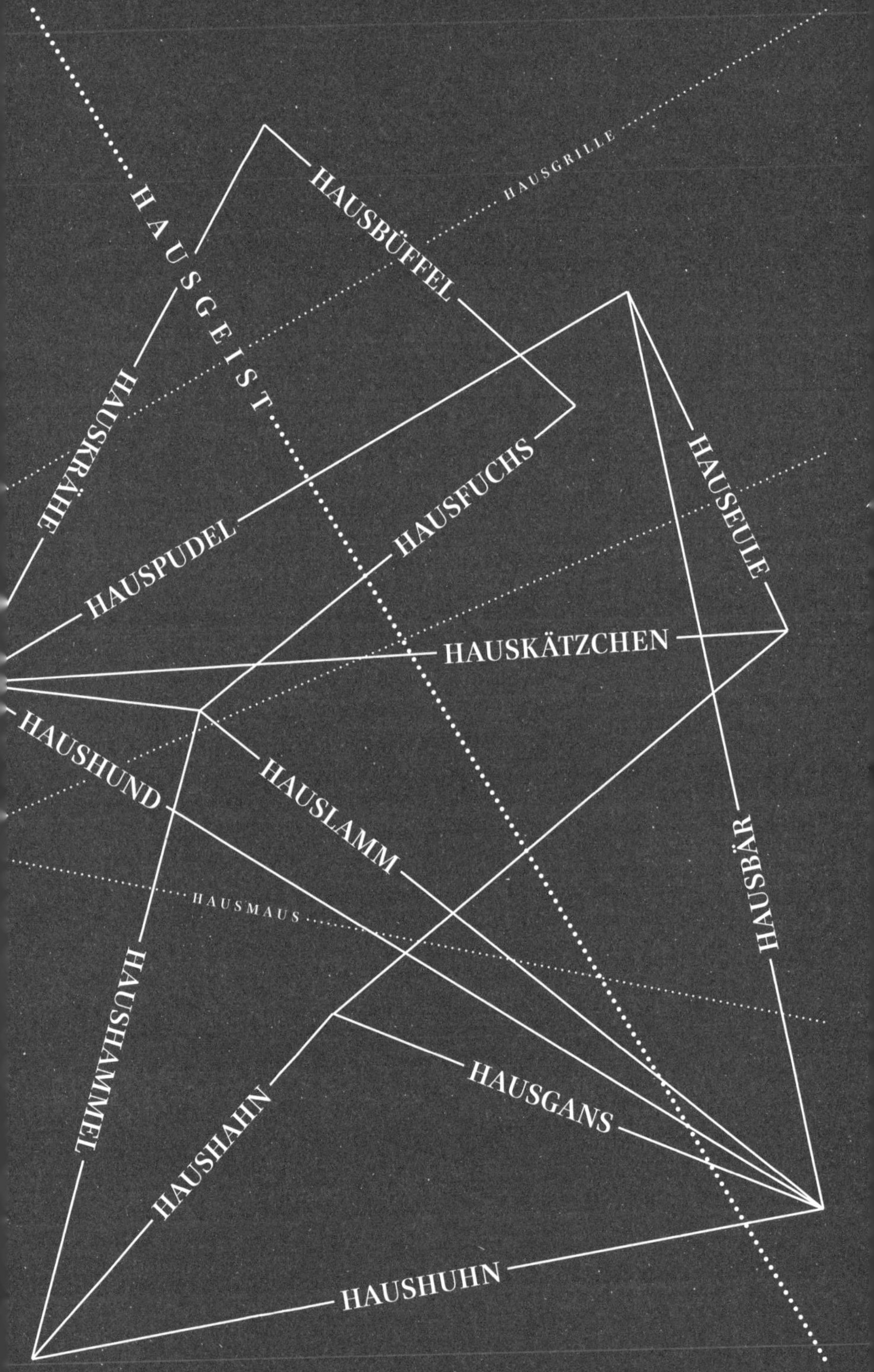

HAUSGEIST
HAUSBÜFFEL
HAUSGRILLE
HAUSKRÄHE
HAUSPUDEL
HAUSFUCHS
HAUSEULE
HAUSKÄTZCHEN
HAUSHUND
HAUSLAMM
HAUSBÄR
HAUSMAUS
HAUSHAMMEL
HAUSGANS
HAUSHAHN
HAUSHUHN

fleisch zu trutz,in dieser felsenkluft als wie in seiner bahre ein traurig leben hin. Wieland 18, 76 • *ein in die haut sich bohrender wurm, furia infernalis, auch* **höllendrache.** Nemnich

HOLZHASE *m.* • *hase der im walde lebt, gegensatz zu* **feldhase.**

HOLZLÜMMEL *m.* • *grober lümmel, der gleichsam nur im walde lebt:* **ich werd ja kain so grober holzlimmel sein.** Schwabe *tintenf.* A 4a.

HOLZMIST *m.* • *das als dünger gebrauchte laub der bäume.* Jacobsson 6, 107b

HONIGSCHLUMMER *m.* • *μελίφρων ὕπνος*: **wenn nun deinen augen der honigschlummer entschwindet.** Stolberg 11, 42 *(Ilias 2, 34)*

HORCHEROHR *n.* • *ohr des horchers:* **bis hin zur Temse, bis zu dem Rhodan hin erschallts, und schaaren trinken, im dichten drang, mit horcherohr, zu neuer einsicht, all die belehrung, wovon du triefest.** Klopstock 2, 55.

HORCHSAMKEIT *f.* • **im hirschen ... leichtigkeit, horchsamkeit, stille, sanftmüthige unschuld.** Lavater *physiogn. fragm.* (1775) 2, 21

HORRESMORRES • *von* **Schuppius** *für unverständliche schriftzüge gebraucht:* **wann er mir hernach, als er widerumb im sattel sasze, ein schreiben beantworten wolte, so must es der secretarius concipiren, und es war viel, wann er mit solchen litern, die man nicht recht lesen konte, nach hoffärtiger herren manier etwas darunter kratzte, welches so viel bedeuten solte, euer wol affectionirter Sylvius. ich lachte über das horres morres.** 247

HOSENJAUCHZER, -JUCHZER *m.* • **hosenjauchser** *crepitus ventris* Corvinus (1660) *im register* • **hosenjuchzer** Stieler 901

HOSENSEUFZER *m.* • *crepitus ventris.* Stieler 2013

HOSENTEUFEL *m.* • *teufel der die menschen zur ausschreitung in der hosentracht verführt* • *titel eines buches* von Musculus (*s. quellenverz. zum* 1. bande)

HOTZENBLOTZ *m.* • *name eines gewürzten gerichtes, geringer als pfefferbrühe:* (*du sprichst*) **wie thet ich im das ich etwas an stat des pfeffers het ... thů du ains und mach ain**

hotzenblotz oder ain zůsenlin ... wie macht man ainen hotzenblotz? wenn dir ain kaltes hünlin überbleibt, so schneidest du es in ain schüssel, und schneidest radecht (*rettig*) oder rotunde zwibell dar an, und essich darüber, und machest es underainander, das haiszet dann ain hotzenblotz oder zusenlin, den mach für den pfeffer. Keisersberg *has im pf.* 1511 e 6b (1510 Ff 4a)

HÜBSCHLICHEN *adv.* • *fein, zierlich:* **und besteck es hubschlichen, das stet wol.** *kuchenmeist.* a vij

HULLERN *verb.* • *rollen:* **der kopf flog ihm vom rumpf und hullerte den berg hinab.** Bechstein *märch.* 40 • **hullern,** *düringisch, auch osterländisch und meisznisch, ferner im Fuldaischen und Schmalkalden gebräuchlich (hier mit dem masc.* **huller,** *dicker pack, ballen, besonders ein rund gepackter ballen, dann auch halb scherzhafte bezeichnung eines unverhältnismäszig dicken kindes.* Vilmar 178 • *ist als nebenform zu* **kullern, kollern** *th.* 5 *sp.* 1619 *erwähnt und beleuchtet.*

HUMMELHIRN *n.* • *hirn voll hummeln (vgl. unter hummel* [3, d]*), voller gedanken und ungewöhnlicher einfälle* • **hummelhirns gesinde werden bei Kirchhof wendunm.** 50b • *leute genannt, die gegenüber einem erlassenen, aber von dem erlasser selbst nicht gehaltenen befehle ihre eigene meinung kund geben.*

HUMMELN *verb.* • *summen wie eine hummel:* **hummelen** *neben* **hummen** *bombilare* Schottel 1339 • **hummeln,** *bombilare, bombitare (neben* **hummen** *und* **humsen)** Stieler 865 • *mit einigen ableitungen:* **hummelicht,** *bombilans, bombitans, mussitans et mutiens,* **hummeler,** *bombitans, bombilans, depressa voce canens, mussans,* **hummelei,** *bombus. ebenda (wenn er bei letzterem worte hinzufügt: sed* **hummelei** *etiam pro timiditate et cunctatione sumitur, so ist es in diesem falle aus* **humpelei,** *s. d. assimiliert);* *kärntnisch* **humpeln** *summen, brummen* Lexer 145 •

mit deinen binen hastu auch einn fliegenden und zergängklichen lust, must das sausen und hummlen umb deine ohren stets hören. *Petr.* 57a

HUMMELWITZIG *adj.* • *tolle gedanken habend, unsinnig (vgl.* **hummel** [3, d]**): er ist bald (***beinahe***) hummelwitzig worden.** *der aufgebrachte ehemann* (1753) s. 108

I • *wie kurzes* a *und* u *zu den drei grund- oder urvocalen gehörend, aus denen sich die reiche fülle der indo-europäischen vocale entwickelt haben mag, ist doch das* i *auf dem gebiet der deutschen sprachen nur in den seltensten fällen ursprünglich d. h. mit indogermanischem (altindischem)* i *identisch, und meist das ergebnis verschiedenartiger lautveränderungen.*

S. 144–147

ICH

ICHLEBIGKEIT *f.* • Herder aber war gekommen mit dem vollen selbstgefühl, der vollen ichlebigkeit die er besasz; er wollte seinem eigenen leben, seiner geistigen arbeit nachgehen und er wollte ganz und vollaus seinen beruf erfüllen. L. Schücking *volkshalle* (1866) *s.* 215

ICHLEIN *n.* • *kleines ich:* das kleine geistige ich oder ichlein. J. Paul *Levana* 1, 130

ICHLICH *adj.* • *dem ich gemäsz:* aufgenommen in einen allgemeinen begrif ... des ichlichen. Fichte *nachgel. werke* 1, 273

ICHLING *m.* • *egoist:* allerdings genieszt der ichling den grösten grad häuslichen glücks, nämlich sein eignes. J. Paul *friedenpr.* 29

ICHSCHWARM *m.* • *schaar von egoisten:* der gottheitläugnende ichschwarm. Baggesen

ICHSÜCHTLER *m.* • die letzte und beste frucht, die spät in einer immer warmen seele zeitigt, ist eben weichheit gegen den harten, duldung gegen den unduldsamen, wärme gegen ichsüchtler und menschenfreundschaft gegen den menschenfeind. J. Paul *Siebenk.* 3, 194

ICKELN *verb.* • *ärgern, verdrieszen:* in icklet das in der man so verschmehet. Ulenspiegel 77, *s.* 112 *Lappenberg. s.* igeln

IDEALHELD *m.* • der unermüdende, unermattende ist mein idealheld. Fr. Müller 3, 148

IDEALVOLLKOMMENHEIT *f.* • (*die frage*) welche unter denen in Europa recht bekannt gewordenen sprachen der idealvollkommenheit einer sprache, die worte braucht, am nächsten kömmt. Herder *zur litt.* 1, 216

IDEENINHALT *m.* • da der ideen-inhalt eines dichtwerks, vollends bei einem publicum wie das unsrige, so vorzüglich in betracht kommt. Schiller *an Göthe* 1, 180

IGELISCH *adj.* • *nach art eines igels:* daher (*von dem schelten der evangelischen prediger*) dann der grosze schad, als ich acht, ist herkommen, dasz der gemein mann so spitzige

und iglische zungen erlangt. Karlstadt *bei* Jäger 370 • **Hansz Widerporst ist igelischer art.** Lehmann 1, 909 • *das adverb* **igelischen** *bei* Megenberg: **der mensch ist aller ungeordenst in den werken** (*nämlich des beischlafs*), **wan er verkêrt menschleicheu werk und würkt iglischen oder gensischen oder benimt der frawen ir stat.** 139, 33

IGELSEELE *f.* •

nur weiche blattwickler und igelseelen ringeln und krempen sich vor jedem finger in sich zusammen. J. Paul *Tit.* 1, 75.

ILGERN *verb.* • *stumpf werden, von den zähnen, ein altes oberdeutsches wort, dessen unter* **eilen** *theil* 3 *sp.* 108 *verfochtene verwandtschaft mit* **igeln** *sp.* 2046 *bei diesem letzten worte abgewiesen werden muste, das vielmehr zu ahd.* **ilki** *fames vel stridor dentium* Graff 1, 245 • *wie zu altnord.* **elgr,** *ningor gelidissimus, schneidender schneesturm,* **elgia** *aestuare, ags.* **ealgian** *tueri in nächster beziehung steht* • *vgl.* Zacher *goth. alphabet* s. 96 *wo der wortfamilie ein weiter hintergrund zu geben versucht wird, aus dem sicher eine deutsche wurzel* **alg** *mit der bedeutung des schneidens oder brennens hervorscheint; in dem als iterativ gebildeten verbum* **ilgern** *auf das gefühl der eszbegierde, der lüsternheit oder jener empfindung beim wahrnehmen saurer speisen übertragen, welche das wasser im munde zusammenlaufen läszt und die zähne stumpft, wie auch litt.* **alkti** *hunger,* **isz-alkęs, peralkęs** *hungrig, ausgehungert heiszt. obstupescere,* **illgern, zen-illgern** Dief. 390c • **nun wir sehen täglich, wann ein mensch das ander sicht sur ding essen, das in sein zen ilgern.** Oberlin 728 • **es ist ein frucht die hie nit zeitig ist, bissestu darein, die zeen würden dir ilgern, das du nymme essen möchtest.** Keisersberg *baum d. sel.* 21a • **pleckender hals, geferbte wang machen manchem die zen so lang, das sie im ilgern nacht und tag.** *fastn. sp.* 1209 • *in der umsetzung* **iglern,** *wenn hier nicht ein druckfehler vorliegt:* **das jr mir die zen also yglern und lang machend mit ewrem schmätzen und küssen** (*sagt eine alte bei dem kosen eines jungen paares*). Wirsung *Cal.* (1520) J 7a • *Für* **ilgern** *begegnet auch nur* **ilgen,** s. 3, 108 • *vgl. auch* das adj. **elger.**

IMHUNDERT • *verdeutschung von procent:* **4000 thaler zu sechs imhundert.** Hermes *Sophiens reise* 3, 331

IMMERSINKEND adj. • *fortwährend, mehr und mehr sinkend* (*vgl.* immer 8 a. e., sp. 2070): er glaubte in seinem sohne die sicherste stütze seiner immersinkenden macht zu finden. Klinger 4, 221.

INDENKIG adj. • *erinnerlich:* da kamen wir in disz landt mit herlicher geselschaft, wie euch wol indenkig ist. *Aimon bog.* p

INEINANDERFÜGUNG f. •

INHALTSBEDÜRFTIG adj. •

er (*Moritz*), ein seltsames gefäsz, das immer leer und inhaltsbedürftig nach gegenständen lechzte. Göthe 29, 97

INHITZIG adj. • *sehr hitzig, entflammt, mhd.* inhitzec: von rechter begirlicher inhicziger minne zu der mynneklichen ewigen weiszheit. Suso *briefe 77 Preger* • o gott heiliger geist gib kunst das ich usz inhitziger brunst müg hie mein dicht volbringen. Soltau 246 *(v. 1520)* • *zornentbrannt:* dabei e. k. mt. versten mag, das herr Lassla gegen uns inhitzig ist. *urk. Max. no.* 255 *s.* 375

INSCHRIFTSPRACHE f. • *kurze, kräftige sprache, wie auf inschriften:*

die winke, die der dichter hier unserm lieben deutschen vater- und dichterlande in der wahren inschriftsprache gibt, sind so wichtig, dasz sie als mottos vor künftige dunciaden und kritische wälder gesetzt zu werden verdienen. Göthe 33, 61

INSELWEH n. • *heimweh nach einer insel:* ich habe dieses inselweh mit mir umhergetragen. Stolberg 3, 243

IRRE

IRRLICHTELIEREN verb. • *wie ein irrlicht hin und her fahren:* und (*der geist*) nicht etwa, die kreuz und quer, irrlichtelire hin und her. Göthe 12, 95 • *dafür schlecht die bildung* irrlichterisieren: Schiller irrlichterisirt in farbenreflexen und idealen. Böttiger *litt. zust.* 1, 62

IRRSCHWEIFIG adj. • *in der irre schweifend:* wer kein ehgesibete hat, ist halb tod, mangelt ein stuck des leibs, weiszt kein seszhaft heuszlich wohnung, ... ist nirgends daheim, ist meher eim irrschweifigen vihe ähnlich, als eim eingesetzten colon und kolbauren. *Garg.* 68a • die hasen theileten sich plötzlich von einander, damit sie die hunde trenneten und irrschweifig machten. *eselkönig* 285

IRRVERWORREN *part.* • wer soll in ernster meisterschaft hinfort als leuchtthur *m.* dessen feuer ruhig steigen, dem irrverwornnen schwarm die richtung zeigen? Geibel *juniuslieder* 225

IRRZWEIFLICH *adj.* • *dubius:* etliche irrzweifliche fragen und fäll. Haltaus 1041 (*von* 1641)

J

J • *welcher deutsche grammatiker den namen aus dem griechischen aufs neue für den halbvocal entlehnt, ist noch zu ermitteln, bei Schottel ist er vollkommen eingebürgert: wann das* i *im anfange der wörter wird gefunden, also, dasz ein selblautender drauf folget, alsdann wird es also* j, *geschrieben, und hat die wirkung eines jods, als jahr, joch, jemand.*

☞ S. 150–153

JACHERN verb. • *frequentativbildung zu* **jach,** *und daher eigentlich hast und eile malend, düringisch ist es für schnaufendes laufen, hetzen in gebrauch,* **das kind jachert herum,** *wenn es sich dabei auszer atem läuft* • *ebenso hessisch* **jackern** *schnell reiten, schnell fahren* Vilmar 181 • *anderswo heiszt* **jachern** *ausgelassen lärmen:* **hernach ward ... sauball gespielt, gelacht und gejachert.** Hermes *Soph. reise* 3, 275 • *wovonniederd.* **jachtern** *wol weiter gebildet ist (obschon das letztere auch als frequentativbildung von* **jagen** *genommen wird, vgl.* **erjachtern** theil 3, 861*):* **jachtern** *wild herumlaufen, fortwährend auf den beinen sein* Schambach 93a • *spielend herumlaufen, wie kinder einander jagen* Schütze 2, 184 • *sonst auch schnaufend, lautlachen:*

ich besuchte sie *(die theegesellschaften)* **den ganzen winter, selbst wenig theil nehmend, weil der ewig mit aufgesperrtem maul lachende und jachternde frivole ton der thees nicht in mein fach gehört.** Passow *leben* (1839) 111

JÄGELN verb. • *dim. zu* **jagen,** *lärmend hin und wiederlaufen, schreien, wie kinder bei ihren spielen.* • *bairisch.* Schm. 1, 1203 *Fromm*

JÄGERLAUNE f. • *laune eines jägers:*

wers hörte, begriff gar nicht, warum die frau obristforstmeisterin ... bei ihrem feinen gefühl und ihrer frömmigkeit eine solche jägerlaune duldet. J. Paul *uns. loge* 1, 5

JÄHEND • *plötzlich, part. eines verbums* **jähen,** *vergl.* **gähen** theil 41, 1147 • **erlöse uns von dem schnellen jehenden tode.** Luther 1, 329a

JAHERR m. • *der zu allem* **ja, herr!** *spricht:* **daȥ bœse eȥ** (*das geschöpf* **hoveschalc) lobt und swacht daȥ guot, / als eȥ dann vindt der herren muot; / „ja, herre“ ist im daȥ beste, und an triegen ouch daȥ leste, / eȥ bricht sîns herren willen selten.** *Haupts zeitschr.* 8, 575, 849 • *daher gesinnungsloser schmeichler oder unterwürfiger beipflichter einer fremden meinung,wie niederl.* **ja-heere, jae-man, jaeschepen,** *judex pedarius sive pedaneus* Kilian • *mhd.* **die jâhêrren hânt den muot, si lobent swaȥ der hêrretuot.** Freidank 50, 2 • *nhd.* **Angelus und dergleichen sind nichts, denn jaherrn und folger.** Luther 1, 48b • **auf das ein concilium nichts anders**

sei, denn ein jaherr, der im raht oben an, zu nehest bei dem handfas an der thür sitze, und zuhöre, was die gnade junker uber dem hohen tische gebieten. 8, 211a • **schmeichler, jaherren.** Kant 10, 302 •

alle diese schmarotzer,
alle diese süszlichen jaherrn. Göthe 36, 16

• **er ist ein guter, ehrlicher mann, dick und träge, ein jaherr.** Fichte *leb. u. briefwechsel* 1,171 • (*wir sollen*) **was unrecht ist, nicht willigen drein, in böser sach kein jaherr sein.** P. Rebhun • *bei* Tittmann *schausp.* 1, 103, 40 • *die moderne sprache hat, ohne die bedeutung des wortes zu ändern, die etymologie des wortes vergessen, legt es sich daher als einen herrn zurecht, der immer ja sagt:* **oberhofmeisterinnen sind, wie es nach dem modelle der jaherren neinherren gibt, wahre neinfrauen.** J. Paul *Tit.* 1, 180 •

ein widerruf! ... und warum nicht? warum soll ich denn wie jeder, das ganze leben durch mein eigner jaherr bleiben (denn ich sage zu allem ja, was ich sage) und nicht auch mein neinherr werden? *vorsch. d. ästh.* 3, 140

• *vgl.* **jabruder, jaknecht, jamensch.**

JAMMER

JAMMERBERG *m.* • **jahre voll kummer, zum jammerberge aufgehäuft.** Schubart *ged.* 2, 64

JAMMERGEFOLTERT *part.* • *von herzeleid gefoltert:* **der fusz des jammergefolterten erstrebt umsonst die wüsten der einsamkeit.** Stolberg 13, 130

JAMMERKRANK *adj.* • *krank vor herzeleid.*

JAMMERLECHZEN *verb.* • *in leid heisz und schwer atmen, in schmerz schwer seufzen:* **und habe ich nicht ursache zu jammerlächzen?** *Plesse* 3, 64 • **wolte ich nicht ein allgemeines jammerlächzen bei der Clorinde ... anrichten.** 5

JATZEN verb. • *gackern, für* gatzen theil 41, 1516 • die hennen werden jatzen seer. *fastn. sp.* 1103

JAUFEN verb. • *spott treiben, vgl.* gaufen theil 41, 1547 • da juffestu, hie stand ich, hie trutz ich. Murner *künig usz Engelland* 967 *Scheible*

JEDERMÄNNIGLICH • *wie* jedermann, *meist nur in der älteren sprache, vgl.* männiglich: woraus wir lernen, dasz der guten engel weise sich dahin neiget und schicket, dasz jedermenniglich sich nur für gott fürchten soll. Karlstadt *bei Jäger s.* 357 • wie nun jedermänniglich darüber erstaunt, so ist dem papste eine offenbarung geschehen. Göthe 16, 281 *(in der erzählung einer schlichten frau)* • sachen hinschmierte, ... wodurch er jedermänniglich rauft und zwickt. J. Paul *palingen.* 2, 5 • *dat. theils flectiert, theils nicht:* bei jedermenniglichen. F. Würtz *pract. d. wundarzn.* (1612) 9 • desgleichen wil er auch jedermenniglich vergeben und verzeihen. Reutter v. Speir *kriegsordnungen* 66 • darausz es (*das kind*) lerne, wie es mit jedermeniglich gebaren solle. *Agr. spr.* 82a • diese gunst genosse ich bei jedermänniglich. *Simpl.* 1, 93 *Kurz* •

bei jedermenniglich verschmähet
und verhast, und wo er kommet hin,
ein unwillkommner gast.
Weller *lieder* 252

• jedermännigliches: darumb folgen die weisen jedermännigliches fuszstapfen. *pers. baumg.* 2, 19

JETZTBERÜHRT part. • *so eben berührt:* jetztberürter maszen, *jam dicto modo* Stieler 1642

JUBELANFANG m. •

an diesem morgen erneuerte sich in seinem herzen die schmerzhafte ähnlichkeit von vier dingen, von dem leben, von einem tage, einem jahre, einer reise, die einander gleichen im frischen jubelanfang, im schwülen mittelstück, im müden satten ende. J. Paul *Hesp.* 1, 166

JUBELFEIERKLEID n. • gesegn ihr heut im jubel-feierkleide den wunsch, den jede brust ihr weiht. *ebenda*

JUBELGREIS m. • *greis der ein jubiläum feiert.*

JUCHHEIER m. • *ausgelassener mensch; in einer schilderung von Berlin:* da er beständig mit einem schwarm junger juchheyer (ein hiesiges charmantes wort, die schwärmenden jungen leute zu bemerken) umgeben war. *der Leipziger candidate* (*Danzig* 1765) *s.* 67

JUNGFRAUENTRILLER *m.* • ein frauenängstiger und ehekränker oder jungfrauentriller. Prätorius *Katzenveit* (1692) 37

JUNGMANNZEITIG *adj.* • jungmanzeitig, *puber, pubes.* *voc. inc. theut.* k7b

V
Y
Z
I
K
J
A

K • *der harte stumme kehllaut, die gutturale tenuis; sie nimmt, wie ähnlich die beiden andern tenues* P *und* T *an ihrer stelle, zwischen der media* G *und der* aspirata CH, *ihren genossen im kehlbereich, die mitte ein, so dasz sie unter umständen mit éinem schritte in jedes von beiden übergehn oder daraus entstehn kann. genauer läszt sich von dieser ordnung sagen, dasz* K *über seinen beiden kehlgenossen steht, es übertrifft sie an härte und dichte, daher an haltbarkeit und geschichtlicher dauer.*

☞ S. 156–191

KACKEZEN • *bair., gestoszen husten (und von* **ähn***lichen lauten),* **käckezen,** *wie einer der ein haar verschluckt hat.* [Schm. 2, 280] • **gagkezen** [23] • **östr. kagazen, gagazen** (*auch krächzen, von elstern* [Höfer 2, 102] • *mit umstellung* (s. u. **gackzen**) *schwäb.* **goazken** [Schmid 216] • *tir.* **kätzgen** *beim erbrechen. s. auch* **kickezen.** *Ein einfaches* **kacken** *oder wie, und* **ältere** *zeugnisse mangeln* (*doch s.* **käken**), *aber es stimmt zu nd.* **kagen** *husten mit schnupfen* [br. wb. 2, 716] • (*daher* **kägsch** *unwol* [Dähn. 113a] • *märk.* **kaow, käöw** [Danneil 98b] • *wie engl.* **cough** *„coff" gesprochen wird*), *wenn das nicht nach nl.* **kuch,** *engl.* **cough,** *nd.* **köge** (*s.* **keichen**) *für* **kogen** *steht. vgl. poln.* **koklus** *keuchhusten. Bemerkenswert ist aber die nähe von* **kachen, kächezen** *und* **käcken** *in form und bedeutung; stark husten, laut lachen, keichen und krächzen geben dem ohr oft einen ziemlich oder ganz gleichen klang, und wie das ags.* **ceahhettan** *cachinnari auch* **cancettan** *heiszt, so der keichhusten nd.* **kinkhôst,** *engl.* **kinkhaust.** *bemerkenswert ferner, wie dieselben dinge in sonst gleicher wurzel mit anl.* **kr** *auftreten:* **krächzen** *u. a.* (**krack** *krähe:* **kacke** *dohle*), *bair.* **krägezen** *gleich* **käckezen** *vorhin,* **krächeln, krächsen** (*md.* **krexen**) *ebenso, auch stöhnen, ferner altsl.* **grochotati** *cachinnari, und selbst das gackern der hühner heiszt nd.* **kakeln** *und* **krakeln,** *oberd.* **krägeln** (*s. d.*), *das quaken der frösche* **kacken** *und* **kracken,** *das* **käcken, kacken** *der krähen auch* **kracken,** *das geschrei der gänse mhd.* **gâgen** *und* **grâgen** [Parz. 282, 14 var] • *das md.* **käken** *schwed.* **kräkas:** *es gehn zwei stämme* **kr-k** *und* **kk** *für schreien, grell tönen neben einander durch die verwandten sprachen, die, ursprünglich schallmalend, sich möglichst gegen die lautverschiebung wehren.*

KAFFEESCHWESTER [f.] • *leidenschaftliche kaffeetrinkerin, wie* **betschwester, klatschschwester: nachdem ich ihm** (*dem könig*) **in das gewissen geredet, gab er mir gleich für das übrige stillschweigen ein wenig zu fressen, sonst hätte ich ihm alle seine caffeeschwestern** (*meretrices?*) **vorgeworfen.** [*Hanswurst in einem stück um* 1700 *bei* Devrient, *gesch. der d. schausp.* 1, 298] •

woraus ich beweisen kann, dasz die hexen der vorigen welt eigentlich die so genannten kaffeeschwestern der jetzigen sind. [Lichtenberg 2, 46]

• *dim.:* **caffe-schwestergen,** *vertraute freundinnen so täglich auf ein schälgen caffee zusammen kommen und sich dabei eine ergötzung machen.* Amaranthes 286 • *derber* **kaffee-nûtsche** *u. ä.*

KAHNEN • *kahnfahren:* **unter den bergen weg nach den seen zu kahnen.** Immermann 12, 204 • *auch in Sachsen, Schlesien.*

KAJINKEN • *nordd., heulen, queilen:* **keine predigt kan so unschuldig sein, bei welcher nicht ein getroffner hund kajinken und über personalien lamentieren sollte.** *Soph. reise* 5, 491 • *verwandt mit nd.* **janken** *winseln wie ein hund, nl.* **janken,** *auch belfern, keifen. eigentlich* **karjinken** (*vgl.* **karjölen**)?

KAKELBUNT • *nordd., buntscheckig, s.* **gackelicht** [2]

KÄLBERNÄRRISCH • *drollig und mutwillig wie ein junges kalb.* Stalder 2, 81 • *bair. östr. tir.* **kalbnarrisch.**

KALDAUNENFRESSER, -SCHLUCKER *m.* • *ein armer „schlucker", der sich auch von küchenabfällen nährt; einst ein spottname armer studenten, convictoristen, so das zweite* *bei* Stieler 1831 (*auch* **kommunitäter**), *noch bei* Danneil 94a • **kaldûnslukr** *von gymnasiasten in Salzwedel, im munde der straszenbuben.*

KALENDERN • *grübeln, sinnen, brüten.* Stalder 2, 82 • *„kalender machen"* • *s. auch* **kaländern.**

KALMEN • *leicht schlummern,* **der kranke kalmet. Adelung,** *„nur in den gemeinen mundarten einiger gegenden, bes. Meissens", z. b. in Leipzig. bes. von kranken und kindern, auch von einem mittagsschläfchen; auch* Schmeller 2, 292 *führt es an* (*mit unklarer quelle*):

> **nach staatenbeben und völkerstürmen tritt häufig eine trügerische ruhe und stille ein ... da kalmen die völker.**
> Jahn *merke zum deutschen volksthum s. x*

• *also auch in der Priegnitz?* Jahns *gebrauch trifft übrigens den genauen begriff, halbe bewusztlosigkeit, und so mag es aus* **qualmen** *entstanden sein, von* **qualm** *betäubung, traumzustand, wie von dems. stamme mhd.* **kâle** *aus* **quâle** *ward,* **keln** *aus* **queln,** *vgl.* dolm *und* Diefenbach *goth. wb.* 2, 473 (*ir.* **cal** *leichter schlaf*); *goth.* **qval** *in* **anaqval** *n.* **ruhe** 1 Thess. 4, 11 **liegt in form und sinn ganz nahe.** • *vgl.* **kalm.**

KALTSINN *m.* • frigus animi, animus lentus, gleichgültigkeit, unempfänglichkeit:

doch dasz die männer sich dem kaltsinn gern ergeben,
nur sich, nicht ihren weibern leben, wie sehr beseufzt
diesz manche frau. Gellert (1784) 1, 297

spott und verachtung über den thoren! doch das nicht einmal, er werde mit dem kaltsinne des stillschweigens übergangen. Klopstock 12, 143

• der Angel und der Sachse, die Britannien eroberten, haben viel (*schriftl.*) schätze hinterlassen, ekler aber auch dummer kaltsinn hat sie vergraben. 12, 156 • so lang ich diesz nicht wuste, würde ich die entdeckung, dasz ich der erbe eines königs sei, mit kaltsinn angesehen haben. Wieland 2, 43 (*Agathon* 7, 6) • kaltsinn beim anblicke der allgemeinen noth. 7, 51 • ich bin zufrieden, erwiedert kaltsinnig Parasol; sein lächelnder kaltsinn befiedert des fräuleins neugier noch mehr. 4, 30 • gut, fliehe nur, du spröder, dein kaltsinn macht Musarion nicht blöder. 9, 11 • die geschichte seines verdrusses über den kaltsinn mancher freunde. Sturz 1, 31 • siehst du, falsche, auf welchem kaltsinn ich dir begegnen musz! wärest du ganz nur liebe für mich, wann hättest du zeit gehabt eine vergleichung zu machen? Schiller 184b •

welcher gewiss nicht geeignet war den welt- und kaltsinn des knaben durch ehrfurcht vor irgend einem ahndungsvollen ins gleichgewicht zu setzen. Göthe 26, 182

• (*in der Stella schrieb er noch getrennt:* der kalte sinn löst den knoten nicht. 10, 187) • der alte Lucas hatte, wie jeder gelehrte, eine besondere hartnäckigkeit der meinungen und bei aller ehrliebe steifen kaltsinn gegen das lächerlich werden. J. Paul *flegelj.* 1, 42 • *das wort erscheint im wirklichen gebrauche jünger als* kaltsinnig, kaltsinnigkeit (*beide schon bei* Rädlein, Steinbach, Frisch, kaltsinn *nicht*), *also erst aus* káltsìnnig *gekürzt, wie* scharfsinn, kleinmut, groszmut *aus* scharfsinnig, kleinmütig, groszmütig *u. a.; doch setzt schon* Stieler 2031 *zu* kaltsinnig *auch* kaltsinn, *er ist mit dergleichen worten dem gebrauche oft voraus.*

KALTVERNÜNFTIG *adj.* • *zu* kalte vernunft: unsere charaktere sind der comedie zu ruhig, zu kaltvernünftig, unsere lebensart zu einförmig. (Mendelssohn) *briefe die neueste litt. betr.* 21, 132 • der streit der gegenwärtig zwischen den kaltvernünftigen und den warmen, gefühlvollen philosophen herrscht. Klinger 11, 94 • die kaltvernünftigen philosophen. 11, 117 kannengold *n.* • wann die richter in des Eulenspiegels testaments kannengold zu geizig (*gierig*) fallen. Fischart *groszm.* 598 *Sch., s. Eulensp. hist.* 92

KANNENRITTER *m.* • *„ritter von der kanne“*:

> bierhelden, kannenritter gut man in der welt viel finden thut. *hasenjagd* 67.

so bei Beheim *Wiener* 5, 18 • riter der krausen, *vgl.* weinritter, bierheld *und das „turnier“ mit kannen und gläsern* Uhlands *volksl.* 611 (*sp.* 164) • umm kannen lanzen brechen, turnieren umm ein glas ... ist unser ritterspiel. Fleming 164

KANNENSCHNEUZER *m.* • *trinker:* unverzagte kannenschneuzer Rollenhagen *froschm.* Ccc 6b • *es gab also wol eine redensart* die kanne schneuzen, *ihr die schnauze putzen, das nasz aus der schnepfe ziehen, mit komischer personification der kanne* (*vgl. unter* kanne [4]).

KANNICHTS, KANNIX *m.* • *nichtswisser,* weisznichts (östr. Waisnix *als name*), *gebildet wie* taugenichts, habenichts:

> der doch blutarm in wissenschaften, steinreich in einbildung, grundgelehrt in der narrenschrift und also der kannix in allen dingen ist. *Simpl.* 1, 271

• ein kannichts *idiota* Stieler 1357 • *noch thüring.* ein hans kannichts. *mit dem alten* nicht *gleich* nichts: hute dich für Kan nicht. Luther *tischr.* 194b • *umgekehrt* ein nichtskan Stieler 1009 • nichtskönnig *Garg.* 279a • *Das witzwort hat auch seinen ergänzenden gegensatz:* kanals (*kann alles*) *tausendkünstler,* er will all der kanals sein, *er will immer alles verstehn.* Tobler 94b • der dichter ist ä kannalls, *pictoribus atque poetis quidlibet audendi semper fuit aequa potestas.* P. Hengeler, *ged. humor. inhalts Zürich* 1836 *s.* 111 • *appenz. sogar ein plural* kanäls. *vgl. nl.* koopal m., *einer der alles kaufen will.* Stieler 1357 • *hat auch* ein kannicht, *impotens, effoetus, und diesz hat* Göthe *im divan:*

das leben ist ein schlechter spass,
dem fehlts an diesz, dem fehlts an das,
der will nicht wenig, der zuviel,
und kann und glück kommt auch ins spiel
... bis endlich erben mit behagen
herrn Kannnicht willnicht weiter tragen (*zu grabe*). 5, 79.

KAPERBATZEN *m.* • *batzen als räuberlohn:* diesen genusz haben die käufer eines nachdrucks ... für einige elende kaperbatzen. J. Paul *herbstblum.* 3, 132

KAPPENKNECHT *m.* • *spottwort für einen mönch, oder einen gönner der mönche?* das meine entschüldigung, die ich habe lassen ausgehen, etlichen platten- und kappenknechte misgefallen hat. Luther 1, 104b

KAREZEN • *knirschen, knarren, kreischen, von* karen, *wie* ächzen *von* achen, kächezen *von* kachen, krächzen *von* krachen *u. a.* • *s.* karen. *vom gimpel:* die blutoder rotfinken, die man in Österreich wegen ihres unlieblichen und karezenden geschreis gümpel heiszet. Hohberg 2, 683b • *bair.* karzen *und* karwizen (*vgl.* kärben), *einen durchdringenden laut geben, wie z. b. glas oder metall wenn es gekratzt wird, ungeschmierte räder. schwäb.* karzen *ist zanken, s.* kären • *vgl.* garrezen, garzen.

KARGLAUTIGKEIT *f.* • *wortkargheit:* bei aller deiner karglautigkeit. Klopstock 12, 151

KARSUMPEL *m.* • *unordentlicher haufe allerlei geringfügigen zeuges, schlechte waare, gemengte gesellschaft.* Stalder 2, 90 •

unser feind die saubarn bröckel ghörn auch unter den karsumpel und habn gar kain bröckel scham im leib. Schwabe *tintenfäszl 69*

• itze muesz ich nur den hällischen (*Halensem*) karsumpel gar abi tränschirn, bisz sie auch nach unsern polnischen bock tanzn. 100 • *wol auch von* kar *gefäsz, küchengeschirr, und wie* karspüle *eigentlich aufwasch? vgl. schweiz.* sümbern *säubern* Stalder 2, 419

KARTÄTSCHENSICHER • *von* Seume *gebraucht:* wenn ich gleich während des langen feuers kartätschensicher zuweilen in einer mauernische neben den grenadieren sasz.

KASCHANDERN • *sich herumtreiben, schles.:* **keiner die zu weit gewandert und im land herumkaschandert.** Scherfer *ged.* 556 • *ostpreusz.* **kaschantern** Hennig 117 • *vgl.* **kascheln, kaschen,** *aber auch* **kasche** *unter* **Katharina.** *ein altmärk.* **kaschunkeln** *heiszt auf einem fusze hüpfen.* Danneil 96b

KATSCHEN • *manducando sonum edere,* Steinbach 1, 835 • *als mundartlich; sächs. heiszt der schmatzende klang bei lautem essen* **kätschen** *oder* **katschen,** *auch garstig oder langsam kauen* **(zerkätschen, auskätschen),** *schles.* **katschen** *„kauen, zerkauen“* Weinh. 42a • *ebenso schweiz.* **kätschen,** *dazu* **kätsch n.** *gekautes* Stald. 2, 92 • *Ein ursprünglicher zusammenhang mit* **kätsch** *und zubehör liegt lautlich und sachlich nahe, zumal beide in zwei gebieten zugleich auftreten die selten zusammentreffen. vgl.* **kauen** [5]. • *Ein schles.* **katschen** *heiszt auch verwirren, von fäden,* **katsche** *verworrener knoten, ebenso* **katzen,** *s. d.; ein schweiz.* **kätschen** *auch keifen,* **kätsch** *gekeif, gebell,* **kätscher** *keifer, vgl.* Fromm. 2, 371b *und* **ketzern.**

KATZEN

KATZENDICK • **er ist katzendick** Lichtenberg 3, 76 (38) *in dem katalog der trunkenheitsausdrücke* • *schweiz.* **katzhagelvoll,** *im höchsten grad betrunken.* Stalder 2, 92 • *in* S. Franks *Germ. chron. (Augsb.* 1538) 154a *heiszt es von völlern:* **wie die katzen vol sein.** • *vgl.* **katze** [19]

KATZENFREUNDLICH *adj.* • *falschfreundlich wie eine katze; dazu* **katzenfreundlichkeit,** *f.*

KATZENHINTENLECKER • *s.* **katzenküsser**

KATZENHIRNIG • **ein geringe verletzung der geschäfte der phantasei wirt in welscher sprach der katzenkopf genennet, dieweil die pferde, so damit behaftet sind, fast doll, närrisch und schwindelecht werden, als wie die menschen so etwan von einem katzenhirn gefressen. das aber ein pferd katzenhirnig sei ...** Uffenbach *rossb.* 2, 44

KAUDERN • *zwischenhandel treiben, mäkeln, dazu* **abkaudern, auf-, ein-, zusammen-, verkaudern,** *bair.* Schmeller 2, 281 • *tirol.* Schöpf 307, *schwäb.* Schmid 307 • *s.* **kauderer: dasz man dem bauern, der schon auf dem markt steht, seine frücht abkaudere und dann diese frucht auf eben demselben markte wieder verkaudere.** Westenrieder *beitr.* 9, 300 • *s.* **kauten.**

KAUFMENSCH *m.* • *ein wort* J. Pauls: **indem selber im Engländer der lichtmensch den kaufmenschen niederrang und den sklavenhandel aufhob.** *friedenpred.* (34) 46

KEIBIG *adj.* • *zu* **keib,** *zänkisch, neidig, misgünstig, widerspänstig, störrisch, eigensinnig, mhd.* **kîbic** Mone *schausp. des m.* 1, 327 • *doch ist wol daneben ein* **kibic** *anzunehmen, s.* **keibig,** *praefractus, refractarius, pervicax.* Dasypodius 361d. 179a. 79d • (*„hart, unbiegig“*) • *merkwürdig aber auch* **keübig** *pertinax* 362c. 242b • (*vgl. unter* **keifen**). *bei* Maaler 243b **kibig** *pertinax,* 258c • **kybig** *eigenrichtig, der von seinem fürnemmen nit weicht, contumax, auch zänkisch:* **die, so euch ewern gwalt verbönn** (*mhd.* **verbunnen,** *misgönnen*)**, unghorsam, kibig, böse leut, die auf euch herren halten neut** (*nichts*). *Berchthold rediv.* 79 • **bauer ... der war kibig und zornmütig.** Th. Platter 33 • *jetzt schweiz.* **kîbig** *grollend, schmollend* Stalder 2, 98 • (*auch* **kîbelig** *vom dem.* **kîbelen**)*; eigensinnig, halsstarrig* Tobler 101a • *ebenso in Vorarlberg, auch noch zänkisch* Frommann 3, 400 • *eigen von schlechtem wein:*

weswegen Mathäus, cardinal und bischof von Sitten, als er einmal in dem Zürichgebiet eingekehret und von einem gewächs zwei ganz widerwärtige weine versucht, geurtheilet, solche reben sollten ausgestockt werden, sie so unbeständig und kybig wären. Scheuchzer 1, 22

• *aber auch* **kibig** (Schönsleder) *mit urspr. kurzem vocal, schwäb.* **kippig,** *uneins, stöszig* Schmid 268 • *von* **kib** *neben* **kîb** (*s.* **keib** [3]): **ward er so gichtig, bös und kiebig, dasz er vor zorn ein nusz mit dem ars aufgebissen het.** *Garg.* 253b (479 *Sch.*) • *s. auch unter* **keibisch,** *und* **kibig** *fest.*

KEINIGKEIT *f.* • *„nullitas, negatio rerum“, nur bei* Stieler 950 *als dichterwort:* **die keinigkeit der würde,** *indignitas,* **die keinigkeit des geltes,** *summa penuria. das hat mit* **keinig**

schwerlich etwas zu thun, wer es auch im **17.** *jh. brauchte, es ist von* **kein** *neu gebildet, wie z. b. von* **klein kleinigkeit.** *aber brauchbar wäre das wort schon, für dichter und philosophen, zumal* **keinheit** *o. ä. nicht gebildet worden ist.*

KELLERKALT • *wie* **kellerfrisch.** Frisch 1, 509b

KELLERSCHULD *f.* • *scherzhafte bezeichnung einer kleinen schuld, wie sie bei einem kellerwirt anhängig werden.*

KERNBÖSWICHT *m.* • *erzböswicht:* **einen solchen abgefäumten erzvogel und kernböswicht.** *Simpl.* 1, 189 • **einen abgescheumten** (*abgefeimten*) **durchtriebenen essig- und kernböswicht.** 3, 21 • *s. auch* **kernessich.**

KERNCHRIST *m.* • **kernchristen,** *auserlesene christen.* *teutschengl. wb. Lpz.* 1716: **ich finde nicht, dasz die alten kernchristen so gethan haben.** H. Müller *erquickst.* 301.

KESSELN • *verbum von* **kessel,** *in sehr verschiedener bed. sich herumtreiben,* **herumkesseln** • *ein krämer sagt:* **wann ich hrumb keszle auf der straszen.** Mangold *markschiff* 1596 C ij • *bei* Schönsleder c 6d **daher keszlen,** *grassari, inerti passu incedere* (*also „bummeln“*). *so noch schwäb. schweiz.* **umkesseln** Schmid 311. Stalder 2, 96 • (*hier auch unstät sein oder thun überhaupt*). *es sind offenbar züge aus dem leben der kesselflicker* (*s. d.*) *oder* **„keszler“,** *das selbst wie von* **kesseln** *gebildet klingt.* • *kesseln heiszt schweiz. auch alte kessel, pfannen flicken, oder überhaupt in kupfer, blech arbeiten, mit der nebenform* **keszlern; umekesseln** *aber auch auf solche arbeit ausgehn. schweiz. auch laut tönen, von metallenen dingen, dann überhaupt lärmen, rumoren:*

sie rief, da es so an ihren fenstern kesselte: was gibts?
Pestalozzi 2, 57

• *dazu* **keszlete** *getöse, rumor, schon bei* Tschudi 2, 301 • *von der aufregung bei einer kriegsrüstung:* **also was es ein wild keszlen und getümmel.** *deutlich auch von den* **keszlern** *ausgegangen. mit geräusch umwerfen, umherwerfen, zertrümmern u. ä.* **(umekesseln, zerkesseln, verkesseln),** s. Stalder 2, 95. 96 • **d' gutsche cheszlet eine,** *wirft einen im fahren hin und her,* **cheszlete** *f.* **umsturz.** Frommann 2, 482b • *ebenso in Thüringen kesseln, schleudern, rücksichtslos werfen, mit getöse (wie die keszler bei ihrer arbeit mit den alten pfannen thun?):* **er kesselte den topf hinter den**

ofen; du muszt nicht so alles durch einander kesseln, *auch* **einen fortkesseln,** *die treppe hinunter werfen, oder blosz fortjagen.* ähnlich schon bei Fischart *von tollem übermütigem treiben:* **hie fesselt man, hie kesselt man.** *Garg.* 100a (*Scheible* 176. 312) • *in der trunkenen litanei, aus einem schlemmerliede, s. genaueres* 3, 1558 • *schweiz.* **enander cheszle,** *sich schmähen, schlecht machen, auf der Eifel* **sich kesseln,** *mrh. „schimpfen und schlagen wie die kesselflicker“* Kehrein 222 • *ohne zweifel auch aus dem keszlerleben. s.* **kesselflicker** *a. e. von* **kessel** *selbst dagegen ist bergmännisch* **sich kesseln** *oder* **auskesseln** *(s. d.). desgl. weidmännisch kesseln von der sau, die sich ein lager bricht oder vor wut den boden aufbricht. s.* **kessel** [3, d]. *weidm. auch* **der wind kesselt (kesselwind)** *oder* **quirlt,** *schwankt, kommt bald von hier bald von da.* Laube *jagdbrev.* 268. • *zu weidm.* **kessel** [3], *d wol folg.* **einkesseln:**

> **ich aber sag euch, eher fesseln könnt ihr im sturz**
> **den wasserfall, eh ihrs vermögt mich einzukesseln**
> **in euren engen gänsestall.**
>
> Strachwitz *ged. 8 (lieder eines erwach. 4)*

KETTENSCHMACH [f.] • *schmach der sclaverei.* Tiedge

KETTENUMRASSELT • *von ketten umrasselt, gefesselt, bei* Klopstock 2, 170 (*ode „das denkmal“*).

KETTENWUND • *wund gerieben von ketten:* **wenn die sklaven kettenwund doch den gott in sich entdecken.** Lenau *neu. ged.* 198.

KEUSCHELN • *keusch thun, keuschheit heucheln, wie* **frömmeln,** *bei* Campe *aus* A. G. Eberhard:

> **die frömmelnde, keuschelnde gräfin, entrüstet**
> **dasz Kunzen noch heimliche freude gelüstet.**

KICKSKACKS • *inhaltloses gerede, eig. wol gestammel* (*s.* **kicks** [2], **kicken**): *Sempr.* evax. *Cyrill.* **nein, herr, es ist kein kickskacks.** A. Gryphius 1, 816 • *im Horribiliscribrifax. nd.* **kikeskâks** *leeres, verdrieszliches gewäsche. Brem. wb.* 2, 719 • **kikes kaks sprechen** Schottel *haubtspr.* 1004, 21 • *oberd. wieder mit* **G: „sieben lächerliche geschnälz, oder gikes gakes ofenloch“** *titel eines oberd. flieg. bl. um* 1620 *mit quodlibets* • **östr. das is alles nix, das is lauter gigasgagas** Castelli 139 • **giks gaks** Höfer 1, 299

• *bei* Keisersberg **eitel gickerlis geckerlis** [*has im pf.* cc 7b.] • *kärnt.* **giggen gaggen** [Lexer 114]

KIEFIG, KIFIG • *zänkisch: disceptator,* **kiffiger.** [Dief. 184a] • *s.* **keifig**

KILSTERN • *hüsteln, bair., sächs., oberlaus., schlcs., nordböhm.; es heiszt auch schleim auswerfen (sächs. theilweis nur so), dazu* **kilster m.** *schleimiger auswurf.* [Weinhold 42b] • *oberpfälz.* **gelstern** *husten* [Schm. 2, 40] • *Es klingt nahe an an bair. östr.* **kelzen,** *keichend und oft husten,* **kilkezen (gilgezen),** *keichend, abgestoszen husten; s.* **kelzen.** *doch wird früher* **külstern** *geschrieben, das demnach das urspr. scheint und sich an* **kolster** *qualster anlehnt, s. dort.*

KIRCHE

KIRCHDIEBISCH • *sacrilegus, kirchenräuberisch:* **versehet ihr euch auch, das die ire kirchdiebische hende werden von der leien gütern enthalten?** [Luther 2, 180a (*breve p. Adriani* vi)]

KIRCHENSCHICKLICHKEIT *f.* • *bei* Göthe: **es sind die biblischen stücke (***gemälde***) alle durch kalte veredlung und die gesteifte kirchenschicklichkeit aus ihrer einfalt und wahrheit herausgezogen.** [44, 8]

KIRCHENSEUFZER *m.* • *seufzer in der kirche,* *bei* Herder: **um nachher kirchenseufzer an die heilige mutter zu schicken.** [2, 95]

KIRCHTHURMINTERESSEN *pl.* • **kleinstädtisch engherzige interessen, die nicht weiter gehen als der kirchthurm der pfarre blickt.**

KIRCHWEIHBISZCHEN *n.* • *fetter bissen auf der kirchweih:* **nahm ich der gewürzten kürbebiszger so viel zu mir, dasz mir das liebselige getränke nur desto besser schmeckte.** [*Simpl.* 3, 414 *Kurz* (*es ist* kirchweih 413, 31)] • *osterl. heiszt der letzte fette bissen der* **kärmshämmel.**

KIRMESSALAT • *bei* Günther *als fem. (nach dem franz.):* **fleuch, nasse traurigkeit! denn um die lagerstatt, wo Amor und sein chor ein fest der wollust hat, sind klagen und verdrusz so abgeschmackte sachen als eine kirmssalat aus**

milch und wermuth machen. [795] **• vielleicht als ragoût nach der kirms.**

KITZELFREUDE [f.] *sinnlicher liebesgenusz,* [bei Fischart]**: das er nichts hielt auf die heimdückische gestolene nachtdiebische kitzelfreud.** [Garg. 63a (Sch. 104)]

KITZELGIERIG • *lüstern, nach liebeskitzel gierig,* [bei Philander]**: ich hatte anfangs diesen ... für Martialis, Petronius, Catullus oder einen ihres gleichen kützelgirigen Franzosen gehalten.** [gesichte 1, 471.]

KLANGKLINGKLUNKERN • *s.* **klingklang.**

KLANTSCHEN • *ebenda,* **manschen, matschen, mit nassem spielen oder hantieren** • *Ernst Rietschel erzählte, sein erster lehrer habe ihn für einen bloszen thonklantscher erklärt, ein bildhauer werde nie aus ihm werden.*

KLAPPERBEIN [n.] • *ein name des todes als person, in gestalt des todtengerippes, als* **knochenmann,** *dessen gebeine* **klappern** (*vgl.* **klipperbein**)**:**

> **dasz nicht das fürchterliche klapperbein**
> **ein solches blümgen in der besten blüthe**
> **mit seiner sense abmähen könnte.**
>
> *ehe eines mannes* 83

• zu Kunzen trat freund Klapperbein. was half ihm nun sein bauch? [J. Fr. Kind] **•** (*die stiefeln klapperten mit den hölzernen absätzen so*) **dasz da ich auf die gasse kam, alle leute von tische aufsprungen und zu den fenstern herausfuhren, um zu sehen was für ein klapperbein vorhanden sei.** [avanturier 1, 193] **• Klapperbein, Klepperbein** *besteht als name. • s. auch* **klappermann** [3]**, klapperdürr.**

KLÄUSELN, KLÜSELN • *streicheln, hätscheln, schmeicheln, ein merkwürdiges oberdeutsches wort. • schon mhd.* **kläuseln** [bei Megenberg] *(mit bair. vocal)*: **wâ er** (*der wurm*) **ain slangen vint ligen in aim schaten, dâ steigt er ir auf den zagel und kläuselt si sänfticleich.** [308, 13] **•** *var.* **kluselt,** *lat.* **fricando demulcet,** *also krauen. häufig* [bei Keisersberg] **kleüselen:** (*novizen im nonnenkloster*) **die da komen und sprechen, man sol si es wol gemechlich laszen gewonen ... man můsz in hübschlich thon ... und mainen man sol in kleüselen.** *has im pfeffer* (*granatapfel*) [c iiijb]*, sie hätscheln zur eingewöhnung. • gewöhnlich* **klüselen:** (*männer*) **die iren frauen**

schmeichlen und clüszlen und thun was sie wöllen. Keisersb. *brösaml.* 1, 39b (15 *staffeln* 39b) • ja der tyrann klüslet im, er wolt in grosz machen. 2, 8a • wenn die frau dem man feind ist, so ist verloren alles das der man thut, er clüsel ir wie fast (*sehr*) er wöl. 2, 29a • der mensch der da nüt geweichet würt von dem schmeichlen, klüslen und liebkosen der welt, die da einen menschen anlechlet und im klüslet wie ein muter tut gegen irem kind. *seelenparad.* 199b • (*Christus*) hat ouch niemant den kutzen gestrichen (*sp.* 369) noch federlin abgelesen (*sp.* 1021) oder geklüszlet, sondern ist stif bliben uf der worheit. *post.* 2, 117, s. Scherz 800. • *dazu* klüseling f. *amasia, gleichsam „hätschelchen"*: umb der clüsling willen, sie kan im schmeichlen und im wol dienen, sie thut was er wil. Keisersb. *bros.* 13b (Schilter 184a). *vom ursprung s. das zweite* klausen. • *ganz verschieden ist ein schweiz.* kläuslen, *appenz.* chlösla, *fastnachtlust treiben am Nicolausmarkt,* s. Tobler 109 *fg. und* Klaus 2

KLEIDEREI *f.* • *für kleidersucht:* die kleidereien sind von anfang ein deckel der ersten sünde. Philander 1, 703 • *s.* kleiden 4, c *sp.* 1077 *und* kleiderthum.

KLEIN

KLEINBIER *n.* • *kofent, wol nordd., wie nl.* klein bier, *nach folg.:* die reminiscenzen der wachstuben, wo ich ehemals ... jede dritte nacht unter tabaksdampf und kleinbierwitz leben muszte. Seume *spazierg. nach Syr.* 44. • *vgl. übrigens* kleienbier.

KLEINELEI *f.* • *substantiv vom folgenden, kleinigkeitskrämerei, μικρολογία:* (*der übersetzer der Ilias*) pflege rath über sein werk mit denen die er liebt, denen er traut, lasse sich durch keine kleinelei hindern und wie sie sagen zurechtweisen. Göthe *an Bürger im deutschen Merkur febr.* 1776 *s.* 193 • untern tisch mit dieser classischen kleinelei, der ich mich zum ersten und letzten mahl in meinem leben hiermit schuldig mache. Bürger 179b • *er meint die kleinliche erwägung des widerspruchs des deutschen rhythmus und der antiken metrik, in einer abh. von seiner übers. der Ilias in jamben* (Merkur 1776, 4. *viertelj., vermischte schr.* 1797 1, 175, *werke* 1829 3, 218).

KLEINELN • *kleinlich thun, urtheilen, denken u. dgl., μικρολογεῖν, s. das vor.:* **ein dunkles gefühl lehrt sie durch vervielfacht kleinelnde vorschriften den blick über innere leerheit hinwegziehen.** Meyer *Dya Na Sore* 1, 404 • *wenn das ein bloszes gemachtes schriftstellerwort scheint, so hat es doch auch volksmäszigen bestand, denn z. b. bair. heiszt* **klaineln** *mit einer ganz kleinen art karten spielen.* Schmeller 2, 358 • *man hat es auch act. gebraucht für* **verkleinern, kleinern: dies gemählde, gesehn aus der schön es kleinelnden ferne.** Sonnenberg *bei* Campe • *impers.* **es kleinelt** *braucht schon* **Klopstock,** *es geht ins kleine, wird klein, in der ode „die krieger" v. j.* **1778: aber wenn er nichts mehr / denn eroberer ist .... grösze wär auch das? und wenn es nun gar mit ihm / kleinelt und zwergelt, so bald hochschreitend einhergetreten kommen die Attila und die Tamerlane?** 2, 18 *(20)*

KLEINEN • *klein machen, mhd. bei* Megenberg **klainen** 399, 27 • **sich klainen** 29, 28 • *nl.* **kleinen Kil.,** Weiland. *nhd. nur im bergbau erhalten* **die gänge kleinen,** *das gebrochne erz in kleinere stücken schlagen* Adelung • **kleinen** *heiszt aber auch die auf der halde liegenden wände durchsuchen und das noch brauchbare auslesen.* Campe *(vgl.* **kleinerz, auskleinen): alte halden aufheben und kleinen** (*aus mangel an erz*). Mathesius *Sar.* 146a • **wie gott ... die römische hall** (*halde*) **kleinen, pochen, durchlassen und schmelzen wolte.** *ders. Luther* 191a (202a) • *hier wol eben aussuchen, bildlich vom pabstthum. Auszerdem* **bekleinen** *bei* Keisersberg *post.* 53b *für verkleinern, geringschätzig darstellen* (s. Frisch 1, 522a), **verkleinen, zerkleinen.** • *klein werden, so mhd.* **kleinen** *wb.* 1, 838b • **do ward daȝ wasser ein wenig ab nemen und kleinen ie pasz und paȝ.** Nürnb. chron. 1, 471, 21 (15. *jh.*) • *noch schweiz.* **kleinen, klînen** Stalder 2, 108. Frommann 2, 372a • *auch nl.* **kleinen.**

KLEINGROSZ • *zugleich klein und grosz, ein kleiner der sich grosz dünkt, wie* **der kleine grosze mann** Schiller 97b (s. *sp.* 1099):

solche kleingrosze, verächtlich schätzbare originale (*wie den Werther*) **hervor zu bringen war nur der christlichen erziehung vorbehalten.**

Lessing 12, 420 (*briefl. an Eschenburg* 1774)

• **jeder ort hat einen kleingroszen mann, den der haufe bestaunt.** Meyern *Dyanasore* 1, 60 • *vgl.* **gernegrosz.**

KLEINKINDERBEWAHRANSTALT *f.* • *s.* **kinderbewahranstalt** *Götting. gel. anz.* 1846 s. 111 • *dieselbe zusammensetzung ist z. b. in* **kleinkinderdreck ist der beste kitt für weibertreue** Simrock *sprichw.* 5618

KLEINWENIGKEIT *f.* • *subst. zu* **ein klein wenig** (*s. vor.*): **und ist nicht anders, das ich mein kleinwenigkeit erwege und mein widerwertig gemüt, das ich kein lust hab mit einem solchen rhümer und schreier zu disputiren.** Luther 1, 148b

KLEINWINZIG • *subtilissimus:* **in dem er einen wagen und ein schifflein so kleinwinzig gemacht, dasz das erste ... eine mucken, das andere aber ein vogel mit seinen fliegeln bedeckt.** Abele *gerichtsh.* (1684) 1, 227 • *s.* **klein** II a. e. *und* **winzigklein.**

KLEMMÄRSCHIG • *von menschen, ärmlich, gedrückt, kleinlaut* • *ein thür. kraftwort, die angst klemmt den hintern zu* • *vgl.* 1, 565.

KLEMPELN • *gleich* **klempern,** *s. folg.:* **Johannes XXIII. hat geordnet, dasz die glocke dreimal am tage solle geklempelt werden, dasz sie den englischen grusz sprechen.** G. Nigrinus *papist. inquisition* 510. • *vgl.* **klengeln.**

KLOTTERN • *mundartlich in mehrfacher bedeutung. schweiz. klappern, auch* **klotten,** s. sp. 1018. *vgl.* **glottern.** • *glotzen:* **und suff auch, daȝ ihm die augen klotterten.** Greg. Wickgram *kunst zu trinken* (1537) *vorr.* • *dunkel* bei J. Hellwig, *einem Nürnberger, in der nymphe Noris* 22, *vom hahne:* **es gottert und klottert und schlottert der piphan für stolz.** Gödeke *eilf bücher d. d.* 1, 348b. *mrh. klettern* (Kehrein 230) • *vgl.* **klautern** sp. 1156

KLUGHEITTRÖSTLICH • *den trost der klugheit* (*menschlichen weisheit*) *gebend:* **philosophische oder klugheittröstliche hilf zu thun.** Fischart *podagr. trostb.* 1577 B 4b

KLÜNSELN • **klünzeln,** *schmeicheln, schön thun, ein merkwürdiges und schwieriges oberd. wort.* • **klünseln: wir prediger ... sollent uns also halten, das wir frei reden die**

warheit, und sollent niemants den kauzen streichen noch niemants klünszelen. Keisersberg *sünden des munds* 69a (*in einer andern ausg.* **klüntzeln**); **sieh wie er** (*Bethlen Gabor*) **kan so practicieren und Teutschland mit der nas rumführen ... schau wie kan er den Türken sein als ein vasall klünseln so fein.** *flieg. blatt aus dem 30j. krieg bei* Scheible *fl. bl.* 41 • **klünzeln,** *wie noch im Elsasz:* **wo dann Christus die freiheit vom gesatz leret, klünzlet er dem volk damit.** S. Frank *weltb.* 98a • *wol nicht schmeichelt, sondern sagt etwas das ihm wol thut, es kitzelt* •

> **der mit wilden ochsen und elephanten umbgehen will, der musz etliche farb, als rot und weisz meiden ... und weren derselbigen thiere noch vil mehr hieher zu zelen, mit den man seuberlich und glimpflich handelen musz, bis man die zaumrecht macht: so man nun also mit wilden thieren klünzeln musz, wie vil mehr will uns mit unsern männern zu thun gebüren.**
>
> Fischart *ehzuchtb.* 625 *Sch.*

• *dasselbe ist wol folg.* **glinzeln,** *aus rhein. mundart* (**i** *für* **ü**?): **diesem holden kostgänger ward mehr als einem papageien bei hofe geglinzelt.** *Gressets papperle, übers. von* J. N. Götz 15 • *auch einfaches* **klünzen** *und* **klunzen** *sind einzeln bezeugt. jenes in* **zuklünzen,** *das sich aus dem subst. ergibt:* **radler und zuklünzer** (: **münzer**) *bei* Behaim *Wiener* 12, 8 • *von einem verschwörer, empörer,* **zuklünzer** *gleich zuflüsterer, ohrenbläser, zugleich wol der sich anschmeichelt* (*bei der menge*), *wie* 10, 24 (44, 15) **zuquinkler,** 285, 18 **zwinkler,** *sonst auch* **zudüttler** *adulator. und* **klunsen** *in einer nrh. hs. des* Neidhart 68, 8 • *H. aus dem* **14.** *jh.,* **sin vil odes** (*f.* **œdeȝ**) **clunsen** *von einem der bäurischen gegner des dichters in bezug auf sein zudringliches* **höfschen** (**swenne er in ir schôȝ sich leit**), *sicher liebeln, schön thun.* • *dazu ein mhd.* **klunzern,** *obwol im sinne etwas anders, im* Renner 12258 *von einer launisch kränkelnden frau; sie ist spät und verstimmt aufgestanden und lamentiert im hause herum mit* **kleiner stimme,** *dasz sie die worte* **halbiu underzucket,** *bis sie ihr mann mit etwas ärgert, da fährt sie auf mit* **grôȝer stimme: wolde got, wære iu als mir, ich weiȝ ân zwîvel wol daȝ**

ir vil mêre klunzert (*f.* **klunzertet) denne ich tuon,** *erbärmlich thätet mit kleiner stimme* (*vgl.* **klucken** [1, b]). *dazu stimmt noch bair.* **glunsel f.,** *frau die immer in weinerlichem tone klagt* [Schm. 2, 94] • *schweiz. heiszt das aber eine* **klumse, klumsere,** *dazu* **klumsen** *lamentieren, auch langweilig, ermüdend erzählen* [(Stalder 2, 111)] • *das danach ganz gleich nd. schweiz.* **klönen** *ist, wozu ich es* [sp. 1222] *gestellt habe, wie schles.* **klinseln,** *tir.* **klinstern** *murrend klagen,* **klunstern** *brummen, summen* [Fromm. 6, 297, Schöpf 327] *kärnt.* **glumsen, glumpsen** *dumpf tönen* (**glums** *m. dumpfer ton*) [Lexer 117], *auch schwz.* **glumsen** [Stalder 1, 456] • *das schön thun scheint da nach dem flüstern benannt, und* **flistran** *selbst bedeutete ahd. selbst fovere, blandiri, palpare, also völlig das* **„buhlerische flistern"** *bei* [Kleist (3, 1804)], *das* **klunsen** *bei Neidhart. auch die gebrochene stimme, mit der eine frau* **klunzert,** *klingt diesem flüstern* **ähnlich,** *und das eig. gleichbed.* **kluckern** *von der henne heiszt selbst auch liebeln* [(sp. 1260)] • *die formen aber,* **klünseln** *und* **klünzeln, klumsen,** *erinnern an* **klunse** *mit seinen nebenformen* **klunze, klumse.** *beim lamentieren wie beim liebenden flistern und nahen schmeichelnden zuraunen macht man den mund kaum auf oder verzieht ihn, wurde er da als* **klunse** *bezeichnet? vgl.* [klunse I, 1, d] *vom auge. in Kärnten besteht ein* **klunzen,** *den mund aufsperren, verblüfft dreinschauen, wie das.* **klunze** *spalt.* [Fromm. 3, 118] • *ebenso entlehnt ist ahd.* **„chînit** *adrisit"* [Graff 4, 450] • [(dazu Diez 171)] *von* **chînan** *hiare, den mund wie einen spalt* **öffnen** [s. sp. 455] • *ein* **flansen** *schmeicheln im* **15.** *jh.* [(Dief. 14c)] *ist deutlich von mhd.* **vlans** *verzogener mund* (*s.* **flans** *oben und das. altn.* **flens** *ignobiles blanditiae*)**,** *im* [voc. 1482] *heiszt es* **flinstern,** *vgl. bair.* **flenseln** *süszlich, zärtlich reden, wetter., mrh.* **flansen** *grinsend lächeln; auch das els.* **klünzeln** *ist schmeicheln mit mienen machen, anlächeln und süsz reden.* • *nahen anklang bietet auch* **kläuseln, klüseln** *schmeicheln* [(sp. 1038)], *wozu schweiz.* **glüseln** *raunen und blinzeln* [(Stalder 1, 454)] *stimmt wie hier „flüstern" zu „schmeicheln",* **klüstern** *lispeln* [Stalder 2, 112] • *s. auch* **klinkeln, knaunzen.**

KLUTSCHEN • **klütschen,** *brechend vernichten,* [bei Keisersberg]: **der drit sprosz** (*stufe*) **ist clutzschen oder brechen oder übergeben den willen** (*des natürlichen menschen*). [schiff

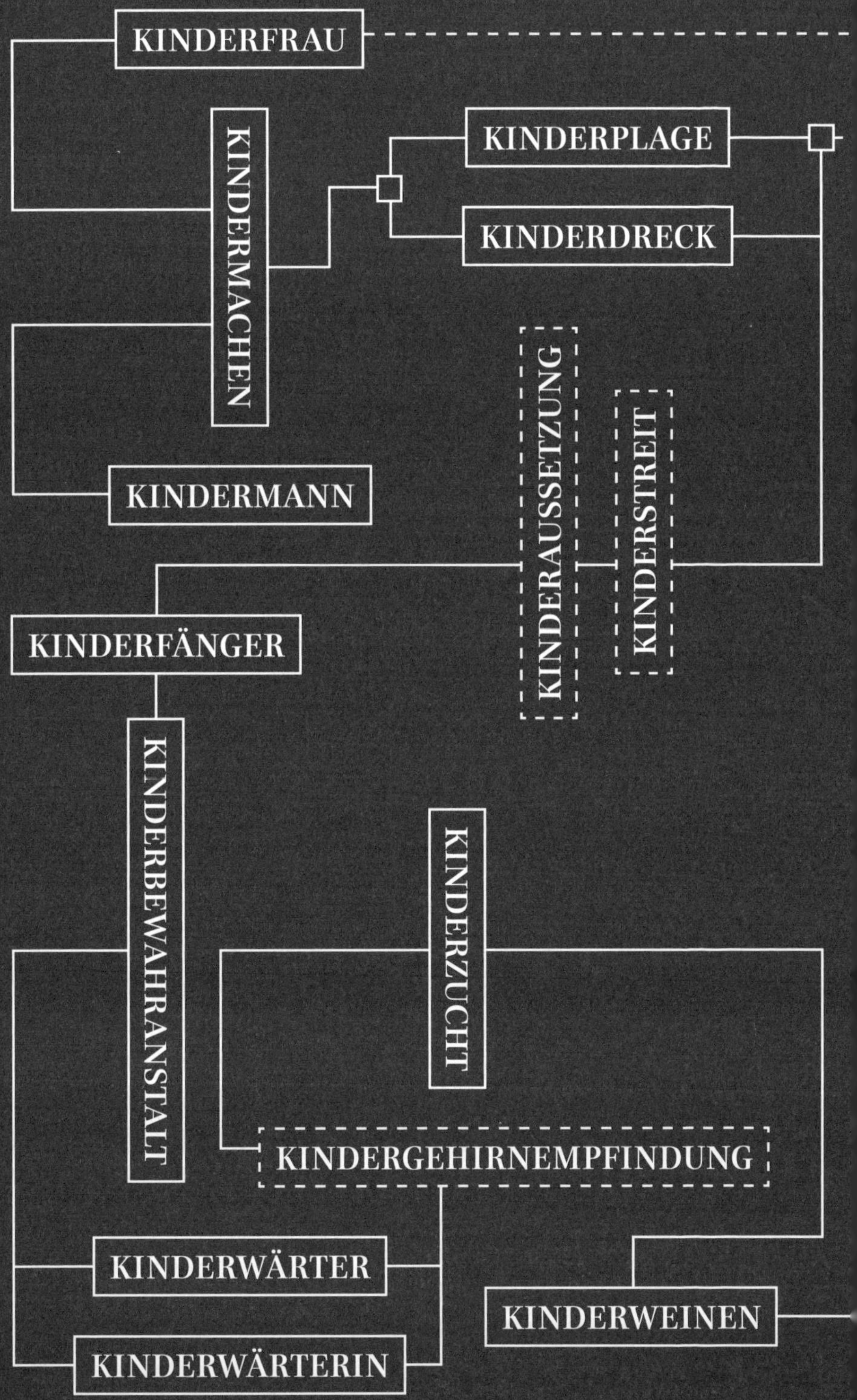
KINDERFRAU
KINDERMACHEN
KINDERPLAGE
KINDERDRECK
KINDERAUSSETZUNG
KINDERSTREIT
KINDERMANN
KINDERFÄNGER
KINDERBEWAHRANSTALT
KINDERZUCHT
KINDERGEHIRNEMPFINDUNG
KINDERWÄRTER
KINDERWÄRTERIN
KINDERWEINEN

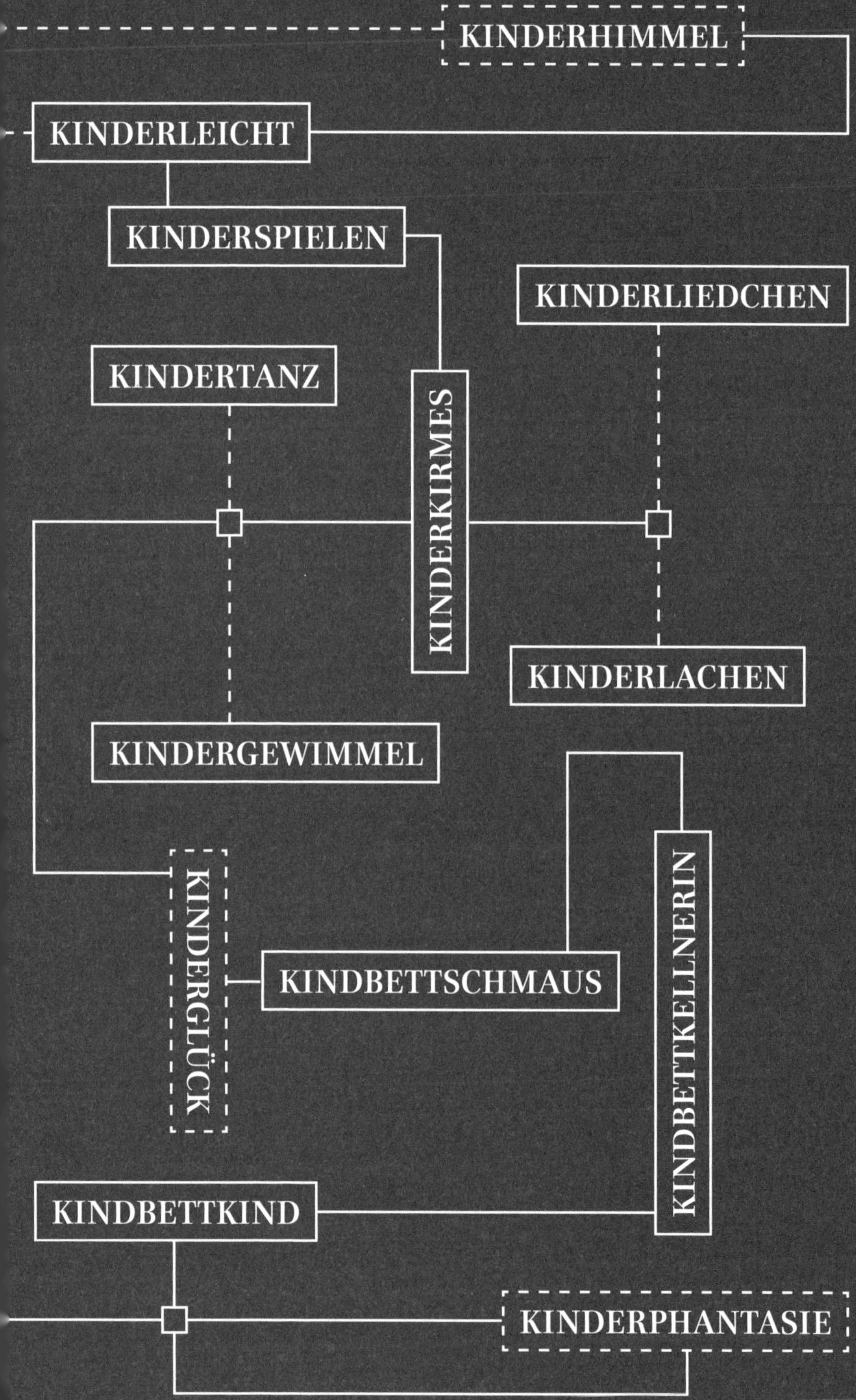
KINDERHIMMEL
KINDERLEICHT
KINDERSPIELEN
KINDERLIEDCHEN
KINDERTANZ
KINDERKIRMES
KINDERLACHEN
KINDERGEWIMMEL
KINDERGLÜCK
KINDBETTSCHMAUS
KINDBETTKELLNERIN
KINDBETTKIND
KINDERPHANTASIE

der pen. 75a • *dazu* **erklütschen** (oben 2, 877 mitte), *deutlich zerquetschen,* **zerklutschen** *bei* Scherz • *offenbar nebenform zu* **knütschen,** *s. d., vgl. nl.* **klutsen** *quatere* Kilian, *auch nordengl.* **klutsen** *to shake* Halliwell 497a

KNASSEN • **knasten,** *hart strafen, büszen lassen, auch zu grunde richten, mittelrh., pfälz.* (Kehrein 232):

der liebe gott kann einen knasten. v. Horn *rhein. dorfg.* 2, 273.

• *dazu ein subst.* **knast m., den knast haben,** *verdorben sein* Kehrein *(wie* **den knacks haben);** *im Osterlande* **knast kriegen,** *prügel kriegen* **(Bech),** *holst.* **mit enem to knast gan** (s. *sp.* 403, g) • *ihn mishandeln* Schütze 2, 297 • *wie* **einen knastern** *das. auch in der gaunersprache* **knassen** *strafen,* **knasz** *strafe, urtheil* (Grolmann 37b). • *das sind wertvolle reste eines alten wortes mit der bed. zermalmen, wie noch norw.* **knasa** (*s.* **knascheln**[3]); *dazu ablautend* **knisten** (*und* **knissen?), knüsten** *und* **knüssen,** *s. d. vgl. auch* **knatzen.**

KNATSCHEN • *ein schwieriges md. und oberd. wort. von gewissen tönen die durch das* **tsch** *bezeichnet werden sollen, wie unter* **knatsch**[1]. *auch* **knätschen,** *vgl.* **knetschen. essen dasz es knatscht** (Campe), *wenn man z. b. in eine saftige birne beiszt, wenn es* **überhaupt breit hörbar wird: einst hörte ein bauer im bansen seiner scheune ein lautes knatschen** (*kauen*). **verwundert fragte er: was zum teufel knatscht denn so?** Peter *volksth. aus östr. Schl.* 2, 35 • *so auch schweiz. und götting.* (*hier durch md. einflusz?*). *daher gleich knatschend kauen, mit geräusch essen, in Posen, Schlesien, Sachsen u. s. w., auch gött., mrh., und schweiz.* Stalder 2, 113. • *trans. etwas pressen, zerpressen, zertreten das jenen ton gibt, z. b. saftiges obst, md., gött., schweiz., mrh.; bei* Campe *auch* **papier knatschen,** *zerknittern, zerknitschen. in eine knatschige masse treten, darin herumtreten oder kneten, wie in nassem kot, lehm; so z. b. thür., sächs., mrh. vgl.* **knatsch**[1]. *etwas anders* **knatschen** *weinen, in Bonn* (*Aach. mund.* 115), *schles.* **knâtschen** (*auch* **knûtschen).** Weinh. 44b • *in Sachsen vom weinen kleiner kinder; auch* **knätschen, knætschen, knötschen** (*und* **natschen),** *bair.* **knaunzen** (*s. d.*). *es wird doch mit vorigem urspr. eins sein.* **ähnlich nass. knâtschen** *im reden drucksen, breit reden.* • *verwandtschaft.* • *auch in der bed.* [1] *besteht die nebenform* **knätschen** (*z. b.*

erzgeb., schweiz. Stalder 2, 113), *wol auch* **knætschen,** *und* **knâtschen** *z. b. in Nassau, auch* **knâtscheln** Kehrein 232 • *es heiszt aber auch* **knautschen, knotschen, knötschen,** *und* **knauzen, knotzen, knötzen,** *letztere oberd., und diese formfülle allein verbürgt dem worte hohes alter. auch* **knitschen, knütschen, knutschen** *gehören dazu, sodasz eine reiche vocalentwickelung vorliegt. aber welches ist der stamm? man denkt zuerst an* **kneten,** *aber obwol diesz verwandt sein wird* (*s. dort*), *kann es doch nicht das mutterwort sein. übrigens spielen andere stämme und wörter herein. so* **klatschen** *in nd.* **klatsch** *gleich* **knatsch**[1] (*s. d.*), *wol auch* **klantsch** *in* **knatschig**[2] *gleich* **klantschig.** *ferner* **knascheln** *prasseln, z. b. steht für* Platters **knascheln** *in der ausg.* 1793 *s.* 123 **knatschlete.** *auch* **knassen** (*s. d.*) *liegt nahe, und* **knorzen, knortschen** *gleicher bed. die schwierigkeit liegt in der entstehung des* **tsch.** • *s. weiter* **knatzen, knitschen, knauzen.**

KNAUPERN • *nebenform von* **knaupeln** (*s. d.*):

> **wie die ameise, welche sommers sammelt ... und erst im winter beginnt an ihren vorräthen nun auch ein wenig zu knaupern.**
> Rumohr *drei reisen nach Italien* 69

• *vgl.* **knopern.**

KNICKERHALSICHT • *dasselbe:* **allein er wäre so karg und knickerhalsicht.** Chr. Weise *erznarren* cap. 10 (*Augsb.* 1710 *s.* 114) • *man hat darnach auch* **knickerhals** *anzunehmen, wie* **geizhals.**

KNOBLAUCHHETZEND • **das knoblochhetzend hanenkempfen.** *Garg.* 195a (*Sch.* 361) • *man hetzte und reizte die kampfhähne durch füttern mit knoblauch* (Xenoph. *symp.* 4, 9) • *s. die gr. wbb. s. v. σκόροδον, σκοροδίζω.*

KNOBLAUCHSMITTWOCH *f. m.* • *hie und da, wie zu Halle a. S. die mittwoch in der pfingstwoche, wo man knoblauch iszt, im glauben damit auf das jahr die gesundheit zu sichern.* Frisch 1, 528c • **es war gleich in der knoblochsmittewoche.** *Schelmufsky* 1, 60, *in Hamburg*

KNÖPFISCH • *gleich* **knöpfig**[3], *grob, plump* (*vgl.* **knöllisch**): **weiber ... welche versehen seind mit bösen, ungeschickten, groben, tölpischen, knöpfischen männern.** Albertinus *narrenhatz* 412 • „**gott ist mit dir**“ **sagt die schrift von obrigkeiten. wer das nit hat „dominus tecum est“, der regiert wie ein knöpfischer fuhrmann ross und wagen.** Lehman *flor.* 1, 585 *in dem cap.* **obrigkeit,** *es ist wol die härte der behandlung gemeint.* • *von geiz:* **ists beschwerlich und verdrieszlich einem herrn geschicklich und getrew dienen, der es aus knöpfischen** (*so*) **filzitet nicht erkennt.** 1, 144 • *kurz zuvor* **geiziger knopf** *geizhals* • *s.* **knopf** 13, c.

KNOPFSTOLZ *m.* • *wol auszerordentlicher, gleichsam knopfiger stolz.* Fischart Garg. 270a (*Sch.* 511)

KNOPPERN • *gleich* **knuppern** (*s. d.*), *an hartem hörbar nagen, kauen.* Campe, *henneb.* Frommann 1, 285 • *schwäbisch* **knoppeln** Schmid 320 • *s. auch* **knopern.**

KNORRENKNOCHIG • *von einem rätsel, bei* Fischart **ein aenigma oder knorrenknochig inwolkerisch vergriffen scirpescrupisch** (*von lat.* **scirpus, scrupus** *rätsel*) **rhäters oder rhätzal.** *Garg.* 283a • *bei Scheible* 534 **knörrenknochig** (*s.* **knorre** I, g), *in der überschrift des folgenden cap. heiszt es umgekehrt* **knochenknorrig, scrupescirphisch,** Rabelais *aber hat blosz* **enigme.** *späterhin wird dasselbe rätsel als knoten,* **knopf** *behandelt der* **aufzubeiszen** *ist* (*s. unter* **knopf** 12, *auch* 11), *die hörer zum lösen aufgefordert als* **knorrenspalter, knochenspilterer** 286a (*Sch.* 538) • Fischart *dachte also wol an das spalten eines knochens mit den zähnen,* **knorre** *in den beiden adj. aber scheint als knorpel gemeint, s.* **knorre** 6

KNÖTERN • *nebenform zu* **knöteln,** *knoten machen, in der Zips,* **verknöttern** *verstricken,* **auf***und* **zuknöttern,** *knüpfen,* s. Schröer 71b • *auch sächsisch* **verknötern** *knüpfend verwirren. siebenbürg.* **knedern, åfknedern** (*aufkn.*), **verknedern** Haltrich *plan* 45b. 7b • *doch kann hier* **knüdern** *das echte sein, s. unter* **knüder** *das siebenb.* **knåder.** *zu* **knötern** • *s.* **knoder,** *das danach auch den geknüpften knoten bezeichnet haben wird.*

KOBOLDISCH *adj.* • *zu* **kobold: koboldisches lachen** *u. dgl.* Grimm *myth.* 479. 472. 467

KOCHKÜNSTLERISCH • *„culinarisch“, gastronomisch:* **das wort jus verlor sich in den neueren sprachen mit seiner juristischen bedeutung, vielleicht weil es sich in seiner kochkünstlerischen** (*lat.* **jus,** *brühe*) **erhielt, man kochte ein jus, französisch ausgesprochen.** Hugo *civilist. mag.* 5, 382

KOCKELN, KÖCKELN • *gaukeln, ist anzusetzen nach* **kockelmann, köckelpossen, kockelei** • *es ist aber vermutlich immer nur mit* **ô, œ** *gesprochen worden und das* **ck** *nur von der gewöhnung, auch das inlautende* **k** *so zu schreiben,* s. sp. 5 mitte (*schrieb doch noch* J. Grimm *gramm.* 4, 467 *anm.*) **hacken** *für* **haken).** • **kokeln, kökeln** *findet sich doch auch schon im 16. jh.:*

> **der ganze päpstliche hauf hat so schrecklich kokelt mit irriger abgöttischer verwickelter lehre.**
> Melanchthon 4, 733

• **von dieser hohen sachen soll man nicht mit sophisterei spielen und kökeln.** 7, 412 • *es lebt noch in md. mundarten, in beiden formen, in Leipzig* **kôkeln,** *mit licht oder feuer spielen wie kinder,* **kœkeln** *mit dem stuhle kippeln, auch einen kopfsprung machen* (*auch in Posen* Bernd 138, *ostpreusz.* Hennig 129), *der dort ein* **kœkelporz m.** *heiszt, nrh. in Aachen* **kokelebortsch f., kokele** *kopfüber fallen* Müller *u.* Weitz 119 *fg. älter nrh.* **cokelen** *praestigiari in der Cölner gemma* (*in der Straszb. gemma* **gaucklen)** Dief. 457b • *noch fläm.* (*mnl.*) **kokelen,** *dazu* **kokelenbol m.** *der kopfsprung* Schuermans 273b • *davon* **kockelmann** (*s. d.*), *auch* **kökler,** *gaukler, s. eine stelle aus einer hd. hds. Königsberger chron. des* **16.** *jahrh. von einem* **kökler,** *seiltänzer, bei* Hennig *preusz. wb.* 129 • *es ist die md. und nrh. form von* **gaukeln** (*das mit* **joculator** *nichts zu thun hat*), *auch mit dem hd. vocal* **kaukeln** *bei* Luther *(s. dort)*, **noch in Leipzig auch überkaukeln, kaukelpurz,** *nordthür.* **kopfskäukel m.** *das anlautende* **k** *ist vollberechtigt, das zeigt mnd.* **kôchelen** *gaukeln, nrh.* **coechlen** *joculari Teuth.* 53a, *mnd.* **kokeler** Dief. 610b • *eigen aber auch schwäb.* **göckel** *gaukler,* **göckelen** *mit dem feuer unvorsichtig umgehn* (*wie ein gaukler?*) Schmid 215 • *s. auch* **kocken.**

KÖCKERN • *wie* **keckern,** *vom froschgeschrei:*

> **drei mal hat der frosch geköckert und der schwarze bock gemeckert.**
> Bürger 303a.

KODDERN • *nordd., wäsche halten, waschen* (*pomm.*), *gewöhnlich* **koddeln,** *kleine wäsche halten* Schambach 108a • **(ûtkoddeln**

flüchtig auswaschen 252a) • *brem. auch* **kodden, koddewaschen,** *dazu* **koddelije** *f. sudelwäsche* (*brem. wb.* 2, 835) • *Es greift aber auch übers nd. hinaus: siebenb.* **kaddern** *oft mit dem wasch zu thun haben* Schuller *beitr.* 28 • *schles.* **kâtern** *schlecht waschen* Weinh. 42a • *nordböhm.* **kaotern** *zum ersten mal waschen* Fromm. 2, 32 • (*osnabr.* **kättken** *eilig auswaschen* Strodtm. 100) • *nah anklingend selbst schweiz.* **kötzen,** *ein geschäft, z. b. waschen unreinlich abthun* Rütte 49 • *dahinter steckt ein altes wort, das einst allgemein war. vgl.* **kötsche.** • *ostpreusz.* **koddern, zerkoddern,** *seine kleider und wäsche zerreiszen* (Hennig 129) *lehnt sich zugleich an* **kodder** *an.*

KOHLENPHILOSOPH *m.* • *nennt sich* *bei* Göthe 25, 326 *(dicht. u. wahrh. 10. buch)* *ein chemiker scherzend, der in einem kohlenbezirk haust:*

ein kohlenphilosoph – philosophus per ignem wie man sonst sagte – hätte sich wol nicht schicklicher ansiedeln können.

• *eig. von alchymisten, wie* **kohlenbläser,** *und spottname wie dieses* • *vgl.* **lapis philosophicus,** *stein der weisen.*

KOHLJAHR *n.* • *ein nasses jahr, gut für kohl und kraut.* Adelung • *ein sprichwort sagt* **guter kohl, schlechtes heu.** Simrock 5811

KOHLKESSELSCHWARZ • *volksmäszig, häufung von* **kohlschwarz** *und* **kesselschwarz.**

KOHLPECHRABENSCHWARZ • *volksman. verstärktes* **schwarz,** *z. b. in Sachsen, Thüringen, gewöhnlich* **kohlpechschwarz** *oder* **kohlrabenschwarz** • *henneb.* **pechkohlrabenschwarz** *u. a.* Fromm. 1, 231b • *noch stärker* **kohlruszrabenpechschwarz,** *s. d.* • **kohlbechrabenstockfinster** (*die luft*) *Schelmufsky* 1, 87.

KOKETTISCH • **kokett** *mit deutscher endung, wie man anfangs immer sagte* **barockisch, genialisch, idealisch,** *noch heute* **theatralisch, infernalisch, elementarisch:**

der schlauen Colifischon
cokettisches bemühn.
Wieland Amadis 1771 2, 50

KOLLERTOLL • *toll von koller, s. oben* **„kollern und tollern"** *bei* Luther *sp.* 1618 (3, c):

so müszt ihr euch nicht kollertoll geberden, wenn euch was trifft was nicht zu ändern ist. [Bürger 316b *(Bellin str. 8)*]

KOLOLLEN • *prassen:* **des kolollens sind wir gewohnet, bei guter gesellschaft wollen wir sein** (*d. h. lustig sein*), **nichts als doppeln, toll und voll sein haben wir gelernet.** [Pape *bettelu. garteteufel* g 6a] • *das merkwürdige wort noch* [*bei* Dähnert 248b] *als pomm.:* **kollollen,** *mit einander fressen und saufen.*

KOLPERN • *rülpsen, mit nebenformen.* • **kolpern** *heiszt es bair., auch* [kolpezen Schm. 2, 293] • *in Nassau* **kolbern** (*auch abgestoszen husten*) [Kehrein *nachtr.* 30.] • *aber mit demselben* **p** *wie bair. auch nd.,* **kolpen, upkolpen** [*brem. wb.* 2, 840] • *ostfr.* **kölpen, külpen** [Stürenburg 118a] • *das klangmalende darin ist nicht zu verkennen, und so gehört dazu mit andrer anlautstufe schweiz.* **golpen** *kolkern, von flüssigkeiten* [Stalder 1, 464] • *aber ebenso nl.* **gulpen** *in starken schlücken trinken,* **gulp, golp** *starker schluck. sie stellen sich deutlich als seitenformen zu* **kolken, kolkern,** *mit auslautwandel; auch die drittmögliche form ist da in schwäb.* **goltern** *gleich schweiz.* **golpen** [Schmid 238] • *wie alt aber diese bildungen sind, zeigt sich im nordischen. da heiszt schw.* **kulp** *m. ein hörbarer schluck,* **kulpa, kólpa** *so trinken* (*auch wallen vom blute*) [Rietz 364a] • *daneben* **kulk, kålk** *starker schluck,* **kulka, kålka** *so trinken* [378b] • *dän.* **kulke.** *und mit weicherem anlaut wie hd. nl.* [*unter* 2, *in der bed. wie* 1], *dän.* **gulpe, gylpe** *sich brechen* (*auch krächzen, s.* **kolkrabe** *a. e.*), *schw.* **gylpä** [Rietz 223b] • *auch* **gylka, gölka** [232b], *norw.* **gulka.**

KOLZEN • *ein merkwürdiges norddeutsches wort.* • *bei* **Rollenhagen** *unter wörtern von weibergeschnatter:* **köddern, kolzen, kosen und kallen.** [*froschm.* A 5b] • *einen anhalt bietet etwa* **kelzen,** *s. d. anders wol im* [*Reineke fuchs Rost.* 1650]: **andere ... wann sie sehen das sie mit ihr laufen und rennen, mit ihr kolzen und bolzen, mit ihr schlagen und nagen, mit ihr neiden und anfeinden nichts ausrichten.** [342] • *nordthür. gibt es* **kolzen,** *tauschhandel treiben* (*Nordhausen*), *wol betrügerisch* • *vgl.* **kaupeln.**

KOMETENBEWOHNER •

adieu meine liebe kometenbewohnerin. [Göthe *an fr. v. Stein* 2, 20]

KOPF

KOPFABSCHNEIDEND • *decollans:* schwert (*des scharfrichters*) darinnen an statt der kopfabschneidenden klingen eine lange bratwurst gesteckt worden. Abele *gerichtsh.* 1, 27

KOPFAUFSETZERISCH • *trotzig, s.* kopf [I, 3, f]: wo tausend sa! sa! sein sunst die hendel herkumen, als von enkern kopfaufsetzerischen resenirn? Schwabe *tintenf.* 9

KOPFHÄNGERISCH • *frömmlerisch:* er war dabei (*bei seiner frömmigkeit*) ein verständiger mann und keineswegs kopfhängerisch in seinem thun und lassen. Göthe 25, 228

KOPFKRATZIG • *im* Garg. 69a (Sch. 116) *u. a. von faulem gesinde, unlustig zur arbeit, sich mürrisch und bedenklich im kopfe kratzend.*

KORHERRENKAPPE [f.] • *cappa choralis,* korhaub, korhut. *voc. theut.* 1482 r 1b

KORNBLUMENBLAU • *blau wie die kornblume, cyane.* kornblumenblauer atlas. Gotter 3, 424 • *in* Otto Rulands *handelsb. 16. jh.* kornblumblau [s. 16], *auch* kornblau [17]

KORNFERKEL [n.] • *der hamster.* Nemnich wb. 321 • (kornfarle), *weil er im kornfeld wühlt wie ein schweinchen* • kornfärklein Dief. 273a • aus Forer, Gesners *thierbuch,* 1606

KÖRPERWELT [f.] • *die welt der körper, die sinnliche welt, im gegensatz zur* geister*oder* geisteswelt. Adelung: doch die unversöhnte göttin, der die buhlerei misfällt, / trieb zur rache meine seele durch die halbe körperwelt. Dusch *schoszhund* 6 • ehe man noch die gemeinen erscheinungen in der körperwelt erklären konnte. Lichtenberg 1, 53 •

sie streiten mit der körperwelt,
die sie ewig auseinander hält. Göthe 2, 232

• geisterreich und körperweltgewühle / wälzet éines rades schwung zum ziele. Schiller 7b

KOSELIG • *sudelig, schmuzig, schwäb.* Schmid 323 • (koslicht), *auch schweiz., wie* koseln *sudeln* (*s. d.*): wenn sie (*die ital. prin-*

zessin) nach heutiger mode ihr kostbares oberkleid hebt und ein koseliger weiszer unterrock zum vorschein kommt. *Augsb. allg. zeit.* 1868 *s.* 99b • *auch westf.* kueselich Fromm. 5, 63 (*s. unter* kosel 2) • *eigen bei* Schönsleder f 7d *und noch bei* Aler 1227b kosig *sordidus, spurcus.*

KÖSTCHEN *n.* • *imbisz, schmäuschen, s. sp.* 1853 *mitte*: man sol den brawern, helfern oder wasserzihern (*im brauhause*) kein köstchen mehr geben, sondern sollen an irem gesatzten lone genüge haben. *Leipz. stadtordn.* 1544 K ija •

alle köstgen und victualien, wein oder bier, welche die hochzeitbitter und andere aufwärter bei oder nach der hochzeit biszhero zu fordern sich unterstanden (*werden verboten*).
Leipz. stadtordn. 1701 *s.* 458. 476

• wegen des ausschickens von köstgen, speisen und kuchen bei hochzeiten und kindtaufen. 489 • die sog. köstgen, welche bei hochzeiten, promotionen und andern solennen conviviis in die schule geschicket werden. *ordn. der Leipz. Thomasschule* 1723 *s.* 74 • *bei* B. Faber *thes. erud. „cupedie,* priesterköstichen“ (Dief. 163a) • *vgl.* köstlein.

KOSTENERKENNTNIS *f.* • *erkenntnis des richters über die processkosten.*

KOSTENSCHEU *f.* • *scheu vor unkosten:* wenn man aus kostenscheu leute duldet, die so manchen vorher sich ehrlich nährenden bürger zum gaunerleben verführen. *reichsanzeiger bei* Campe

KÖTERN • *ein nd. wort, aus und ein oder herum laufen wie* köter, *hunde* (Richey, *brem. wb.*, Danneil, *bei letzterm auch von liederlichen dirnen, s. unter* köter 6) • *daher bei* H. Heine: hund mit hündischen gedanken kötert er die ganze woche. *romanzero* 206.

KOTZENGROB • *bair. östr., grob wie eine kotze* (*sp.* 1902), *eig. und bildlich* • *vgl.* „grober filz“ *gleich grobian.*

KRACHELCHEN *n.* • *brot oder semmelwürfel hart geröstet, dasz er „kracht“.* Weigand • *schwäb.* kracherlen *pl.* Schmid 324 • *altköln. aber* krekelen *pl. collyrida, d. i. bretzeln* Dief. 132c • ähnlich westf. kräkeling, *nl.* kraakeling, *eine art knackerig gebackner kuchen, bretzel, mnl.* crakelinc (*altd. bl.* 1, 166), *davon franz.* craquelin • *auch engl.* crackling *crisp cake*

Hall. 277a • **cracknel** *bretzel, amer.* **cracker** *schiffszwieback.* • *vergl.* **knappkuchen.**

KRACHWEDEL *m.* • *alter schwacher mann.* Schmid *schw. wb.* 324, Birlinger *Augsb. wb.* 290a.

der thät auch besser für ein junges mädle passen, als so ein alter krachwedel. Kurz *sonnenwirth* 49

• *schon im 17. jh.:* **zu dem waren meine unterofficirer mehrentheils alte krachwedel.** *Simpl.* 1, 464 • **sage mir, du alter krachwadel.** 1, 61 • *vgl.* **blotzwedel.**

KRAFTBARDE *m.* • *kraftgenialischer dichter.* Lichtenberg 4, 124 (83) • *verächtlich. s. unter* **kraftgeist.**

KRAFTDURCHSPRÜHT • *aus „von kraft durchsprüht“:* **wer an des sonnenlichtes süszer helle gewärmet hat die kraftdurchsprühten glieder.** W. v. Humboldt *ges. w.* 3, 393

KRÄHWINKLER *m.* • *beschränkter kleinstädter, s. vor.:* **unsere regierung** (*in einem schweiz. canton*) **nannte er einen trupp ungeschickter Krähwinkler.** G. Keller *der grüne Heinrich* 3, 79

KRANKENGEFÄNGNIS *n.* • *gefangenschaft im hause, die einem eine krankheit auferlegt,* Herder *schreibt 1771 von* **seinem langen krankengefängnis zu Straszburg am Rhein** *s. weim. jahrb.* 3, 42

KRANKENLUFT *f.* • *luft im krankenzimmer.* Gotter 1, 315

KRANKENTROST *m.* • *tröstung des kranken, trost für kranke* • *titel geistlicher schriften:* **und nach dem essen les ich dann im krankentrost und Habermann.** Schubart 3, 51 *(d. bauer im winter)*

KRÄPFIG • *ärgerlich* • *s. unter* **kreppisch.**

KRATZENBERGER *m.* • *scherzname für schlechten wein:* **eae quidem vineae, quae circa Cassilium sunt, vinum haud proferunt, sed merum acetum, atque illud quidem ipsorum lingua Kratzenberger, h. e. mons fricans appellatur.** Melander *jocoseria* 2, 152 • *daselbst ist erzählt, Dionysius Melander habe gesagt, wenn der Kasseler wein einmal erfror:* **lasset uns vor den reinischen bitten, dem Kratzenberger sind die nägel bschnitten;**

die trauben werden eine bessere art haben, als der alte Kratzenberger zu Renno und zu Lohnstein oder zu Lorsch im Epsteiner lande. Schuppius 98

• *noch rheinisch, z. b.* **Kratzeberger Arnold** *pfingstm.* 119

KRAUSBEBUSCHT • *mit krausem buschwerk bewachsen:* **wann ich von krausbebüschter höhe die groszen weiten übersehe.** Uz 2, 133 *(261)* **und krausbebuschte berge dahinter.** Tieck 4, 80

KRAUSE MAUSE *u. ä., lautspielende verbindung* (*vgl.* **kranzimanzi** *unter* **kramanz**) *mit mehrfachem sinne. schon im 16. jh.:* **es hett ein Schwab ein töchterlein, krause mause, / es wolt nicht lenger ein megdlein sein** *u. s. w.* *Ambr. liederb.* 236, 2 • *als kehrreim; hier ist es liebkosender oder neckischer ausruf, dessen ursprung wol aus folg. erhellt: schwäb.* **krause mause** *sagt man noch, wenn man kleine kinder neckisch zu kitzeln droht,* s. Schmid 326, *offenbar zu* **kräuseln** *krabbeln* • **„was krüselt sich, was mauset sich?"** Garg. 170a (*Sch.* 311) • *unter den spielen, etwa von verliebten die sich kitzeln* (*vgl.* **krauen** [2]) • *es bedeutet aber auch mischmasch. so schweiz.* **krusi musi** *n., mengsel von speisen, auch galimatias* Stalder 2, 139 •

das sind eben so brocken,
krausi mausi durcheinander
(*von einem unklaren vortrag*). Gotthelf 6, 321

• **sonst kommt ein krausi mausi heraus, aus dem kein verständiger klug wird.** 5, 173 • *auch in adverbialer verwendung:* **wenn er wider von vornen anfangen wollte** (*mit ersinnen seiner rede*), **so hatte er den anfang vergessen, und wenn er den neu erdichtet hatte, so kam ihm das übrige krausimausi durcheinander.** Gotthelf 13, 216 • *Das subst.* *schon bei* Maaler 254c, **„das krüsy müsy, krysimüsi,** *vermischleten, mixtura". aber diesz merkwürdig auch nordd.,* **„kruse musi, in einander geschlungene arbeit"** brem. wb. 2, 888 • **kruse-muse** *buntes durcheinander* Danneil 119a • *dabei wird an* **kraus, krûs** *bunt verwirrt gedacht sein* (*so bei* Frisch 1, 552b), *während wol auch* **krauseln** *durch einander krabbeln dahinter steckt. ähnlich ist aber auch ein engl. dial.* **crawley mawley** *unwol, übel* Halliw. 278b • *dem ersten aber mehr als ähnlich* **crepemous** 279a • *liebkosewort, im 16. jh. und noch;* **crepe** *ist kriechen und krabbeln* (*dem deutschen* **krauseln** *stammverwandt*), *damit rückt das kosewort vielleicht in altgermanische zeit zurück. s. weiter* **„krauserlein mauserlein"**. • *es wird noch jetzt weiter verbreitet sein,*

als die aufzeichnungen vermuten lassen, weicht auch in andre formen aus, vgl. meklenb. **rûschemûsche** *n. durcheinander, pommer.* **rusemusig wetter** *nasses und windiges, götting.* **rûsebûsige** *f. rappuse, vgl.* Schm. 3, 139. *merkwürdig anklingend böhm.* **kruta meta** *mischmasch* Šumavsky 353a • *zu* **krutý** *kraus und* **mětu** *verwirren,* **mět** *verwirrung, und doch ans deutsche sich anlehnend.* • *übrigens heiszt das* **krausemause** *mischmasch schweiz. auch blosz* **krusi, krüsi** *n., und dazu stimmt wieder nordd.* **kröse** *f., gemisch von fleisch und graupen, durcheinander überhaupt, westf.* Woeste *volksüb.* 101 • **krüsel** *m. bunter haufe* Fromm. 4, 268 • *ein altes* **krûsen** *krabbeln, wimmeln spricht wol auch aus nd.* **krûsemîrig** *hildesh.,* **krûsemêrig** *gött., lebhaft, kribbelig, worin noch* **mîre** *ameise* (Fromm. 4, 456. 458) *enthalten sein wird. vgl.* **kiremire** *unter* **kuren.**

KREGEL • *munter, lebensfrisch, ein nordd. wort:*

> **summa summarum mir war so recht kregel zu muthe, so was man hundewohl nennen könnte.** Tieck *schriften* 24, 81 (*Berl.* 1853) *nov.* 7, 130

• *nd.* **kregel,** *ostfries.* **krägel,** *lebhaft, munter. daher der name* **Kregel.** *Es ist aber auch dem md. nicht fremd, in Hessen* **krêgel** *und* **krêl,** *munter, besonders von kindern und genesenden gesagt* Vilmar 225 • *im Osterlande z. b.* **es wird mir kregel,** *wenn einem unwol war* (**Bech**); *auch im untern Nassau, im Siegerlande* Kehrein 246 • *Etwas anders nl.* **kregel, kregelig,** *störrisch* (*bei* **Kil.** *auch* **krijgel**), *und dazu stimmt ahd.* **widarcregil** (*auch* **chriegil, gregil**) *obstinatus* Graff 4, 590 • *es mag zu dem stamme von* **krageln** *krabbeln, strampeln gehören* (*vgl.* **kriegen**), *während ahd.* **chragil** *garrulus* Graff 4, 584 • *sich zu* **krägeln** *stellt.*

KRIBBELDICK • *dick, dicht dasz es wimmelt, kribbelt:* **dieser see war kriebeldick voll kleiner fisch.** *ungr. Simplic.* 70 • *nach* **kriebeln** *gleich* **kribbeln,** *s. d.*

KRIBBELKRABBEL *m.* • *wüstes durcheinander, nordd.:*

> **die französische music könnte mit ihrer politik verglichen werden, zwitterhaft weibischer kribbelkrabbel.** Zelter *an Göthe* 6, 318

• *es ist eigentlich gewimmel, und wirres greifen wie bei der rapuse* (*s.* **krabbeln**[II, 4, *b*]) • *ostfries.* **in de gribbelgrabbel** (*f.*) **schmieten**[Stürenb. 75b] • *mekelnb.* **in de griwwelgrawwel smiten**[Reuter *stromtid* 1, 76] • *ein* **„kribbelkrabbellied“**, *wie es scheint erotischen inhalts,* [s. Pf. *Germ.* 2, 302] • *beim neckenden kitzeln von kindern macht man* **„kribbel krabbel!“**

KRIBBESKRABBES • *ablautende klangformel, ein durcheinander zu bezeichnen. mit leicht abweichenden nebenformen.* • *zuerst von sinnlosem oder geheimnisvollem geschreibsel oder figuren, schon im 16. jh.:* **dann mich dauchte, ein gaukelman hett da sein werkzeug liegen lan, so viel der bretlin rund da warn mit kribisz krabasz uberfahrn** (*bekritzelt*). *aller praktiken groszvater* (1573), *anz. d. germ. mus. 1865 232* • **von ähnlichem reden, gelehrtem kauderwelsch** *u. dgl.:* **saget ihm, er solle nicht viel kribbes krabbes daher machen, sondern einfältig bei gottes wort bleiben.**[Schuppius 502] • **darnach können sie ihre moralchen und kriebeskrabes auskramen!**[Michaelis 4, 128] • (*der einspruch 10. auftr.*), *redensarten mit latein vermengt;* **kan ich kein wörtchen doch verstahn von dieser kribbes-krabbes-sprach.**[Brentano 5, 69] • *schweiz.* **kribis-krabis**, *auch* **krippis-krappis** *galimatias*[Stalder 2, 139] • *von ähnlichen gebärden, unnötigen umständen, verbeugungen:*

hab ich mein lebtag gsehen nicht mehr
kriebeskrabs, man leckt (*küsst*) **die händ,**
des bückens ist kein masz noch end.
wurmschneiden (1628)

• **der student tritt mitten in die stuben, macht vil kribes kräbäs, vil creuz und segen, spricht wörter die kein teufel in der höll verstanden.**[Wätterstorf *Bacchusia* 137] • **groszes kribbes und krabbes bedarfst du nicht.**[Reinhold *reime dich* (Nordh. 1673) 4] • *und noch allgemeiner, z. b. von kauderwelscher künstelei in musik:*

ich bin ... nicht so stolz, wie manche organisten, die sich auf ihr kribes krabes weisz nicht was einbilden.[Schubart *deutsche chronik* 1774 s. 552.]

• *von der phantasie:* **vom kribskrabs der imagination hab ich dich doch auf zeiten lang curirt!**[Göthe 12, 172] • *in Tirol* **krîbeskrâbes** *allgemein „mischmasch“* [Frommann 6, 103,

Schöpf 345 • *es musz eigentlich gleich* **kribbelkrabbel** *sein und, obwol schon vor und bald nach 1600 in oberd. rede, doch von nd. oder md. herkunft* • **kribben** *gleich* **kribbeln** *gibt* **Kil.** *als nl.* (*vgl.* **krabben**). *die endung wird urspr. lateinisch gemeint sein, wie* **„knibus knabus"** (s. sp. 1416), *etwa eben als zauberformel,* wie unter 1. *wegen der form ist bemerkenswert die durchführung des ablauts in* **kribis krabas** unter 1, *dann der halbe übergang zu der kürzung* **kripskraps** *in dem* **kriebeskrabs** *unter* 3, die in Göthes **kribskrabs** *vollzogen ist, ferner die verlängerung in* **kriebes,** *das festhalten des* **-is** *z. b. in der Schweiz.*

KRICKELKRACKEL, KRIKELKRAKEL • *schlechtes geschreibe, krakelei, der ablaut malt das hin und her der „krakelfüsze", auch von solcher malerei:* **händchen, die an trübe belaufene fenster allerlei krickelkrackel malen.** Reichenau *aus unsern vier wänden* 1, 32 • **ähnlich von wirrem gerede, kauderwelsch: schulmeister, mit allen ihren lateinschen krikelkrakeleien!** (*im munde einer frau*). Michaelis 4, 66 • *ẹinspruch* 1. *auftr., also auch* **krikelkrakeln.** *nd.* **grigelgragel, grigelgrageln** *br. wb.* • *vgl.* **krakeln.** *in kartenspielen, besonders im grobhäusern, eine reihe von 4 karten in verschiednen farben.*

KRIEGSGEDANKE *m.* •

das denken des kriegers: welch ein terrain wünscht sich der kriegsgedanke. Göthe 41, 265

KRIEGSGEDANKEN *pl.* • *gedanken an krieg, denken auf krieg:* **man glaubt, dasz Mehemed Ali wieder mit kriegsgedanken umgehe.** *dorfzeitung* 1844 s. 230

KRIEGSKLEINOD *n.* • *beutestück als siegespreis* (s. **kleinod** 5): **überfiel sie F. Camillus onversehens ... das er ... in allen iren raub** (*d. h. beute*), **fenlin und kriegskleinoter widernam.** Frank *Germ. chron.* 1538 8a • *beute die sie als siegespreise unter sich vertheilt hatten.*

KRIPFEN • *heftig oder rasch greifen, ergreifen, ahd.* **chripphan, chriphan** *rapere, diripere* Schm. 2, 392 • **kachripfian** *arripere,* **archriphan** *corripere, u. a.,* s. Graff 4, 317, • *mhd.* **kripfen (gripfen), erkripfen** *wb.* 1, 573a, Scherz 832, *weisth.* 4, 476, *Germ.* 3, 424, 23. 426, 33 • *lebt noch in spuren in oberd. mundarten; zwar* Schmellers *bair. angabe* 2, 392 • *ist unsicher, ebenso*

Schöpfs *tirolische* 346 (s. 214 **gripfen** *zwicken*), *aber bregenzerw.* **kripfen** *„arbeiten, laufen, essen wie wenn es alles gelten würde“* (Felder), *eig. wol tüchtig zugreifen, ausgreifen u. ä., dazu* **krepfig** *„rührig, rüstig, regsam“, mhd.* **kripfec** rapax Lieders. 1, 565 • *s.* **krippen** 4, *das nahe dazu gehört.* • **kripfen,** *krümmen, biegen, s.* **kripfung** • **krokodilisch,** *adj. zum vorigen:* **crocodilische rachgir.** Luther *bei* Dietz 1, 380a • **crocodillische thränen,** *lacrymae crocodilinae Saturniae.* Aler 480b • **kömmt da hinter dem armen Kochen krokodilisch einher gekrochen. Rost der teufel an herrn Gottsched,** *n.* Berl.*monatschr.* 1805 13, 37 • *in dem abdrucke in* Schmids *anthol.* 1, 216 • **krokodillisch.**

KROKODILLIST *f.* • *crocodilinae ambiguitates,* **crocodill-list** Aler 480b

KROTENVERGNÜGT • *höchst vergnügt:* **er lebt den tag krötenvergnügt und puppenlustig.** Ey *Harzmärchenbuch* 58.

KRUMMHÄLSERARBEIT *f.* • *zu* **krummhals** 3:

> **weil nun die bergleute liegend darinnen arbeiten müssen, so nennt man diese gewinnung der schiefern krummhälserarbeit.** Cancrinus *bergw.* 69

• **er ... hat mit der krumhälser arbeit angefangen.** Göthe *an fr. v. Stein* 2, 201 • *auch von* **krummhälserflötz** *ist die rede, auch misverständlich* **krummhölzerflötz (Adelung),** *bei* Scheuchenstuel 148 **krummholzarbeit, krummhalsarbeit,** *zu der umdeutung s.* **krummholz 4** Veith 300

KRUMMACHER *m.* • *der das gerade, rechte krumm macht, „krummmacher, ein gewissenloser advocat“* Ludwig 1079 • **die krummacher, die causenmacher, die zungendrescher, die falschen advocaten.** Schoch *stud.* F • **diese krummacher und politische** (*d. h. selbstsüchtig schlaue*) **nasendreher.** *Simpl.* 1, 560 • **rabulist oder krummacher.** Menantes *allern. art u. s. w., vorr.* • *noch bekannt als name.*

KRUMMSINN *m.* • *krummer, verkehrter sinn.* Pestalozzi 12, 62.

KRUMSEN • *brummen:* **da vernahm er ein abscheuliches murren und krumsen.** Riemer *pol. stockf.* 256. • *weiterbildung von* **krummen** 3, *eigentlich* **grummen,** *daher auch* **grumsen** *„grunzen“* Schmeller 2, 110 • *schwäb.* **grumsen,** *seine unzufriedenheit durch weinerliche töne ausdrücken* Schmid 245 • *vgl.* **krunzen.**

KRÜPPELKRUMM • *krumm wie bei einem krüppel:* die rach', obwol sie geht auf krüppelkrummen füszen, kommt endlich doch herbei. Rachel 7, 506

KÜCHENMEISTERKUNST f. • *kochkunst in gesteigertem ausdruck, z. b. bei* Rollenhagen *froschm.* Cc 8b

KUCKINDIEWELT m. • *s.* kucken 3, a.

KUHFINSTER • *gesteigertes* finster, *bair.* Schm. 2, 274 • *henneb.* Fromm. 1, 232a • *bair. auch* so finster wie in einer kue, *und* kuenacht, *finstere nacht;* es ist noch finstrer als in einer kuh Pauli *schimpf u. e. cap.* 59 • kuh *als gefängnis* II, 7, d *möchte daher rühren. hinter dem bilde selber aber steckt eine alte vorstellung, die zu finden bleibt, angedeutet vielleicht durch den bauernamen* Engelmar Farindkuo *ring* 17b, 40, Farindiekuo 17c, 34, *eigentlich werde wieder zum kalbe?*

KUMMERKLAGSCHREIBEN n. • dein kummerklagschreiben wegen des hausgesindes habe ich empfangen. Butschky *kanz.* 387 • *wol schreiben worin er sich über einen beklagt, schwerlich rechtlich, wie voriges.*

KUMMERVERLÄCHELND • *den kummer hinweg lächelnd* Bürger 89a

KÜNFTIGKEIT f. • *schon später mhd., 14. 15. jh.,* künftikeit (Lexer 1, 1774, *s. unter* 1), *dann erst im* 18. *jh. wieder auftauchend, um wieder zu verschwinden.* • *zukünftiges oder die zukunft überhaupt:* ich bin den götten nohe gewesen und habe ein wunderliche künftigkeit von in vernomen. Königshofen *Straszb. chron.* 300, 26 • *var.* (*für* ein wunderlich künftig ding), *bei* Megenberg 60, 34 *für zukunft* überhaupt. die asche der vergangenheit / ist dir (*der ewigkeit*) ein keim von künftigkeiten. Haller 210 *(ged. über die ewigkeit)* • dich, urquell der vergangnen zeit / und aller künftigkeiten. Schubart (1825) 1, 317 •

> bald wagt er einen scharfen blick in tausend künftigkeiten weit und weiter stets zu greifen, im besitz der künftigkeit, macht mein jetzt zur ewigkeit. Herder 4, 43 *(1817 16, 68)*

• *vom „künftigen leben", der zukunft in der ewigkeit:* ist es nun erlaubt, dasjenige zu berühren, was unsere künftigkeit anbelangt? Klopstock • ...; jene liebe, welche diese welt nicht kennt, die nur theil und erbe der künftigkeit ist. Hippel 12, 47. *lebensl.* 2, 345

KUNKELSTUBENMÄRCHEN *n.* • *märchen aus der spinnstube (vgl.* kunkelmärlein): wodurch deine erzählung so schleppend und langweilig wird als ein altes kunkelstubenmärchen. Wieland 11, 304 (*Sylv. v. Ros.* 1, 4, 2)

KÜNSTELIEREN • *geheime künste treiben oder mit solchen bewirken:* das, so mit der apoteken und kunsteliern zugeet. *Zimm. chr.* 4, 142, 28 • *s.* es geht mit künsten zu *sp.* 2677 • das sie kinstellierte kinder und naturlichen nit erzeugt sein. 146.

KUNST

KUNSTMERKWÜRDIGKEIT *f.* • ob zu Ulm kunstmerkwürdigkeiten vorhanden sind, ist mir unbekannt(!) H. Meyer *in Böttigers lit. zust.* 2, 304.

KUNSTMUMMEREI *f.* • dasz auszer Charlotten und wenigen hausgenossen niemand dieser frommen kunstmummerei zugesehen. Göthe 17, 273 (*wahlv.* 2, 6) • *von darstellung eines lebenden bildes aus der heiligen geschichte.*

KUNSTPLAUDERN *n.* • *geplauder über kunstfragen:* ohne das antiquarische kunstplaudern anzuhören. Tischbein *in Mercks briefs.* 1, 463.

KUNSTWÖRTELN • *mit kunstwörtern um sich werfen, in* Klopstocks *ode der genügsame vom j.* 1796, *da ist von einer philosophie die rede, die* das licht ... kunst-wörtelnd umdünstet.

KUNTERBUNTERN *verb.* • *zum vorigen:* denn meine poesie ist ein wahres kunterbuntern. Tieck 13, 310

KURZ

KURZBRIEFSCHREIBEREI *f.* • *gewohnheit nur kurze briefe zu schreiben:* ich möchte wol meinen mund öffnen und von ihrer kurzbriefschreiberey sagen. Rabener 6, 154

KURZDENKER *m.* • *der nicht weit denkt:* die religion wird am besten abgeschafft, sagen unsre kurzdenker. Wieland 28, 317 *u. ö.*

KURZDICK • *aus* **kurz und dick** *zusammengeschoben:* **mit seiner eignen kurzdicken person.** [Wieland 20, 5]

KURZWEILERIN [f.] • *femina faceta.* [Stieler 2475]

KÜSSERLICH • *zum küssen einladend (vgl.* **kusslich): ihr mündchen nie so küsserlich, als wenn sie mäuler zog und schimpfte.** [Wieland 21, 12] • *nach gewöhnlichem sprachgebrauch vielmehr, wie es* [Stieler 1050] *angibt,* **es ist mir ietzo nicht küsserlich,** *„nicht wie küssen (zu mute)“, ich habe nicht lust zum küssen • ebenso* [Ludwig 1093] **mir ist nicht küsserlich.**

KUTSCHELN • *ein rhein. wort: nassauisch* **kutscheln,** *im bett warm zudecken* [Kehrein 252] • **(kutschelwarm,** *angenehm warm,* [*nachtr.* 32]), *luxemb. hätscheln* [Gangler 258] • *vermutlich vom kinde das man auf den schosz nimmt* •

das ist so rechtes schatzgräberwetter, sagte er und kutschelte sich an den ofen. [v. Horn *Schmiedjacob* 2, 163]

• *tirol.* **gutscheln,** *auch* **gutschen,** *von kindern, schlummern* [Schöpf 226] • *in Nassau auch gemütlich zusammensitzen, heimlich mit jemand sprechen, das doch nach andrer richtung weist, s. u.* **kaupeln** [1] *(vgl. das dritte* **kuppeln).** *das erste lehnt sich an* **kutsche** [3] *an, hat aber heimischen grund, s. das erste* **kutschen.**

KUTTENTOLL • *mannstoll.* [Frisch 1, 561a] • *es ist nd.,* **kuttendull** [Dähnert 263b, Danneil 121b] • *zu nd.* **kutte** *vulva, s. darüber* **kunte** [4.] *das* **kudden** *f. vulva in der Ruhl* [Regel 227] • *ist wol nur anwendung von* **kudden** *f. höhlung, rinne das., d. i. genau* **kaute** *grube (s. d.), das auch hessisch zu* **kutte** *wird und dort gleichfalls theilweis jene andere bed. hat,* [s. Vilmar 195] • *vergl. auch* **futkute** *unter* **kutteln** [3, a]

KÜTZELTOCKE [f.] • *beischläferin, wörtlich kitzelpuppe:* **höret und schweiget und lat mich kochen mit meiner groszen kützeltockhen.** [*fastn. sp. nachtr.* 225, 32] • *vgl.* **kitzeltrutlin** *und* **kitzeln** [II, 1, c]

KUTZEN • *husten, wie einer der zu ersticken meint, bair.* Schm. 2, 347 • *nordböhm. oft husten* Fromm. 2, 32 • *schles.* **kûtzen** (*mit* **kûtz** *m. der husten*), **sich verkûtzen** *im husten den atem verfangen* Weinh. 49b • *in der Zips* **sich verkutzen** Schröer 75a • *auch sächs.; s. dazu* **kutz!** *und* **kotzen** (II, 3), *das auch in der bed. sich erbrechen als* **kutzen** *vorkommt* (I, b), *schweiz.* **gützen** *vomere.*

KUTZENSTREICHER *m.* • *schmeichler, schmarotzer:* **es sind iaaffen** (*vgl.* **jaherren**), **schmeichler, kutzenstreicher, niemants widerstreiten in zorn, aiunt aio, negant nego.** Keisersberg *hellisch löw a 6b* • *s.* **kauzenstreicher**

L • *heute pflegen wir, ohne rücksicht auf historische begründung der gemination, das* l *im in- und auslaute nach kurzem stammvocale doppelt zu schreiben (alles, all, schnelles, schnell). vor unmittelbar folgendem consonanten aber genügt einfaches* l *(bald, felge, halten), und nur in der flexion, wo der stamm vor dem zusammenstoszen mit einem andern mitlaute ll zeigte, bleibt diesz, abweichend vom ahd. und mhd. gebrauche, erhalten (schallte, wollte, wegen schallen, wollen). in zusammensetzungen können nach unserer landläufigen orthographie sogar drei* l *auf einander folgen, denn dieselbe scheut selbst so „unbarmherzige schreibungen" wie schnelllauf, stalllicht nicht.*

☞ S. 194–211

LABBISZLEIN *n.* • *biszlein zur labung, erquickung:* **darumb ich lieber den papst wolt bitten, dasz er im ein labbiszlin in den mund stosze.** Fischart *bienk.* 233a

LABEKUSS *m.* • *erquickender kuss:* **nach etwas durst ich lang im stillen, nach éinem labekuss von dir.** Bürger 80a

LABUNGSREGION *f.* • *erquickende gegend, bereich der wonne:* **froh hat sie ihn aufgenommen in der labungsregion, ihn, des kummers müden sohn.** Bürger 72b

LACHEN

LACHBEREIT *adj.* • *zum lachen bereit, lachlustig:* **für das grosze lachbereite publicum traf der kyniker Varro mit den flüchtigen pfeilen seiner vielgelesenen satiren noch schärfer zum ziel.** Mommsen *röm. gesch.* 3 (1856), 527

LACHBLÜTE *f.* • *das lachen einer blüte verglichen:* **mir schien es, als ... gösse ein seliges erinnern ... den morgenschein über das antlitz, aus welchem die lachblüte sich im entzücken hob, und wie eine taube, bevor sie sich empor schwingen will, die schneeweiszen flügel prüfte.** Tieck *nov. kr.* 3, 89

LÄCHELGESICHT *n.* • **schone jede seele bei einem lustfeste, weil es ihr viel zu weh thut, mitten in der allgemeinen freudenernte ganz allein gar nichts zu haben, und doch noch, bei dem zentner-ach in der brust, mit einem leichten lächelgesicht dazustehen.** J. Paul *Katzenbergers badereise* 2, 68

LÄCHELMUND *m.* • **die lamien sinds, lustfeine dirnen, mit lächelmund und frechen stirnen, wie sie dem satyrvolk behagen.** Göthe 41, 123

LACHENICHT *m.* • *einer der nicht lacht, agelastus, severus, morosus.* Stieler 1357

LACHLICH *adj.* • *zum lachen geeignet: risibilis* **lachlich** Dief. 499a • *in umgelauteter form:* **lechlich was ir roter munt.** Altswert 23, 22

LACHZAHN *m.* • *plur.* **lachzähne,** *die vordersten schneidezähne, die beim lachen vorzugsweise entblöszt werden; griech. οἱ γελασῖνοι.*

LADÜNKLICH adj. und adv. • *eingebildet, anmaszend:* under den krygeslüden ... etlike sick als geputzede gökeler und lymstenger ladünklich unde rohmredichlik hervör dohn. M. Gryse *leien bibel* (*Rostock* 1604) *frage* 19, *bog.* Ee

LÄMMLEINSUNSCHULD f. • es wird noch lange so in unsrer lämmleinsunschuld fortwähren. Fr. Müller 3, 326

LAND

LAND-, LANDSBESCHEISZER m. • *der alle welt betrügt, erzbetrüger* (*vgl.* land [5, a] *zu ende*): die landfarer, landbescheiszer, die sich underwinden, das sie nie gelert haben. Keisersberg *narrensch.* 118a • alraunwurzel siehet nicht einem männlein oder weiblein ähnlich, sondern es wird eine solche gestalt von landbescheiszern aus anderer gewächse wurzeln also zugerichtet. B. Faber *thes.* (1686) 1399 • jüden, spitzbuben, brillenreiszer, gaugler, sorger, landbescheiszer. Mangold *marktsch. p.* 45 • dem lantzbescheiszr das dinglich (*weiszzeug*) geben. H. Sachs 3, 3, 20

LANDESAUGEN n. plur. • (*ihr herrn von gott verordnet*) zu sehn auf grosz und klein / wie klare landesaugen. B. Ringwald *laut. warh.* 231

LANDESPFENNINGMEISTER m. • *einnehmer der steuern eines landes.* Niebuhr *kl. schr.* 1, 73 (*aus Dietmarsen*)

LANDFAHRERLÜGE f. • ein mischmasch von milesischen mährchen und landfahrerlügen. Wieland 32, 219

LANDKUTSCHENWITZ m. • *witz über die fahrt in einer landkutsche:*

in dem ersten briefe, welchen ich an sie anfing, versuchte ich den landkutschenwitz des herrn Gellert nachzuahmen; denn sie wissen, dasz ich in einer landkutsche von Berlin abreiste.
Lessing 12, 35 (*gemeint ist der in obigem citierte musterbrief Gellerts*)

LANDLAUFEND part. • *im lande umher schweifend: discolus* ein unzichtiger landloffender schuoler Dief. 184c

LANDLUST m. und f. • *lust auf dem lande, durch das landleben:* fürtreflich artliches lob desz landlustes, mayersmutes und lustigen feldtbawmanns leben. Fischart *dicht.* 3, 308 *Kurz* • die landlust. *titel eines gedichtes von* Hagedorn 3, 69

LANDRATTENTHUM *n.* • *nach* **landratte** [2]**: die ganze zollvereinspolitik musz das landrattenthum abstreifen und von salzwasser durchdrungen werden.** *Bremer handelsbl.* 1853 *no.* 84

LANDSCHLINDIG *adj.* • *landverschlingend:* **jhr landkündige und landschlindige weinverderber und bankbuben.** Garg. 17a

LANDWISSENTLICH *adj.* • *dem ganzen lande bekannt:* **landtwissenlich ist, daȝ er ain frum man gewest.** *urk. Max. no.* 303 *s.* 448

LAPPARSCH *m.* • *für einen schlaffen menschen.* Göthe, *vgl. theil* 1, 565 • *rheinisch ist das wort schimpfname für einen lappigen menschen, westerwäldisch für einen trinker (vgl. dazu unten* **lappen** *= schlürfen).* Kehrein 255

LÄPPCHENWEISE *adv.* • *als läppchen, kleiner fetzen:* **so sei es denn mein schicksal, wie es dein schicksal ist, himmelanstrebender thurm, und deins, weitverbreitete welt gottes! angegafft und läppchenweise in den gehirnchen der Welschen aller völker auftapeziert zu werden.** Göthe 44, 13 (*dritte wallfahrt nach Erwins grabe im julius* 1775)

LARIFARI *interj.* • *zurückweisung eines leeren geredes. das wort selbst müssen wir als eines sinnes entbehrend ansehen. wie ähnliche gebilde nur schallnachahmungen sind, vgl.* **charivari** Diez 2, 251 • **schnadderten, tadderten, kläpperten und schnäbelten zusammen, wie die vögel wann sie dem garn entwischen und etlich gesellen dahinden lieszen: carymary garymary, scharifari scharfiara, hammira hummira, danderlo, dunderlo, ketten für.** Garg. 149b (*im orig. nur* commençarent a renier et iurer, les ungs en cholere, les aultres par rys. carymary carymara. *Garg.* 1, *cap.* 17) • *so dürfen wir auch* **larifari** *als etwas gleiches, als blosze trällersilben in liedern, wol zunächst französischen, ansehen, wobei höchstens die anlehnung an die alte solmisation, an* **la, fa** *und* **re** *in frage kommt:* **während dasz der imam diese schöne rede hielt, sang der sultan im tone der langen weile und mit halb geschlosznen augen, la faridondäne la faridon-don,**

dondäne dondon dondäne, dondäne dondäne dondon – denn er wuszte sich etwas damit, stark in gassenhauern zu sein. Wieland 6, 143 (*gold. spiegel* 1, *cap.* 5) • *vergl. die franz. refrains:* **lafarira dondaine gai! / lafarira dondé!** *chants populairs in Herings archiv bd.* 56, *s.* 210 •

ha! ha! ha! larira! / hé! hé! hé! lariré! *ebenda*

• *aber auch in alten deutschen liedern begegnet ähnliches:* **da vant ich drie juncfrouwen stân, si wâren so wol getân, / diu eine sanc vür, diu ander sanc nâ: harba lôri fâ,harba lôri fâ, / harba lôri fâ!** *minnes.* 1, 15a *Hagen.* Uhland *volksl.* 950 • Abr. a S. Clara *braucht* **larifari** *wortspielend mit anlehnung der beiden ersten silben an bair.* **lár** *leer:* **dein nachbar war in der jugend fleiszig, emsig und arbeitsam, du hingegen schläfrig und faul, daher setzt es bei ihm alle tage laetare, bei dir überall lari fari.** *werke* 11, 9 • *seit dem 18. jh. sind die belege nicht selten:*

Finette. **ah, herr Philipp, ich wäre des todes, wenn uns jemand so sähe. was würde er denken? so unter vier augen? bei der bouteille?**
Philipp. **lari fari! fari lari! (indem er ihr das glas reicht) nimm, Finette!** Lessing 2, 549.

• *Zeisig.* **zwar sagt mein gewissen, / dasz ich heut auf krummen wegen bin.** / *Wachtel.* **ach, larifari! bei ihren küssen schlägst du den spuk dir bald aus dem sinn.** Körner *nachtwächter,* 8. *auftr.* • *namentlich auch seit dieser zeit in substantiver verwendung, wie dummes zeug, unsinn:* **ich sage nehmlich: es ist mit seiner erlaubnis, einwürfe gegen religion und bibel, gegen das, was er religion und bibel nennt, machen zu dürfen, nur larifari.** Lessing 10, 190 • **doch wenden wir die ohren ab von diesen larifari.** Heinse *Ardingh.* 1, 303

LASTERGIERIG *adj.* • *gierig auf laster oder verbrechen:* **ach! dasz ihr, kinder, wolt so lastergierig bleiben.** Schottel *lamentatio Germaniae expirantis*

LASTERLUST *f.* • *lust zu lastern:* **sympathie, als einst mit süszen schmerzen du den säugling noch an mutterherzen bandest, als er an der tugend brust / leben trank, nicht sieche lasterlust!** Herder *zerstr. bl.* 3 (1787), 48

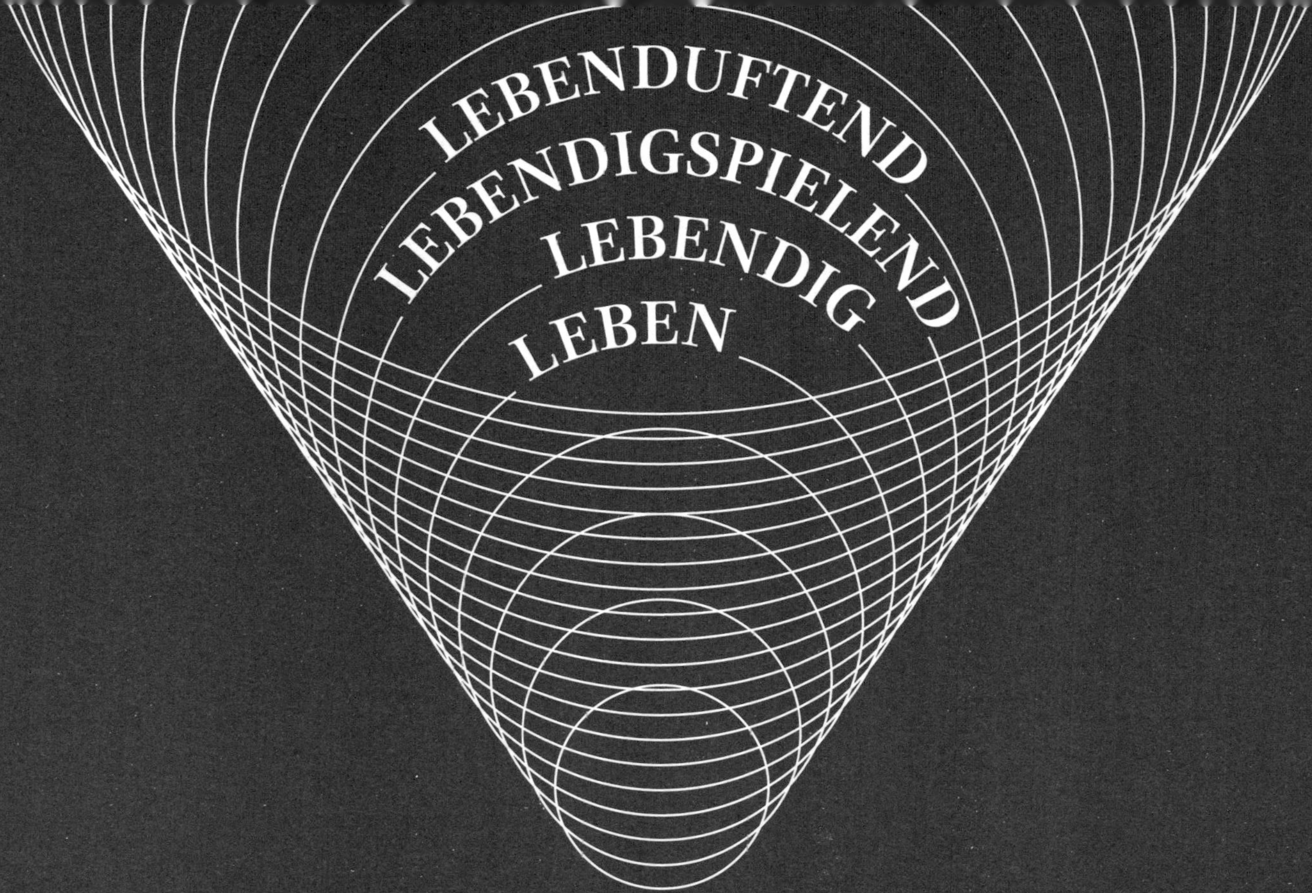
LEBENDUFTEND
LEBENDIGSPIELEND
LEBENDIG
LEBEN

LEBENSVERSÜSZEND. — LEBENSWIRKLICHKEIT

LEBENSPLUNDER?

LEBENSLUST? — LEBENSNOTH?

LEBENSLABYRINTH — LEBEN?

LEBENSGEFÄHRLICH — LEBENSLÄNGLICH.

LEBENSGALOP — LEBENSGELEISE

LEBENSBLÜTHE — LEBENSFROH

LEBENSBAUM — LEBENSLANG

LEBENSBÄCHLEIN

LEBENATHMEN

LÄSTERSCHARTEKE *f.* • *lästernde scharteke:* **das thut des teufels groszer has und neit durch des Witzels lesterscarteken.** Alberus *widder Witzeln F 8a*

LATSCHBEINIG *adj.* • *latschbeine habend:* **ein latschbeiniger mensch • latschbeinige vögel.**

LATZDECKIG *adj.* • *einen latz als decke habend (vgl.* **latz** [2]*):* **o ir latzdeckige bäuch die mit eim kind essen, das ein rotzige nasen hat.** *Garg.* 17a

LAUBBLATTRAUSCHEND *part.* • **dann es nichts als ein panischer laubplattrauschender schrecken war, den sie ihnen so steif einbildeten, als ob jhnen der henker auf dem rucken wer.** *Garg.* 256b

LAUBERUNG *f.* • *das lichten der blätter am weinstock: pampinatio, frondatio,* **lauberunge,** *quando pampini decerpuntur.* Trochus J 5b • *das wort läszt auf ein verbum* **laubern** *als technischen ausdruck der winzer schlieszen; bairisch ist* **einlaubern,** *einsammeln (irgend etwas),* **sich anlaubern,** *von vieh und menschen, sich recht satt fressen.* Schm. 1, 1405 *Fromm*

LAUFNEUIGKEIT *f.* • *neuigkeit die gerade im umlauf ist:* **das ist alles, was ich ihnen von hiesigen laufneuigkeiten melden kann.** Hippel 14, 259

LAUNENFIEBER *n.* • *laune, veränderliche gemütsstimmung unter dem bilde des fiebers.* Gökingk 1, 191. 193 • *ebenso* **launenschauer** [195].

LAUPERN *verb.* • *lauern, horchen:* **der ander im fenster laupert auf gelegenheit, auch seine suppen zu verdienen.** *Frankenberger quelle von* 1607 *bei* Vilmar 239 • *auch mit dem subst.* **lauperer,** *auflaurer, aufpasser;* **derhalben soll man nicht laupern; hette dieser wirt nicht gelaupert, so hette man** (*lies* **er**) **auch nicht erfahren, dasz er ein hurkind wer.** Helvicus *jüd. historien* (*Gieszen* 1617) 1, 126 • *niederl. ist* **luipen** *„tockmausen, launig sein“,* **onder den hoed luipen,** *den hut in kopf rucken, damit man nicht sehe, wohin einer seine augen wende,* **luipert, luyper** *tockmauser* Kramer *niederhochteutsches wörterb.* 1, 185c

LEBENDIGEN *verb.* • *lebendig machen:* **umbe namen dînen herre lebindigetistu mich** (*propter nomen tuum, domine, vivificabis me, vulg.*) *Trierer ps.* 142, 12, *s.* 649 • *sonst kann kein mensch des andern seelen lebendigen oder tödten.* G. Wicel *bei* Campe • *vgl. lebendigung.*

LEBENDUFTEND *part.* •

da steht der holde lebensengel mächtig
vor mir, und tausend blumen schüttet er
und tausend goldne früchte lebenduftend
aus reichem füllhorn strömend vor mir aus.

Schiller *braut von Mess. v.* 2789

LECKERESSEN *n.* • *cibus opiparus, delicatus.* Stieler 894

LECKERHAFTIG *adj.* • *wie* leckerhaft: gott gibet uns nichts leckerhaftiges, es sei denn mit einer bitteren brühe vermischet. Butschky *Patm.* 385 • iszt speisz, die leckerhaftig sein. J. Ayrer *fastn. sp.* 38a *(2525, 17 Keller)* • *delicatus* leckerhaftig Dief. 171c • *cupes,* der gern gute biszlein isset, leckerhaftig, leckermaul Kirsch *cornuc.* • *nach der art eines* leckers, *schelmen: scurrilis* leckerhaftig Dief. 522a

LEIB

LEIBESBLÖDIGKEIT *f.* • pfalzgraf Fridrich ... der wegen sitzlebens in etwas leibsblödigkeit gerathen ware. Zinkgref *apophth.* 1, 80

LEIBESERSPRIESZLICHKEIT *f.* • wie ich denn dem hn. br. alles heil und eine nimmer-aufhörende leibeserspris-ligkeit hiermit anerwündsche. Butschky *kanzl.* 146

LEIBESLEBEN *n.* • *wie* leben; *verstärkende zusammensetzung, in welcher das erste glied die bedeutung des zweiten hat, vergl.* leib 1 *sp.* 581 *und die formel* leib und leben *sp.* 424 • *in drohungen:* bei leibesleben nicht, *i. e.* bei leibe nicht, *minime, minime gentium.* Scheller *deutsch-lat. handlexicon* (1796) 913 • schreib bei leibesleben nicht, *cave scribas.* 914 • nun sei allen zusammen bei leibesleben geboten: Reineken sollt ihr überall ehren mit weib und mit kindern. Göthe 40, 91 • (unde gebede ju allen bi juweme live, dat gi Reinken unde sineme wive unde sinen kinderen alle ere dôt. *Reinecke fuchs* 2593) • *zeitbestimmend:* Natalien kann man bei leibesleben selig preisen. Göthe 20, 197 • körper die bei leibesleben verfaulen. 56, 135 *in beiden anwendungen scheint das wort alt volksmäszig, obwol die belege erst aus dem 18. jahrh. stammen.* • leibesleben, *das körperliche leben, im gegensatz zum* geistesleben, seelenleben: item als die vogel in der luft, und die thier auf erden leben, das es aufs eigentlichst heiszet ein leibsleben oder ein lebendiger leib. Luther 4, 16b

LEIBESMÖGLICHKEIT *f.* • ehe als ich meine ergebenheit und schuldige sel- und leibesmögligkeit von meines herrn dinsten entfernen solte. Butschky *kanzl.* 107

LEIBESVERMISCHUNG *f.* • *temperament:* die leibesvermischungen des menschen bestehen nicht allezeit in guter gleichheit. *pers. baumg.* 8, 12

LEICHENFACKELSCHEIN *m.* • ein fernes hirtenfeuer, am grauen fichtenhain, / hellt matt der dämmrung schleier, wie leichenfackel-schein. Matthisson *ged.* (1794) 72

LEICHENLANGSAM *adj.* •

schenkt mir diese todtengräberszene! ihr wisset nicht, welche herbstliche erinnerungen dabei mein blut so leichenlangsam machen wie meine feder.

J. Paul *uns. loge* 2, 139

LEICHNAMSBLICK *m.* • derselbe leichnamsblick kömmt mir wieder entgegen? Tieck 8, 209

LEIDEINSCHLÄFERND *part.* • *λαθικηδής:* bot ich jemals dir die leideinschläfernde brust dar, o, so gedenke nun dessen, mein liebes kind. Bürger 235a *(Il. 22, 84)*

LEIDIGLIEB *adj.* •

o du loses leidigliebes mädchen, sag mir an, womit hab ichs verschuldet, dasz du mich auf diese folter spannest? Göthe 2, 102

• *vgl.* leidig [2] *z. e.*

LEIDKLEID *n.* • *trauerkleid:* leydkleid, trauwr oder klagrock, leydrock, *vestis lugubris* Maaler 270c • er was in eim leidkleid zů uns kommen, *lugubri habitu venerat.* 267d • HuegDieterich, der jung könig, geht ein, ... stattlich in traurkleider, und mit jme sein statthalter Bechting und Emeron, der raht, haben auch läidtkleider. J. Ayrer 190a (944, 8 *Keller*) • *als* leidekleid: trage leide, und zeuch leidekleider an. *2 Sam.* 14, 2

LEIERMATZ *m.* • *verächtlich für einen schlechten musikanten* (matz *verderbung aus dem eigennamen* Matthäus, *vgl. über diese und ähnliche zusammensetzungen* Wackernagel *kl. schr.* 3, 169): ich sage dir leirmatzen, stecke die pfeife ein. *kunst üb. alle künste* 91, 3 (*engl.* fiddler, forbear) • warum kauft er seiner nachtigal nicht eine sackpfeife oder maul-trummel zum jahrmarkt und läszt einen versuch anstellen ob sie auch damit dem allergeringsten leyermatz und straszenjungen nachstümpeln könne. Mattheson *kl. generalbaszschule* s. 14 • leyermatzs lustiger correspondenzgeist. *titel eines* 1668 *erschienenen buches, s. quellenverzeichnis zum* 2. *band* • die nachahmenden lyrumlarumleyermätze. Bürger 353b

LEISOHR *m.* • *für einen der leise hört:* leisohr *acuto auditu praeditus* Stieler 1386

LENZBEZAUBERT *part.* • das lenzbezauberte land, / weil es nicht blühn kann unter den wogen, blüht es hier doppelt als üppiger strand. Lenau *ged.* (1865) 453.

LENZDUFTIG *adj.* • streust lenzduftige rosen. Platen 150

LENZISCH *adj.* • *frühlinghaft:*

> geregt vom lenzischen triebe
> girrt sie nun schnäbelnd im moos.
> Fr. Müller 1, 99

LESEESEL *m.* • *name für ein schmales gepolstertes gestell, auf welchem man rittlings sitzt, um an einem pulte zu schreiben oder zu lesen:* dasz ich den ganzen tag ... auf einem festen lese-esel sasz, und darauf werke am schreibpult ausspann und aufsetzte. J. Paul *palingen.* 1, xxvi • als das paar einen leseesel mit 2 pulten beschritten hatte. *kom. anh. zum Tit.* 1, 9 • weil ich als gelehrter den ganzen tag auf meinem leseesel sasz und schrieb. *briefe u. lebensl.* 4

LESELUST *f.* • wegen ihrer (*der Deutschen*) leselust. *didask. vom* 11. *juli* 1872

LEUTFLÜCHTIG *adj.* • *vor den leuten fliehend:* von den einsamen, abgesünderten, leütflüchtigen leüten, welche man einsidel hat genent. S. Frank *chron.* 1531 464b • diser insel einwoner seind vil mer wilder leütflüchtiger unmenschlicher etwa gewesen. *weltb.* 69a

LICHTLUFT *f.* • *helle, strahlende luft:* einzig den (*karfunkel-*) steinen entquoll die lichtluft dieses fabelreiches. Chamisso 4

(1836), 222 • *das adj.* **liechtlüftic** *ist schon mhd. bezeugt.* Lexer *handwb.* 1, 1909

LICKERN *verb.* • *bewirkungswort zu* **lecker** sp. 483. 484, *lecker machen, reizen, locken:* **weich machen, lickeren, fahen mit list,** *delinio, demulceo, irretio.* Altenstaig *voc. bei* Frisch 1, 592c • **die locken, neigen und lickrent denn die begirdlich kraft zu unzimlichen dingen.** Keisersberg *irrig schaf D 5b* • **vorred oder anvang, dadurch wir der personen gemůt, deren geschriben wirdt, in des schribenden meinung und beger lickerend.** *spiegel der waren rhetorik* (1493) J 2a • **der hat gelickert durch brief den alten, nit allein verheiszende guldin berg.** *Terentius deutsch* (1499) 123b *mit der glosse:* **gelyckert, das ist gereizet mit schmeichel und liebkosen worten; derselb hat den alten durch brief gelickert, im gar schier guldene berg verheiszende.** Bolz *Terenz* 186a

LIEDELN *verb.* • *kleine lieder dichten oder singen:* **im anfange, als Gellert und Gleim noch neu waren, da fabelten oder liedelten sie** (*schlechte dichter*). Klopstock 12, 262. • **oft liedelst** (*du*) **froh.** Voss 6, 106

LILAPS *m.* • *schelte für einen narren, ablautspielend mit anlehnung an* **lapp** *narr* sp. 192 *gebildet, offenbar ein volksmäsziges wort:* **unser junger graf Konrad hat einmal wieder schlimme streiche gemacht ... ein rechter lilaps und hannepampel.** Arnim *kronenw.* 1, 406

LIPPELN *verb.* • *mit den lippen oft kosten:*

wenn nun gaum und zunge den ... wein auf die ... probierwage legt und züngelt, schleckert, lippelt, und der schlund auch zur zunge wird? Tieck *nov. kranz* 2, 242

LIPPENLAPP *m.* • *thörichter mensch:* **ain lippen lapp, der niht kan besinnen, / das frauen lieber helsen, dan spinnen, / und lieber wein trinken, dan saursz bier ....** *fastn. sp.* 316, 22 • *als eigenname:* **du Narrentotschz und her Lippenlapp, her Schlauraff und her Rudiger, / her Ocker und Lullzapf, tret her.** 259, 11 • *der begriff ist an den des schwätzens angeschlossen* (*vergl. oben* **lippen** 2), **liplep,** *thörichtes gerede, geklätsch:* **ein frow ist worden bald ein hätz** (*elster*), **wann jnn sunst wol ist mit geschwätz und lyplep, schnädern, tag und nacht.** Brant *narrensch.* 64, 21 • *niederl.* **liflaf,** *läppisches, geschmackloses zeug; und wenn mundartlich*

lippel *einen dummen menschen bezeichnet* (*bair.* **lipp, lippel,** *ungeschickter, dummer mensch, mit dem verbum* **einen lippeln,** *zum narren haben* Schm. 1, 1496 *f. Fromm* • *salzburg.* **lippel** *benennung für dumme* Fromm. 3, 315 • *in Presburg* **lippel** *ungeschickter dummer mensch* 5, 566), *so ist die form allerdings zunächst an die verkürzung des stammes* **Philipp** *angelehnt* (Wackernagel *kl. schr.* 3, 172), *die bedeutung aber hat sich mit rücksicht auf das angeführte ablautspielende wort herausgebildet.* **Lippi Läppeli** *nennt* Hebel *ein gespenst, das im Wiesenthale umgeht:* **und sin bis dörthi d'lüt / so närsch wie iez, se göhn au gspenster um. d'frau Faste, 's isch mer iez, sie fang scho a, mer seits emol, – der Lippi Läppeli, / und was weisz ich, wer meh.** *werke* 1, 173

LIRILARIWESEN *n.* • *leierwesen, schlendrian, lässiges wesen* (*vgl.* **leierwerk** 2 *sp.* 688): **einmal das lirilariwesen, das man in so vielen schulen treibt, will ich nicht mehr darin dulden.** Pestalozzi 3 (1819) 179 • **unter lirilariwesen in der schule halte ich alles, was den kindern so eine art gibt, mit dem maul ein weit und breites über die sachen zu machen, hinter denen für sich nichts steckt, und die sie nicht verstehen.** *ebenda*

LOBREDNERISCH *adj.* • **wie wird das halbe dutzend recensenten wol ihren lobrednerischen händen mitspielen!** J. Paul *lit. nachl.* 4, 50

LOCKENLIEBLICH *adj.* • **dem sohne der lockenlieblichen Leto.** Bürger 185b

LOCKLUDER *n.* • *lockaas:* **und das lockluoder sol auch grosz sein, das er** (*der falke*) **es ferr gesehen müg.** H. Mynsinger 8

LODELN *verb.* • *zotteln, schlaff einher gehen, neben* **lotteln,** *s. d.:* **etliche kamen eben lodlen, ungegürt und ungeschürzet wie die mům vom baden.** Keisersberg *evang.* 153a

LORBEERENWERTH *adj.* •

mit blindem ungestüm, in zweifelhaften schlachten, / die drohende gefahr verachten, / dem tod entgegen gehn, ist oft erkaufte wuth, nicht lorbeernwerther heldenmuth Uz 1, 227

LOTTELN *verb.* • *wackeln, sich schlaff hin und her bewegen, vgl.* **lodeln** *sp.* 1116: **dann ich was** (*von den immen*) **zerstochen, das mir das hindertheil, wie vor gehört, lottelt.** *finkenritter* A 7a • **plapperet mit den lefzen nach dem paternoster-**

lichen kerbholz, lottelt und hinkt mit dem kopf, runzelt die stirn. Garg. 171a • *auch activ wackeln, wackelnd etwas bewegen:* **ich lottel nun lang genug an disem stein.** Bolz *Terenz* (1544) 80a • *bair.* **lotteln,** *wie* **lottern,** *wackeln, schlottern.* Schm. 1, 1540 *Fromm*

LUDELN *verb.* • *ein tonwort verschiedener bedeutung.* • *saugen, lullen wie säuglinge.* Schm. 1, 1445 *Fromm*: **wie er** (*der kleine*) **mit den lippen wetzte, ludelte und sich zuweilen lächelnd schüttelte.** A. Silberstein, *didaskalia vom* 21. *dec.* 1872 • *eine melodie leiern, dudeln:* **es ludeln und dudeln die schleifenden pfeifen.** Clajus *bei* Schottel 910 • *östreichisch* **ludeln** *jodeln.* Schm. a. a. o. • **obersteirisch ludlazn,** *pfeifen, einen jodler blasen.* Rosegger 200: **s is n völli in d füasz gfohrn, wia da stoansteirische obn ludlazt.** 67 • *auch weinerliche töne ausstoszen; greinen, leiern:* **die kinder ludeln dazu** (*zu einer rührenden strophe*), **die alten weinen.** Arnim *schaub.* 1, 34 • **ludeln, lulu machen,** *in Kärnthen harnen.* Lexer 181

LUFTHONIG *m.* • *honigthau.* Nemnich

LUFTIGEN *verb.* • *luftig machen, in die luft heben:*

vier mittel ... ergreift er (*Klopstock*) **um seine gestalten zu luftigen, auf einer Ossianswolke zu verglasen.**
J. Paul *vorsch. d. ästh.* 2, 157

LUFTSCHIFF *n.* • *schiff zum durchsegeln der luft. das 18. jh. hat sich auch vor erfindung der Montgolfièren mit herstellung eines solchen beschäftigt:* **luftschiff, eine zwar in der theorie ganz richtige, in der ausübung aber unmögliche maschine, worauf man vermittelst gewisser daran bevestigter groszer und luftleerer kugeln, in der freien und obern luft von einem ort zum andern fahren kann.** Jacobsson 2 (1782), 645b • **der mechanicus, der die berühmten luftschiffe bauen konnte, ist in das reich der todten abgesegelt.** D. Stoppe *Parnass* (1735) 514 • **man lasse auf ihre** (*der verschwender*) **unkosten luftschiffe bauen, und den erfolg auf ein gerathewohl ankommen.** Mylius *bei* Lessing 4, 458 • **auf denn** (*sagt ein teufel zum andern*), **besteige den bock, du verhungerter! viel zu kraftlos / sind, zu durchfliegen den weg, die schrumpfigen häute der flügel. / armer, du wiegst ja so leicht, wie die qualmige blase des luftschifs!** Voss 2, 266 (*v. 1780*) • *nach der Montgolfierschen erfindung:* **am**

schlusse seines gedichtes ruft er die herren Charles und Robert auf, zu eilen, um das grosze werk zu vollenden, und ihr luftschiff mit rudern und segeln auszurüsten. Wieland 30, 34 • das schicksal des ungeheuern Lyoner luftschiffes, welches die herren Montgolfier, Pilatre de Rozier und einige andere im triumf nach Paris führen sollte. 98

LÜGENGLÜCK n. • *glück, welches lügt, täuscht:*

zum letzten mal traut ich dem lügenglücke. Körner 2, 286

LUMPENBESCHÄFTIGUNG f. • *nichtswerte, bettelhafte beschäftigung:* die ihren lumpenbeschäftigungen oder wohl gar ihren leidenschaften prächtige titel geben. Göthe 16, 15

LUMPENURSACHE f. • *armselig geringfügige ursache:* und gewisz es verlohnte sich wohl der müh, dasz er so einer lumpen-ursach willen einen fladenkrieg anfieng. Chr. Weise *erzn.* 147 *Braune*

LUMPENZUCKER m. • *gemeiner kochzucker, schlechter grober zucker.* Jacobsson 2, 646a • *aus dem englischen* lump-sugar, *wegen seiner klumpichten beschaffenheit übernommen. bildlich:*

aber meistens nur leserinnen aus den mittleren ständen dürfen sagen, dasz sie durch den überzug mit lumpen- und rosenzucker, worin man bisher ihnen den miszpickel und fliegenstein der wissenschaften vorsetzte, sich doch nicht haben reizen lassen, an den wissenschaftlichen arsenik zu lecken. J. Paul *biogr. belust.* 1, 109

• *in der fabriksprache Niederdeutschlands heiszt der rohe zucker auch nur* lumpen. Schütze 3, 58

LÜNDISCH adj. • *aus London stammend. das adj. erscheint seit der 2. hälfte des 15. jahrh. in verbindung mit* tuch *oder* kleid, *beides den englischen stoff bezeichnend, der vom stapelorte London aus versendet wurde, und seiner güte wegen den niederländischen tüchern, die noch im 14. jahrh. den deutschen markt beherscht hatten, ein empfindlicher rival war:* nym die Bernarder erfür, die solten noch ir regel krank schlecht kleider tragen, aber nun ist es do zů kommen,

das sie lündisch und mechelsch tůch tragen, und wellen nume münch, sunder thůmherren sein. Keisersberg *bilg.* 42b. • **drei ellen rot lündisches tuch ... eine elle lundisches weisztuch.** *preise beim Zürcher freischieszen* 1465, *Zachers zeitschr.* 1, 462 • **du must mir in diser nechsten mesz einen lündischen rock kaufen.** *de fide conc. 1* 16 • **die buren went kein gyppen me, / es musz sein lündsch, und mechelsch kleit, und ganz zerhacket und gespreit.** Brant *narrensch.* 82, 15 • **ein armer müller mein vatter war, mit staub und kley bestaubet gar, nehrt sich seinr teglichen arbeit, / war nicht mit lündschem thuch gekleidt.** B. Waldis *Esop* 2, 54, 74 • *dafür:* **ein schneider kauft ein tuch von Lunden.** 4, 43, 1 • *es hiesz dies tuch auch kurzweg* **lündisch,** *und da es vielfach scharlachfarben war,* **roth lündisch, löndsch,** *verderbt* **lünsch, lindisch: einer frauen einen zwickmantel ...** (*wie viel wird dazu gebraucht*) **lundisch, Besenecker, meisnisch, purpuranisch, gerisch tuch, Leipziger tuch, gut zwickisch, Giesner kiersingk, gut grimmisch, leidisch tuch?** *hallische meisterstücksfragen von* 1579 *mittheilungen des sächs.-dür. alterthumsvereins* 11, 468 (lündisch *s.* 466 *u. ö.*, lindisch *s.* 464) • (*ihr reichen*) **gond har in sammat und syden, jr tragen lünsch und wir den zwilch.** U. Eckstein *rychstag* 841 • **ich bitt dich, züch mit mir, jungs mendsch, ich wil dich bkleiden in gůt löndsch / von füeszen an bis uf die scheitle; du wärist grad für mich ein meitle!** H. R. Manuel 322, 498 *Bächtold* •

ach bruder, liebster bruder mein, las dir die red befohlen sein, rot lindisch wil ich dich kleiden. *Ambraser liederb. no.* 115, 28

• **wann er nun hinuf kombt, soll er ain schwarzen lindschen mantel umb haben.** *Zimm. chron.* 3, 472, 9 • **dan da můs er ins büchslen blosen, / er kauft wol drum zwei lündsch par hosen.** Schade *sat. u. pasqu.* 2, 219, 834 • **lündisch** *später vom tuche auch blosz fein, ohne dasz man mehr an die herkunft von London denkt:* **und selde ich meen neu hütt und den lündischen rauck druff setzen** (*dran wenden, an die erwerbung eines hundes*). A. Gryphius *Dornrose,* 1. *druck,* s. 13 • *schweiz.* **lündsch,** *weich, zart, fein, zunächst von wolle und wollenem tuche* Stalder 2, 185 • *redensart:* **nicht von lündischer tuch wegen mit einem handeln,** *etwas ungewöhnliches, verdächtiges mit ihm abmachen.* Schm. 1, 1488 *Fromm*

LUNZEN *verb.* • *ruhen, faul sein, sich faul wälzen* (*vergl.* **lunze** [3]):

> **ganz im sause lebet ir, wol gebettet und bekleidet, fürwar wüstet jrs anders, jr würdet die bette und lustige lager, mit augenthrenen waschen, da jr nu auf** (*darauf ihr nun*) **lunzet und lust habt.**
> Luther 1, 21a

• **sîn vil lôseȝ lunzen / machet mir vil grâwen loc, swenne er in ir schôȝ sich leit.** Neithard 68, 8 • **und** (*die frauen*) **wollen nun pulen haben die hinden nach in traben, / und die in allezeit in der schosz lunzen, das uns ye verdrosz.** *fastn. sp.* 1411 • **lunschen, lunsen, lunzen,** *svaviter adniti, cubando ludere in lecto, ut infantes et alii, cum vigilant, nec tamen surgunt.* Stieler 1055 • *hessisch* **lunzen,** *leicht schlummern, halbschlummernd sich im bette halten, sich behaglich zum schlummer niederlegen, im fuldaischen* **loinzen** Vilmar 255 • *henneberg.* **lunzen,** *mit geschlossenen augen, aber mit wachem bewustsein ausruhen* Fromm. 3, 135 • *nassauisch* **lunzen, lonzen, lunzeln,** *leicht schlummern, besonders morgens, wenn der eigentliche schlaf vorbei ist, im bette bleiben und den faulen machen* Kehrein 267 • *bairisch* **lunzen, lunzeln, lünzeln,** *leicht schlummern* Schm. 1, 1495 *Fromm* • *in Tirol* **lunzen** *sich legen, sanft schlummern* Schöpf 403 • *in Kärnthen* **lunzen,** *morgens noch im bette liegen.* Lexer 182 • *auch niederdeutsch, in Waldeck,* **lunzen,** *schlummern* Curtze 483a • *in Göttingen* **luntjen, lunschen, lunzen,** *den kopf zum schlafen anlehnen, namentlich von einem kleinen kinde, welches auf den armen getragen wird, oder auf dem schosze sitzt, auch leicht schlummern* Schambach 128a • *in Hamburg* **lunschen, aflunschen,** *ein mittagsschläfchen machen* Schütze 3, 58 • *in Stade aber heiszt* **lunschen** *hinken, kümmerlich gehen.* *brem. wb.* 3, 100 • *schweiz.* **luntschen** *schlumpen, von kleidern, auch sich schlaff bewegen, den faulen spielen.* Stalder 2, 185 • *die sinnliche bedeutung, die dem verbum bei all seinem verschiedenen sinne zu grunde liegt, zeigt das bair. adj.* **lunzig, lunzet,** *in der Oberpfalz und in Nürnberg* **lünzen,** *weich, lind, als gegensatz des steifen, körnichten, von tuch und leinwand* Schm. *a. a. o.*

LURKEN *verb.* • *lahm sein in der rede, stottern, stammeln:* **lurgken, in der red stoszen und schwanken,** *labare sermone* Maaler

276b • land üch lingen, ir herren die arzet! dann die mess ist ie lenger ie schwecher, sie kürblet und lurket an der red. N. Manuel 227, 6 *Bächtold* • do huob er an ze lurggen do: so, du du du hürrensun, so, / des ha ha hab du dich verwegen, / du ma ma macht nit mer geleben. *ring* 5a, 28 • *vgl.* lurtschen.

LURTSCHEN *verb.* • *lahmen mit den füszen:* lurtschen, latschen, schlirpen ... *attare, talipedare.* Stieler 1185 •

wie ich ferner im gespräch fortfahren wolte, kam einer mit einem aufgethanen buch in der rechten hand daher zu lurtschen. Philander 1, 243.

• *schwanken:* er lurtschet, wie bald ist er mit einem wort überwunden (*labascit, victus uno verbo quam cito*). Bolz *Terenz* 48a • *im Baselbiet* lurtsche *behaglich, langsam saugen, bedächtig trinken, auch mit der sprache nicht herausrücken, undeutlich reden, schnarren.* Seiler 196b • *das bretspiel* lurtsch *spielen:* in alea primus modus est, das lurtschen, buff, contrabuff, regalbuff, dickedäcket. Moschcrosch *de exerc. acad.* 357

LUST

LUSTBEQUEMEN *n.* • unsre sinnen sind die hand, da wir willig mite nehmen, / was uns zeugt die schnöde welt, an vermeintem lustbequemen. Logau 3, 60, 17

LUSTBERAUSCHT *part.* • liebste! nein, nicht lustberauscht, / sondern ruhig nüchtern, / hat sich herz um herz getauscht. Rückert 369

LUSTFEIERN *verb.* • *fröhlich feiern:* und weib und kind im rundgesang beim walzer und beim becherklang lustfeiern unser glück. Schiller *graf Eberhard der greiner*

LUSTFREUND *m.* • *freund der lust, der fröhlichen stimmung:* wein wil von nöhten sein, / der giebt dem herzen herz, und stärket mark und bein. / das kan Lyeus thun, der starke, der bezwinger, der lustfreund, herzenstrost, geistreger, sinnendringer. Fleming 37 • lustfreunde *als überschrift zu folgendem:* den beweinen wir am meisten, wenn er fort sich macht, / der am meisten, weil er lebte, mit uns hat gelacht. Logau 2, 190, 72

LUSTGRÜNEND *part.* • (*sie*) spürn wasz ecclesiastes spricht, in frölich und fryem gemüt / ein lustgrünendes alter plüt. H. Folz, *fastn. sp.* 1263

LUSTREISENDER *m.* • worauf lustreisende, welche diese gegend zu besuchen beabsichtigen, aufmerksam gemacht werden. *zeitungsartikel von* 1858

LUSTREIZEND *part.* • lust- und libesreiszende schönheit. Butschky *kanzl.* 575

LUSTTAUMELND *part.* • o lieber süszer wonnetraum! / ruft Sixt, und springt von seinem schragen lusttaumelnd auf. Wieland 9, 207

LUSTWIEHERND *part.* • lustwiehernd fliegt das rosz vom hügel. *Götting. musenalm.* 1777 *s.* 45

LÜSTERNARR *m.* • *narr der da lüstert, lüstern ist:* solche lüsternarren und sichere weltherzen. *Simpl.* 1 (1713) 176

LUTSCHBEUTEL *m.* • *saugbeutel oder beutelartig zusammengelegter sauglumpen kleiner kinder.*

LÜTZELHÜBSCH *adj. und adv.* • *nicht hübsch, unschön* (*nach* lützel[8]): was kan ein spiegel dazu, das er ein lützelhüpschen lützelhüpsch anzeigt? *Garg.* 5

M • *in den urverwanten sprachen entspricht ihm im allgemeinen ebenfalls* m *(maus, ahd. mûs, kslav. myši, lat. mus, griech. μῦς, sskr. mûshî; same, ahd. sâmo, kslav. sěme, litt. sėmů, lat. semen; um, mhd. umbe, ahd. umpi, lat. ambi-, griech. ἀμφί). neuhochdeutsches* m *ist nach seinem vorkommen im anlaute, inlaute und auslaute zu skizzieren, wobei rücksichtlich seiner berührungen mit dem nächstverwanten nasal* n *auch zu vergleichen.*

☞ S. 214–229

MACHMANN *m.* • *einer der einen mann macht, nur vorstellt, ohne es zu sein, scheinfigur:*

einen machmann aufwerfen, das ist, einen zum schein bestellen, als kaufte er etwas von einem, stellt es ihm aber hernach wider zu, damit er zum nachtheil anderer es wider die anstalten verkaufen möge. Frisch 1, 631a *(mit bezug auf die Straszburger pol. ord.* 1628 *append. s.* 34).

• *dim.* **machmännlein** *von einem scheinmanöver:* **den 18. februarii hůlt der bischof selbs mesz zu Laufen, darvon ... ein tumult und grim by sinem volk entstanden ... es was aber nur ein machmänlin, vom bischof angericht, domit er erfaren möchte, wie sich die Baszler gegen inen halten wurden.** *Basler chron.* 1, 182, 33 • *das wort ist eine imperativische zusammensetzung, wie* **machetôre** *hanswurst* Vilmar 257

MACHTENTSETZT *part.* • *der kraft beraubt, entblöszt:* **gebundene und machtentsetzte arme teufel.** Ayrer *proc.* 3, 2

MÄCHTIGHOLD *adj.* • (*eine erscheinung*) **die nicht als ein spiel der phantasie, sondern als ein geglaubtes, mächtigholdes, durch sich selbst bedeutendes wesen dasteht.** Herder *z. litt.* 17, 143

MADENFRESSIG *adj.* • *was für die maden zum fressen ist:* **das schabenessig und madenfressig alter.** *Garg.* 32a

MÄDCHEN

MÄDCHENANGESICHT *n.* • **aus dem moose schauen blümchen keusch empor, schaun, wie mädchenangesichter, rosenroth.** Platen 77 • **ein bild enthielts** (*das kästchen*), **ein mädchenan- gesicht.** 171

MÄDCHENBEÄUGELND *part.* • **du mädchenbeäugelnder schütze.** Stolberg 11, 380 • *nach Il.* 11, 385 *παρθενοπῖπα*, **mädchenbeäugler** Voss

MÄDCHENFRESSER *m.* • *für einen, der liebesgenusz bei mädchen begehrlich sucht:* (*ein trank, welcher*) **ein vortreffliches konfortativ ist, dessen Koxkox weniger als irgend einer von unsern angeblichen mädchenfressern nöthig gehabt zu haben scheint.** Wieland 14, 35

MÄDCHENHELD *m.* • *held bei mädchen:* **auch hiesz er überall / der mädchenheld.** Wieland 18, 305

MÄDCHENKENNER m. • welches mädchen ist ihr gleich? / sagt, ihr mädchenkenner, saget: / wers erjaget, / hat der nicht ein königreich? Uz 1, 71

MÄDCHENMILDE f. • sittsam war dein aug, voll mädchenmilde, der die andacht reize lieh. Hölty 160 *Halm*

MÄDCHENMUND m. • (*er*) schlich ... in mein zimmer, / so schändliches, ihr herren, von mir fordernd, dasz es kein mädchenmund wagt auszusprechen! H. v. Kleist *zerbr. krug, 12. auftr.*

MÄDCHENSOMMER m. • *nachsommer. auch die fäden, die zu dieser zeit auf den feldern herumfliegen. vergl.* altweibersommer.

MÄDCHENSORGE f. • nichts da hielten wir uns verborgen, / nicht die heimlichsten mädchensorgen, / nicht den ahndenden morgentraum! Voss 5, 129

MAGENFRAGE f. • *eine den magen, die ernährung beschlagende frage:* das allgemeine wahlrecht von 89 bis 96 procent der bevölkerung als magenfrage aufgefaszt. Lassalle *offnes antwortschreiben* (1863) *s.* 38

MÄHNENUMFLATTERT part. • diesem traf er den mähnenumflatterten kegel des helmes. Bürger 218b *(Il. 4, 459). vgl.* mähnenbusch.

MAIENBADEN verb. • das sie frey dahin faren in alles gůts, darinn leben, schweben, und mayenbaden. S. Frank *parad.* 130b

MAIENFRÜHROTH n. • *frühroth, morgenröthe im mai:* vom maienfrühroth angelächelt. Hölty 79 *Halm*

MALEFIZIG adj. • *dem peinlichen gericht zufallend:* der malefizige, *maleficant.* *Salzburger stadtordn.* 1524 *bei* Schm. *a. a. o.* • die malefizigen personen. *tirol. landes-ordn. v.* 1526 *bei* Schöpf 417 • *als adverb verstärkend, sehr.* Schm

MÄMMELN verb. • *ein wenig trinken, im trinken* läppern: *subbibo* ich trink ein wenig, mämmele. Dasyp • in zimlicher weise trinken, mämmeln, *subbibere* Calepin. (1570) 1475 • *schweiz.* mämmelen *und* mammen, *gern trinken, sichs dabei behagen lassen.* Stalder 2, 195 • *kärntnisch* ammeln *und*

mammeln, *dem kinde die brust reichen, es ätzen* Lexer 6 • *bair. aber ist* **memmeln** *und* **memmezen** *ausdruck für das oft wiederholte bewegen der lippen, besonders beim kauen, wiederkauen, leise sprechen u. s. f.:* **der has, der künighas memmelt. der alte hat das maul voll brod und memmelt ... wer seinen unmuth nicht laut auslassen darf, macht sich mindestens durch memmeln luft.** Schm. 1, 1598 • *Fromm., was zu ahd.* **lefs-mammalôt** *balbutit* (Graff 2, 728) *stimmt und sich mit dem vorhergehenden* **mammeln** *berührt • vgl. auch* **mummeln.**

MANCHERLEIHEIT *f.* • **eine identität, keineswegs aber eine mancherleiheit.** Fichte *nachgel. werke* 3, 357

MANGEN *m.* • *geschmack den dinge fürs kosten mit der zunge haben:* **der mangen, so sich am ässen oder trinken, gustando am versůchen empfindt,** *sapor.* Maaler 283b • **süszer mangen gleich wie honig,** *mulseus sapor,* **mangen, der einen auf zungen beiszt,** *vellicans linguam sapor. ebenda mit noch mehreren beispielen; die bedeutung des wortes, das hier weiter nicht belegt werden kann, ist vielleicht aus der des aussehens oder guten ansehens geflossen, vgl. nachher das zweite verbum* **mangen.**

MÄNNERMÖRDERIN *f.* • **du mennermörderin, wiltu mich auch tödten, wie du die sieben menner getödtet hast?** *Tob.* 3, 10

MANN

MANNESFALLE, MANNSFALLE *f.* • *von einer frau, die nach einem manne stellt:* **es befand sich im Saurbrunn eine schöne dame, die sich vor eine von adel ausgab, und meines erachtens doch mehr mobilis als nobilis war. derselben mannsfallen wartete ich trefflich auf den dienst.** *Simpl.* 2, 27 Kurz

MANNESNACHTMÜTZE *f.* • **dagegen verbilden sich die weiber durch weisze, baumwollene, zottige, sehr weite mützen, als wären es unförmliche mannesnachtmützen.** Göthe 27, 24

MANNMÄCHTIG *adj.* • *der mannheit* **mächtig,** *zeugungsfähig:* **man gab aber dem gutten magster die schuldt, wie das er nit stroporzeln kündt und nicht mannmächtig wäre.** *Katziporus* y 7b

MANNWEIBLICHKEIT *f.* • besonders fesselte mich Chlorinde (*in Tassos befreitem Jerusalem*) mit ihrem ganzen thun und lassen. die mannweiblichkeit, die ruhige fülle ihres daseins, thaten mehr wirkung auf den geist, der sich zu entwickeln anfing, als die gemachten reize Armidens. Göthe 18, 33.

MAPPIEREN *verb.* • *landkarten entwerfen, vgl. oben unter* mappe[1]

MARBERARM *m.* • *arm wie marmor:* o schöne marberarm! Weckherlin 767

MARDERMUFF *m.* • *muff von marderfell*

MARKTGEBRAUS *n.* • *brausendes treiben auf einem markte:* wie rollt in den gassen das marktgebraus! / welch ein getümmel, geblitze! / hanswurst schaut über die bude hinaus, / und winkt mit der klingenden mütze; / karossen rasseln, der trinker jucht ... v. Droste-Hülshoff *ged.* 240

MARMELBALLEN *m.* • *plur. die weiblichen harten und weiszen brüste:* ihr himmlisch antlitz ist ein paradisz der lust, / der adern blauer türcks durchflicht die zarte brust, / zinober quilt aus milch, blut aus den marmel-ballen. Lohenstein *Cleopatra* 27, 923

MARMORGEMACH *n.* • *gemach aus marmor:* ward sie athemlos und schlaff von hinnen getragen / in ihr marmorgemach, und gesenkt aufs polster der ruhe. Bürger 250b

MARMORHERZIG *adj.* •

undankbarkeit, du marmorherzger teufel! *Shakesp. Lear* 1, 4

(ingratitude, thou marble-hearted. fiend).

MASCHINENGOTT *m.* • *deus ex machina:* sogar das reisen in romanen, das den maschienengöttern ein freies aber uninteressantes spiel erlaubt. J. Paul *uns. loge* 1, xxiii • weil ich über das gewöhnliche herrnhutische ehe-looseziehen der mädchen nachsann, die in gewissen jahren gröszere gefühle als kenntnisse und im leeren herzen ein anonymes opferfeuer ohne gegenstand haben ... und die dann an die erste beste erscheinung von maschinengott ihren altar hin schieben. *Qu. Fixl.* 25

MASCHINENHAFTIGKEIT *f.* • ich will mir einmal das vergnügen verstatten, mir einzubilden, der mensch wäre schon auf eine viel höhere stufe der maschinenhaftigkeit gerückt und ich will nur, da ichs einmal darf, mir gar vorstellen, er stünde auf der höchsten und hätte statt der fünf sinnen, fünf maschienen. J. Paul *teuf. pap.* 2, 262 • in nichts offenbaret sich die herzlose maschinenhaftigkeit der neueren mehr als in der dürre ihrer feste. *dämmerungen* 77

MÄSZIGKEITSFREUND *m.* • *freund der mäszigkeit.* *grenzboten* 1846 s. 467

MÄSZIGKEITSGESELLSCHAFT *f.* • *gesellschaft deren mitglieder sich zur mäszigkeit in speise und trank verbünden.* *ebenda*

MATTAUFFLIMMERND *part.* • beim schein der mattaufflimmernden lampe. Pyrker *Tunis.* 2, 197

MATTBLÖKEND *part.* • die abendglocke ruft den müden tag zu grabe, / mattblökend kehrt das vieh in langsam schwerem trabe / heim von der au. Gotter 1, 132

MATTERTELLIG *adj.* • *müde, verdrieszlich, abgeschlagen:* mattertällig, müd, mad, *defessus, fessus, fracidus* Maaler 284d • einen schwach oder mattertellig machen und verderben, *frangere et comminuere aliquem.* *ebenda* • die gesundt langwirig natur steht allein in dem dürren leib, und gar nicht in masten, feuchten und mattertelligen cörpern. Paracelsus *opp.* 1, 1036 B • *das wort lebt noch in Graubünden und Basel:* mattertällig, mattertellig, *müde, matt, verblüfft, trübsinnig* Stalder 2, 200 • matterdällig, *bleich und abgezehrt, matt, müde; wer lange keinen schlaf genossen oder des weines zu viel genommen, dasz er die flügel hangen läszt, der heiszt* matterdällig Seiler 205a • *mhd. war* matertelle, materelle *ein geschosz, eine bolzenart* (*mhd. wb.* 2, 1, 89a. Schultz *höf. leben* 2, 174) • *ob das alemannische, so völlig einsam stehende wort ursprünglich einen mit solcher waffe getroffenen meint, steht dahin.*

MAUERAN *adv.* • *die mauer (einer stadt) empor:* die von Viane steigen maueran. Uhland *ged.* 422

MAUERSCHAUER *m.* • *beschauer von mauern:* wohlgereist, aber kein bloszer mauerschauer, sondern der die sitten, manier, rechte und gewohnheiten fremder nationen mit heim getragen. Butschky *Patm.* 401

MAUL

MAULAFFEN *verb.* • *sich wie ein maulaffe geberden:* **dies gethan, sind sie froh, maulaffen zu dürfen.** A. Schopenhauer *parerga* 2, 72 • *in umdeutung* **maulaufen: das glück vermaulaufen.** S. Frank *bei* Schm. 1, 1586 *Fromm*

MAULBRAUCHEREI *f.* • *vergl.* **das maul brauchen** *unter* **maul** 7, *d am ende*: **das mittel zum überspringen der anschauung und zur frühern maulbraucherei.** Fichte *nachgel. werke* 3, 270

MAULESELARZT *m.* • **es hatte ein männichen böse augen, der gieng zu einem pferde- und mauleselartz, und begehrte artzney von ihm.** *pers. rosenth.* 7, 14

MAULFREUND *m.* • *amicitiae simulator, der nur in worten und nicht in der that ein freund:* **maulfreund, ohrenfreund, gastfreund, Jacobs spraach und Esaus händtfreund.** Lehmann *floril.* 1, 231 • **so kommen oft maulfreunde, klagen das leid, und sagen, es ist ein groszes creuz, ein groszes unglück, mich jammert deiner.** Schuppius 258 • **und man oft erfähret, das, indehm einer für den andern zu sterben sich verlobt, noch dieselbe stunde zwischen solchen neugebackenen brüdern uneinigkeit und kazbalgerei entstehet, wi an etlichen, des herrn maulfreunden neulich alhir erfahren.** Butschky *kanzl.* 416

MAULFROMM *adj.* • *fromm mit dem maule (nicht mit dem herzen):* **die Phariseer ain scheinbar, maulfrumm und handtfrumm leben füreten.** S. Frank

MAULHURE *f.* • *die mit worten unzüchtig ist, unzüchtige worte im munde führt:* **ein weib wann sie nur umb den ars fromm ist, got geb wie es umb jr herz, hand und mund sei und stehe, so ist sie ein erbar weib und fromm, ... ob es schon ein maulhůr, ein diebische finanzische hůr ist.** S. Frank *sprichw.* 1, 86a • **es seind nit allein leibshůrn, sondern auch weinhůrn, maulhůrn, diebisch hůrn, die den leuten zu zeiten jr hab und gůt ... mit jrm bösen maul stelen.** Agr. *spr.* 279a • *in Düringen sagt man auch von einem mann, der unausgesetzt zoten reiszt,* **er ist eine maulhure.**

MAULSÜNDE *f.* • *mit dem maule, durch sprechen begangene sünde:* **maulsünden,** *verborum obscenitas, dicta proterva, verba petulentissima* Stieler 2240 • **die maulsünden bekennen.** Pestalozzi 2, 69

MAULTAND m. • *müsziges treiben mit dem maule, schwätzerei:* **die arznei ist kein geschwetz, kein mauldant, kein pomp.** Paracelsus *chir. schr.* 644 A

MAULTHIERMÄSZIG adj. und adv. • *nach dem masze eines maulthiers:* **so maulthiermäszig überlastet / ward ich von dingen klein und grosz.** Kl. Schmidt *bei* Campe

MAULVERBISSEN part. • *mit verbissenem maule:* **seht mal den Spanier an, der steht am pfeiler / so starr und maulverbissen.** Tieck 3, 418

MAULWURFSAHNDUNG f. • *blinde ahnung:*

das ist das erstemal in meinem leben, dasz ich hoffe. das andre waren maulwurfsahndungen. Göthe 42, 213

MAULWURFSWAHN m. • *blinder oder kurzsichtiger wahn:* **und wider seine (*gottes*) wahl will unser maulwurfswahn, / will stolze blindheit recht behalten, / und eine welt im schoosz der nacht verwalten?** Uz 1, 210

MÄUSELN verb. • *nach mäusen riechen.* Schm. 1, 1666 *Fromm* • *auch von einem unreinen geschmack des weines:* **das meüselen, ein besunderbarer geschmack an etlichen alten weinen,** *caries vini.* Maaler 289b • *vergl. dazu* **mausicht** 1

MÄUSELN • *dim. von* **mausen** *s. dasselbe* 3 *a. e.*

MEER

MEERANSTÖSZIG adj. • **alle schiff, damit jhr gegen Gallicien und Portugal streifet, und alle meeranstöszig land bisz gen Vlisbona blündert.** *Garg.* 219b

MEERGEWOHNT adj. • **alle meergewohnten vögel / ziehen heim in eilger flucht.** Schiller *Hero u. Leander* • **ölbäume stehn am minderschroffen bergeshang, / die meergewohnte myrte blüht / nach allen seiten.** Platen 123

MEERHAUCHFEUCHT adj • (*hier*) **ruh ich an meerhauchfeuchtem rosmarin.** Rückert 301

MEERSCHAUMSKIND *n.* • *dem schaume des meeres entstiegenes kind, Venus:* du schönes meerschaumskind! Lohenstein *auserles. ged.* 1, 240

MEERÜBERFLATTERND *part.* • schwarzbeinigte vögel, / mit weiszen flügeln, meerüberflatternde (*die möwen*). H. Heine 15, 247

MEHRBEDEUTET *part.* • *mehrfach erwähnt,* vergl. 21 sp. 1881: ich wil einen menschen bei nacht ... an der stimme durch ein solches instrument erkennen, er sei gleich so weit von mir, als ihn einer durch ein perspectiv bei tag an den kleidern erkennen mag. ich kan aber keinen verdenken, wann er mir nicht glaubet, was ich schreibe, dann es wolte mir keiner glauben von denjenigen, die mit ihren augen sahen, als ich mehrbedeut instrument gebrauchte und ihnen sagte: ich höre reuter reiten. *Simpl.* 1, 247 *Kurz*

MEILENFERNHIN *adj.* • es soll / der glanz, auch meilenfernhin, seiner waffen / dein heer nicht schrecken, seiner rosse ferner tritt / dir kein gelächter einer jungfrau stören. *ebenda,* 5. *auftr*

MELANCHOLEN *verb.* • *melancholisch sein:* sie melankolen wohl zu zeiten, / dasz sie mit solchen grillen streiten. Tieck 13, 245 • *sonst mit fremder bildung* melancholieren. Spee *trutzn.* 72

MELODIENBLITZ *m.* • dann ergreift ihn (*den tondichter*) ein bacchantisch wüthen, / wilde melodieenblitze sprühn. Körner 1, 115 *(bei der musik des prinzen Louis Ferdinand)*

MERKSAMLICH *adv.* • *wie* merksam: merksamlich, mit scharpfen geschmack und gespor, weiszlich, *sagaciter.* Maaler 289a

MESSERRÜCKENDÜNN *adj.* • und wär mein helm gleich und die stirn, / die drunter, / durchsichtig, messerrückendünn, zerbrechlich, / die schale eines ausgenommnen eis. H. v. Kleist *Käthchen v. Heilbr.* 5, 1

MEUCHELLISTIG *adj.* • meuchellistige regenten. Butschky *Patm.* 525 • weil die alten Teutschen so ehrliche, aufrichtige biedermänner gewesen, dasz sie von dergleichen meuchellistigen sachwaltern und leutbetrügern nichts gewust. Harsdörfer *lustu. lehrr. gesch.* 1, 10

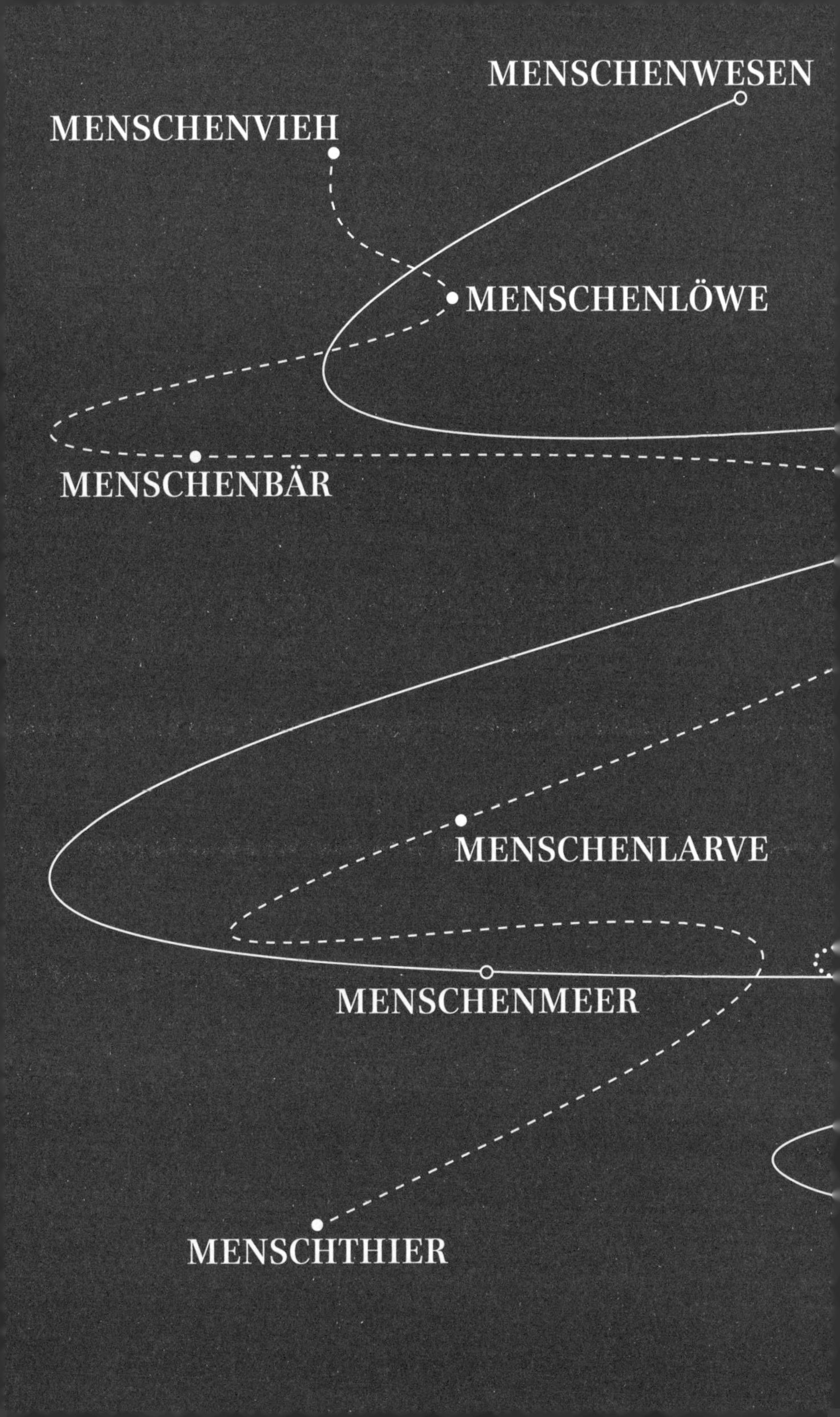
MENSCHENWESEN
MENSCHENVIEH
MENSCHENLÖWE
MENSCHENBÄR
MENSCHENLARVE
MENSCHENMEER
MENSCHTHIER

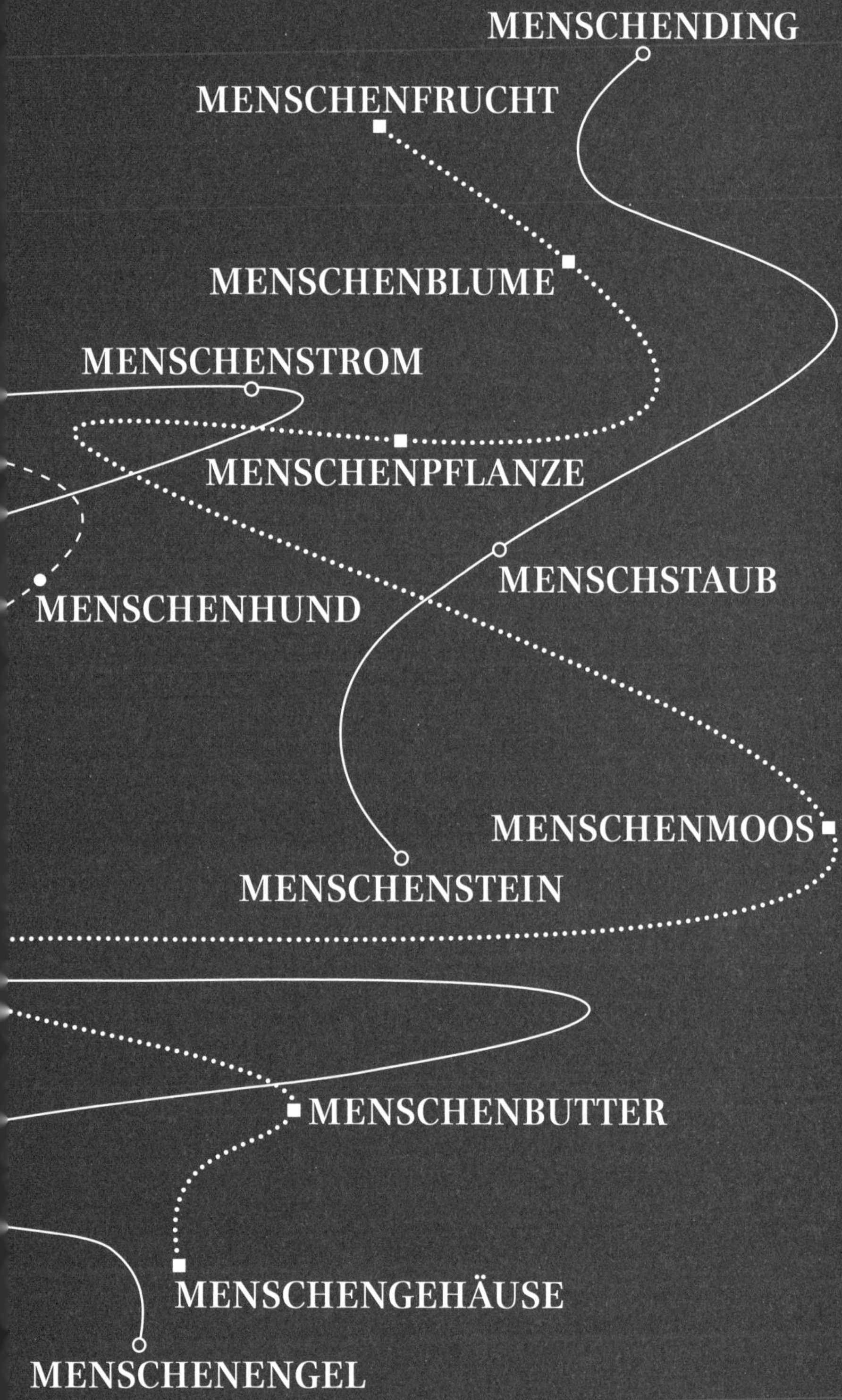
MENSCHENDING
MENSCHENFRUCHT
MENSCHENBLUME
MENSCHENSTROM
MENSCHENPFLANZE
MENSCHSTAUB
MENSCHENHUND
MENSCHENMOOS
MENSCHENSTEIN
MENSCHENBUTTER
MENSCHENGEHÄUSE
MENSCHENENGEL

MEUCHELMORDBRENNER *m.* • *heimtückischer mordbrenner:* der meuchelmordbrenner von Wolffenbüttel. Luther 8, 88b • Heinz von Braunschweig ist nu uberzeuget, dasz er erzmeuchelmordbrenner sei. *br.* 5, 345

MIENELN *verb.* • *die mienen spielen lassen, franz. minauder:* (*die jungen leute*) so mieneln und liebäugeln zu sehn. Lenz 1, 114

MILCH

MILCHFREUDE *f.* • *eine süsze unschuldige freude:* es war eine stille freude, eine milchfreude! o gott, was liegt in der unschuld, in der lautern milch der unschuld! Hippel 3, 240

MILCHHERZIG *adj.* • *weichherzig* (*vgl.* milch 6, *d*): milchherzger mann! / der wangen hat für schläg, ein haupt für schimpf. Shakesp. könig Lear 4, 2 *engl. aber* milk-liver'd man!

MILCHJUWELIERERIN *f.* • *spottende bezeichnung einer die die milch „schön macht", sie tauft, verfälscht:* (*die hausmutter soll*) die milch nicht verfälschen und betrüglicher weise ihrem nebenchristen zu schaden mit wasser vermengen, wie leider heut zu tage von vielen ungewissenhaften milch jubeliererinnen zu geschehen pfleget. öcon. lex. 1609

MILCHWEISZARMIG *adj.* • mich sandte zu dir die milchweiszarmige Here (*λευκώλενος Ἥρη*). Stolberg 11, 15 *(Il. 1, 208)*

MILCHZERFLOSSEN *part.* • zu stählen / seiner brüder milchzerflossnen muth. Schubart *ged.* 2, 70

MILDAUFDÄMMERND *part.* • *vgl.* mild 10, *b*:

(*die wolke*) sandte nur schauer, verbarg / den mildaufdämmernden tag. Stolberg 2, 83

MILLIONENFÄLTIG *adj. und adv.* • dir lächelt Luna, wann ihr licht / sich millionenfältig bricht. Stolberg 1, 174

MINDERMÄCHTIG *adj.* • die kleinen höfe beriethen in geschäftigen verhandlungen, wie sie durch einen bund der mindermächtigen sich decken sollten. Treitschke *deutsche gesch. im 19. jahrh.* 1, 65

MINKELN [verb.] • *übel duften, schlechten geruch haben:* **wann ers** (*der hund*) **dem ulmischen Schwaben hat gestolen, der jm einmal das mark zwischen der thüren zu dem hindern herausz klemmt, und es, wiewol es minkelet, für schmutz** (*wie fett*) **hinweg schlemmet.** [Garg. 22a] • **und sauget darausz dʒ substantzialisch wesenlich mark, nit wie der erstbenant hundsklemmer, die gerberzullen für minkelend schmer.** [*ebd*] • **kleien und minkelend hundsmark gehört in denselbigen hudler.** [24a] • *es ist das bair.* **munkeln, übel riechen,** *vom fleisch* [Schm. 1, 1627] • *Fromm., schwäb. ohne nasal* **meucheln,** *schimmlicht, nach fäulnis riechen* [Schmid 384] • *in Franken und dem östlichen Mitteldeutschland* **müchen, müchzen;** *auch das fuldaische* **mickeln** *in der redensart* **es mickelt ein bischen,** *es hat mit der sache nicht ganz seine richtigkeit* [(Vilmar 269)], *wofür anderwärts das bild* **es ist faul,** *gehört hierher. ob die wortfamilie mit dem* [sp. 2159] *aufgeführten* **meuchel-** *in verbindung zu bringen sei, steht dahin.*

MINNEWUND [adj.] • *liebeswund,* [von Voss] *nach mhd.* **minnewunt** *wieder angewendet:* **ach! bin inniglich / minnewund!** [4, 24 *(von 1773)*]

MINUTENFÜNF [n.] • *zeit von fünf minuten:* **zweiter viertelstunde erstes minutenfünf.** [J. Paul *kl. bücherschau* 2, 50]

MISCHGEMÄSCH [n.] • *wie* **mischmasch: ihr** (*sprachmenger*) **thut alles mischen / mit faulen fischen, / und macht ein mischgemäsch, / ein wüste wäsch.** [Philander 2 (1643), 123]

MISCHMASCHEN [verb.] • *confundere, turbare, turbellas excitare sive movere.* [Stieler 1279]

MISELN [verb.] • *mit mädchen schäkern:* **endlich fing ich an zu miseln, und da gings besser. die liebelei ist doch das probateste palliativ in solchen umständen.** [Göthe *an frau von Stein* 12, 22 (*vom 27. jan. 1776*)]

MISZMENSCH [m.] • *übel geratener mensch:*

ich habe versucht, von einem miszmenschen dieser art ein treffendes lebendiges conterfei hinzuwerfen, die vollständige mechanik seines lastersystems auseinander zu gliedern. [Schiller räuber, *vorrede*]

MITMEINEN [verb.] • *vereint meinen:* **mitmeinend** [Göthe 33, 129 (s. *die stelle unter* mitleiden 1)]

MITTELGLÜCK *n.* • *glück in der mitte zwischen zu viel und zu wenig:* **mir geliebet des sanfteren mittelglückes / daurender wohlstand.** Herder *zur litt.* 12, 160

MITTERNACHTGEGEND *f.* • *nordgegend:* **ich ging und sah gleich dem magnet, immer auf die mitternachtgegend hin.** J. Paul *Qu. Fixl. 231*

MOCKEN *verb.* • *schleichen, lauern:* **wie thut der Küntzel umb dich mocken! (: rocken). / hüt dich vor jm, wann er wol kan / den mägten das küemaul henken an** (*die bäurin zur magd*). H. Sachs *fastn. sp.* 1, 125, 48 • *mhd.* **mocken,** *versteckt liegen. mhd. wb.* 2, 1, 216a • *bair.* **mocken** *und* **mockeln,** *nur leise, verstohlene bewegungen machen oder laute von sich geben, aus furcht, trägheit, hinterlist, besonders aber aus* **ärger oder verdrieszlichkeit.** Schm. 1, 1566 *Fromm* • *das wort gehört zu der unter* **meuchel-** *sp.* 2150 *aufgezählten reihe, und* **mucksen,** *s. d., steht ihm zunächst.*

MODEMENSCH *m.* • *mensch nach der mode:* **wie ich ja schon in ihren** (*Lillis*) **cirkeln zu erscheinen, um gegen die tags- und modemenschen nicht abzustechen, meine kleidung von zeit zu zeit verändern, ja wieder verändern muszte.** Göthe 48, 65

MÖGLICHEN *verb.* • *möglich machen:* **weil unterirdische fluszgänge solche wasserfälle wohl möglichen.** Birken *ostl. lorb.* 55 • *vgl.* **ermöglichen.**

MÖHNISCH *adj.* • *für* **möndisch** (*vgl.* **mohn** *für* **mond** *unter dem letzteren worte*), *mondblind, eine krankheit bei pferden:* **man nennt ein möhnisch pferd dasjenige, welches mit einem flusz in den augen behaftet, der nur zu gewisser zeit des monds sich ereignet, zu andern zeiten aber das aug so schön bleibet, dasz man denselben keinen flusz nicht beimessen könnte.** Hohberg 3, 2, 199a • *vgl. dazu* **mönig.**

MOND

MONDFLÜSSIG *adj.* • **ein mondflüssiges pferd.** *ebenda*

MONDHUNDERT *n.* • *die zahl von hundert monaten* (*nach* **jahrhundert** *gebildet*)**: eh ein mondhundert entflohn war.** Klopstock 2, 182

MONDMENSCH *m.* • *mensch auf dem monde, mondbewohner:* **ich glaube, ... ich hätte sie so unsichtbarer gestalt leicht**

beschwätzen können, ob (*als ob*) wäre ich einer von desz obengedachten Paracelsi oder Kornmans luftoder erdleuten, oder gar aus desz Luciani monmenschen ... gewesen. *Simpl.* 3, 345 *Kurz*

MONDSCHEINÄHNLICH *adj. und adv.* • mondscheinähnlich / leuchtet er (*der entzückung sohn, der gesang*) manchmal sanft und entlocket zärtliche thränen. Stolberg 1, 199

MONDUMWIMMELT *part.* • der himmlischen ähre bewohner / sehen des mondumwimmelten sterns weitkreisenden lauf nicht. Klopstock 3, 43 *(Mess. 1, 646)*

MOPSNÄSICHT *adj.* • *der eine solche nase hat.* Kirsch *cornuc.* • *vergl. unter* mops [3] • *jetzt* mopsnäsig.

MÖRDERTRAUM *m.* • *traum eines mörders:* es wäre / kein unterschied mehr zwischen gut und böse, / wenn in der brust, wo mörderträume stehn, / des schlummers friedlich reich gedeihen könnte. Körner *Toni* 1, 2

MORDGESCHICHTLICH *adj.* •

das wehen und weben der räthselhaft mordgeschichtlichen romanzen ist hier (*in einem volksliede*) höchst lebhaft zu fühlen. Göthe 33, 196

MORDLÜGNERISCH *adj.* • *durch lüge mordend:* eure mordlügnerische philosophie hat die natur aus dem wege geräumt. Hamann 2, 281

MORGENROTHBESTREUT *part.* • eine junge, morgenrothbestreute / silberblum im paradies / warst du. Hölty 160 *Halm*

MORNIG *adj.* • *aus* morgenig *(sp. 2571). was den folgenden tag kommt: crastinus,* mornig Dief. 155b, *nov. gloss.* 117b • er sorgt gar nit auf den mornigen tag. S. Frank *chron.* (1531) 274a • des mornigen tags nam Magis urlaub. *Aimon bog.* D 3 • uf den mornigen tag. *Bocc.* (1555) 63 • du bist des mornigen tags kein herr. *Garg.* 95a • so kumbt dann erst der mornig tag. Brant *narrensch.* 31, 22 • mornig *bei* Keisersberg *auch von einem der auf den folgenden tag verschiebt: punibilitas crastinandi,* straf der mornigen. *brösaml.* 2, 75b • das letzt ist die sorglichkeit (*gefahr*) der morniger, die in penitenz verziehen, morn, morn, morn und nimmer hüt. 78a

MÜCHELN verb. brösaml. • *verderben, schimmlicht, anbrüchig riechen, iterativbildung zu dem folgenden, vergl. auch* **müchenzen: das mehl müchelt. Adelung;** *bei* Campe *ohne umlaut:* **das mehl, die butter muchelt,** *mit dem adj* **muchlig,** *verdorben, anbrüchig riechend oder schmeckend.*

MÜCKENSCHMALZ n. • *schmalz, fett von mücken; scherzhafte bezeichnung einer nicht vorhandenen oder unmöglichen sache:* **mückenschmalz,** *pro non ente ponitur.* Stieler 1878 • *vgl. mhd.* **bremen unslit, muken mark** *Haupts zeitschr.* 5, 15 • *in einer scherzhaften zauberformel; bild für etwas unendlich geringes:* **jener hofmann wolte einsmals menagiren, und befahle dem hofschneider er solle den pagen und lacqueyen nur einen schubsack in die hosen machen, das übrige könne man sparen ... allein Salomo hat von solchem mückenschmalz nicht reich werden wollen.** Schuppius 31

MUFFZEN, MÜFFZEN verb. • *iterativ zu* **muffen.** • *brummen, grollen, maulen:* **seh da, wer darf hiewieder nur muffzen? oder wie können die ketzer dem widersprechen.** Fischart *bienk.* 63b • *leise müffen, anbrüchig riechen:* **müffinzen,** *rancidum odorem spargere* Steinbach 2, 79 • *bair.* **muffezen, übel riechen wie** *verdorbenes fleisch* Schm. 1, 1573 *Fromm* • *nassauisch* **müffzen, mipsen, möpsen,** *nach schimmel oder moder riechen oder schmecken* Kehrein 285 • *hessisch* **müffzen,** *mit* **müffzening,** *einen modergeruch oder modergeschmack an sich tragend.* Vilmar 274

MUMMERDUM • *zunächst entstellt aus* **numerdum** (*in nomine domini*) *th.* 7, 981 • *was als segens-, bekräftigungs- und verwunderungsruf steht:* **er sie mit fewsten plewen war, / dergleichen sie jn widerumb, / mit groszem gschrei und mummerdumb.** H. Sachs 5, 380a

MUSCHELDASEIN n. • *verborgenes, abgeschlossenes dasein, wie es eine muschel führt:*

in meines muscheldaseins
selger blindheit.
Rückert *ges. ged.* 1, 155

MUSTERMENSCH m. • *mensch der andern als vorbild dienen kann:* **regelmäszig, schön gebildet, stand er** (*Leonardo da Vinci*) **als ein mustermensch der menschheit gegenüber.** Göthe 39, 122

MUTATMEND *part.* • **das muthathmende volk der Abanter.** Stolberg 11, 70 (*μενεὰ πνείοντες Il. 2, 536*)

MUTTER

MUTTERHERZENSFÜLLE *f.* • **da sie aus der ganzen mutterherzensfülle / niederschauet auf das süsze kind.** J. G. Jacobi 3, 32

MUTTERMÄUSCHENSTILL *adj.* • *allitterierende verstärkung von* **mäuschenstill** *sp.* 1821 *gleichsam so still wie ein mäuschen in seiner mutter leibe:* **hier sei man muttermäuschenstill.** Kotzebue *dram. sp.* 1, 24 • *vgl. dazu* **mutterstill.**

MUTTERSPRACHLIEBE *f.* • **wenn die schriftsteller genug selbstentsagung und muttersprachliebe hätten.** J. Paul *vorsch. d. ästh.* 2, 217

MUTTERSPRACHVERÄCHTER *m.* • **ohne diese erzehlte ohnärtige art vatterlandsund muttersprachverächter gibts noch eine andere gattung sprachhelden, welche jenen zuwider unser teutsches, gleich wie die affen ihre junge, nur gar zu hoch lieben.** *Simpl.* 4, 366 *Kurz*

MUTZUJAUCHZEND *part.* • **im schwarme der mutzujauchzenden freundschaft.** Voss 3, 117

MYRTENHAINSDÄMMERUNG *f.* • **seh ich in der vergangenheit goldener myrtenhainsdämmerung Lilan an deiner hand.** Göthe *in Mercks briefsamml.* 2, 40

N *ist der vierzehnte buchstabe unseres alphabets (vor der scheidung des* I *und* J *der dreizehnte.), gehört zur gruppe der sog. flüssigen und berührt sich vielfach mit m, aus dem es oft entstehen und wie dieses im in- und auslaute sonantisch werden, d. h. verklingen und aus- oder abfallen kann, wovon weiter unten gehandelt wird. das echte n entspricht in allen stellungen einem lingualen n der urverwandten sprachen (nacht eines hahn zu lat. nox unus canere).*

S. 232–239

NABELORAKEL *n.* • *auslegung des künftigen schicksals eines neugebornen aus der beschaffenheit seines nabels; kam vorzüglich im 17. und 18. jahrh. vor.* medic. encycl. 24, 429

NACH

NACHÄHNLICHEN *verb.* • *ähnlich, täuschend nachahmen, nachbilden:* **bilder, durch geschliffene gläser wirklichen gestalten nachgeähnlichet.** Voss *Shakesp. 2, 625* • **ich fand das abbild seinem urbild zug für zug meist glücklich nachgeähnlichet.** Rückert *ged.* 1847 508

NACHBARBIENE *f.* • **ich will dich von keiner nachbarbiene anfallen lassen, verstehst du?** Freytag *handschr.* 2, 36

NACHDUFTEN *verb.* • *intransitiv, hinterher duften, einen duft zurücklassen:* **lüfte / von nachduftenden wunderblumen.** Rückert 321 • **das nachduftende lavendelwasser der freude.** J. Paul *Titan* 1, 154 • *transitiv, duftend nachsenden:*

jeder reine kranz des lebens
hängt sich als ewge krone auf das kreuz
und jede blüthe duftet ewgen frühling
dem abgeschiednen von dem rasenhügel
in einklangsvollem strahlendufte nach. Körner *Zriny* 4, 8

NACHDUSELN *verb.* • *nachschleichen:* **thut ers, lasz ihn machen und rede ihm nichts darein: wo aber nit, hab acht, dussel dem fuchs nach.** Paracelsus *opp.* (1616) 2, 172b

NACHGACKELN *verb.* • *gackelnd nachsprechen:* **derselbig hett ein atzel ... aufgezogen und reden gelehret, dasz sie alles was sie höret, nachgacklet.** Kirchhof *wendunm.* 185b

NACHLÄMMERN *verb.* • *lente, molliter et sedato nisu aliquem sequi,* **wie die schafe nachlämmern.** Stieler 749

NACHLÄNDEN • *verb. intransitiv und reflexiv, sich einem ziele zuwenden, zukehren* (s. **länden** *th.* 6, 103): **gründlich der warheit nachzulenden.** Paracelsus 1, 150 • **aber der aussatz so er kompt verwandlet in die frantzosen, da gibt er ein schlaffend glid ... darumb so wisse solcher frantzosen art, die ausz solchen krankheiten entspringen, dasz sie sich allemal nachlenden denselbigen krankheiten zu.** 281

NACHNASCHEN *verb.* • *naschend folgen, nachgehn um zu naschen:* **da er sah mäuse bei ihm herumb laufen, die den**

harten pröcklin brots nachnascheten. Fischart *podagr. trostb.* 1577 K 2a • *nach dem vorbilde eines andern naschen:* scharf ist ihr zahn, gift der hauch von dem sie lebt. dem zahn naschtest du nach? Herder *bei* Campe

NACHT

NACHTBÄR *f.* • *die* bär (*gewohnheit, sitte, thun und lassen*) *bei nacht; bair. besonders vom sog.* fensterln (*th.* 3, 1525), *aber auch vom bettpissen.* Schm. 1, 256 *Fromm*

NACHTBELASTET *part.* • *wie* nachtbedeckt: und näherte sich dem nachtbelasteten hügel. Klopstock *Mess.* 9, 546

NACHTBESTRÖMT *part.* • *nachtumflossen:* hüll uns ein in deine flügel / auf dem nachtbeströmten hügel. Schubart 3, 123

NACHTDIEBISCH *adj.* • nun wolan, so wiszt ir nun, dasz er nichts hielt auf die heimtückische, nachtdiebische kitzelfreud. Fischart *Garg.* 63a

NACHTDURCHSCHWÄRMER *m.* • ihr freunde! eures nachtdurchschwärmers / seid eingedenk! Rückert *ged.* (1847) 316

NÄCHTELN *verb.* • *bair. anfangen nacht zu werden* Schm. 1, 1716 *Fromm*

NACHTENTFLAMMUNG *f.* • *nachterleuchtung* • *bildlich:* und des bewusztseins erste nachtentflammung / begann mein eignes ich mir vorzustellen. Rückert *ged.* (1847) 80

NACHTEULENGESCHLECHT *n.* •

☞ lichtscheues nachteulengeschlecht flieht sonnenkrank / deine scheibe, rosiger tag! Platen (1847) 2, 252

NACHTFROSTSTARR *adj.* • *durch nachtfrost erstarrt, gefroren:* verstehst du dén, frohmüthiger, / desz seele nachtfroststarrer eisesspiegel ward? Immermann 4, 382

NACHTNÄCHTLICH *adv.* • *jede nacht, allnächtlich, gebildet wie* tagtäglich: denn von den ausländischen gelehrtenrepubliken kommen nachtnächtlich mehr verstorbne schriften an, die als gespenster umgehen. Klopstock 12, 34 • die meisten deutschen fürsten, besonders die kleineren, sinnen nachtnächtlich darauf (denn den tag über sind sie auf der jagd, oder lassen ihre heere kriegsübungen machen), sie sinnen, sagen wir, nachtnächtlich, und so sehr darauf, ihre einkünfte zu vermehren, dasz jeder vorschlag ... bei ihnen leicht gehör findet. [12, 353]

NACHTTISCHHELD *m.* • von liebe heisz, berauscht von wein, / gesalbt wie nachttischhelden, / drang er einst in ihr zimmer ein. [Gotter 1, 33]

NACHTIGALLGEKOSE *n.* • und nachtigallgekose / und ostwinds schmeichelei, / sie sagten, dasz die rose / in dir erstanden sei. [Rückert *ges. ged.* 1, 282]

NACHTIGALLISCH *adv.* • *nach art der nachtigall:* reuterliedlin zu singen, zu gurgelen und im hals nachtigallisch zu dichten. [Fischart *Garg.* 175a]

NAGEBLICK *m.* • *nagender, stierender blick:* verzweiflung mit dem stillen nageblick. [Immermann 3, 119]

NAPFEN *verb.* • *schweiz. sich auf und nieder bewegen.* [Stalder 2, 230] • *schwäb. kärnt. gleich* napfezen [Schmid 398. Lexer 195] • *ags.* hnâpian, hnappian, *engl.* to nap [Leo *ags. gloss.* 106, 34] *vgl.* nappen, nippen.

NASENSTÜBERWÜRDIG *adj.* • irgend ein junger, luftiger, naseweiser und nasenstüberwürdiger ... candidatus theologiae. [Wieland *an Merck* 1, 199]

NÄTSCHELN *verb.* • *schweiz. plaudern* (s. nätschen) • *streicheln* [Stalder 2, 232]

NATSCHEN *verb.* • *schles. saugen* [Weinhold 64a] • *kärnt. tirol. schmatzend fressen, herumwühlen, grunzen wie ein schwein* (natsch) [Lexer 196. Schöpf 462. Hintner 175] • so habe ich auch von leuten gehöret, ... dasz der drache auf dem getreidicht in der scheunen ligen und den bauch voller getreide fassen sol und sol fressen und mit dem munde natschen und schmatzen wie eine sau. [Colerus *hausbuch* 208] • *vergl.* naschen (*dessen intensivform* natschen *sein könnte* [Diefenb. *vgl. wb.* 2, 570]), notschen, nuschen, nuseln, nutschen *und* knatschen [*th.* 5, 1360]

NATUR

NATURABSICHT *f.* • *naturzweck.* [Kant 3, 12] (*vorher* die natur in ihrer absicht).

NATURBLÖDE *adj.* • *von natur blöde, schwach:* naturblödes unvermögen. [*anm. zum Simplic.* 1, 107 *K*]

NATURLANGSAMKEIT *f.* • stationäre völker gehen mit einer art naturlangsamkeit zu werke; dadurch bringen sie fabricate hervor, welche bildungsfähigern, schnell vorschreitenden nationen unnachahmlich sind. [Göthe 53, 13]

NATURNOTWENDIGKEIT *f.* • *in der natur und deren gesetzen begründete, daraus hervorgehende notwendigkeit:*

die naturnothwendigkeit ist die eigenschaft der causalität aller vernunftlosen wesen, durch den einflusz fremder ursachen zur thätigkeit bestimmt zu werden. [Kant 4, 73]

• so wenig als dieser (*der arzt*) einer naturnothwendigkeit zu widerstehen vermag, so wenig können wir einer anerkannten kunstnothwendigkeit gebieten. [Göthe 19, 191] • ich würde hier niemals eine wahl, eher eine naturnothwendigkeit erblicken. [17, 53] • bäche und ströme, die sich, nach naturnothwendigkeit, von vielen höhen und vielen thälern, gegen einander stürzen. [*an Schiller* 817a (6, 101)] • einverständnisz zwischen der naturnothwendigkeit und der freiheit. [Schiller 10, 90] • so entstand der naturtrieb, der nichts anderes ist, als eine naturnothwendigkeit durch das medium der empfindung. [106] • was ich, durch die sonderbarste naturnothwendigkeit gebunden, nicht auszusprechen vermag. [*an Göthe* 184 (2, 124)]

NAUCKEN *verb.* • *einnicken, schlummern* [Schm. 1, 1721 *Fromm*] • nauggen [Stalder 2, 233]: dasz er mit dem kopf angefangen zu naucken. [Wätterstorf *Bacchusia* 241.] • *vergl.* nücken.

NEBELALTER *n.* • *zeitalter des nebels, der verfinsterung:* du aus norden, im nebelalter jung geworden, / im wust von ritterthum und pfäfferei. [Göthe 41, 108]

NEBELMENSCH *m.* • *wie* nebelmann: ich lache nicht, / das thun die bleichen nebelmenschen dort. H. Heine (1876) 1, 86 • verdammter ... nebelmensch, / anglotze mich nicht mit den stieren augen. 88

NEBENBEIPERSON *f.* • *wie* nebenperson: wo wäre denn / die breite, die dem trauerspiele nöthig ist? / der nebenbeipersonen reiches übermasz? / aufwärter, mägde, narren, kleine kinderchen / ... und so weiter? Platen (1847) 4, 81

NEBENBEISCHLAF *m.* • obwol sie nun mit dem unerbaren nebenbeischlaf ausz gebürlicher ban schreiten. Fischart *ehz.* 20

NEBENWILDE *m.* • *wilder nebenmensch:*

es gab zeiten, wo man von seinem nebenwilden und nächsten nichts zu befahren hatte, als todtgeschlagen zu werden. J. Paul *Hesp.* 3, 91

NEBULISTISCH *adj.* • *nebelhaft:* leider fehlte den figuren die proportion und das eigentliche mark, so wie denn die ausführung höchst nebulistisch war. Göthe 25, 209 • ich muszte theilweise das nebulistische vorwalten lassen. *an Schiller* 853 (6, 165)

NEIDBAU *m.* • *ein in manchen particularen rechten verbotener bau, der nicht sowol im eigenen interesse als vielmehr in gehässiger weise zum nachtheil und verdrusz des nachbars aufgeführt wird.* Zink öcon. lex. 2027 • item neidpau, die ainem schaden prächten, sollen verpoten sein, und sollen die pauleut die selben neidpau ab zu erkennen macht haben. *Münchener recht* 2, 27 •

für einen neidbau aber wird gehalten, wann einer seinen vorhabenden bau offenbarlich zu seines nachbars schaden, ohne dringende not vornimmet, oder ausz solchem bau gar schlechten oder gar keinen nuzen, der nachbar dagegen an luft und liecht einen groszen schaden und abgang hat.

Augsb. bauordnung 1, 11 *bei* Birlinger *schwäb.-augsb. wb.* 350b

NEIDBISSIG *adj.* • *aus neid bissig:* neidbissige hunde. Fischart *Garg.* 170b

NEIDISCHBLEICH *adv.* • *vor neid bleich:* staune weisheit auf des wahnsinns wunder / neidischbleich herunter. Schiller 1, 280

NEINSILBIGKEIT *f.* •

ja, ich kenne noch eine gröszere und nützlichere einsilbigkeit als selber die sinesische, nämlich die neinsilbigkeit oder das schweigen.
J. Paul *Levana* 1, 114

NERVENWEICH *adj.* • *von zarten nerven:* **die nervenweiche Liane.** J. Paul Tit. 1, 153

NETTFÜSZIG *adj.* • *einen netten fusz habend* (*s.* **nett** [I, 1, b, β]): **der nettfüszige adel.** Göthe 28, 148

NEUELN *verb.* • *den geschmack oder geruch des neuen an sich haben, besonders von der milch einer erstgekalbten kuh* Stalder 2, 235 • *vom bier* Schm. 1, 1710 *Fromm* • *von neuen gefäszen* Birlinger 352a • *tirol.* **der wein nuilet** *in einem ganz neuen fasse* Schöpf 476

NEUNUNDVIERZIGTHEILCHEN *n.* • **gnug dasz 7 mal 7 nur neunundvierzig macht; und auch ein neun- und vierzigtheilchen meines ungenannten noch aller hochachtung werth ... ist.** Lessing 10, 217

NICHTIGKEITSBESCHWERDE *f.* • *querela nullitatis, das rechtsmittel zur beseitigung einer nichtigen sentenz.* Holtzendorff *rechtslex.* 2, 168. 172

NICHTLOBREDNER *m.* • **ihre verachtung gegen die nichtlobredner und ihre groszmuth gegen die lobredner.** Klinger *betrachtungen* 2, 206

NIEMENSCH *m.* • *kein mensch, niemand Hätzlerin* 128. Weinhold *schles. wb.* 65a • *ahd.* **niemennisco,** *vergl.* **niemand** [7] *am schlusse.*

NIESZLING *m.* • *der nur auf* **geniesz** *bedacht, genuszsüchtig ist* (*über-***ling** *s. gramm.* 2, 349): **die unreinen und verkereten liebhaber, welche nicht mehr denn lauter nieslinge sind und das ire an gott suchen.** Luther 1, 481b • *und mit bezug darauf:* **wer, welche wissenschaft er baut, / nur auf geniesz des leibes schaut, / den nennt schon Luther: nieszling.** Voss *ged.* 6, 315.

NIFFELN NIFELN *verb.* • *iterativ zu* **niffen** (*vgl.* **kniffeln**). • *reiben, wetzen* Schm. 2 1, 1731. Weinhold *schles. wb.* 65a (zerniffeln): **auch niffelt mich hart der springer** (*das fuszreisen*). Ayrer 782, 33 • *stechen, stoszen* Stalder 2, 238 • **knaupeln, bei kleinlichen dingen zu genau sein** Stalder a. a. o. Seiler 221b • *durch die nase reden, schnüfeln, schnobern* Schm. 2 1, 1731 • **wer durch die nasen nifelt.** B. Graphei *arzneikunst* (15. *jh.*) *bei* Schm.

NIMMERNÜCHTERN *adj.* •

zuvorderst begegnet solcher unraht in weinländern denen nimmernüchtern, die beim bier erzogen, den hitzigen wein ungewohnet, doch sie wie das bier in sich schütten. Kirchhof *milit. disc.* 127

NINNELEIN *n.* • *kindchen, deminutiv zum vorigen:* **ach aller trautste kinderlein, / meine seuberlichste ninnelein, / was sol ich euch ... geben?** Hayneccius *H. Pfriem* 5, 3 *(2429)*

NORDSEESEHNSUCHT *f.* • *sehnsucht nach der nordsee:*

er trug die nordseesehnsucht mit sich in schwäbischen wald. Scheffel *Ekk.* 118

NORDWINDENTFACHT *partic.* • *durch den nordwind entfacht:* **drin** (*im walde*) **leuchtets und züngelts und nordwindentfacht / bricht ein flammenmeer los mit verheerender macht.** Scheffel *waldeinsamkeit* 31

NÜFFELN *verb.* • *durch die nase reden.* Adelung. Heynatz 2, 299 • *s.* **niffeln**[4]

NUNKEN NUNKELN *verb.* • *deferegg. kleinlaut jammern, nach etwas kleinlaut jammernd verlangen.* Hintner 178 • *vgl.* **knenken, knaunzen.**

NUSELN NÜSELN NUSSELN NÜSSELN *verb.* • *nebenform zu* **näseln,** *durch die nase oder sonst unverständlich, halblaut oder verdrieszlich, krittlich sprechen* (*vgl.* **nieseln, nüscheln): wann einen bedünkt, ein mensch rede durch die nasen, also das er nüsslet oder holl redet.** Thurneisser *alchym.* 2, 154 • **weil nun die welt wie ein kindisch-alter greisz beiszig, garstig, satsam wird, blosz auch zu nuseln weisz.** Logau 2, 2, 70 *(48)* • **wolle nicht, hinüberduselnd, / für die welt geschwind noch richten, / hegelisch-ästhetisch nuselnd, / was du nicht verstehst, mein dichten.** Lenau 2, 367 • *bair.-österr.* **nuseln** *und* **nüseln** Schm. 2 1, 1764. Lexer *kärnt. wb.* 200 • *schweiz.* **nüsselen, linsz reden durch die nasen,** *mutire* Maaler 318c. Denzler 215a • **nüsle** Stalder 2, 246. Seiler 225a • **nosla** Tobler 337b • *deutsch-ungar.* **nuseln,** *durch die* **nuse** (*nase*) *reden* Schröer 85a • *schles.* **nuseln** Weinhold 66b • *leipzigerisch* **nusseln** Albrecht 177b • *kurhessisch* **nusseln, nüsseln, nisseln** *und* **nöseln, nösseln** Vilmar 286 • **sie nösselte** (*brummte*) **dem guten alten die ohren so voll.** *rockenphil.* 362

• *nassauisch* **nusseln** [Kehrein 1, 297] • *henneb.* **nüseln,** *verdrieszlich über etwas reden* [Reinwald 1, 110. Spiesz 174] • *nd.* **nusseln, nüsseln** *und* **nasseln** [Danneil 148b] • *mnl.* **neuselen,** *mutire, mussitare* (*von* **neuse,** *nasus*) [Kilian 337a] • *nl.* **neuzelen** [Kramer 1, 218a] • **schnüffeln, wählerisch suchen, herumwühlen: sie** (*die sünder*) **ligen im treck ze wulen und zu nüsseln wie ein suw.** [Keisersberg *sünd. des munds* 29] • **umb den sack niseln.** [*bilg.* 19c] • **wann es ist dannocht besser du hupfest auf und ab, dann das du ganz im mist ligst zu wůlen und zu nisseln in essen und trinken und in fleischlichen lüsten.** [*spinnerin* c 1b] • **ich fahe wider an zu nüsseln** (*in den speisen herumzustören, ohne ernstlich zu essen*), **ich habe heut ein hünersüplein und ein hünlein gessen.** [Melander *jocos.* 2, *nr.* 332] • *bairisch* **nuseln, nüseln,** *in etwas herumsuchen, herumlangen, besonders langsam, affektiert und wählerisch essen* [Schm.2 1, 1764] • *henneb.* **nusseln, nüsseln** [Reinwald 1, 111] • *westerw.* **nösseln,** *wühlen* [Schmidt 125] • *brem.* **nusseln** [*wb.* 3, 252] • *mnl.* **neuselen,** *naso sive rostro tacite scrutari* [Kilian 337a] • *henneb.* **nusseln,** *lange und mit mühe an etwas nagen, kiefen* [Reinwald 1, 112] • *nd.* **nusseln, nüsseln,** *zauderhaftig arbeiten* [Richey 175. *brem. wb.* 3, 252. Schütze 3, 157] • *was* **nutscheln:**

ich will an dem vater unser anfahen als ein kindlein an seinem zitzlein zu nůseln. [Luther *kirchenpost. ostertag ev. P. II 7d*]

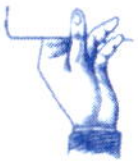

O • *in nonne, wonne, sonne, sonst, sondern, sommer, in den präteritis wir krochen, rochen, schloffen, soffen, sotten, gossen, schossen, schmolzen, schwollen, quollen, schollen, molken, in den participien gewonnen, geronnen, geschwommen und mundartlich in vielen andern fällen ist* o *aus* u *entstanden.*

S. 242/243

OASENSCHATTEN *m.* • bis endlich in oasenschatten / die quelle tränkt den müden zug. Lenau (1880) 2, 105

OBERAMTMÄNNIN *f.* • *die frau des oberamtmanns.* Möser 2, 76 *ff.* Auerbach *ges. schriften* 7, 119

OCHELN *verb.* • och *sagen, seufzen, ächzen, jammern* Schmid *schwäb. wb.* 413

OCHSELN ÖCHSELN *verb.* • *was* ochsen, ochsnen, *von kühen, nach dem stiere verlangen.* Weigand 2, 261 • *schweiz.* öchslen, *grosze kraft zur verrichtung einer arbeit anwenden* (*vergl.* ochsen 2); *dummheiten begehen; transitiv, jemanden zum narren halten.* Staub-Tobler 1, 77

OCKESBOCKES • *s.* hokuspokus (*dazu noch:* ockesbockespossen treiben. Schuppius 199)

ÖDELIG *adj.* • *vorarlbergisch, öd, einsam:* jetzt ists so ödelig in meiner klausnerei wie in einem grab. Felder *Nümmamüllers* 19. 90. 174, *vgl.* Frommann 3, 305

ÖDVERSTUMMT *part. adj.* • in dem ödverstummten gefilde / (1855 ödverstummenden blachfeld) / scholl nur leises gezisch des lauernden. Pyrker *Tunisias* 7, 212

OFENGUCKEN *n.* • *das gucken ins ofenloch.* *rockenphil.* 47, 124 *f.* (1, 32. 98)

OHRBEICHTEN *verb.* • *ins ohr beichten, heimlich vertrauen* (*s.* ohrenbeichte):

einmal – das musz ich dir ohrbeichten – kam mir der Alexander in den mund.
Hippel 1, 169

OHRENFOLTER *f.* • aus diesen gründen ists meine ewige unüberwindliche meinung geworden, dasz eine deutsche Ilias in hexametern das fatalste geschleppe, die unangenehmste ohrenfolter sein würde. Bürger 180b

OHRFEIGENCOMMANDO *n.* •

ich befand mich unter deinem ohrfeigencommando besser, als bei ihren stundenlangen moralen. Gotter 3, 129.

ÖLENZEN *verb.* • *nach öl riechen, schmecken* Stieler 1382. • *vgl.* ölelen.

ONANITISCH *adj.* • was solche onanitische cyclopes und centauri schändliches treiben. Butschky *a. a. o.*

ONKELHAFT *adj.* • *in der weise eines onkels:* er hatte es doch nicht vergessen, ... dasz er sein gut theil schuld an dem schweren kampfe Vittore's trug, die er durch onkelhafte zutraulichkeiten so elend gemacht hatte. Auerbach *ges. schriften* 15, 63

OPFERAUFWAND *m.* • kein opferaufwand (*sumptuosa hostia*) sänftiget mehr den zorn / der hauspenaten, als ein wenig / heiliges schrot und ein knisternd salzkorn. Voss *Hor. od.* 3, 23, 18

OPFERDAMPFGEFLECHT *n.* •

lufthauche streichen durch das opferdampfgeflecht. Rückert *nachl.* 279

• wirbelung des rauchs. Voss *Arist., die vögel* 1719

ORAKELREDEND *partic.* • orakelredende wipfel. Voss *georg.* 2, 16 • der Griechen gewohntes orakel die eiche. Stilling

ÖRDELEN *verb.* • *schweiz. in niedliche ordnung bringen; davon* der ördeler, *der diese thätigkeit übt.* Staub-Tobler 1, 440

ORKANENGETÜMMEL *n.* •

er (*der nordwind*) wüthete, stürzende felsen
schleudernd mit lautem gekrach, orkanengetümmel und gluthsturm
weit in den tiefen umher. Pyrker *Tunisias* 4, 143

OSTWINDVOLL *adj.* • ein ostwindvolles segel. S. Dach 818 Öst.

P *haissen die teutschen schreiber den plaser, hat gar ein klaine underschaid von* b, *wird eins für das ander genomen. das* b *und* p *wird gemachet mit den lebtzen, durch des athems gewalt aufgerissen, das einer den athem helt mit zůgespertem mundt, das er im die backen auftreibet wie einem pfeiffer, und läszt dann den athem durch geöffnete lebtzen faren; das* p *ist herter.*

☞ S. 246–251

PACKKNECHTPACK *n.* • *ein* pack [(2, b)] *von packknechten:* wahre Stettiner und Magdeburger kommandanten sind viel zu stolz ..., sich mit dem gemeinsten volke und packknechtpack zu schlagen. J. Paul *Nepomukkirche* 141

PACKPAPIEREN *adj.* • *von packpapier* J. Paul *Tit.* 2, 201

PALMBAUMSCHLANK *adj.* •

die palmbaumschlanken hüften der Sulamitin.
Scheffel *Ekk.* 279

PALMENRUHE *f.* • *ruhe unter palmen:* unter der geweihten palmenruhe auserwählter seelen. *Dya Na Sore* 372

PAMPS PAMS *m.* • *dicke pappige masse, dicker brei* (*s.* pampf). Weinhold *schles. wb.* 67a (*mit dem adj.* pampsig). Spiesz *henneb. idiot.* 178

PAPAZEN *verb.* • *plappern, lippengebet verrichten:* wie vil wir halt täglich in der kirchen an das herz klopfen, papatzen (*var.* papern), plêjen, singen und schreien. Aventin. 4, 61, 27. *vgl.* papenzen

PAPELPAPCHEN *n.* • *babbelndes* papchen: schön papelpapchen, lasz mich sehn, / wie flieg ich dir zu dank recht schön? Bürger 94a

PAPPELZITTERZWEIG *m.* • *zitternder zweig der pappel* (*vgl.* zitterpappel):

säuselt leichte weidensträuche, / lispelt pappelzitterzweige / unterbrochnen träumen zu! Göthe 41, 124

PARDONNIEREN, PARDONIEREN *verb.* • *aus franz.* pardonner, *mlat.* perdonare (Du Cange 3, 1, 209 *f.*), *mit strafe verschonen, das leben schenken:* einen missethäter pardonniren oder frei sprechen. Ludwig *teutsch-engl. lex.* 1376 • hält sich der perdonirte hinfüro wohl und löblich. Butschky *Patm.* 854 (603) • ich werde mir deine bestrafung zur genugthuung ausbitten, und dich dann vor den augen der ganzen republik pardonniren. Schiller 3, 61 (*Fiesko* 2, 9) • ich bitte eure majestät den genannten lieutenant zu pardoniren. Freytag *ahnen* 5, 399

PASSIONSBLICK *m.* • ich ... werfe ihr noch einen schmachtenden passionsblick zu. H. Heine 13, 56

PERLENHELL *adj.* • *weisz und glänzend von perlen oder wie von perlen, vergl.* perlenklar, perlenrein: auf einem perlenhellen wagen / wird der monarch der wasserwelt / hoch auf dem saum der fluth getragen. Ramler 2, 16 • ein köstliches halsband, / perlenhell (*colloque monile baccatum*). Voss Än. 1, 655 • schöner grün sind deine felder, / schöner perlenhell dein thau. Gleim 1, 395

PERPENDIKELN *verb.* • *perpendikelartig sich bewegen, vergl.* pendeln:

wobei er auf einen dicken zopf deutete, der in seinem nacken perpendikelte. Arnim 2, 47

PETERN *verb.* • *dem heil. Petrus nachfolgen, nach ihm arten* Otacker *reimchron.* 455a. Frisch 2, 45c (*vom j.* 1562) • *mühsam grübelnd arbeiten* (*wie ein* sporenpeter, umstandspeter, *vergl.* Peter 2) Wackernagel *kl. schriften* 3, 153

PFEILBESCHWINGT *partic.* • er klettert (*auf der gemsenjagd*) in pfeilbeschwingtem lauf. A. Grün *ges. werke* 3, 91

PFEILDURCHSCHOSSEN *partic.* • doch der, wie pfeildurchschossen, fuhr auf. F. Dahn *ged., zweite samml.* 1, 151

PFEILUMFASSEND *partic.* • pfeilumfassender köcher. Voss *ged.* 6, 319

PFENNIGSMENSCH *m.* • *geldmensch* H. Heine 13, 108 • *vgl.* pfennigseele.

PFERDEZERTRETEN *partic.* • geknirsch getroffner, niedergehauener, ... pferdezertretener. F. Müller 1, 359

PFLICHTWIDERSTREBEND • *s. bei* pflichtenlehre.

PFLITSCHPFEIL *m.* • *was* flitschpfeil (*th.* 3, 1805) Stieler 123 • dem vierzig pflitschpfeile ins leib geschossen waren. Waissel *chron.* (1559) 195b. • es worden aus der schanze oder wagenburgk mehr denn in die sechs tonnen pflitschpfeile verschossen. *ebenda* • ein graussame anzahl pflitschpfeil sampt deren dozu gehörigen bogen. Kiechel *reisen* 24

PFOSELN *verb.* • *schweiz.* föselen, foselen, pfoseln, *wackelig mit kleinen schritten, langsam oder mühsam gehen,* s. Staub-Tobler 1, 1083 • Jakobeli war ganz still an der mutter hand in die schule gepfoselt. Gotthelf *Anne Bäbi (1859)* 1, 11

PFOTENGRAM, PFOTENKRAMPF *m.* • *scherzhaft* (*nach* pfote 2) *umgedeutet aus* podagram: die Teutschen deduciren das wort podagram quasi pfotengram, dasz diese krankheit den pfoten des menschen groszen gram und schmertzen bringet. Colerus 3, 234a • brautstiffelchen sollen ein wenig besser für den pfotenkrampf sein, als die

holtzschuch. Fischart *Garg.* 146b • *davon* **pfotengrammische personen** *podagr. trostb., titel.*

PFUMPFEN *verb.* • *was* **pampfen,** *stopfen, stoszen:* **die do haben dicke feiszte köpf und nit alsbald mögen verston ..., man pfumpf oder stosz es denn in sie.** Keisersberg *post.* 3, 10b • **ein gůtte mosz und gefüllete mosz und ein gepfumpfte, geschlagene, gestampfte oder gerüttelte mosz.** 3, 51a. 52b • **in einander igelmäszig gekrümt, gepfumpft und gewickelt.** Fischart *Garg.* 237b • *vgl.* **pfrumpfen.**

PHANTASIEBLUME f. •

phantasie-blumen sticken. J. Paul *flegelj.* 2, 46, *vergl.* 1, 148

PICHPECH *n.* • *pech zum verpichen* • *schwäb. der angeber in einer schule.* Schmid 65

PIEPELN *verb.* • *iterativ zu* **piepen** (3), *oft stöhnen und klagen* Hennig a. a. o.

PIMPÄUGIG *adj.* • *triefäugig, vergl.* **pip-, pippeläugig: und Jacob ... erwehlet ihme traun die schöne und hübsche Rahel vor die pimpaugichte und blödsichtige Leam.** *Mathesius Syr.* 2, 99a • **du schnöde welt, gesegn dich gott, / der helf mir ausz der groszen noth, / kahlköpfig und pimpaugig leut / und taube, die gibst du zur beut.** *novae regulae bursicales (Magdeburg ende des 16. jahrh.) B 4b*

PIMPELIG PIMPELICH *adj. und adv.* • *weichlich und schlaff, leicht kränkelnd* Weinhold *schles. wb.* 69b. Albrecht *Leipziger mundart* 182. Kleemann *beiträge zur nordthür. mundart* 16a • **kömmst mir aber immer noch 'n biszchen pimplich vor, fehlt dir noch was?** Holtei *Lammf.* 2 1, 237

PINKEPANK • *s.* **binkebank** *th.* 2, 36 • *schles. nachahmung des glockengeläutes.* Weinhold 70a • *der klang verschiedener hämmer durcheinander und substantivisch* **een pinkepank,** *spottname des schmiedes* *brem. wb.* 3, 319 • **du pinckepanck** Lauremberg *scherzgedicht* 1, 166 • **das pinkepank,** *ein gewisses kinderspiel, wobei auf die frage* **pinkepank in welcher hand?** *errathen werden musz, in welcher der beiden verschlossen hingehaltenen hände der gegenstand liegt.* *brem. wb.* a. a. o. (*engl.* **pindy-pany which hand will you have?** *the shremakers holiday, lustsp. herausg. von* Fritsche 1862 *s.* 44) • **gleichwie die kinder pflegen / zu spielen pinkepank.** Rothmann *lust. poete* (1711) 68 • *aus* Rachels *achter sat. vers* 399 *ff.* *mit der nd. form* **pinkewink: sie hat in einer hand, gleichwie die kinder**

pflegen zu spielen pinkewink, lust, leben, fried und segen, und in der andern hand zorn, todt, fluch, hasz und zank, / ach solches pinke wink bringt schmertz sein leben lang • *leipz. lautet die frage* **pink-der-bank, wo steht der schrank, oben oder unten?** Albrecht 182b.

PLANETENBEWOHNER *m.* • **um dem menschen seine stelle unter den übrigen planetenbewohnern unserer sonnenwelt anzuweisen.** Kant 4, 314

PLANETENGETRIEBE *n.* •

auge der liebsten!
du sonne der welt der gedanken, leuchtende mitt' im planetengetriebe der liebe! Rückert 4, 167

PLEMPELN PLEMPERN *verb.* • *bair. viel und ohne unterschied trinken* Schm. 2 1, 457. Schöpf 508 • *rheinisch* **plempeln** *oft wein trinken und den kleinen rest in offenen gefäszen aufbewahren, wodurch er von seiner güte verliert.* Kehrein *volksspr. in Nassau* 1, 309

PLEMPEN • *ostfries. geräusch machen im wasser, ins wasser werfen* Stürenburg 178b • *vgl.* **plumpen, plumpfen.**

PLUMPSHALBEN *adv.* • *was* **plumpsweise: odr aber gieng on alls gfer / plumbshalben so durcheinander her.** Schade *sat.* 1, 121, 354

PLUMPTOLL *adj.* • **das können sie doch wohl glauben, dasz ich so plumptoll nicht bin, als der hochweise herr Wagner mich ausgiebt.** Hippel 14, 127 • *vgl.* **plumpkühn.**

POLSTERTOCHTER *f.* • *auf polstern ruhende, faule und verweichlichte tochter,* **pulstertochter** Lohenstein *Arm.* 1, 201b

POMPERISCH *adj.* • *was* **pompisch** *ebenda.*

POPITZEN *verb.* • *wol eine intensivbildung zu* **poppen,** *wie ein* **poppe** *sich betragen, groszthun, schwelgen und schlemmen, ein liederliches leben führen, bair.* **popizen, pupizen** *und (mit ausdeutung auf* **bube)** **buebizen** Schm. 2 1, 192. Fromm. 6, 96 • (*die frauen sollen sein*) **nicht tückisch, verschlagen, vertrogn, / arglistig, popitzend, verlogn.** H. Sachs 1, 210, 4 • **darzu bin ich auch sonst fürwitz, / und stettigs hinterm mann popitz.** 7, 23, 16 • (*ich wollt*) **kuppeln, finantzen und popitzen.** 14, 55, 1 • **mit popitzen und alifantzen.** 3, 496, 3, *vgl.* 483, 9. 503, 20. 532, 6 • (*die eifersüchtigen weiber*) **mögen nicht leiden, dasz der mann mit einer andern frawen**

... rede, oder sie anschawe, sie selbst aber thun nichts als popitzen, hofädeln, alle wirts- und tantzhäuser besuchen. Albertinus *narrenhatz* 315 • *tirol.* popitzen, *prahlen, groszsprechen* Schöpf 514

POSTPAPIEREN *adj.* • *von oder wie von postpapier:* postpapierne manschetten. Ewald *bei Campe* • der blau – weisze postpapierne arm wurde enthüllt. J. Paul *Qu. Fixlein* 134

PRACHTLUSTGEZELT *n.* • er solle sich nach einem ... prachtlustgezelt erkundigen. Chamisso (1872) 2, 218

PRACTIKVATER *m.* • *dasselbe:* es pflegen auch solche stirnische propheten, sterngauchen, pracktikvätter ... zu erfaren, dasz die zeichen des himmels und die regel falsch seien. Albertinus *hauspolizei* 1, 124b

PRÄTENDIEREN *verb.* • *aus franz.* prétendre *vom lat.* praetendere, *ansprüche worauf vorgeben, erheben* Ludwig 1421 • *davon* der prätendent: ein solch vergnügtes reich, worinn kein prätendent / ... das band des friedens trennt. Günther 521 • die prätension Ludwig a. a. o. der j. Göthe 2, 164. F. Müller *Faust* 76, 21 *neudruck.* Knigge *umg.* 3 1, 104 • prätention Freytag *ahnen* 5, 97 • *franz.* prétention.

PROBEGELIEBTE *f.* •

meine fünfte probegeliebte, die Jette, ein durchtriebener vogel. Immermann *Münchh.* 1, 228

PROBEHENGST *m.* • „ein geringer hengst, der nicht zu der edlen stuten gelassen wird, sondern nur zum probieren hingeführet, ob sie rosset oder nicht“ Frisch 2, 72b

PROPPELN, PRÖPPELN *verb.* • *plappern, murmeln, nl.* brabbeln, *hudeln, verwirrt und unverständlich reden* Kilian 69a. Kramer 57a (*vgl.* Bobrik 136a): und mit dem mund proppelst / „vergib uns unser schuld“. Luther 1, 84a • kein mönch studieret, sondern murmelt und pröpelt nur auf gewisse stunden die horas. *tischr.* 264b • *henneb.* das kent (*kind*) fängt o ze proepeln, *macht die ersten versuche zu sprechen.* Frommann 2, 464

PRÜGELGEDULDIG *adj.* • *geduldig sich prügeln lassend:* die lakonischen schlägefaulen, die prügelgeduldigen. Lessing 3, 50

PRUNKGETÜMMEL *n.* • das prunkgetümmel (*der zug des zur huldigung bei hofe erschienenen adels*) rauschte bald in

den saal zurück. J. Paul *Titan* 2, 97 • **doch beherrscht ein geist / dieses prunkgetümmel (***der groszen stadt***), / der das herz bethört.** Tiedge *werke* 7, 3

PUDELTREU *adj.* • *treu wie ein pudel, sehr treu* Frommann 3, 541 (*alemannisch*)

PUMPELN PÜMPELN *verb.* • *nd. mit dem* **pumpel (***im mörser***)** *stampfen, stoszen* Richey 195. *brem. wb.* 3, 376. Schütze 3, 244. Danneil 163a • **überhaupt stoszen: er pümpelt mi ümmer** *ebenda* • **der guckguck und die pumpelmeisz, / sie pumpelten einander in der wagenklösz, / sie pumpeln sich unten, / sie pumpeln sich oben, / sie pumpeln sich dasz die federn stoben, / noch lag der guckuck oben.** *bergliederbüchlein (um 1740) 245* • *intransitiv* **pümpeln,** *futuere* Schütze 3, 244 • **pumpeln** *was* **pumpern:**

> **was rumpelt und pumpelt**
> **in meinem bauch herum?** Grimm *märchen* (1880) 23

PUMPERSUDEL *m.* • *tirolisch eine masse wertloser dinge, abfälle, quark; gesindel, gemischter pöbel* Schöpf 520

PUMSEN *verb.* • *dumpf tönen, schlagen, fallen u. s. w., dasz es dumpf tönt* Schm.2 1, 393 • **wenn man sie nunmehr ihro gestreng oder ihro genaden heiszen musz, so bimset** (*theil* 2, 30 *nachzutragen*) **und pumset sie nicht anders als wenn ihre hirnschale zu einem hummel- oder wespenneste wäre worden.** Abr. a S. Clara *närrinnen* 69

PURPURIANISCH *adj.* • *was* **purpurisch: ein purpurianischer rock, hut** *u. s. w.* Dief.-Wülcker 808 (*vom jahre* 1519). Krüger *Hans Clawert* 52 *neudruck*

Q

Q • *auftretende schreibung* qu *ist dem lateinischen alphabet entnommen (*q *ist kein teutscher buchstabe.) und entspricht dem goth. doppelconsonanten* kv *d. i.* kw *(wofür Vulfila ein einfaches, in der transscription gewöhnlich mit* q *wiedergegebenes schriftzeichen hat, ähnlich wie für das dem lat.* qu *etymologisch entsprechende* hv*), das sich im ahd. regelrecht zu* chw (chuu, chu, qhu, quh, qu*) verschiebt, im mhd. und nhd. aber vollständig auf die stufe der ersten lautverschiebung zurückkehrt, denn* qu *lautet wie (goth.)* kw, *welche schreibung sich neben* qu *bis ins 17. jahrh. erhalten hat.*

☞ S. 254–259

QUACKELEI, QUAKELEI *f.* • *nd.* **quackelîe, quackelei, quakkelelee** Schiller-Lübben 3, 394a. Dähnert 366b. Schambach 163b, Schütze 3, 254 • *mnl.* **quackelinghe** Kilian 419b • *unnützes leeres geschwätz, faselei, unzuverlässiges thun und wesen, leichtsinnige tändelei, wertloses dummes zeug, mischmasch u. dgl.* Stieler 1488 • *vgl.* **gackelei, kackelei:**

> **gedenkt ans ewig haus**
> **und wist, das diese kackelei** (1602 quackelei)
> **ein eitel ding und nichtes sei.**
>
> Ringwald *tr. Eck.* K 6a

• **der henker hol dich samt deiner kwackelei!** Wiedemann *märz* 37 • **aus solcher kwackelei macht man geheimniszsachen.** *mai* 63 • **so ungereimbte quackelei.** *Simpl.* 4, 398, 19 *Kurz* • **hat nicht so mancher kluger geist / dergleichen werk** (*kleiderpracht, putz*)**, auch wo es mode heist, / vor quackelei und affenspiel erkannt?** *Felsenb.* 2, 449 • *plur.:* **man red und schreib was nützlich ist, / und nicht von solchen quackeleien.** *commentar zum Simplic.* 1, 913 • **die dann ihre quackeleien** (= **quacksalbereien**) **an denen menschen probiren.** *med. maulaffe* 215 • **abgeschmackte quackeleien** (*moden*). *gespenst* 281 • **dasz man sich mit quackleien plagt.** Elis. Charl. (1867) 392 • **die** (*geistlichen comödien*) **seindt uber die massen schön und keinc quackeleien drin.** (1871) 587 • **geld, das an quakeleien weggeworfen wird.** Zelter *an Göthe* 159 (1, 423) • *umgelautet* **quäckelei** Hamann 6, 352 • **quäkelei** Göthe 59, 269

QUACKELER, QUAKLER *m.* • *einer der* **quackelt**, *ein schwätzer, faselhans, ein unzuverlässiger wetterwendischer mensch* Stieler 1488 • *schwäb.* **quakeler** Schmid 418 • *nd.* **quackeler, quakkeler, quakler** *brem. wb.* 3, 391. Dähnert 366b. Schütze 3, 254. Danneil 165a. Schambach 163a (*auch quacksalber*) • *ein knauser, der weit unter dem wert bietet und beim bezahlen immer noch etwas abziehen will* (*s.* **quackeln** 3). Schmidt *westerw. id.* 151. Kehrein *volksspr. in Nassau* 1, 315

QUADDELN, QUADDERN *verb.* • *brodeln, quatschen* Albrecht *Leipziger mundart* 187a • *nd.* **quaddern,** *quatschen, manschen, kneten* *brem. wb.* 3, 390 • *vgl.* **quattern.**

QUADERHART *adj.* • *aus harten quadern gemacht:* **ob Micramona's / quaderhartem straszenpflaster.** Immermann *schriften* 1, 368

QUÄLARSCH *m.* • *leipzigerisch ein zudringlicher, mit anhaltenden bitten quälender mensch.* Albrecht 187a

QUALDURCHDRUNGEN *partic.* • *mit* **qual** *durchdrungen:* **mein qualdurchdrungnes hertz.** Pietsch *geb. schriften* 230

QUALENTZÜCKEN *n.* • *mit qual verbundenes entzücken:*

qualentzüken – paradiesesschmerzen! Schiller 1, 225

QUÄLODRAM *n.* • *scherzhafte Göthesche bildung* (*wie* **melodram**):

unser theater hat seinen ganz guten fortgang. schauspieler und publicum leiden freilich an manchen neuen stücken ... man martert sich nun mit einem neuen quälodram, kommt durchgeprügelt nach hause und holt sich doch noch einmal den buckel voll.
an Zelter 654 (5, 196)

QUALWÜSTE *f.* • **es ist eine qualwüste, das feld, wo der mensch ackert.** Herder *älteste urk.* 2, 176

QUAPPEL *m.* • *mnd.* **quabbel,** *dicke flüssigkeit, schlamm* Schiller-Lübben 3, 394 • *köln.* **quabbel,** *fettklumpen* Hönig 130a • *leipz.* **quabbelbauch,** *hängebauch, schmerbauch* Albrecht 187a • *persönlich:* **verstandst du mich, freund quabbelbauch?** Langbein *ged.* (1854) 1, 272

QUAPPELN, QUABBELN *verb.* • *zitternd, schlotternd sich bewegen, wabbeln, schwappeln* Weinhold *schles. wb.* 74a. Schmid *schwäb. wb.* 418. Schm. 2 1, 1391 (quabeln) • (*kellerlork, der*) **von gift geschwollen quappelt.** Bürger 303b *(Macb. 4, 1)* • **weicher wie ... quappelnde milch** (*lacte coacto*) **in den formen.** Voss *Ovids verw.* 54, 46

QUARGELN, QUERGELN *verb.* • *schreien* (*das* **gequargel, gequergel,** *geschrei*) Schm. 2 1, 1396 • *egerl.* **quörgeln,** *jämmerlich schreien, unarticulierte rufe ausstoszen, auch unverständlich reden* Neubauer 88a • *kurh.* **querkeln,** *kränkeln* Pfister *nachtr.* 218 • *kärnt.* **kwercheln,** *röcheln, hüsteln* Lexer 170 • *vgl.* **quarken, quarren.**

QUASEREI, QUASSEREI *f.* • *das quasen, schlemmen, prassen* Stieler 1489. Hennig 202. Schambach 163. Weinhold *schles. wb.* 74b • **unkost und quasserei treiben.** J. Jonas *bei Luther* 441b. • **leuft auf alle gelach, quasserei und kirchwey.** Mathesius *Syr.* 2, 136b • *mnd.* **quaserie, quatzerie** Schiller – Lübben 3, 397a

QUATSCHLICH *adj.* • *und* quätschlich, quatschlicht, quatschlig *was* quatschig [2]: quatschelicht Stieler 440. 1491 • quatschlicht Frisch 2, 77b • quätschlich (quätschliche hände, brüste) Rädlein 715b • sie ist die aller quatzlichste in ganz America. Schoch *stud. leben H 3* •

> drei stücke müssen breit und dreie quätzschlich sein. der bauch und seiten fein quätzschlich anzufühlen.
> *zeitvertreiber* 335

• ich wolte mir selber wünschen, dasz ich sein quatschlicht raben-aasz an den podex klitschen könte. Weise *liebesalliance* 83 • meiner treu, gnädige frau! ... sie sind so quatschelicht – es ist eine lust sie so anzusehen. Weisze *kom. opern* 3, 168 • *leipz.* quatschelig *was* quatschig [3] Albrecht 188a

QUAUKELN *verb.* • *bair. schwerfällig gehen, wackeln* Schm. 2 1, 1391 *s.* quackeln [2] *und* kaukeln *bei* quackeln [1].

QUECKELN *verb.* • *in* aufqueckeln, *ein schwächliches kind, eine kranke person durch sorgsame pflege auf-, fortbringen* Schm. 2 1, 1391 • *s. auch* aufquöcheln *theil* 1, 703

QUECKSILBERBEWEGUNG *f.* • einflusz auf die quecksilberbewegung (*des barometers*). Göthe 51, 260 • die bewegung des quecksilbers in der röhre [280], barometerbewegung [285].

QUEICHELN *verb.* • *intransitiv, schles. weichlich, zärtlich thun:* da werdt ihr wieder gleich mit queicheln euch schaffen einen neuen mann. Scherffer *ged.* 504 • *auch weichlich sein, kränkeln* Weinhold 74a • *transitiv, zart, sanft wegnehmen:* den bart ap queichilin. *md. schachbuch, zeitschrift für deutsches alterthum* 17, 277, 14 • *weichlich, zärtlich vorbringen:* wenn man solche süsze gift queichelt und schmeichelt. Mathesius *katechism.* 158 • *zart behandeln, zärtelnd pflegen, verzärteln* Hennig *preusz. wb.* 203 • mancher queichelt seinen leib durch den schönsten zeitvertreib. Hübner *poet. handb.* 109 • *ableitung von nd.* queie quei, *weich, sanft, mild, willfährig* (Schambach 164a) Hennig a. a. o. Weinhold *die verbreitung und die herkunft der Deutschen in Schlesien* 210

QUELLENHELL *adj.* • *hell wie quellwasser, vgl.* quellenklar: ein kristallner quellenheller tag. J. Paul *uns. loge* 3, 93 • die quellenhelle mündung. *Hesp.* 3, 259

QUELLENJUGEND *f.* •

wie ein paar kühne adler jagen wir durch die weiten lustreviere! freiheit, quellenjugend, und feurige liebe und zärtlichkeit! Heinse *Ardingh.* 2, 236

QUELLENMÄDCHEN *n.* • *nymphe* F. Müller 1, 126 • *vergl.* quellennymphe.

QUELLGEKICHER *n.* • ein einsam wiesenthal! kein ton als quellgekicher. Freiligrath (1870) 3, 88

QUERANTWORT *f.* • *verkehrte, unpassende antwort* (*s.* quer 1, *e.* 2, *d*):

der hauptmann gab ... unglaubliche querantworten. J. Paul *Katzenb.* 2, 50

QUERARSCH *m.* • *leipzigerisch tölpel, der einem in die quere kommt* • *davon* querärschig, *ungeschickt* Albrecht 188b

QUETSCHGESICHT *n.* • *ein breitgedrücktes gesicht:* er hat ein quetschgesicht. Wander *sprichw.* 3, 1441

QUICKELIEREN *verb.* • *was* quinkelieren: worzu er mit dem maul so artlich humset und quickelirt (*var.* quintelirt). *Simpl.* 2, 20, 18 • *vgl.* quieken.

QUODLIBET *n.* • *früher auch* quotlibet, *im 16. jh. entlehnt aus mlat.* quodlibet (Dief. 481a) *vom lat.* quod libet (*was beliebt, was man will*), *ein mischmasch, allerlei,* ein zusam geklaubt ding, es sei was es wöl, das sich doch nindert oder wenig zusamen gattet, ein durcheinandermischmäsch. Roth *dict.* (1571) N 7b • *in bezug auf bücher, schriften, lehren, disputationen u. s. w.:* dann auch bei den alten vorfarenden uff den hohen schůlen die quodlibet zů ihrer gebührenden zeit gehalten ... worden sein. Frey *gartengesellschaft vorrede A* 2a • quodlibeten hören. Fischart *Garg.* 188a • die sententien, die quotlibeten und andere grillen der clerichen. *bienenk.* (1580) 4b • unsere vernünftige magistri ... können solches mit ihren natürlichen reden und allen ihren syllogismis, quotlibeten und anderen tiefgründigen speculationen nit begreiffen. 98a • *was* quodlibetbuch Zedler 30, 407 • (*nehmt*) ein buntes quodlibet, das schönste liederbuch *u. s. w.* Rabener (1755) 2, 6 • *besonders ein bild, ein poetisches oder musikalisches stück, das aus sehr verschiedenartigen und launig zusammengesetzten theilen besteht* (ein gesang von mannicherlei zusamgeklaubten liedern oder texten, da keins auf das ander geht. Roth *a. a. o.*) Zedler 30, 407. 409: zuletzt hat unsre zeit ein neu gedicht erdacht, / das alle regeln höhnt und den geschmack verlacht, / ein wahres ebenbild der bunten narrenkappen, / hier hängt ein gelber fleck, und dort ein rother lappen. / wie ein betrunkner lallt, wie ein beseszner schäumt, / und wie ein kranker oft bei hitz und fieber träumt; so hängt das schöne zeug wie erzt und thon zusammen: / und dennoch soll diesz thier von witz und klugheit stammen, / und dennoch hälts die welt für herrlich, schön und nett, / allein ein weiser nennts das tumme quodlibet. Bodmer *krit. ged.* 61 *(beilage vers 442) neudruck* • wer mit dem geist, der erst ein quodlibet gereimt, auch lieder dichten will. Pyra *u.* Lange *freundschaftl. lieder* 117 *neudruck* •

dadurch erhalten ihre (*der orientalen*) gedichte einen anstrich von quodlibet, oder vorgeschriebenen endreimen.
Göthe 6, 108

• ich will (*im concerte*) nicht ein quodlibet hören, das vom gemeinen bis zum tragischen alle tonarten und spielweisen durcheinander schreien läszt. Tieck *nov.* (1853) 5, 9 • von jeher hielt er ein sogenanntes quodlibet für ein anagramm und epigramm des lebens. J. Paul *flegelj.* 3, 75 • *sonst ein allerlei:* du selbst (*die welt*) bist in der klugen augen das lächerlichste quodlibet. Günther 1107 • wer ruhig bleiben will und heiter / bei diesem groszen quodlibet / von nebel, sonnenschein und regen *u. s. w.* J. G. Jacobi 6, 55 • wir konnten uns nicht entbrechen, Rom als quodlibet anzusehen, aber als einziges in seiner art. Göthe 29, 95 • man lebte (*in Paris*) ganz angenehm in dem quodlibet, das jeden tag eine andere gestalt gewann. Iffland *meine theatr. laufbahn* 86, 30 *neudruck* • in der wirthsstube war ein quodlibet von menschen. Seume *spazierg.* 13 • *artige kleinigkeiten der damentoilette:*

die spitzen, die quodlibets, die stahlwaaren haben meinen weg ... für die frauenzimmer bezeichnet.
Göthe 21, 106

• *ein aus verschiedenen touren zusammengesetztes karten-, auch kegelspiel.* • *ableitungen und zusammensetzungen.* • *adjectiva:* **Occam in seinen quotlibetischen fragen** (s. 1) **hat wunderliche scharfsinnigkeit gefunden, die ein blinder nicht wol on ein prill hett sehen mögen.** Fischart *bienenk.* (1580) 85a • **in dieser quotlibetischen welt mus alles umbkert sein.** *kloster* 10, 653 •

ein quodlibetartiges kompositum heterogener gefühle. H. Heine 13, 144

• *substantiva:* **quotlibetbuch,** *analecta* Stieler 256 (*mlat.* quodlibetum Dief. 481a) • **quodlibetbild, -stück** *u. s. w.* • *verba,* **quodlibetieren** *und* **quodlibieren: ich hab vor jaren ein groszen federhannsen heren reden und quodlibetiren** (s. 1). *Zimmer. chron.* 2 3, 214, 9 • **der ein arguirt, wie der Bodensee abzugraben und wo; der ander redt darvon und mit solchem quodlibetiren ward mehr dann die halb nacht zugebracht.** 386, 20 • **die gröste kunst zu quodlibiren bringet gunst.** Calagii *Susanna* 3, 2

R

R • *sein laut ist mit dem knurren eines hundes verglichen und ihm der name des hundsbuchstaben gegeben worden, lat. litera canina, und danach bei Ickelsamer: das r ist der hunds buchstab, wie jn Persius nennet, wie der murret. die rechte weis, aufs kürzist lesen zu lernen (1534); das r, ist ain hundts buchstab, wann er zornig die zene blickt und nerret, so die zung kraus zittert.*

☞ S. 262–273

RABELLEN *verb.* • *stehlen:* **do hat er ain jungen gesellen auszer dem schlosz geen sehen, der ain sack mit flaisch, brott und anderm gestollen gehapt ... als er aber herr Schweigkarten gesehen, ist er übel erschrocken, also das im der herr wol angemerkt, das er den sack hab rabellet.** *Zimm. chron.* 1, 392, 10

RÄBELN *verb.* • *lärmen, poltern. schweizerisch.* Stalder 2, 252 • **das räble ganz anders als sonst** (*vom geräusch der dreschflegel gesagt*)**, das gehe doch auch zu boden.** J. Gotthelf *Uli der knecht* 140 • *vgl. unter* **rappeln** *und* **rabbeln.**

RABENHERZ *n.* • *herz eines raben oder wie das eines raben; bezeichnung eines lieblosen herzens, zugleich mit anspielung auf die farbe eines raben, weil man ein böses herz auch* **ein schwarzes herz** *nennt* (*vgl.* **schwarz**)**:**

> **auf eine Helena, die einen schwanenleib,**
> **ein rabenherze hat.** Lohenstein *Sophonisbe* 70, 425

RABENTRAULICHKEIT *f.* • *traulichkeit wie sie raben zeigen:*

> **mir schaudert vor dem garstigen kunden** *(Mephistopheles)*
> **und seiner rabentraulichkeit.** Göthe 41, 280

RACKSEN *verb.* • *wie* **rackern,** *sich kümmerlich abarbeiten: schwäb.* **racksen** Schmid 423. • *schweiz.* **raggsen, raxen** Stalder 2, 255. •

> **die kann man noch eine weile krebsen und raxen**
> **lassen, sie husen ja für uns.** J. Gotthelf *schuldenb.* 223

RAFFELN *verb.* • *klappern; von dem handhaben der* **raffel** (*s. d. nr.* 1)**: hiute** (*am karfreitage*) **werdent die altere bereubet und hiute ravelt man und man liutet hiute niht.** *Germ.* 7, 335 (13. *jh.*) • *schweiz.* **raffeln** *klappern* Stalder 2, 254 • *auch im allgemeinen poltern, lärmen, so tirol.* **raffeln,** *durch plötzliche oder schnelle bewegung ein geräusch verursachen, z. b. wenn plötzlich die stühle gerückt werden,* **raffelt es.** Schöpf 526 • *kärntn.* **raffeln,** *poltern, lärmen.* Fromm. 6, 192 • **dasz man im rennen, der pferde gereusch, der wägen raffelen, der räder kurren ... hören müsz.** *Petr.* 26b • *schweiz.* **raffle,** *rasseln, von der kaffemühle.* Seiler 233a • *mit der zunge lärmen, schwatzen, auch schelten, zanken: rabulare,* **raffelen, rabbelen** Dief. 482a • *vgl. dazu* **beraffeln** *theil* 1, 1485 • **mer hat sich ja gwisz lang gnueg mit enk graffelt, und**

wöllts gleichwoll nit zur reson kumen. [Schwabe *tintenf.* 79] • [Göthe] *hat mit umlaut* **räffeln** *für heimlich schwatzen, flüstern:*

> **da kam mein pfaff und mädelein traun, ...**
> **thäten mit äugleins sich begäffeln,**
> **einander in die ohren räffeln.** [13, 62]

• *auch schweiz.* **räffeln,** *raunen, flüstern* [Stalder 2, 254] • **raffeln,** *reiben, schaben, raspeln, mit den zähnen schabend essen; schweizerisch:* **härtöpfel (***kartoffeln***), öpfel raffle.** [Seiler 233a] • *auch mühsam kauen, muffeln:* **indem nase und bart, beide gleicher länge, einander beständig küszten, wenn er so was übers zahnfleisch wegraffelte.** [Fr. Müller 2, 56] • *von schlecht schneidenden dingen: bair.* **das messer raffelt,** *macht risse, weil es schartig ist.* [Schm. 2, 64 *Fromm*] • *im Aargau* **raffle,** *an etwas rasch und heftig reiben.* [Hunziker 200] • *und so wol auch von dem ungeschickten zupfen der laute:* **es ist gar ein wunder, dasz der wunderlich seltzam und alt man Socrates erst in seinen alten tagen, auf der lauten zų spilen, geraflet hat.** [*Petr.* 21a] • **raffeln,** *mit der* **raffel** [*s. d. nr.* 5] *arbeiten. schweizerisch.* [Hunziker *ebenda*] • *am häufigsten als intensivum zum folgenden* **raffen** *in der bedeutung hurtig zusammen nehmen, reiszen.* • *transitiv:* **raffeln,** *captare* [Stieler 1496] • **etwas zu sich raffeln: do er musz mit schmerzen wider von im geben alles was er mit lust zů im geraffelt hat.** [Cyrillus 62] • **etwas zusammen raffeln: welchs** *(priesterthum)* **er nicht allein besuddelt, sondern ganz und gar vertilget, untergedruckt, und ein anders sein eigens aufgericht hat, aus allen heidnischen priesterthum zusamen geraffelt.** [*Luther* 2, 37b] • **da aber Paulus einen haufen reiser zusamen raffelt, und legt es aufs fewr.** [*ap. gesch.* 28, 3] • **wie mancher leuft alle lectiones aus, schreibt und raffelt zusammen, lieset alle bücher, und wenn er sol ein predigt oder lection thun, da ist niemand daheime.** [Mathesius *Syrach* 1, 72a] • **er befahl Andreas wein und confect zu holen, nöthigte die studiosos zu sitzen, und mit dem wenigen, was man in der eil zusammen raffeln könte, groszgünstig vorlieb zu nehmen.** [*unwürd. doctor* 299] • *fränkischhennebergisch* **raffeln,** *hastig und emsig raffen, gierig essen,* **zu sich raffeln,** *an sich reiszen.* Fromm. 4, 236. *vergl.* aufraffeln *theil* 1, 703 • *reflexiv,* **sich zusammen raffeln,** *zusammen nehmen:* **der lieutenant lief eilends zurück und meldete Eckarths ankunft an, der obrist raffelte sich so gut er in dieser ubereilung kunte, zusammen.** *med. maulaffe* 861 • **jedoch die vernunft raffelte sich endlich zusammen.** *Felsenburg* 2, 343 • *fränkischhenneb.* **sich raffeln,** *sich zurecht machen, die kleidung zurecht machen, auch sich zusammen nehmen, sich bei einer arbeit dazu halten.* Fromm. 4, 237

RAGENSTERZ *m.* • *steifschwanz* • *als zeichen von kraft und übermut an thieren und darum für diese eigenschaften selbst:*

der merz,
der euch (*flöhen*) recht störzt den ragensterz. Fischart *flöhhaz v.* 3470

RAKETENLADESCHAUFEL *f.* • *ladeschaufel von kupferblech, um die raketenhülse zu laden.*

RAKETLICH *adj.* • *zum handhaben der rakete, des ballschlägels, geschickt:* **wa het der kämpfer Milo ein lebendigen ochsen auf den achseln getragen und (entsetzlich zu lügen) wie ein ballen mit der racketlichen hand bandiert und geschlagen.** *Garg.* 41b

RAMMELGERÜST *n.* • *gerüst worin die rammel* (s. d. nr. 1) *geht, grosze ramme* • *auch* **rammelhaus.** Jacobsson 7, 30b

RAMPFEN *verb.* • *raffen.* Schm. 2, 100 *Fromm* • *zusammenkratzen.* Birlinger augsb.-schwäb. wb. 370a • **rampfen,** *zerren.* Schmid 423 • *tirol.* **ramfen,** *zusammenflicken.* Schöpf 532 • **gedenk, wann du das confect hollest, daʒ du ein statel zwu drei in die ermel rampfest.** Wirsung *Calistus* z 3 • **sie aber rampften an allen orden, hie und dort, verflucht und schedlich lugin zusamen.** *quelle von* 1543 *bei* Birlinger a. a. o • **setzten sie einen argen menschen in disz ampt, welcher die güter der weisen zu ihm rampfte.** *Bebelii facetiae* (1589) 296a

RÄNFTELN *verb.* • *die rinde des brotes abnagen:* **ich solte ihme das brod nicht ränfteln, wie Bartholomeus der geschunden worden.** *hundert ausbündiger närrinnen* (Wien 1713) 152

RANZENREITER *m.* • *postknecht, welcher die briefe von einer post zur andern im ranzen befördert:* **ranzenreuter** Jacobsson 7, 31b

RAPPELKÖPFISCH *adj.* • *wie* **rappelköpfig;** *ein in der schriftsprache seit dem 17. jh. aufgenommenes wort. möglich*

dasz es aus kreisen der pferdezüchter stammt, wo **rappelköpfisch** *noch heute für und neben* **kollericht** *gilt:* **ein rappelköpfisch pferd,** *alias* **kollericht,** *equus cerebrosus, vertigine laborans* Stieler 1497 • *doch war es ebensofrüh oder früher auch in bezug auf menschen bezeugt, und kaum in der harten bedeutung, wie* **rappelig: rappelköpfisch,** *homo cerebrosus, cervicosus, ceritus.* Stieler a. a. o. • **ein solchs rappelköpfisch weib.** Talitz *kurzweiliger reiszge- spahn* (1655) *nr.* 113 • **ich habe meinen herren so rappelköpfisch noch nicht gesehen.** Chr. Weise *comöd.* 156 • **er hat diesen herrn ganz rappelköpfisch gemacht.** *med. maulaffe* 209 • **solchergestalt wird der von W. von einem tage zum andern von ihr bei der nase herum geführet, einmahl macht sie ihm verblümter weise hoffnung zu der verlangten letzten gunst, ein andermahl aber stellet sie sich wieder gewissenhaft und rappelköpfisch.** *cavalier im irrg.* 480 • **wenn mein junger herr allenfalls wieder rappelköpfisch werden sollte.** Wieland 11, 154 • **er** (*der vetter*) **sollte mir helfen ihm** (*dem manne*) **den kopf wieder zurecht setzen, aber da ist er grad noch rappelköpfischer geworden.** H. L. Wagner *kindermörderin* 31 • **der sohn ist rappelköpfisch und in einer stillen oder lauten verzweiflung.** L. Tieck *ges. novellen* 2, 226

RARSÄULIG *adj.* • *in der baukunst von einem gebäude das weit auseinander stehende und in folge dessen nicht viele säulen hat.* Jacobsson 3, 361a

RASAUNEN *verb.* • *lärmen, poltern, mit geräusch umher fahren; ein vorzugsweise mitteldeutsches mundartliches wort* (*schlesisch, obersächsisch, düringisch, aber auch in Ostfriesland* **rasûnen,** *dumpfen lärm machen, brummen, vibrierend sausen.* ten Doornkaat-Koolman 3, 15a), *das bisweilen in der schriftsprache erscheint:*

mich lobt mama ... als ein duldsames kind, ich muchse nicht, wenn tante Lore keift und schilt, und in dem hause wie ein poltergeist rasaunt.
Musäus *moral. kinderklapper* (1799) s. 11.

• **ihr habt noch keine ahnung von einer ordentlichen, regulären ahnung; wie das in einem rum bohrt und rasaunt!** Holtei *Lammfell* 1, 213 • **nu passen sie achtung, pater**

Christel, wie er (*der rappe*) wird ausschlagen, grunzen und rasaunen. [5, 139] • *wenn ein seltenes mhd.* **rasûnen,** *sich ordnen, sich schaaren* (Lexer *wb.* 2, 346), *das wol auf das provenz.* **rasonar, razonar** *überlegend ordnen, zurückführt, in dem mundartlichen* **rasaunen** *sich erhalten hat, so musz aus dem begriff des schaarens bei kriegerhorden der des lärmenden laufens sich ergeben, zugleich mit umdeutung auf* **rasen** (s. d.), *das auch stürmen, lärmend daher eilen bedeutet. indes ist über einen solchen zusammenhang nicht klar zu sehen.*

RASCHHINEILEND *part.* • *καρπάλιμος:* **so umkreiseten diese mit raschhineilenden füszen drei mal Priamos stadt.** Bürger 236b.

RASPERMENT • *verhüllend, als glimpffluch, für* **sacrament: botz tausent rasperment.** Garg. 91a. • *vergl. oben* **raschparment.**

RÄTSELSCHWANGER *adj.* •

der zusammenhang, ja die einheit der menschlichen mit der thierischen und ganzen übrigen natur, mithin des mikrokosmos mit dem makrokosmos, spricht aus der geheimnisvollen, räthselschwangern sphinx, aus den kentauren.

A. Schopenhauer *parerga und parall.* 2, 339

RAUBEBALD *m.* • *erdichteter eigenname:* **und gieng zu einer prophetinne, die ward schwanger, und gebar einen son, und der herr sprach zu mir, nenne jn Raubebald** (*Ταχέως σκύλευσον* **septuag.**), **Eilebeute.** *Jes.* 8, 3.; *vergl. th.* 3, 106

RAUSCH

RAUSCHENDLAUT *adj.* • **ein flusz mit schaumendem gethöse, / mit rauschend-lautem lauf.** Weckherlin

RAUSCHGOLDEN *adj.* • *von rauschgold, zur bezeichnung von etwas flitterhaftem:* **so platt auch diesz in unsern aufgeklärten, / von keinem vorurtheil des alterthums beschwerten, / und rein vom staub der vorwelt abgekehrten rauschgoldnen zeiten scheinen wird.** Wieland 21, 242

RAUSCHSCHLÄFCHEN *n.* • *schläfchen durch einen rausch hervorgerufen:* **haben wir dich in deinem rauschschläfchen gestört?** Göthe 33, 284

RAUSCHTANZEND part. • *tanz im rausche verursachend:* ein minnbruder, versehen mit wolmundeten, maulreiszenden, zapfresen, lautschwatzenden, zungklapfigem, zungzwitzerigem, zungkützeligem, glaszschwitzigem, rauschdanzendem ... wein. *Garg.* 57b

RAUSZELN verb. • *brummen:* dem sausen und rauszeln im häupt. Luther *br.* 4, 178

REBELLENLEICHE f. •

und so lieg ich nun da in meiner kraft,
eine stolze rebellenleiche! Freiligrath *dicht.* 3, 185

REBENBLÜTENDUFT m. • ich athme traumversunken die stromgekühlte luft, / mein ganzer sinn ist trunken von rebenblütenduft. Geibel *werke* 4, 175

REDGEBE adj. • *gern oder leicht redend* (*vergl.* redselig): *affabilis* redegeb Dief. 15b • einer der zu allen zeiten und in allen ding musz oder will geredt haben, derselb würt geschetzt für redgeb. Keisersberg *seelenpar., vorrede* 11b • dirre (*papst*) was uszer moszen wol gelert und redegebe von kriescher und latyne sproche. *d. städtechron.* 9, 536, 11 • ist er redgeb, so spricht man er sei ein schwetzer. *der alten weisen exempel* (1565) 106b • (*Sokrates*) war mit allen uberwerflich, redgeb und schümpflich, darmit er seinen hocherleuchten verstand decket glimpflich. *Garg.* 20a

REDLICHDUMM adj. • wär auch ich der redlichdumme gewesen, den schalk nicht zu merken. Schiller *Fiesko* 5, 16

REDNERGESCHNITZEL n. • nicht zierliches rednergeschnitzel, logisches brettergerüst. Rückert *ges. ged.* 2, 281

REDUMSCHWEIF m. • *umschweif im reden:* auf der bühne lieb ich droben keine redumschweife. Göthe 3, 148

REGENBOGENDUNST m. • bunt wie regenbogendünste, aber eitel auch wie die, hat sie (*die lüge*) hundert zauberkünste und mit diesen täuschet sie. Bürger 116a

REGENBOGENSCHÖNE f. • glanz, / wie holde regenbogenschöne flosz sein (*eines engels*) kleid herunter. Herder *z. litt.* 4, 74

RUHE = RUHEBANK

\+ RUHEBETT ≠

RUHEBÜHNE – RUHEFELD

≈ RUHEGEMACH <

RUHEHAFEN × RUHEHÖHLE

= RUHEKABINET ¬

RUHEKAMMER ± RUHEKASTEN

(RUHEKISSEN)

RUHELAGER Σ RUHELAND

÷ RUHEORT –

RUHEPLATZ ± RUHEPOLSTER

= RUHEPUNKT (

RUHESESSEL × RUHESITZ

) RUHESTÄTTLEIN ≠

RUHETHAL ∞ RUHETHRON

– RUHEWAGEN +

RUHEZELT = RUHEZIMMER

REGENWURMWASSER *n.* • *aus regenwürmern gebranntes wasser • mittel gegen wassersucht.* *öcon. lex.* 2012

REHFÜSZIG *adj. und adv.* • *die füsze eines rehes oder wie eines rehes habend • schnellfüszig:* **die so rehfüszig aus ihrem käfig schlüpften.** Meiszner *bei* Campe

REICHISCH *adj.* • *zum reich gehörig, vom reich ausgehend:* **in bedenckung des obangezeigten reichischen beschlusz.** *weim. gem. arch.* (1524) *bei* Dief.-Wülcker 817

REICHMILDIGLICH *adv.* • *mit gütiger freigebigkeit:* **maszen er sie (***Taubmann seine stiefmutter***) reichmiltiglich und nach vermögen bedacht.** Brandt *bericht vom leben Taubmanns* 11 • **jmehr e. maj. von dem allerhöchstgetröhnten reichmildiglich begabt worden.** Butschky *kanzell.* 543

REICHTHUMSGEFÜHL *n.* • **nur derjenige, welcher mit kraft und muth, aus macht- und reichthumsgefühl handelt, geht rasch und kühn vorwärts.** Klinger 11, 159

REIMREIM *m.* • *bei* Schottel 967 *bezeichnung des rührenden reimes:*

ein reimreim ist, wan die reimwörter wegen gar zu gleicher reimwörter sich nicht reimen, sondern werden lauter reimlautungen ohne reimung.

REIMRICHTER *m.* • *ein veraltetes wort. • kunstrichter:* **doch gibt es eben döhrichte und verwerfliche reimenrichter.** Drollinger 234 • **reimrichter** *oder* **reimsetzer** *in älteren anweisungen zur reimkunst derjenige mitlaut, welcher vor der reimsilbe hergehet.* Adelung

REINDÜNKLER *m.* • *anscheinend von* Leibnitz *gebildetes wort, um einen albernen puristen zu bezeichnen:* **ich erinnere mich gehöret zu haben, dasz ... in Frankreich auch dergleichen reindünkler aufkommen (***vorher* **dasz man in der sprach zum puritaner werde).** Leibnitz *bei* Wackernagel *leseb.* 3 3, 1, 999

REISEMERKWÜRDIGKEIT *f.* • *was einem auf der reise merkwürdig, der bemerkung werth erscheint:* **Georg Anderson muszte eine ausführliche beschreibung von seinen reisemerkwürdigkeiten machen.** *blätter für liter. unterhaltung* 1846 *s.* 1192

REISZAUSARMEE *f.* • *spottname für die reichsarmee im siebenjährigen kriege.*

REISZMICHUM *m.* • *volksthümliche bezeichnung des branntweins.* Kehrein 327. *vgl.* reisznieder

RELIGIONSBEDRÜCKUNG *f.* • *bedrückung in religiösen dingen.*

REMEN • *für* rähmen *sp. 67*, *achten auf etwas, zielen, trachten, bestimmen; intransitiv, mit genitiv des zieles:*

und rempt mir des angesichts mit der faust. *fastn. sp.* 331, 26

• so wil ich eurs willens dann remen. 377, 8 • und das die eul des greifen remt. 538, 35 • *mit abhängigem satze:* wer weisz, was mein herr mit remt, das er frauen also beschemt. 536, 16 • *reflexiv und mit gen., sich zu etwas oder jemand hin machen:* ein armer sol sich einer armen remen. 517, 23 • *sich befleiszigen:* erst must ich mich do laufens remen. 34, 28 • der sol sich remen der rechten zeit. 744, 9

RHEINFROH *adj.* • werke, an seinen ufern gewachsen, wie seine weine, verrathen und verbreiten idyllenfreude, und ich brauche hier nicht an maler Müller aber wohl an die rheinfrohen – und unverdient-vergessne romane eines Frohreichs, z. b. in seinem seifensieder und andern, zu erinnern. J. Paul *vorsch. d. ästhetik* 2, 129

RHEINWEINLIED *n.* • *ein lied über den Rheinwein und seine güte; besonders das so überschriebene lied von* M. Claudius: eh' wir unser Rheinweinlied gesungen, und für Claudius das glas geleert, ist gewisz bereits ein schiff verschlungen, und durch brand ein halbes dorf verheert. Gökingk 3, 120

RHEINWUNDER *n.* • *vgl.* Rheinweide.

RICHTSCHNÜRLICHKEIT *f.* • die richtschnürlichkeit der schrift, als die geschichte gottes in der menschheit, mit Jesus als mittelpunkt. Bunsen *briefe* (*Leipzig* 1871) 3, 404

RICKRACKEN *verb.* • *nd. hin und her bewegen, wacklig machen, wacklig sein.* *brem. wb.* 3, 494. ten Doornkaat-Koolman 3, 40a • *hierzu* rickrackrig. • *vgl.* rickrack.

RIESENFRÄULEIN *f.* • *fräulein aus dem geschlecht der riesen:* einst kam das riesenfräulein aus jener burg hervor, erging sich sonder wartung und spielend vor dem thor. Chamisso 1, 244

RIESENGEDANKE *m.* • die schwache seele Philipps des vierten durfte und konnte diesen riesengedanken (*einer universalmonarchie*) nicht denken. Forster 3, 261 • Ossunas riesengedanken, seine glänzenden aussichten, schimmernden entwürfe schwanden. Klinger 4, 26

RIESENPROJECT *n.* • bruder – ich habe die menschen gesehen, ihre bienensorgen und ihre riesenprojecte – ihre götterplane und ihre mäusegeschäffte, das wunderseltsame wettrennen nach glückseligkeit. Schiller 2, 115

RIMPELN *verb.* • *vom einschneiden der zähne in die kämme durch eine doppelsäge.* Jacobsson 3, 420b. s. rimpler

ROCKENSTUBNERISCH *adj.* • innsonderheit für die andächtigen fräulin, die mit der bibel oder gottes wort nicht wol verwart sind, sonder lieber nach der lugenpfeiff und dem pfaffengethön dantzen, oder lieber ein rockenstubnerisch evangelium erzehlen hören. Fischart *bienenk.* (1586) 193b • *mit anspielung auf* rockenstubnärrisch *gebildet.*

ROHRSPERLINGISCH *adj.* • seine herculische laune, die sich leicht sogar ins rohrsperlingische zieht Lichtenberg 4, 77 • (*mit beziehung auf das unter* rohrsperling [1] *mitgetheilte sprichwort*) • Vossens sprache, die sich hier und da mit rohrsperlingischer mäszigung ergieszt. 266

ROMANSCHLENDER *m.* • abgekürzt! sonst läuft es dem romanenschlender zu, die langsame liebescaravane. *maler* Müller 3, 135

ROSEN

ROSENANHAUCH *m.* • *ein anflug von rosiger farbe* (*vergl.* rosig angehaucht): leise stieg ihr, / wie im schlaf sie athmete, rosenanhauch in der wangen zart durchsichtige blässe blumenhaft. Geibel 2, 185

ROSENDORNENMÄDCHEN *n.* • im briefe vollends über die weiber, schilt ordentlich ein grauer geschlecht-vorstand oder curator sexus, und gibt jedes rosenmädchen für ein rosendornenmädchen aus. J. Paul *grönl. proc.* 1, *vorr.* 11

ROSENDUFTGEMÜTH *n.* • ewig wie im paradies steht die schönheitsblüte, / diese lilie unschuld, dies rosenduftgemüte. Rückert *ges. ged.* (1840) 1, 277

ROSENLIEBESGLUTH *f.* • wer ist die, der's gelungen ... dasz veilchenschwermuthsbläue erst aus schneeglöckchenmuth, und dann aus veilchenscheue wuchs rosenliebesglut? Rückert *ges. poet. werke* (1882) 1, 482

ROSENSCHLUMMERDUFT *m.* • die sonne strahlet, doch du lässest, o nachtigall, dich rosenschlummerduft umweben, wie lange noch? Rückert *ges. ged.* (1840) 2, 459

ROSMÜCKICHT *adj.* • *sommersprossig, in oberd. form* roszmücket. *lentiginosus* ... roszmugget ... roszmücket, -muckend. Dief. *gloss.* 324a • *φακώδης, lentiginosus,* roszmücket, rieselig. Frischlin 87a • rosmugket. Schm. 2, 151 • roszmucket. Schmid 439: sie (*die amme*) soll nit sein ein rothkopf oder roszmucket, sondern sie soll sein schwarz oder kestenbraun von haaren. Mauriceau *von den zufällen und krankheiten der schwangern weiber und kindbetterinnen* (übersetzt *ins teutsche. Nürnberg* 1687) 603.

ROSSETUMMELND *adj.* • sondern sie rannten ums leben des rossetummelnden Hektor. Bürger 236a • also sann mit wankendem vorsatz die seele des greisen, / ob er ging zu den schaaren der rossetummelnden Griechen, / oder zu Agamemnon. Stolberg 12, 49

ROSSWISCHTUCH • *ein tuch zum abwischen der rosse, mhd.* roswischtuoch, *sudaria voc. opt.* 16, 30. 28a • roswüschtůch Dief. *gloss.* 564b. *nov. gloss.* 354a

ROTZKACHEL *f.* • *eine person, die gewöhnlich unflath, geformt wie ein eiszapfen, aus der nase hängen hat.* Schmidt *westerw. idiot.* 166 (*vgl.* kachel 5 *sp.* 10. 387)

RUCKEDIGU, RUCKEDIGUCK • *von den tauben* • *s. unten* rucksen.

RUDERBERÜHMT *adj.* • dort mit geflügelten worten besprachen sich untereinander / ruderberühmte Phaeaken umher, schiffkundige männer (*Φαίηκες δολιχήρετμοι, ναυσίκλυτοι ἄνδρες*). Voss *Od.* 13, 166

RUHELISPELND *adj.* • *in adverbialer verwendung:* der pappelweide wechselnd grün weht ruhelispelnd drüber hin. Matthisson (1787) 72

RUHETRÄUFELND *adj.* •

mit ruheträufelndem gefieder flog oft der schlummergott das zimmer auf und nieder. Zachariä *hinterl. schriften* (1781) 81

RUHMREDERISCH *adj. und adv.* • *wie* **ruhmredig.**

RÜHMSELN • *schwaches verbum, iterativbildung von* **rühmen** *prahlen:* **rümszlen, sich rumwirdiger sachen auszthun.** Maaler 337a • *als* **rühmseln, rüemseln, rüemsele** *bei* Stalder 2, 290 *und* Seiler 242b

RUMPELDEPUMPEL • **ähnliche bildung wie holterdepolter** *theil* 4, 1761 • *das rollen der wiege bezeichnend im schlummerliedchen:* **rumpeldepumpel, dat kinneken schläpt, rumpeldepumpel, Franzose de lept** (*läuft*). Firmenich 1, 164 • **rumpeldepumpel, dat kinneken wahkt, rumpeldepumpel, Franzose sich packt!** *ebenda* • **rumpel die pumpel, geht die wiege noch immer fort.** *philosophiacolus* (1662) 5

RUMPELZAUBERTASCHE *f.* • *runzliche hexe.* **tasche** *verächtlich für weib schon mhd.* (s. Lexer 2, 1407). • **zaubertasche,** *zauberndes weib, gebildet wie* **plaudertasche: he bund an einen pael de rumpel töver tasche.** Lauremberg *scherzged.* 1, 363

RUMPUMPELN *verb.* • *tonmalend von schwerfälliger bewegung:* **hinkt ein vers, und humpelt, knickt ein knicklein ohne scham, schleppt und schleifts wo lendenlahm, plumpt es, und rumpumpelt.** Voss 5, 111

RÜSPELN *verb.* • *ein leichtes, flüchtiges geräusch verursachen* Pfister 240 (*vgl.* **rispeln** [2] *und westerw.* **rischpeln** Schmidt 163) • *besonders sich räuspern* (*vgl. auch* **räuspeln** *sp.* 315), **rüsplen** *screare, excreare, spuere* Maaler 337c • *niederl.* **ruspelen** *screare* Kilian: **aber hüt dich daz du dich nit bewegest rüsplest noch hůstest.** Nicl. v. Wyle *transl.* 49, 32 *Keller* • **und merckt eben uff alle ir geberde, wort, süfftzen rüspeln hůsten und lachen.** 64, 17 • **die umkerten worte. dynen letzen halsz. süftzen. rüsplen, hůsten, lachen, du abbrich.** *Terent.* (1499) 76b (*inversa verba, eversas cervicis tuas, gemitus, screatus, tussis, risus abstine.* *heautont.* 372–373) • **huostens scholt du auch beginnen, rüspel ser und wasch dich drat!** Wittenweiler *ring* 27c, 26 • *westfälisch* **ruspeln** *von leichtem frost* Woeste 221b • *vgl.* **rispeln** [3]

RUTENFEUERSCHEIN *m.* • *vom feuerschein des kometen:*

welch ein furchtbar zeichen
erschreckt den blick mit ruthenfeuerschein!
Göthe 13, 303

S • der entsprechende laut gehört zu den dentalen geräuschlauten (spiranten), und sonderte sich schon in der urgermanischen zeit in eine harte und eine weiche stufe, von denen die letztere im hochdeutschen, wie im gesammten westgermanischen in r übergetreten ist. der laut des gebliebenen harten s wird beschrieben: das, s, ist ain subtil pfeisung oder sibilen ausz auf einander stoszung der zene, wie die jungen tauben oder natern sibilen.

☞ S. 276–307

SAATDURCHSCHLÄNGELND *adj.* • näher heran, am rain des saatdurchschlängelnden baches, wirft sich die reiterschaar auf reiter. Pyrker *Tunis.* 4, 88

SABBELWETTER *n.* • *trübes wetter mit ununterbrochenem, feinem regen • ein niederd. ausdruck* Woeste 222a • *vergl. das vorhergehende wort und* sabberregen.

SACHHAFTIG *adj.* • on sachhaftig sach, *ohne triftigen grund. quelle bei* Schmeller 2, 210

SACHTESÄUSLER *m.* • geh hin mit deinem sanften wehen, du sachteseusler westenwind. Neumark lustw. 77

SACKBRUMME *f.* • *für einen derben schlag aufs maul:* als ihr mir gestern ohrfeigen und sackbrummen gabt, dasz mir maul und nas bluteten. *engl. komöd.* 2, H 6b

SÄCKELSORGER *m.* • *verwalter eines schatzes, eines vermögens:* sted, schlösser müssen ihr (*der mönche*) eigen sein, dennoch wöllens seckelsorger sein: mus mancher itzt drümb sterben. *bergreihen* 27, 5 *neudruck*

SACKISIEREN *verb. trans.* • *räuberisch in den sack stecken, plündern • scherzhaft höfische von* sack *ausgehende bildung • dann aber überhaupt plündern:* die kleinot geraubt, die stat sackisiert und verhörgt. S. Franck *chron.* (1531) 30a • (*dafür:* die statt erbärmlich sackimiert. 243a) • die Hungern sackisierten die stat und verpranten dʒ mererteyl mit feur. *Germ. chron.* (1538) 96a • sackisieret und plunderet auch alles, wʒ er nach den Ungern überig fand. *ebenda;* das diebisch steln, plündern, sackisiren, kisten raumen. *kriegsbüchl. des frieds* 72.

SAFFERN *verb.* • *mit* safran (*die nebenform* saffer *s. unter safran* [1]) *färben, anmachen:* damit es nun sein farbe bekeme, saffert und würtzet es der koch nach seiner gelegenheit, und schmücket es mit golde. Mathesius Sar. 34a

SAFTBEWEGUNG *f.* • *die bewegung der säfte in den pflanzen*

SAKRAMENTIEREN *verb.* • *fluchen, infaustas voces jactare, maledicere, diras imprecari* Stieler 2021. Hügel 131b

SALBADERN *verb.* • *langweilig, albern schwatzen, oft mit dem nebensinn des frömmelnden tones* (*vgl.* salbader):

ja dasz sogar die Deutschen in ihrem unglück mir lächerlich vorkommen, weil sie eigentlich nur darüber verzweifeln, dasz sie nicht mehr salbadern sollen. Göthe *an Zelter im briefwechsel beider* 1, 366

• diese nation (*die deutsche*) saalbadert so gern, saalbadert herab von der kanzel, saalbadert zu haus, saalbadert sodann vor gericht, saalbadert im schauspiel! Platen 275

SALZVERSILBERER *m.* • *beamter, der den salzhandel verwaltet* Jacobsson 3, 498b • *juris salia vendendi redemtor* Apin 479

SANDLATSCHER *m.* • der im sande latscht. in Leipzig als spottname für die infanterie. Albrecht 196a • auch bezeichnung eines dicht über dem erdboden hin fliegenden balles beim schlagballspiel. ebenda

SANFTANWEHEND *adj.* • in sanftanwehendem beseelten ton der menschenstimme spricht der gütige (*gott*) anjetzt. Herder *zerstr. blätter* 6, 357

SANFTEMPÖRT *adj.* •

nur weichgeschaffne sanftempörte
herzen, voll theurer qual,
beseufzen jezt des jungen lebens
schmerzen am mondenstral. Schiller 1, 288

SANFTFLEISCHIG *adj.* • befeindest du Pomona, dasz ihr füllhorn nicht ohn' unterlasz dir kirschen bringt, sanftfleischig, rund und hold ...? Kl. Schmidt *poet. briefe* (1782) 132

SÄTTIGUNGSUNBEHILFLICHKEIT *f.* • die schlange mimia, welche, eh' sie einen hirschen verschluckt, scheu nach ameisen umschauet, die sie in ihrer sättigung-unbehilflichkeit übermannen könnten. J. Paul *friedenpr.* 34

SAUGDIEKLAUEN • *ersonnener eigenname für einen hungerleider:* her Nasentropf und Saugdiklauen, verantwort euch vor diesen frauen. *fastn. sp.* 259, 14

SAUGEFRESSE *n.* • *übermäsziges oder unanständiges essen, dann überhaupt ausschweifendes leben:* denn was ist des bapsts thun, wens gleich am besten ist, anders denn ein lauter sewgefresse und epikurisch wesen. Luther 3, 96a

SÄUGLINGSZÄRTLICHKEIT *f.* • und wollte boshafterweise gefunden haben, es sei eine erinnerung an die ammen- und säuglingszärtlichkeit, von der sie sich kaum losgerissen haben. Göthe 22, 189

SAUMNACHSCHLEPPEND *adj.* • *übersetzung des homerischen ἑλκεσίπεπλος* die Troer und die saumnachschleppenden Trojanerinnen scheu' ich nur zu sehr. Bürger 174a

(Il. 6, 442) • jetzo, nachdem ich verderbte das volk durch meine bethörung, scheu' ich Troja's männer und saumnachschleppende weiber. Voss *Il.* 22, 105 • als du saumnachschleppend gingest. Platen 159a

SÄUSACKGROB *adj.* • *im hennebergischen als verstärkung für* saugrob. Frommann *mundarten* 1, 234b

SAUSÖDEL *m.* • *von einem schmutzigen oder häszlichen frauenzimmer:*

> aber die fee war so schön wie ein frühlingstag, und Donna Schmergelina ist ... der garstigste sausödel, den ich in meinem leben gesehen habe. Wieland 11, 322

• was hat nicht der blaue vogel ausstehen müssen, bis er ... seine liebe Florine, wiewohl in der gestalt eines schmutzigen sausödels, wieder fand! 12, 17 • *vgl.* sausodel *als synonym von* saulache Campe *sowie* södel *und* sudel.

SCENEZERRISSEN *adj.* • *übertragen, ohne zusammenhang, verworren:* da flatterst du, schattenfabel, zerstückt, scenezerrissen! Herder *zur litt.* 3, 113 *(„mein schicksal")*

SCHACHMATTEN *verb.* • *matt setzen beim schachspiel, bildlich:* ich wil dich nicht mit menschen leren, sondern mit der schrift schachmatten. Luther 1, 389a

SCHÄDLICHSCHÖN *adj.* • o schädlich-schöne sehl, was kan dich doch erlaben? Weckherlin 328

SCHÄFERDÖNCHEN *n.* • *geschichte, mährchen, wie sie sich schäfer erzählen* (dönchen *aus nd.* döneken *eigentlich „tönchen", liedchen,* *brem. wb.* 1, 228): so will ich nur so viel sagen, 's sey recht albern, dasz ich hier so'n alt schäferdönchen erzähle. Claudius 1-2, 133

SCHÄFERLUSTBARKEIT *f.* • *lustbarkeit der schäfer, hirtenfest.* Campe: als Amor in den goldnen zeiten verliebt in schäferlustbarkeiten auf bunten bluhmenfeldern lief. Lessing 1, 63

SCHAFHIRTISCH *adj.* • *zum vorigen:* in der schaffhirtischen kunst nicht allerdings wol erfahren. Boccalini *relationes ausz Parnasso* (1644) 132

SCHALATZEN *verb.* • *schlendern, müszig gehen, spazieren, in älterer sprache:* wo geht er heut schallatzen umb? H. Sachs *bei* Schmeller 2, 393 • schalazen fahren und spacieren. *ebenda*

• **erstlich müszen die reichen die drei monat spaziern in gerten und meiiern, schalatzen, reitn und farn.** *ders. spruchged. s.* 119, 1 *Tittmann* • *ähnlich:* **es het schier ein ieder under denen tomherren ein eigens schifflin; darmit liesen sie sich uf dem wasser darafter fueren, schalatzen.** *Zimm. chron.* 3, 558 • **verboten, das niemand under derselben zeit** (*predigt*) **in oder auszer der stad vor den toren solte spazieren und schalazen gehen.** *quelle von* 1595 *bei* Birlinger 390a. *daneben* **schalanzen: faulentzen, schalantzen.** Henisch 1017, 61 • *vagari liberius* Frisch 2, 158c • *mundartlich erhalten, so im bair.* **schalanzen, schallatzen** Schm. 2, 393 • *kärnt. ist.* **schalazún** *sich mit jemanden unterhalten.* Lexer *kärnt. wb.* 213 • *im Defregger dialekt* **schellátz'n,** *mit dingen, an die aberglaube oder religion geknüpft sind, mutwillen treiben.* Hintner 215 • *der ursprung des wortes ist nicht sicher. vielleicht darf man mit* Henisch 1017, 61 • *an gr.* σχολάζειν *denken, wonach dies wort wie das sinnverwandte* **spazieren** *den klerikern seine entstehung danken würde. ist* **schlenzen** *verwandt?*

SCHALKHEITSHECHEL *f.* • **neu-ausgefertigte schalckheitshechel und betrugsschule, worinnen allerhand betrugs- und diebsgriffe offenbahret und nach ihrer ordentlichen classe durch die hechel gezogen werden ... zum druck befördert von H. Gunsen** *titel eines 1689 erschienenen buches.* • *vgl.* Gödeke *grundrisz* 2 3, 239

SCHALLENDGELLEND *adj.* • **während die weltgeschichte, stehend auf der asche des menschengeschlechts – was ist die erde anders? mit schallendgellender trompete schreyt.** Klinger 11, 232

SCHALTTAGKIND *n.* • *ein an einem schalttage geborenes kind* • *in freier übertragung, das selten vorkommende, auszergewöhnliche bezeichnend:*

wer kann denn aber eine miszgeburt, die sich so wenig als ein genie fortpflanzt, denn sie ist selber ein körperliches, eine einzigperle – nicht einmal ein sonntagkind, sondern ein schalttagkind – ersetzen, ich bitte jeden? J. Paul *Katzenb.* 1, 56

SCHALUSIEREN *verb.* • *eifersüchtig, neidisch sein, nhd. bildung aus franz.* **jaloux: du schalusirst auf deine eigene** schwester, weil du nicht so schön bist als sie, sollst du zum wenigsten besser denken. Lenz 1, 269

SCHAMRÖTEN *verb.* • *erubescere:* sehen sie, wie schön und himmlisch sich ... diese wange nun etwas schamröthet. Herder *briefwechsel mit Caroline Flachsland* (Erl. 1847) 105 • ein schœniu meit oder ein juncvrouwe stêt als ein rôse in sumertouwe mit zühtiger schamrœte begoȝȝen. *renner* 12644 • den kindsammen bot ohn schamröten die knäblein in der burt zu tödten. H. Sachs (1578) 4, 1, 32d • ich fühle mein gesicht schamröthend blutt umbfangen. Lohenstein *Sophonisbe* 68, 334 • schamröthend erhebet sich Luna, und bebet auf östlichem meer! Stolberg 1, 161

SCHANDAUFDECKUNG *f.* • *manifestatio turpitudinis.* Stieler 285

SCHANDHÄSZLICH *adj.* • find, wider hoffnung, er, und alles sein muthmassen, an stat der schönsten fraw, wie er sie erst gelassen, das schandheszlichste weib. Dietr. v. d. Werder *Ariost* 7, 69, 7

SCHÄNDLICHLÄCHERLICH *adj.* • die komödie führe ihr amt sowohl im parterre als auf der bühne, lächerliches dem lachen, ein schändlichlächerliches in der komödie selbst (*φαυλοτερον τι, το αἰσχρον*), dem hohngelächter preis zu geben. Herder *z. litt.* 17, 277

SCHARENDURCHBRECHER *m.* • selber Achilleus würd' er nicht weichen, dem schaarendurchbrecher in dem kampf. Stolberg 12, 20 (*Ilias 13, 317*)

SCHATTENNICHTIG *adj.* • aber nun siehet er, wie eitel das gemahlte blendwerck dieses lebens sey und wie es nur aus einem schattennichtigen wesen bestehe. Wiedemann gefangenschaft, anhang 55

SCHATTLAUCHEN *verb.* • schattlauchend heiszt in Baiern ein tag, der abwechselnd sonnig und schattig ist. Schm. 1, 1420. 2, 482 • ob zu lauchen, schlieszen, decken gehörig? s. dieses

SCHATZEINSCHARRER *m.* • der einen schatz verscharrt. geldsive schatzeinscharrer, thesaurum defodiens, abscondens Stieler 1738

SCHÄTZESCHWER *adj.* • *mit schätzen schwer beladen.*

SCHAUENLICHKEIT *f.* • *contemplation, beschauliches leben:* nit minder vorhalt mich vor disen gesellen, die allein der schawenlicheit gleben wend (leben wollen). quelle bei Schmid 454

SCHAUERNACHTGEFLÜSTER *n.* • schwerer nun und melankolisch düster wie durch todter wüsten schauernachtgeflüster, wo verlornes heulen schweift. Schiller 1, 217

SCHAUHERRLICHKEIT *f.* • es hiesze doch in Rom gewesen und den papst nicht gesehen haben, wollten wir die neue städtische markthalle (*in Aschaffenburg*) mit ihren schauherrlichkeiten (*einer blumenausstellung*) nicht bewundern. *didaskalia den 20. april 1873*

SCHEINDIENSTFERTIGKEIT *f.* • der engel soll zum teufel gehn mit seiner scheindienstfertigkeit! Platen 301a

SCHEINSCHIMPF *m.* • invectio ficta. Stieler 1796

SCHEINSCHÖN *adj.* • *lenociniis ac coloribus pollutus.* Stieler 1755

SCHEISZTEUFELPROCESSION *f.* • in Bischofsheim an der Rhön gestiftet aus anlasz einer ruhrepidemie. Dief.-Wülcker 835

SCHELMÄUGELN *verb.* • *im bair. schelmisch blicken.* Schm. 1, 50

SCHELMENFABRIKANT *m.* • *von einem inquisitor, der durch kreuz- und querfragen einen unschuldigen zum schelmen, zum schuldigen zu machen sucht:*

ich versichre euch, mit mehr sorgfalt suchen die bettelweiber nicht die lumpen aus dem kehricht, als so ein schelmenfabricant aus kleinen, schiefen, verschobenen, verrückten, verdruckten, geschlossenen, bekannten, geläugneten anzeigen und umständen sich endlich einen strohlumpenen vogelscheu zusammenkünstelt, um wenigstens seinen inquisiten in effigie hängen zu können. Göthe 8, 246

SCHELMENZUNFTBERATHER *m.* • du leutverführer, schelmenzunft-berather. Tieck 2, 58

SCHERWENZELMANTEL *m.* • *deckmantel:* ihre unwissenheit unter einem scherwenzelmantelgen zu verbergen. *ehe eines weibes* 219

SCHEUSALBELASTET *adj.* • o scheusalbelastete finsternisz, die nicht hemmt schranke, noch kraft! Klinger 4, 34

SCHICKSALKEIMEND *adj.* • *schicksal hervorbringend:* still nun dachte die mutter des schicksalkeimenden abends, da ihr eigener nam' hinschwand in den namen des mannes. Voss *Luise* 3, 2, 636

SCHIESZGERECHTIGKEIT *f.* • *schieszrecht, die befugnis, auf eines andern grund und boden nach wildpret zu schieszen.* Adelung

SCHIFF

SCHIFFBRUCHERLITTNER *m.* • *einer, den schiffbruch betroffen hat:* **ungerächet, o Pausback, soll dein frevel nicht hingehn, dasz du vom rücken mich warfst, so wie den schiffbrucherlittnen** (*ναυηγόν*) **wirft von der klippe die woge.** Stolberg 16, 173

SCHIFFKINDERGUT *n.* • *die kleidung und anderer besitz der schiffkinder.* Campe

SCHIFFOBERLÄSTIG *adj.* • *von einem schiffe gesagt, das zu schwer beladen ist und so zu tief geht.* Jacobsson 3, 598a

SCHIFFZERTRÜMMERND *adj.* • **wüthend forscht' er umher: ob schiffzertrümmernde stürme fern an des himmels rand aufgährten?** Pyrker *Tun.* 3, 224

SCHILDMÄDCHEN *n.* • *kämpfende jungfrau, walküre, dem nord.* **skjaldmær** *nachgebildet.* Müllenhoff *d. alterthumsk.* 5, 337

SCHIMMERSCHEIN *m.* • **wie der fernste schimmerschein, fällt mein name dir wohl ein.** Tieck *Sternbalds wanderungen* 2, 301

SCHIMMERWESEN *n.* • **als dem eitlen schimmerwesen froh du zuriefst: gute nacht!** Rist bei Campe

SCHIMPERIG *adj.* • *dem* **schemper ähnlich** (*s. dieses*), *dünn und schlecht, von getränken, in Ost- und Westpreuszen.* Frischbier 2, 273

SCHIMPFRIMPFER *m.* • *spötter, vgl.* **schimpf** [2] **(rimpfer** *für* **rümpfer): dise Miltauische schimpfrimpfer, wann sie darnach im stock ligen und sich krümmen wie ein fisch an der angel, meint ihr nicht, dasz sie einer solchen lection, in maszen hirin begriffen, bedörfen?** Fischart *podagr. trostbüchl.* (1577) B 8a

SCHIRLEN *verb.* • (*kindersprache*) *harnen, pissen, so schlesisch* • *in der Leipziger kindersprache* **schorlen** *und* **schurlen, einen schorl machen,** *sächsisch auch* **schullen** • **tschureln, tschoreln,** *mingere, von kindern* (*Nordböhmen*) Frommann *zeitschr.* 2, 239 • **ein schirlo machen** (*aus Ungarn*) 6, 340 • *im siebenbürgischen heiszt* **tschorla** *stark rinnen, regnen.*

schisserdieb: *so ruft das rotschwänzchen, motacilla erithacus.*

SCHLACHTENBUMMLER *m.* • *in den neueren kriegen aufgekommen, besonders seit 1870 für diejenigen gebraucht, die unter dem vorwande der krankenpflege sich nach dem kriegsschauplatze begaben, ihre neugierde zu büszen oder sich der lustigeren seite des quartier- und lagerlebens zu widmen.*

SCHLADDERWATT *m.* • *mundartlich ein dünner brei, so im Westerwald* Schmidt 185 • *vgl.* Pfister 251. *der erste theil des wortes gehört zu nd.* **sladde** (*s.* **schladde**).

SCHLAF

SCHLAFDÜRMELICH *adj.* • *taumelnd, betäubt vom schlaf, von müdigkeit, schlaftrunken, vgl.* **dürmlich** *oben* *theil* 2, 1734 • *nur in folgender stelle bezeugt:* **ja das eseltreibig, lonsorgig, augendienschafft gesind ist jhm kaum gehorsam: ist murrisch, ... vollfaul: studfaul: schlaffdürmelig.** *Garg.* 69a (100 *neudruck*)

SCHLAFGEDANKE *m.* •

am schönen morgen ist selbst der schlafgedanke wie traum. Herder z. lit. u. kunst 8, 90

SCHLAFTRINKELIEREN *verb.* • *scherzhafte bildung nach dem folgenden:* **ihr poeten dörfft euch desz nicht schämen, eben so wenig als ich unnd der sauressich Cato von Utica, der allzeit den unmut zu verdestillieren, pflegt zu schlafftrinckelieren.** *Garg.* 24a

SCHLAFTRUNKSLIEDLEIN *n.* • *beim schlaftrunk, abendgelage* (*vgl.* **schlaftrunk** 1) *gesungenes liedlein:* **postiglion der lieb: darinnen gantz neue lustige täntz ... neben ettlichen intraden, und andern frölichen schlafftruncksliedlein.** durch J. C. H (*aiden?*) von Nürmberg. Nürmberg 1614

SCHLAMPAMPELN *verb.* • *müssig umherschlendern, bummeln.* Spiesz 214 • *das wort ist zu* **schlampampen** *gebildet.*

SCHLAMPODIEN *plur.* • *schmausereien, gelage:* **lassen sich fein fleiszig bei allen tafeln, hochzeiten, gastereien, kirchtägen und schlampodien finden.** Albertinus *narrenhatz* (1617) 235

SCHLANGENTIGERWALD *m.* • *wald, in dem schlangen und tiger hausen:* **das ich in diesem (*leben*) nun habe zu büszen bis zum grabe ... die einsame weltdurchrennung, des beschützers entbehrung, im schlangen-tigerwald die kummer-gramverzehrung.** Rückert *poet. werke* (1882) 12, 64

SCHLANGENUMRINGELT *adj.* • *von schlangen umringelt:* **schlangenumringelte schwestern.** Voss *bei* Campe

SCHLAPPDUTTICHT *adj.* • *mit schlappen dutten, brüsten, zitzen.* Stieler 311 • *vgl.* **schlappbrüstig.**

SCHLAUERSONNEN *adj.* • **er (*Odysseus*), zwar nur erzogen auf Ithakas bergen, versteht sich dennoch auf jegliche list und schlauersonnenen anschlag.** Bürger 208b *(Il. 3, 202)*

SCHLECHTBIERICHT *adj.* • **tenuior** Stieler 147 • **von dünnem gebräu.**

SCHLECHTGEHIRNT *adj.* • **sothane schlechtgehirnte köpffe.** Hofmannswaldau *sterb. Socrates* 79

SCHLECHTHINWEG *adv.* • *wie sonst* **schlechtweg:**

er versprach, reinen mund zu halten, und hielte es nicht nur schlecht hinweg, sondern log noch einen ... hauffen dings darzu.
Simpl. 3, 217 *Kurz*

SCHLECKMAULEN *verb.* • *zu dem vorhergehenden gebildet, schleckhaft sein, schlecken:* **schlecken, schleckmaulen** Aventinus *werke* 1, 429, 1 • **übertragen auf** *buhlerei:* **si (*unkeuschheit*) machet mangen alten affen, daȝ er sleckmiulen gêt.** *renner* 11756 Schm. 2, 505 • *bezeugt neben* **schleckmaulen** *die adjectivbildungen* **schleck-, gschleckmaulet.**

SCHLEUMEN *verb.* • *beeilen, beschleunigen, schleunig von statten gehen* Schmeller 2, 523 • *nebenform zu* **schleunen, schlaunen, s. daselbst. die alterthümliche bildung mit m ist nur im bair. erhalten.**

SCHLEUNIGLICH *adj.* • *weiterbildung zu* **schleunig** *in demselben sinne; gewöhnlich als adverb.:* **schleuniglich,** *adv. vivacissimae pernicitatis, quod etiam dicitur* **schleuniglichst,** *et* **schleunigst,** *perceleriter, protinus, propediem, temporius, citissime, praepropere* Stieler 1816 • *mhd.* **sliuneclîche** Lexer handwb. 2, 984 • **herr, iu mac niht misselingen, ob irȝ sliuniclichen tuot.** Ottokar *reimchron.* 13765 • *im ältern nhd. auch* **schleiniglich: damit das si darzue reden, das die** (*brücke*) **firpasz** (*fürbasz*) **alzeit schleinigklicher gemacht werd.** *tirol. weisth.* 4, 169, 23 • **item unkosten zůvermeiden, setzen und ordnen wir, dasz inn allen peinlichen sachen dem rechten schleuniglich nachgegangen, verholffen und geverlih nit verzogen werde.** *Carolina* 77

SCHLICKERFÜRZCHEN *n.* • *das tänzeln flacher steine, die* **übers** *wasser geworfen werden* Kleemann 19a; schlickern 5

SCHLICKERSCHLACKER *m.* • *mit dem ablaut spielende bildung bei* Bürger 287b:

husch! durch schlickerschlacker fort. *Macbeth* 1, 1

(*through the fog and filthy air*).

SCHLICKGESCHWORENER *m.* • *oder* **lakengeschworener** *heiszt in der provinz Preuszen einer der vereidigten vertrauensmänner, denen die beaufsichtigung der abflüsse aus den niederungen obliegt* Frischbier 2, 6a

SCHLIMMBESSERN *verb.* • *verschlechtern in der absicht zu verbessern, auch* **verschlimmbessern: verschlimmbesserte codices gab es schon früher.** F. A. Wolf *zu Platons Phaedon* (1811) 11

SCHLIMMVERWAHRT *adj.* •

zu stark für dieses schlimmverwahrte herz war die versuchung! hätte sie doch selbst dem bessern mann gefährlich werden müssen! Schiller *Piccol.* 1, 3

SCHLINGBESCHWERDE *f.* • *beschwerde beim schlingen, schlucken, in der sprache der ärzte.*

SCHLOPPERN *verb.* • **lose sitzen,** *s.* **schlappern, flaccere** oben sp. 489

SCHLORZEN *verb.* • *schweiz.* **schlorze,** *unordentlich nähen, dazu* **schlorz m.** *schlechte naht* Hunziker 224 • *eigentlich wol nur „unordentlich sein, etwas unordentlich thun“.* • *vgl. das vorige.*

SCHLUBBISCH, SCHLUBSCH *adj.* • *nd.* **slubbisch, slubbsch,** *tölpisch, nachlässig, unzierlich* Richey 264 • *s.* **slubbert** *unter* **schlubbern** 1 *am ende und* **schlubbern** 2

SCHLUNKENSCHLEEF *m.* • *nd.* **slunkensleef,** *langer mensch, der schwankend geht* Strodtmann 216 *träge ist* *brem. wb.* 4, 820 •

slunkensleif, *unnützer, fauler, langweiliger mensch* Schambach 196a, slunksleef Schütze 4, 125 • *vielleicht vom vorigen. nach* **Schambach** *a. a. o.* **jedoch eigentlich ein hölzerner kochlöffel zum ausfüllen der kohlstengel. • vgl. schlunk**[2] *und* **schlumpenschleef.**

SCHLURSCHLECHTIG *adj.* • **du lastermailiger, schlurschlechtiger erenoser, du felscher, unverschemter afterkoser.** fastn. sp. 254, 21

SCHMACKSEN *verb.* • *weiterbildung zu* **schmacken: smaksen,** *beim essen als zeichen des prüfens oder derben behagens einen laut mit dem munde machen, mit einem solchen laute küssen.* *brem. wb.* 4, 857. Frischbier 2, 293a • **smatschen** *bei* Schütze 4, 127 *und* Bernd 266 • *in gleicher bedeutung hess.* **schmacksen, schmäcksen** Kehrein 355 • *thür.* **schmäcksen,** *mhd.* **smackezen** • *s.* **schmatzen.**

SCHMERZDURCHZITTERT *part.* •

> **wenn über ihm, wie schmerzdurchzittert,**
> **die mitternächtge stimme klagt.**
> v. Droste Hülshoff *ged.* 304

SCHMERZVERWILDERT *part.* • **kaum hielt noch das volk den schmerzverwilderten alten.** Bürger 240a

SCHMETTERLINGSHERZ *n.* • *bildliche bezeichnung eines flatterhaften, wankelmütigen herzens:* **selbst für ein schmetterlingsherz, wie das des jungen grafen.** Heyse *kinder der welt* 2, 200

SCHMULLEN *verb.* • *aus niederd.* **smullen.** *essen, dasz einem das fett* (*s.* **schmulle**) *aus dem munde flieszt, unsauber, unappetitlich essen* Strodtmann 218. Campe • *dann auch beständig schmausen, schlemmen.* *brem. wb.* 4, 870 • *im gesöff leben* Richey 269. Schütze 4, 132 • *intransitiv, vom geschlachteten schweine, fett* (**schmulle**) *geben* Campe • *die niederd. wörterbücher erklären das wort für identisch mit* **schmuddeln,** *s. daselbst* (1) • *doch ist es bei der durchgängigen abweichenden form* **schmullen** *wol richtiger, es davon zu trennen.* Kluge *in* Paul-Braune *beitr.* 8, 525 *stellt nl.* **smull** *mit* **schmaus** *zusammen.* – *ganz vereinzelt ist* **schmullen** *in die nhd. schriftsprache eingedrungen:* **nach dem man leut auff erden find, die allzugar schamhafftig sind, und an dem tisch schmullen** (*geziert essen?*) **so sehr, den bauch umb scham willn**

lassen leer. Eyering 3, 91 • (*oder zu* **schmollen,** *s. daselbst* 3, *sp.* 1107? • *vergl. das ebenda vorkommende und offenbar davon abgeleitete* **schmöller** *unter* **schmollen** [2]).

SCHMÜRBELN *verb.* • *nach fettiger unreinigkeit riechen* (*für* **schmirbeln, schmirweln** *stehend, vgl. über die lautliche änderung unter* **schmieren** 1, *sp.* 1081, *zur sache* **schmer** *sp.* 1030 *fg.*): **dasz du ... so blutubel schmürbelst.** Schade *sat.* 3, 39, 15

SCHNABELSCHNELL *adj. und adv.* • *schnell mit dem schnabel, unüberlegt und vorlaut redend* (*vgl.* **schnabelresch**): **wan wenn du dinen hunt das ist dinen ernst nit von jugent uffrecht gewent und erzogen hest, das du zů gehe und zorn wehe und schnabel schnell bist on mosz und bescheidenheyt dinen nechsten stroffest mit sölcher grymme und ungestymme in anschnauwest.** Keisersberg *bilg.* 146a • **die weiber haben im paradies ererbet, das sie noch schnabelschnel sind, geben bald antwurt, zůzeiten ehe man sie recht gefragt.** Wickram *irr reit. bilger* 12b • **und man sagt, es sei die jung domals ganz schnabelschnell gewest.** *Zimm. chron.* 2 3, 267, 21

SCHNARGARKISCH *adj.* • *der gerne trinkt, schlemmt:* **jr meine schlampampische gute schlucker ... jr schnargarkische angsterträher** (*becherdreher s. theil* 1, 361), **kutterufstorcken, birpausen.** Fischart *Garg. s.* 15 • *neudr.; dazu* **schnargarkusz m.** *trinklied:* **laszt uns singen, sauffen ein gesetzlin, trincken ein mutet: dasz dieser schnarckgarkusz darzu geht: nun bisz mir recht wolkommen, du edler rebensafft.** *s.* 125 • *vgl. auch* **sich erschnargarcken,** *sich im trinken gütlich thun, s.* 382 *und theil* 3, 968. *die dort vorgeschlagene erklärung des sonderbaren wortes wie auch beziehung zu* **schnarren** *würde die angezogenen ableitungen nicht erklären; die grundbedeutung musz wol „trinken“ oder „schlemmen“ sein.*

SCHNECKESCHNICKESCHNACK *m.* • *lautmalende bildung, die an* **schnickschnack** *sich anlehnend die töne des dudelsacks characterisieren soll:* **seht da kommt der dudelsack! es ist die seifenblase. hört den schneckeschnickeschnack durch seine stumpfe nase.** Göthe 12, 224

SCHNECKKRIECHIG *adj. und adv.* • **demnach beseh einer den kleberigen, schmotzigen, klotzigen sudelkoch unnd kuchenlumppen, unnd sein holdseligs ehegemahl die**

SCHNEEZEIT

SCHNEEZART

SCHNEEWOLKENHERDE

SCHNEEWEHE

SCHNEEWEISZSCHIMMERND

SCHNEETREIBEN

SCHNEESTERN

SCHNEESTURM

SCHNEESCHIMMERND

SCHNEESPITZE

SCHNEENACHT

SCHNEE[illegible]CKEN

SCHNEESCHAUER

SCHNEELICHT

SCHNEELAWINE

SCHNEESTERN

SCHNEELUFT

SCHNEELANDSCHAFT

SCHNEEKUPPE

SCHNEEHÜGEL

SCHNEEHIMMEL

SCHNEEHAUFEN

SCHNEEGLÄNZEND

SCHNEEFLOCKENGLEICH

SCHNEEGIPFEL

SCHNEEFLUR

SCHNEEGETÜMMEL

nasztrieffige, uberkupfferte, pfitzige, säwpfinnige, plewelwäschige, bachschnadrige, pfudelnasse, sacksteubige, sackwirdige, unnd (das ich mich nicht verredt) schneckkrichige, beltzpletzige alte kupplern. *Garg.* 47a

SCHNELL

SCHNELLFERTIG adj. • *schnell zum abschlusz kommend, arbeitend, mit leichtem tadel* (*vgl.* schnell [2, *k*]): die Hermannsschlacht, Schwanthalers schönstes werk, bei dem sich der schnellfertige meister doch einmal zeit gelassen hatte. Treitschke 5, 316 • *bei unpersönlichem subst.:* die schnellfertige logik des radikalismus. 138

SCHNELLGESCHENKELT adj. • *mit schnellen schenkeln:* beide retten gewisz die schnellgeschenkelten rosse nicht von uns zurück (Il. 2, 383: *ὠκύπους*). Bürger 223b

SCHNELLHERSCHMETTERND adj. • gleich schnellherschmetternden donnern war den priestern ihr zeugnisz! Klopstock 5, 220 *(Mess. 13, 938)*

SCHNELLKNALLENDSTARK adj. • wan durch schnell-knallend-starcken dunder sein (*des herrn*) zorn und grim wirt offenbar. Weckherlin 127

SCHNERCHELN *verb.* • *eine niederhessische spracheigenthümlichkeit,* „ein sprechen in überaus hoher tonlage, mit eigenartigem schnarren, kerksen der r, sowie zugleich auslautendem iotieren womöglich aller vokale“. Pfister 263

SCHNIEGELFLECKCHEN *n.* • schniegel-fleckgen ist eine spitzfindige benennung desjenigen frauenzimmers, so den gantzen tag vor dem spiegel stehet, sich aus selbst-liebe darinnen unaufhörlich betrachtet und hier und dar etwas an sich zu zupffen und auszubessern suchet. s. Schultz *alltagsleben* s. 91, *vgl.* Weigand 2, 619.

SCHNODELN *verb.* • durch die verstopfte nase atmen Schm. 2, 572. Lexer • mhd. handwb. 2, 1042 • *s.* schnudeln.

SCHNÖRKELCIRKEL *m.* • *s.* schnörkel zu anfang.

SCHNOTZELN, SCHNÖTZELN *verb.* • *schmatzen:* **so er** (*ein thier*) **milch saufft, so schnötzlet er wie ein jung schweyn.** Forer *thierb.* 112a • *schnalzend küssen* Höfer 3, 109

SCHNUDELBUTZE, -BUTZ *m.* • *rotz in und aus der nase, herabhängender nasenschleim* (*s.* **butze** 2, *theil* 2, *sp.* 589): **wer deinen schnudelputz nicht gerne wil vertragen der tret ihn selber ausz.** Scherffer *Grobian.* 9 • *übertragen auf eine person in älterer sprache, derb spöttische bezeichnung bald schärfer, bald gemütlich-lustig gebraucht:* **durch anhalten und bitt viler gůter frommer auszerlesenen bundten und rundten schnudelbutzen.** Lindener *Katzip.* 2 (s. 61 *Lichtenstein*) • **und wirt der auszerwölte schnudelputz also zu einem wurststehler.** 231 (s. 136 Lichtenstein) • **sihe da, jhr feine schnudelbutzen.** Fischart *Garg.* 17b • **du schnudelputz, must hindan weichen.** Mauritius *Haman* B 4 • **du schnudelputz was hast mangels dran.** *schulwesen* F 7 • *wie schelm:* **wie er dann voller ubermůts und stoltz war und doch ain schnudelbutz darbey.** Lindener *Katziporus* 76 (*s.* 86 *Lichtenstein*) • *entstellt zu* **schnūd'lputzer,** *schimpfwort, bei* Schöpf 641 *bezeugt.*

SCHOCKSCHWERENOT *f.* • *als fluch, verstärktes* **schwerenot,** *vgl.* **schock** 6. Wander 4, 312. Hertel *sprachsch.* 220 • *in Leipzig auch* **alle schockschwerenot,** *allerlei unangenehmes, übles, dummes* Albrecht 206a • **ei du verdammter bettelvogt, krieg du die schockschwerenot!** Schade *handwerksl.* 223 • *dazu* **schockschwerenöter, schockschwerenotskerl** *m.* • *siehe* **schwerenöter.**

SCHOLLERN *verb.* • **mit dumpfem geräusch fallen oder hinabrollen, poltern; eine art iterativbildung zu schallen.** • Campe *und* Weigand 2, 629 *leiten es von scholle, gleba, ab und geben demnach als grundbedeutung „in schollen zerfallen, zerbröckeln, schollenweise fallen", doch würde sich von da aus nicht der umfang der verwendung erklären lassen* (*ebenso* *Hertel sprachsch.* 220*: sich in schollen loslösen, in Erfurt*)*. das wort musz seiner bildung nach alt sein, findet sich aber weder in älteren wörterbüchern* (vor Campe) *noch in der litteratur vor* Göthe: **ich ... stand an dem grabe, wie sie den sarg hinunter lieszen ... dann die erste schaufel hinunter schollerte, und die ängstliche lade einen dumpfen ton wieder gab.** 16, 179 • **dumpfig schollerts überm sarg zum hügel.** Schiller 1, 108 • **da schollert's hinab ins meer.** H. Heine

1, 371 *Elster* • **schollernd, knallend, krachend, platzend rutschten nieder die gelösten eisenstücke.** Immermann 12, 80 *Hempel (Tulif. 2, 6)* • *auch sich mit geräusch bewegen:* **manchmal trägt es (*das gespenst*) sich mit den geräthschaften des schlosses und schollert mit weiten schuhen auf den langen gängen.** Tieck 11, 39 • *weidmannsausdruck (hierher gehörig?):* **schollern sich, sagt man vom dachse, wenn er vor seinem ausgange sich noch innerhalb der einfahrt des baues sand und erde aus der schwarte schüttet.** v. Thüngen *waidm. pract.* 308

SCHÖN

SCHÖNBEWEIBT *adj.* • **alle von Phtia und aus der schönbeweibten Hellas.** Bürger 203a *(Il. 2, 683: καλλιγύναικα)* • **zur rossenährenden Argos kehren jene zurük und zum schönbeweibten Achaia.** 207a *(Il. 3, 75)*

SCHÖNDEUTSCH *n.* • **schönteutsch,** *sermo nitidus, emendatus, elegantissimus, germanici sermonis integritas* Stieler 2277 • *tedesco elegante, regolare, dicorte* Kramer 2 (1702), 639a

SCHÖNERRARITÄTENKASTEN *m.* • *kasten voll schöner raritäten, guckkasten:* **jeder hat doch seine reihe in der welt, wie im schönerraritätenkasten.** Göthe *br.* 1, 247 *Weim. ausg.* (10. *sept.* 1770) • *im nom. getrennt geschrieben:* **Schäckespears theater ist ein schöner raritäten kasten, in dem die geschichte der welt vor unsern augen an dem unsichtbaaren faden der zeit vorbeywallt.** *d. j.* Göthe 2, 42 • *daneben* **schönraritätenkasten: ich guckte nur drein wie das kind in schönraritäten kasten.** *ders. in* Mercks *briefs.* 1, 139

SCHÖNGEWIMPERT *adj.* • Rückert (1882) 12, 52 *die stelle s. unter* **schöngehaart.**

SCHÖNHEITSFROH *adj.* • **während doch in wahrhaft schönheitsfrohen zeiten die kunst allgegenwärtig wirkt, durch schmuck und geräth das leben jedes hauses verklärt.** Treitschke deutsche gesch. 5, 396

SCHÖNHEITSSTOPPELN *plur.* • *bildlich von den resten körperlicher schönheit:*

ich meyne hier das wilde feuer, das in den schönheits-stoppeln brennt. Günther 943

SCHÖNHEITSVERKÄUFERIN *f.* • *verkäuferin von schönheitsmitteln:* ob seine (*des erfinders eines mittels, tugendhaft zu werden*) bude so besucht werden würde, als die buden der modehändlerinnen, schönheitsverkäuferinnen und sonstiger söhne und töchter des luxus, der thorheit und der eitelkeit? Klinger 12, 25

SCHÖPLEN *verb.* • plünderen einen, *exinanire aliquem, spoliare* Dentzler 2, 254b.

SCHOSSELN, SCHUSSELN *verb.* • *gedankenlos,* übereifrig hin und her rennen, s. Schm. 2, 480 *und* schossel 4 • schusseln *ist weiter verbreitet.* *bei* Frischbier 2, 312b • schōseln, schūseln *dumme, alberne streiche machen* (*wie* schōsel, schūsel *von einer so gearteten person*) • schuseln, *nachlässig, oberflächlich etwas thun* Bernd 279

SCHUHUHEN *verb.* • schuhu *rufen, vgl. das vorige:*

sterben muszt du, ja muszt du!
rief, so rief mir der schuft zu,
der uhuende uhu,
der schuhuhende schuhu. Rückert (1882) 2, 204

SCHULDLOSREIN *adj.* • das misztraun ist die schwarze sucht der seele, und alles, auch das schuldlosreine, zieht fürs kranke aug' die tracht der hölle an. H. v. Kleist *Schroffenstein* 1, 2 • ihm den mörder zu senden, der ihm hinterrücks die tochter durchbohren soll, die schuldlosreine, die mit ihrem leben nichts verbrach. 3, 2

SCHULSTAUBIG *adj.* • manch hirngespinnst ausheckt es und mancherlei schulstaubige dünste. Platen 132b

SCHWABBETZEN *verb.* • *flüssigkeiten so halten oder tragen, dasz sie überschwanken.* Klein *prov.-wb.* 2, 146 (Österreich)

SCHWAMPELN *verb.* • *schwanken, wanken, hin und her schwanken* Stalder 2, 359 • mit manigfaltigem schwampelen, schwindelen. Fischart *Garg.* 77b • *s. unter* schwamm *zu anfang.*

SCHWANENSILBERFLAUM *m.* • *vgl.* schwanenflaum: entsprungen Kypris war aus meeres schaume, aufblühend aus den leichtbewegten wogen, dann durch gespann von schwanen-silberflaume hin durch den sonnenglanz der flut gezogen. W. v. Humboldt *ges. werke* 3, 398

SCHWÄTZENSCHWÄBISCH *n.* • *scherzhafte bildung (wie der name einer sprache), vgl.* schwatzen [2]:

> dann ich kan auch noch fünff sprachen, ohn schwetzenschwäbisch, das ist die sechst, heiszt lügen. *Garg.* 287b

SCHWATZSCHWEIFIG *adj.* • suppen machen schnuppen, unnd füllt dem bauren nicht die juppen: wiewol es den schwatzschwaifige Schwaben nur die zung desto mehr wäscht. *Garg.* 44a

SCHWEINERUNG *f.* • *abnahme, minderung:* die schweinerung, *attenuatio, extenuatio, diminutio, imminutio* Maaler 367a • minderung, schweinerung. Calepin *dict.* (1616) 427

SCHWELLFÖTZCHEN *n.* • (*vgl.* fotze, *th.* 4, 1, 42 ff.): schwelvötzgen, ein bier in Merseburg, *s.* zeitvertreiber (1668) 158

SCHWERMUTSDUFT *m.* • *schwermut als duft gefaszt:* wenn unser hirn ein schwermuths-dufft umhüllt. Brockes 6 (1739), 185

SECKELGUCKERISCH *adj.* • *von astrologen, die es auf den geldbeutel anderer abgesehen haben:* wie schön euch auch die seckelguckerische geltpractische (*bei* Rabelais: *ces fols astrologues*) von Löwen, Cöln, Nürnberg, Uberlingen, Ingolstadt, Leon, Erdfort, Jena, den Rhein vor bestechen, und euch des jahrs vräne rechen, so glaubet doch diesen an himmel gehenkten apostitzlern nicht, dasz ... ein anderer regent der gantzen welt seyn werde, dann allein gott der schöpffer himmels und der erden. Fischart *groszm. in* Scheibles *kloster* 8, 1, 573

SEELENHYPOCHONDRIE *f.* • er (*Börne*) hielt sich an Jean Paul und versank in seiner jugend so tief in weinerliche selbstbespiegelung, dasz er sich, als er in die schöne Henriette Hertz verliebt war, die stunden und minuten seiner „seelenhypochondrie“ und ihrer erhabenen gefühle sorgfältig im tagebuch aufzeichnete. *Treitschke d. gesch.* 3, 706

SEELENKANNIBAL *m.* • ein atheist ist ... eine abscheuliche kreatur, – ein vieh, das dummer ist, als ein vieh; – ein seelenkannibal. Lessing 1, 411 *(freig. 2, 5)*

SEELENSCHMETTERLING *m.* • *schmetterling als sinnbild der* seele: jene allbekannten aschenurnen auf postamenten, mit palmen, lorbeerkränzen und anderen emblemen geschmückt, von welchen das bild des seelenschmetterlings ... sehr beliebt war. Allmers *marschenb.* 152

SEHNSUCHT

SEHNSUCHTFLÖTEND *adj.* • du sehnsuchtflötende nachtigall. Leuthold *ged.*4 3

SEHNSUCHTGLUT *f.* • und die sterne grosz wie sonnen, schaun herab mit sehnsuchtglut. H. Heine 1, 157 *Elster* • und dennoch duld' ich alles gern um ihn, um ihn die schauer dieser einsamkeit und diese ungestillte sehnsuchtglut. Hoffmann von Fallersleben *mein leben* 6, 198 • *gewöhnlich* sehnsuchtsglut.

SEHNSUCHTSBEBEN *n.* • so nimm mir, allmacht, dieses sehnsuchtsbeben, mach mir zur heimat dieses irdsche land. Ludwig 1, 51

SEHNSUCHTSWIMPER *f* •

des himmels hoffnungsauge blaut, du kommst zurück!
der wolke sehnsuchtswimper thaut, du kommst zurück!
Rückert *ges. ged.* 1, 394

• seinerlei, *seiner art, gebildet wie* deinerlei, meinerlei, *s. diese oben* *theil* 2, 912 *und* 6, 1935. • *in einer anwendung, die den genitivischen ursprung des ausdrucks deutlich zeigt:* (*quid est filius, est vivens ex vivente ejusdem speciei*). ein sun ist nichts anders dan ein ding, das da lebet seinerlei ... ich kan die species nit basz tütschen, dan seinerlei. Keisersberg *evang.* (1522) 14a • (*in andrer vollständigerer fassung:* ein sun ist nit anders dann ein ding das da lebt von einem lebendigen seinerley. *derselbe bei* Scherz-Oberlin 1472). *prädicativ:* wan du ein liecht von dem andern anzündest, warumb heiszt das liecht nit des andern liechts sun, es ist doch seinerlei, sie sein beide feuer, es ist darumb, das feuer lebt nit. *ebenda. dem heute herrschenden gebrauch entsprechend, voranstehend, attributiv:* zu etwas grossem noch wird Sordalus wol werden, dann seinerley geburt ist nicht gemein auff erden. es ist jhm selbst

bewust (man denckt jhm auch sehr dran), die mutter hat jhn bracht und hatte keinen mann. Logau 1, 186, 79 • **sein-selbst,** *zusammenrückung von* **sein selbst,** *s.* **sein,** *genitiv* [5] *und* **sein,** *possessiv* [10.] • *in verbindung mit* **eigen: es ist der tolle krieg; der seinselbst eigne wiege hat um und um gestürtzt dasz unten oben liege.** Logau 1, 69 • Stieler *bietet* **sein-selbstschirm,** *tuitro sui.* 2050, **seinselbstundersuchung,** *recognitio sui.* 2236, **seinselbstundersucher,** *speculator sui censorque secretus.* *ebenda.*

SEITENSYMPATHIE *f.* • **es gibt aber auch symmetrische oder seiten-sympathien zwischen ganz gleichen organen, z. b. wenn das schloch sich verengt, so verengt sich auch das des auges mit schwarzem staar.** Oken 4, 319

SELBST

SELBSTABSONDERUNG *f.* • **instinct ist das genie im paradiese vor der periode der selbstabsonderung (selbsterkenntnisz).** Novalis 3, 126 *Meiszner*

SELBSTGEFALLSUCHT *f.* • **noch widerlicher wird durch selbstgefallsucht und ... unglauben Pigault le Brun in seinem ritter Mendoza.** J. Paul vorsch. d. ästhet. 1, 179.

SELBSTQUALLUSTIG *adj.* • **Fritz schreibt sich den verlust von Schweidnitz ohne not selbstquallustig zu.** Ludwig 4, 20

SELBSTSUCHTSNÄHRER *m.* • **anklang würde es bei allen finden, die umsturz des bestehenden wollen, die selbstsuchtsnährer sind und ihrer eitelkeit fröhnen.** Treitschke *d. gesch.* 5, 45 (*worte des nachmaligen kais.* Wilhelm I.)

SELTSAMKEITSBEGIERDE *f.* • **dasz ein so treffliches genie, aus eigensinn, eitelkeit und seltsamkeitsbegierde seine groszen talente nicht braucht.** Nicolai *in Mercks briefsammlung* 1, 81

SIMPELFRANZEN plur. • *in die stirn gekämmte, kurz geschnittne haare.* Hertel *thür. sprachsch.* 228

SIMULTANLIEBHABER m. • **nichts ist einem simultanliebhaber, der alle liebt, natürlicher als die liebe gegen eine darunter.** J. Paul *Titan* 3, 161

SITTENSÄUGERIN f. • *die gute sitten nährt, befördert, von der wissenschaft:* **die wissenschaft, die sittensäugerin.** Klajus *lobrede d. d. poeterey.*

SLICHNEN verb. • *in der gaunersprache beichten, bekennen, verrathen, aus dem hebr. stammend (vgl.* **slicha,** *vergebung, buszgebet), auch* **verslichnen,** *verrathen,* **slichner,** *verräther seiner genossen,* **slichnerzink,** *wegen verraths zur warnung der genossen und als strafe dem verräther beigebrachte auffällige körperliche verstümmelung, verletzung, die spuren hinterläszt (vgl. rotwelsch* **zink,** *zeichen).* Avé-Lallemant 4, 608. 2, 66

SONNTAGSLANGEWEILE f. •

vielleicht ein bloszer mädchenscherz, beim pfänderspiel im gärtchen in sonntagslangerweile ausgeheckt. Mörike *Nolten* 3 1, 72

SPALTENSCHLÜPFER m. • *von einem hinterlistigen, das helle licht des tages scheuenden menschen:* **einer von den spaltenschlüpfern, die voll schadenfreude lachen.** Weber *Dreizehnlinden* 220

SPASZVOGELN verb. • *den spaszvogel machen, losen scherz treiben.* Krünitz *encycl.* 156 (1832), 516

SPÄTHERBSTNACHMITTAG m. • **ich entsinne mich eines spätherbstnachmittages; so ungestört war ich seit meiner heimkehr nicht durch die stadt gewandert; denn der erste novembersturm hatte die gassen leer gefegt.** Storm 3, 132

SPATZMAUSEN verb. • **ein pöbel-wort.** *Matthesius Sarepta conc.* 2 **erklärt es:** *de otiosis et delicatulis qui ad aliorum uxores furtim eunt,* **ein erdichtetes wort vom müszigen spatzieren gehen.** Frisch 2, 294c • *wol eine volksetymologische entstellung aus* **spazieren,** *mit dem nebenbegriff des „mausens“, des ausspähens nach unerlaubten genüssen, vgl.:* **etlicher voller gehet mausen. (überschr.) etlicher schleicht denn aus spatzirn, gefaste lust zu deponirn, verirrt sich auch**

SONNENAUFGEHEN

SONNENBERG

SONNENBESÄHT

SONNE(N)BEWOHNER

SONNENBLITZEND

SONNENBLOND

SONNENBLUMENKUCHEN

SONNENDAMPFLOCH

SONNENDURCHGLÜHT

SONNENBEHERRSCHER

SONNENKLAR

SONNENGOTTHEIT

SONNENKOLLER

SONNENMASCHINE

SONNENFINSTERNIS

SONNENSTILLSTAND

SONNENMÜDE

SONNENNIEDERGANG

der rechten stras, und hette gern, ich weis nicht was. Ringwaldt *lauter warh.* 79 • *nur im ältern nhd. bezeugt:* ich bin ferdt mit meinem mann spatzmaussen gegangen, do hab ich einen an dem wasser stehen sehen fischen. Lindener *Katzip.* 167 • es gehören volle kröpff unnd schleckerbiszlein darzu, und ein guts trüncklein, als denn stehet auff einem vollen bauch ein fröliches haupt, drauff gehet man spatzmausen, und felt einer dem andern inn sein vierung und gehege. Mathesius *Sar.* 9b • lasz sie (*die* töchter) auch nicht alleine aushin oder spatzmausen gehen, wie jungfrau Dina thete. *Syrach* 1, 43a • im fall er aber ex kurtzweilitate wolte spatzmausen, nach Jungfrawhausen, so sol er fein grobitetisch (gravitetisch, wolt ich sagen) gehen. Olorinus Variscus *ethogr. mundi* 1, E 7a • hör, teuffel, was ich fragen mus. wie kompts, das du nicht bleibst daraussen und kompst im kloster nur spatzmausen? Fischart *dicht.* 1, 220 *Kurz (Domin. leb. P 2a, v. 3474)* • die jung (*maus*), als sie wurd etwas gros, das enge nästlin sie vertros, und wer liber spazmausen gangen. 2, 56 *(flöhhaz 2055)* • voraus, wenn er zu jeder frist kein säuffer, spielund doppler ist, am lastermarckt nicht müszig stehet, zur löffel-gans spatzmausen gehet. Brodtkorb *teutsche warh.* (1700) 225 • (*beschr. eines frommen praeceptoris, vgl.* Ringwaldt *lauter warh.* 226) • *vgl. nassauisch* spans-, spons-, spatz-, spronzmaien (gehen) „*müszig, geschäftslos umhergehen, faulenzen, zunächst auf die frei gehen*“. Kehrein 1, 380

SPAZIERFLÜCHTIG *adj.* • weitschweiffige, spatzierflüchtige gedanken lieben. Schottel 789

SPEKTAKELGELD *n.* • *eintrittsgeld, das für das anschauen eines spektakels erhoben wird* (*vgl.* spektakel [1, a]): spectakelgeld *quelle bei* Dief.-Wülcker 857

SPERRFÜRMERKUNGSATTETAST *n.* • *ein häszliches wort der österreichischen beamtensprache für „ein zeugnisz, dasz ein gerichtlicher arrest auf eine geldsumme gelegt worden sey“.* Klein 2, 161 • *vgl.* sperren [II, B, 1, *d*, *γ*]

SPITZFINDELN *verb.* • *spitzfindig schlieszen, argumentieren, verächtlich, in älterer sprache* spitzfündeln: dan ie war, das wir hie in nichts spitzfündeln, disputieren, auch die wort ... nit richten. *quelle v.* 1548 (*Frankfurt*) *bei* Dief. Wülcker 859 • manchesmal findet er lust daran, nach art der sophisten zu spitzfindeln und zu haarspalten, dann sage ich leise, wie wir den niesenden zurufen: Zeus behüte dich! Stolberg 10, 419 • seitdem wir nicht mehr lateinisch in theologie und philosophie spizfindeln. Voss *antisymbolik* 2, 71

SPITZIGHEISZHUNGRIG *adj.* • spitzigheiszhungrige bolzen bedeckten die feinde mit haufen, wie ein schwarm schwarzer krähen den acker auf einmal bedecket. Naumann *Nimrod* 429 • *von* Schönaich *in seinem neol. wb.* (336 *Köster*) *mit recht bespöttelt.*

SPRACHMENSCHWERDUNG *f.* • die metaphern aller völker (diese sprachmenschwerdungen der natur) gleichen sich. J. Paul vorsch. der ästh. 2, 22

SPRACHSINNLOSIGKEIT *f.* • *Jahn 2, 611 Euler* • *s.* sprachquell.

SPRÖDIGKEITSSÜNDE *f.* • *nach* sprödigkeit [2]: seyn sie mitleidig gnädige frau, nehmen sie das reuige paar zu gnaden an! – und wenn sies auch nur thäten, um einen theil ihrer sprödigkeitssünden wieder gut zu machen. Gotter 3, 415

STAARSTECHZIMMER *n.* • von einem zimmer, worin einem der augenstaar gestochen wird: der kaplan guckte mit einer lächerlichen angst und qual auf das schlafende wochenkind, um mit ihm bei dem kleinsten schrei sogleich aus dem staarstechzimmer hinauszulaufen. J. Paul Hesp. 1, 18

STAATSKIRSCHENTORTE *f.* • *nach* staat [3, *d*]:

> den abend drauf, nach schrittschuhfahrt mit jungfräulein von edler art, staats-kirschentort, gemeinem bier den abend zugebracht allhier.
>
> Göthe 56, 65

STACHELSCHRIFTSTELLER *m.* • satiriker: der igel (sinnbild des stachelschriftstellers). J. Paul vorsch. der ästh. 1, 184

STACHELSCHWEINMENSCH *m.* • *die benennung eines wunderbaren naturspieles von menschen, welcher in London zu sehen war und am ganzen körper mit harten stacheln bedeckt war, welche an einander rasselten, wenn man darüber hinstrich.* • Campe: doch mag er (*der verfasser*) ... lieber bei elendem wetter im winter satirische dornenhecken, und im frühjahr lieber idyllenartige blumenparterre setzen, so wie umgekehrt der stachelschweinmensch in London seine stacheln blos im winter abwarf und deswegen nur in dieser mausezeit seine frau umhalsete. J. Paul *palingenes.* 1, 69 • da ich einst eine familie solcher stachelschweinmenschen gesehen und zum unglück auf dem ersten platze stand, ertappte der hornpapa meine hand und führte sie mit gewalt ... auf seine borkenhaut mit den worten: „fuhl, fuhl, is all natur“. Brentano 5, 410 • (*solche menschen leiden an einer hautkrankheit, der fischschuppenkrankheit, die auch* stachelschweinaussatz *heiszt.*)

STADT

STADTABENTEUER *n.* • *stadtgeschehnisz, in der stadt erlebtes abenteuer:* (*die allerobersten behörden,*) welche nach einer höhern ansicht die hof- und stadtabenteuer als gleichgültig vorübergehend, sogar manchmal als unterhaltend betrachteten. Göthe 31, 129

STADTDURCHRUFEND *adj.* • (*Kassandra*) stieg auf Pergamos höh' und schauete ferne den vater, wie er im sessel stand, und den stadtdurchrufenden herold. Voss *Ilias* 24, 701

STADTFLAPP *m.* • *schelte für einen stadtbewohner im munde des landbewohners, hängt wol zusammen mit* flappe f. *os hians* (*s. theil* 3, 1724). *im luxemburgischen* stiædtsflapp Gangler 432 • d' Grédchen dé lab danzt mam stiedsflap. *volksreim ebenda*

STADTKAFFEETANTE *f.* • *schelte für klatschsüchtige frauen:* und wenn die Hinzelmeierschen aufs tapet kamen, so tranken die stadtkaffeetanten drei näpfchen mehr als am ostersonntagnachmittage. Storm 3, 13

STALLSTINKIG *adj.* • noch viel minder kont er verdäwen ... das unmenschliche, stallstinckige stafermo schöne fraw Geyszbergerin. *Garg.* s. 92 *neudr.*

STECHKANONENVOLL *adj.* • *sinnlosbetrunken.* šteckkannunefol Meisinger *Rappen. mundart* 183b

stehmaschine *f.* • viele eltern erziehen die kinder nur für die eltern, nämlich zu schönen stehmaschinen, zu seelen-weckern, welche man so lange nicht auf das rollen und tönen stellet, als man ruhe begehrt J. Paul 36 (Levana 1), 32

STELLDICHEINORT *m.* • *ort des zusammentreffens:* die farmacia ist der einzige st. für alle herren ... des städtchens Düringsfeld *aus Dalmatien* (1857) 2, 86

STELZWURZELGEWIRR *n.* • zahlreiche riesenhafte fikusbäume mit ihrem stelzwurzelgewirr waren vorhanden, lianen verschnürten den wald zu einem ganzen *ebda* 200

STEMPELBEDRÜCKT *adj.* • eine klare antwort, stempelbedrückt, gültig, und deutlich in jedem reich Varnhagen v. Ense *Rahel* (1834) 3, 353

STERNBEWOHNER *m.* • wir disputiren über die sternenbewohner und kennen ... unsere mitbürger noch nicht *allgem. deutsche bibl.* 19, 136

STERNFREUNDSCHAFT *f.* • so wollen wir an unsre sternenfreundschaft glauben, selbst wenn wir einander erdenfeinde sein müszten Nietzsche *an Richard Wagner,* s. w. 5, 212 • *zur vorstellung vergl.* stern 5 I, *sp.* 2470 *und* Socrates (jahrg. 1917) 9

STERNLICHTDUNST *m.* • und äugte in dem schwachen sternenlichtdunst umher, so gut es ging H. Stehr *das abendrot* (1916) 123

STIEGELFITZISCH, -FRITZISCH *adj.* • *„durchtrieben“*: wie wunderlich uns die stiglfritzischen spitzbuben mit dem lustwasser ausgezahlet hatten *Juc. Jucundissimi lebensbeschr.* (1680) 185 • *„neugierigversessen“*: vertrauet mirs nur ..., was das bulver ist. ich bin einmal in derlei heimlichkeit ein stiegelfizischer Mörike *ges. schr.* (1878) 2, 183 • *vgl. in schwäb. mundart „wunderlich, verschlagen, durchtrieben, ganz wütend“* Fischer 5, 1767

STINKADORES *f.* • *meist als plur., schlechte zigarre. scherzhafte ableitung von* stinken *mit spanischer endung, so wie das im gleichen sinne schon etwas früher bezeugte fumadores* (einer leeren zigarrenkiste fumadores regalia Wilh. Raabe *sperlingsgasse* [1857] 90). stinkadores *ist aus dem deutschen ins schwed. gelangt, s.* Hellquist *sv. et. ordb.* 871. • *seit der zweiten hälfte des* 19. *jhs. bezeugt, zuerst gebucht* bei Kehrein *fremdwb.* (1876) 686 • *in der niederen umgangssprache,* s. Brendicke *Berl. wortschatz* 178; Albrecht *Leipziger ma. 218a; Fischer schwäb.* 5, 1774; Hügel *Wiener dial.* 157b • do steckt a ooch wieder de zinn ei de

löcher und meldert sen'n stinkadores vergnügt zum fanster naus Herm. Bauch *quietschvergnügt* (1886) 42 •

die cigarre ist superb, wirkliche havannah und keine stinkadores Spielhagen *s. w.* (1877) 1, 242

• **die splitter mischen sich mit den cigarren, du trampelst glas und stinkadores zu einem brei** Gust. Freytag *ges. w.* 7, 115

STINKSTOLZ *adj.* • **übermäszig stolz, vgl. stinkende hoffart** *und ähnliche wendungen* (sp. 3160): **stinkstolz** *intolerabiliter contumax alias* **erzstolz** Stieler *stammbaum* (1691) 2178 • **stinckstoltz** *superbo, altiero che puzza cioè al sommo* Kramer 2 (1702) 978a

STIPPERN *verb.* • *„fein regnen", md. und nd. bezeugt, vgl.* Campe 4, 665 • *als intensivum zu* [3] **stuppen, stüppen** *teil* 10, 4, 571 *„stäuben" zu stellen, vgl. ebda den intr. gebrauch von* **stübben** *im nordwestnd. dazu im gleichen gebiet* **stübbe** *„staubregen, feiner regen" bei* **stupp** *ebda* 568 • *für diese zugehörigkeit spricht bes. die form* **stiwwern** *„in vereinzelten tropfen regnen"* Damköhler *Nordharz.* 179, *dann* **šdibern** *„fein regnen"* Hertel *Thür.* 236, *vgl. auch* **stöbbern** *„staubartig regnen oder schneien" (Fallersleben)* *in* Frommanns *zs.* 5, 297 • *an eine ableitung von* [1] **stippen** *als „punktartig, tropfenweise regnen" ist darum nicht zu denken. zur entrundung bes. im Nordharzer, ostfäl. und Bremer gebiet* s. Sarauw *nd. forsch.* 313 f. *sonst in der form* **stippern** *verzeichnet: „tröpfeln, mit feinen und eben nicht häufigen tropfen regnen, gleichsam tüpfeln" brem.-nds.* 1039 • Deiter *Hastenbeck* 147 • *für Lippe bei* Frommann *zs.* 6, 485 • *auch* **stippen** Flemes *Kalenberg* 366 • **stippeln** Danneil *altmärk.* 212

STOCKAUSSCHLAGWALD *m.* • *(forstmännisch), wald, der durch* **stockausschlag** *entstanden ist.*

STOFFARTIGVERSCHIEDEN *adj.* • *(hier subst.:)* **die unermeszlich reiche fülle des stoffartigverschiedenen der organischen gebilde** A. v. Humboldt *kosmos* 1, 59

STOLPERWITZIG *adj.* • *im verfolg von* **aberwitzig** (*th.* 1 *sp.* 35), **fürwitzig** (*th.* 4, 1, 1 *sp.* 944), *sowie unten* **vorwitzig** *gebildet (allein im umkreis des bildlichen gebrauchs von* **stolpern** *verb.* 4): **daher mir die ubermütig und stolperwitzig exception und vorbehalt desz widersachers umb so vil abentewrischer und närrischer fürkompt** Conr. Vetter *der Lutherischen schreckengast* 2b

STOLZEINHERTRETEND adj. • (*hier bildlich:*) **mit diesen stolzeinhertretenden werken** allgem. deutsche bibl. 87, 381

STOPPELDEUTSCH n. • *gestoppeltes deutsch* (*entsprechend* **stoppeln** verb. 1 c): **„oh, tu tu tu mit tein klein ticken tinketen popösichen“ so ruft sie** (*die mutter*) **in mütterlich kindischem stoppeldeutsch** W. Busch *Eduards traum* 28

STOPPELGELEHRSAMKEIT f. • *welche, arm an eigenen schätzen, ihr wissen sich aus fremden büchern zusammensucht* (*s.* **stoppeln** verb. 1 c): **die stoppelgelehrsamkeit der theologen** Herder 7, 283

STOPPELHOPSER m. • (*s. auch* **hopser** th. 4, 2 sp. 1801 *unter* 1): *zunächst ein spottname der bauern* • nach Hertel *thür. sprachsch.* 236 *auch dasselbe wie oben* **springinsfeld** (th. 10, 2 sp. 111), *eigentlich: der aus freude und ausgelassenheit auf der abgeernteten* **stoppel** *herumhüpft* • *vgl. noch* **ich hätte mir an ihrer stelle diesen alten stoppelhopser nicht engagiert** Viebig *das schlafende heer* 2, 425. 2 • (*im manöver*) *scherzbezeichnung des infantristen* Horn *soldatenspr.* 32

STORCHSCHNABELISIEREN verb. • (*vereinzelt*) *mit dem storchschnabel zeichnen* (s. oben 3, b, ε). *hier das partic. als adj.*

Mainz war jetzt weit mehr ein storchschnabelisiertes Paris, als Genf
K. J. Weber *Deutschland* 4, 648

• *d. h. „verkleinert“.*

STOSZTRUPPUNTERNEHMEN n. • **ein eigenes stosztruppunternehmen südöstlich von Tahure führte zum beabsichtigten erfolg** tagesbericht 26. juni 1917

STRAHLENSILBERFLITTER m. • **sanfter, holder Hesperus am himmel! du wirfst deine str. auf unser erdenlaub** Jean Paul 1, 220 H

STRASZENBUBENGENIE n. • (*weil*) **bild und spruch** (*eines verses an der mauer*) **nur eben das straszenbubengenie ausdrückten, wie es immer war und wohl immer sein wird** Ric. Huch *triumphgasse* (1902) 8

STROBELN verb. • *wild emporstarren, struppig sein, struppig machen. alt in kompos.:* **arstropolot** *inhorruit* ahd. gll. 2, 629, 19 *(11. jh.)* • *vgl. auch* **stropolot, stropalot, stropalôt** *horror* ahd. gll. 1, 699, 48 *(10.–12. jh.)*; 2, 419, 12 *(11. jh.)* • **zerstrobloteu pleter** *acc. pl.* Konrad v. Megenberg *buch d. natur* 403 *Pfeiffer* • **unzerstrobelt**

„nicht verworren", vom haar, Heidelberger hs. 371 (Germania 8, 241, 75 v. d. Hagen) • *im mhd. auch* **stroben,** *im kompos.:* (*der pfau*) **macht den swanz aufstroben** *„hochstehen, emporstarren"* Vintler *pluemen d. tugent* 4582 • *wie* **strobeln** *auch spätmnl.* **weder strubbelen** *rebellare* • **struvelen** *horrere* Kilian (1605) 539; *s.* Franck *etym. wb. d. ndl. taal* 679. *zu germ.* • **strŭb,** *wozu auch* **struppig,** *neben* **strūb,** *wozu* **sträuben. nahezu beschränkt auf die haare, intransitiv,** *„unordentlich emporstarren, sich sträuben"*: **er stuond, sam im ain windspraus hett zerrüttet als sein har das stroblett im unhaimlich zwar** Kaufringer *ged.* 109 *Euling* • **warumb, wen sich die menschen oder die tierlein fürchtent, so stroblent jn die har?** *proplemata Arestotilis* (1492) 4a • **gen perg stroblen all seine har** Hans Sachs 22, 224 *lit. ver.* •

> **wann das maul rauchet, die backen pauszen, der bart geiffert, die nase schnauffet, und die haare struppeln: könde man auch ein angesicht schändlicher verunformen?**
>
> J. Balde *die truckene trunckenheit* (1658) 65

• *im sinne von „struppig sein, werden" noch in den mundarten,* s. Crecelius *oberhess.* 816; Fischer *schwäb.* 5, 1873; Schöpf *Tirol* 721. • *adjektivisch gebraucht* **gestrobelt** *„struppig emporstarrend",* s. *teil* 4, 1, 2, *sp.* 4258 • **der meister schlief gar fleisiclich gestrobelt war sein har** *meistergesang, mscr. germ. Berol. fol.* 23 *nr.* 37 • **nichtz was da bystandt zů der hübschen, gestrobletes har** (*nil aderat adiumenti ad pulchritudinem: capillus passus*) *Terenz deutsch* (1499) 124a • **ob ein iunckfraw oder fraw kem mit gestrobeltem har und zurissen gebend und klaget, das man sie notzoget het** Zobel *sächs. weichbild u. lehnrecht* (1537) 62b • **dasz sie Ilsabe Grimmen gesehen mit gestrobelten haaren und zerrissenem gebände und ihr nothgeschrey gehört haben** Veit Weber *sagen d. vorzeit* (1795) 6, 264 • *in verallgemeinertem sinne:* **und führet sie hinein für gott, ein unlustig, gstrobelte rott, grindig und lausig, zotet und kussig** Hans Sachs 9, 356 *lit. ver.* • *transitiv „emporstehen machen"*: **nachdem er** (*der sauertöpfische philosoph*) **... mit der nasen geschnaufft, die haare gestrüppelt und wie ein römischer Strabo gesessen hat** Reinhold *reime dich* (1673) 2 • **sich strobeln** *„das gefieder sträuben, sich aufplustern"*:

und hinter den stäben strobelte sich und gackerte das federvieh Immermann 20, 55 • *Hempel. heute im südwestl. md., alem., bair.-österr.* strobeln, strubbeln, struweln *„struppig machen"*, s. Crecelius *oberhess.* 816; Martin-Lienhart *elsäss.* 2, 624; Fischer *schwäb.* 5, 1873; Stalder *Schweiz* 2, 411; Schöpf *Tirol* 721; Kramer *Bistritz* 128; Kisch *Nösner wörter* 150 • *mundartlich vereinzelt in anderen bedeutungen:* sdruwelen *oberflächlich arbeiten* Christa *Trierer mundart* 203; Stalder *Schweiz* 2, 410 • struble *„regnen, von sturm begleitet"* Seiler *Basel* 282; Müller-Fraureuth *obersächs.* 2, 581

STUBENSTINKERLEIN *n.* • ein jungsfrawhündlein, schoszhündlein, stubenstinckerlein Duez *nomencl.* (1652) 185

STUNDSTÜNDLICH *adj.* • *analog* tagtäglich *gebildet:* in deinem stundstündlichen, sündlichen Berliner musicantenleben Göthe IV 35, 118 *W.* • denn passieren derartige merkwürdige alltagslebengeschichten nicht stundstündlich hinter allen möglichen kulissen? H. Conradi *ges. schr.* (1911) 3, 38

SUPERLUNARISCH *adj.* • *gegenbildung zu* sublunarisch (*s. d. sp.* 816), *„unirdisch, unwirklich, übersinnlich, überirdisch"*:

wie süs ist es mit einem richtigen, verständigen, klugen menschen umgehn, der weis wie es auf der welt aussieht und was er will und der um dieses lebens anmutig zu geniesen keine superlunarische aufschwünge nötig hat, sondern in dem reinen kreise sittlicher und sinnlicher reitze lebt Göthe IV 6, 111 *W.*

• *mit gelehrter rückbildung in die lat. form:* die schlechtern (*werke*), die ich blos auf hiesiger erde ausheckte ... droben auf dem bartstern (*komet*) (*brachte ich*) meine besten stunden ... damit zu, dasz ich ... werke am schreibpult ausspann ... schwer ists mit einem solchen supralunarischen scharfsinn zu paaren, dasz ich droben ... Jean Paul *w.* 42, 20 *Hempel*

SUPPENDEMUT *f.* • *unterwürfigkeit aus materiellen gründen, nach* [1] suppe [5 c]: die suppendemuth, heuchlers furcht und list, die lehrt euch fein den drachen beten an *poetisches gespräch* (1699) 8

SÜSZENZEN *verb.* • *vom typus* faulenzen (*s.* Wilmanns *gr.* 2, 110), *in der bedeutung wie* süszeln [1] *„(etwas) süsz schmecken oder riechen", aber ohne üblen beisinn. nur im md.:* dann solches (*wermutwasser*) suͦszintzet und schmeckt gar nicht

bitterlich nach dem kraut selbs Sebiz *feldbau* (1579) 402; süszentzt • *„süszlich schmeckend" als bäckerwort in einem beleg v. j. 1722 bei* Müller Fraureuth *obersächs.* 2, 591 • *vgl. auch* **siszenzich, siszinzende** *„süszlich, süszschmeckend"* Knothe *schles. in Nordböhmen* 507 • *im schles. auch* **süszerinzen** s. Jungandreas *schles. zeitwortbild.* 84

SÜSZMELANCHOLISCH *adj.* • *zu* süsz II A 2 b *α* cc:

trefflicher ansatz, geflügeltes zungenspiel
...
und süszmelancholisches gefühl müssen
den waldhornisten bilden

Schubart *ästhetik d. tonkunst* (1806) 314

T • *das* t *ist ein harter mitlauter ... wan man ihn ausspricht, so eröfnet man die zähne ein wenig und stöbbelt die zunge wider die unterzähne, und mus ihn gleichsam mit kraft heraus stoszen. echtes* t *ist die verschiebung der gemein-germanischen media* d, *doch dauert altes* t *unverschoben fort in den verbindungen* cht, ft, st *und* tr *(ter) in treu winter lauter otter bitter zittern.*

☞ S. 310–319

TADELGERN *m.* • *einer der gern tadelt, carptor, zoilus* Stieler 647 • (*vgl.* **hadergern**) Knittel *kurtzgedichte* 1, 24 • *überschrift:* **du schnöder tadelgern, du solt dich stündlich legen / zum schämel unsrer füsz.** Rist *Parnasz* 34 • **ein kühner tadelgern, / der oft ein wenig überklug / manch hirngespinnst im kopfe trug.** Langbein *ged.* (1854) 3, 227

TAGGETÖSE *n.* • **ein stiller traum nach taggetösen.** Rückert 5, 394

TAGGETÜMMEL *n.* • **da neigte sich das taggetümmel / zum verstummenden gefühl hinab.** Tiedge *werke* 4, 27

TAGTAGLICHKEIT *f.* • *vergl.* **alltäglichkeit: diese feuchtkühle tagtäglichkeit.** H. Heine *verm. schriften* 1, 41

TAMPERN, TEMPERN *verb.* • *schles. zaudern, langsam arbeiten, träg sich umhertreiben* Weinhold 97a • *leipz.* **tämpern** *die zeit vertrödeln* Albrecht 221a • *schweiz.* **dampern, tämpern** *zaudern u. s. w.* Stalder 1, 262 • *vgl.* **tapern.**

TANDUMTOSET *part.* • **lächelnd schritt ich / durch den tandumtoseten jahrmarkt.** Immermann *schriften* 1, 539

TANNZAPFISCH *adj. und adv.* • *wie ein tannzapfen:* **dann grob, rudisch und tannzapfisch seind die discipuli biszher erzogen worden.** Paracelsus 1, 85c

TASCHENHIRNSAM *adj.* • *mit einem kleinen (gleichsam in der tasche getragenen) hirn begabt:* **taschenhirnsam rathsherrn.** Fischart *Garg.* 279b

TASCHENPERSPECTIV *n.* •

was taschengucker: durch das stundenglas des todes, durch das er wie durch ein taschenperspectiv guckte, brach ihm alles so klein hervor. J. Paul *Hesp.* 3, 60. 205. 207

TAUMELAUGENBLICK *m.* • *augenblick des* **taumels** (2): **nicht schneller schwindet / der taumelaugenblick, den durch des zufalls spiel nach kummer und gefahr, erhörte liebe findet.** Gotter 1, 277

TELLERSCHLECKERISCH *adj.* • **tellerschleckerische red von zurüstung des nachtimbisz.** Boltz *Terenz.* 127a

TEUCHELN *verb.* • *röhreln, pfeifeln d. i. pfropfen, indem man die rinde, welche man von einem guten zweige abgeschoben, an einen wildling von gleicher dicke steckt, dem man im augenblicke vorher seine rinde abgezogen.* Schm.2 1, 582

TEUFELLITTERATUR *f.* • *der theologische eifer schuf eine art erbaulicher unterhaltungslitteratur von land-, stadt-, dorf-,* *hausteufeln, die für die sittengeschichte lehrreich und zum theil lebhaft geschrieben sind.* Gödeke *grundr.*2 2, 479; teufelslitteratur Freytag *ges. werke* 19, 392

THALZICKZACK *m. n.* • viel leben war im thalzickzack. J. Paul *herbstblum.* 3, 12

THATENDEUTUNGSVOLL *adj.* • (*sie*) sahn noch lange seiner augen / thatendeutungsvolles leuchten. Immermann *schriften* 1, 238

THATENSIEGESBAHN *f.* • (*du sollst ihm*) dichten neuen wunderraum / zu thatensiegesbahn. Herder *ged.* 1, 282

THATENWIRRWARR *m. n.* •

(*der dichter*) forscht
durch manches zeitlaufs thatenwirrwarr,
liederbegierigen sinns, nach helden. Platen 2, 199

THÄTIGFROH *adj.* • ein jugendlicher, thätig – froher übermuth. Göthe 31, 36

THAUBEFEUCHTUNG *f.* • *die befeuchtung mit thau:* schon glimmt, von der beleuchtung / des wiederscheins (*der abenddämmerung*) erhellt, die zarte thaubefeuchtung / durchs grüne halmenfeld. Tiedge *werke* 2, 98

THAUIDEE *f.* • *idee, gedanke über den thau* Brockes 5, 215

THAUPERLTANZ *m.* • (*ihr elfen,*) nun beginnt der nacht geweihten reigen, euren thauperltanz! Immermann *schriften* 1, 361 • (*sie*) tanzte nach dem frohen takte / der tonkundigen cicaden / auf des thaues perlen munter / ringelreigen um die königin. 362

THEILANWENDUNG *f.* • sie (*die regeln*) wollen also immer lebendige und doch nur theilanwendung. Herdee *ebr. poesie* 2, 299

THEUERBEGABT • *partic. was* theuer I, 1, *b*: du theurbegabter held (*Ferdinand III.*) hast endlich angefangen / disz hohe friedenswerk (*zu Münster*). Rist *Parnasz* 2

THORHEITSFÄLTCHEN *n.* •

das thorheitsfältchen findet sich gemeiniglich bei leuten, die mit einem albernen, nicht verschwindenden lächeln alles bewundern, und nichts verstehen. Lichtenberg 1, 204

THRÄNENBETRÖPFELT *partic.* • o wie wird der vater mit tränenbetröpfelten schritten / seines alters trost verzweifelnd suchen und finden in eines wüterichs arm. Lenz *ged.* 22 *Weinhold.*

THRÄNENDUNKELHEIT *f.* • ich blicke durch den schleier / der thränendunkelheit / in eine welt voll streit. Tiedge *werke* 3, 14

THRÄNENTRÄCHTIG *adj.* • *was* thränenschwanger: und von des thränenträchtigen weinstocks stengel entpflücke sie die thränenreiche traube. Rückert 2, 71

TILLETZEN *verb.* • *scherzen, tändeln:* da spielet und tilletzet der alte narr (*der vater*) mit dem jungen (*dem sohne*) Mathesius *Syr.* 2, 31a. 32a; tiletzen 99b • sie (*eheleute*) lacheten und tiletzeten freundlich mit einander. *hochzeitpr.* (1584) 37b • tilatzen *zeitschr. f. d. philol.* 20, 491 (*und dazu* 3, 340) • tillazeln Weinhold *schles. wb.* 98a • *davon* tillazelei *f.* Scherffer 475

TISCHTASCHELN *verb.* • *vom laute der schwalben:* die schwalben tischtascheln. Schm.2 1, 628

TOCHTERGLÜCK *n.* • *glück der tochter:* räume hast du nun durchzogen, / wo du tochterglück erhöht. Göthe 4, 17

TODESVORSCHMACK *m.* • diese ebbe und fluth des bluts, was will sie? solch ein ... todesvorschmack, wozu? Hippel 3, 133.

TODSTOCKNARR *m.* • *verstärktes* stocknarr, *erznarr:*

die tollen Deutschen sollen unendlich todstocknarn bleiben, nur ymer gelt geben. Luther *an den adel* 21 *neudruck*

TODTENTANZBILD *n.* • die deutschen todtentanzbilder und ebenso die französischen wollten nur eine allbeliebte schauspieldichtung festhalten und veranschaulichen. Wackernagel *kl. schriften* 1, 335

TOLL

TOLLHAUSBIBLIOTHEKAR *m.* • *verwalter der bibliothek eines tollhauses.* Baggesen 3, 55

TOLLHÄUSLERGEFÜHL *n.* • das tollhäuslergefühl unserer kraftmänner. Musäus volksm. 4, 41.

TOLLISIEREN • *s.* dollisieren *th.* 2, 1229 • *es toll treiben* Crecelius 1, 280 • *toben und lärmen* Vilmar Pfister *idiot. von Hessen, zweites ergänzungsh.* 40 • dollisieren, *stultum agere* Jacob Schöpper *synonyma*

(1550) a 8b • **bey der nacht giengen wir gassatim, musicirten, bulirten, kelberirten, dollisirten, schlugen und raufften mit der schaarwacht.** Aegidius Albertinus *der landtstörtzer Gusman* (1615) 210 • (*das contributionsgeld*) **darvon hernacher die officirer neben ihren damen, concubinen, maderessen praviren, pancketiren und tollisiren können.** Andreas Ortelius *blutangstund thränengeld* (1639) 24 • **also hat gott der herr alle die heutigen tribulirer, peiniger und placker gezehlet, ihnen ziel und masz gesetzet, wie lange sie noch dominiren, gloriren, floriren, tollisiren, tribuliren sollen.** 53 • **wie mancher wird daumeln und ... tollisiren.** Creidius 2, 327 • **dem jauchzen und tollisiren in häusern und auf den straszen mit ernst steuren.** *quelle bei* Frisch 2, 376c. • *vgl.* **tollieren** *und* **tollerieren.**

TOLLKOLLER *m.* • *toller, wütender koller.* Weber ökon. lex. 592b. • *s.* **toll** [I, 1 f.]

TOLLOCHEN *verb.* • *iterat. zu* **tollen,** *lärmen, wild spielen, toben, wie rasend sein.* Schm.2 1, 602. Hertel *Thür. sprachsch.* 245 • **tolloogen, tollögen** Reinwald *henneb. idiot.* 1, 167. 2, 126 • **tollogen** Spiess *beitr. zu einem henneb. idiot.* 255. • *redensart:* **tollogen als wenn man in einer wildpretshaut steckte.** Spiess

TOLPATSCHHOSE *f.* • *lange, bis an die fersen herabreichende hose, wie sie die ungarischen fuszsoldaten trugen* vgl. Eggers *kriegslex.* 2 (1757), 1082 • **bin so wenig Faust, als ich der seckler bin, der euch eure langen tolpatschhosen genähet** F. Müller 2, 63 • **das wird doch ... gar der kerl nicht seyn, der uns heut aufstiesz? weiszt du, in den tolpatschhosen?** 123

TOLTERN *verb.* • *transitiv: stoszen.* **toltern,** *jemand stoszen, dasz er taumelt* Jecht *mansfeld.* 112b • **tölteren,** *part.* **getöltert,** *herumzerren, herumstoszen, sabouler, pousser, bousculer* Gangler *luxemb. umgangsspr.* 450 • *intransitiv: taumeln, stolpern.* **toltere,** *taumeln, schwanken* Schultze *nordthür.* 31b • **toltern, ...** *hin- und her-taumeln* Jecht *mansfeld.* 112b • **toltern,** *torkeln, schwanken* Hertel *thür.* 245 • **toltere,** *stolpern, stolpernd gehen* Hentrich *eichsfeld.* 16 • *sie* **toltern ...** *hierhin und dorthin* Söhns *parias* 60

TONNENPHILOSOPH *m.* • *Diogenes:*

ich bin des sinnes wie der tonnenphilosoph
Musäus *physiogn. reisen* 3, 5

TOPFFREUNDSCHAFT *f.* • alldieweil mein vorhabend nur sonderlich ist, obgemeldete unstätigkeit und topffreundschaft vor allen dingen mit den bekandtesten und gemeinesten vögeln, als dem storch und der schwalbe, darzuthun Prätorius *winterflucht* 2

TORTURANDROHUNG *f.* • *die „territion“:* solche territion beschiehet ... entweder mit blossen drohworten ... oder mit einiger des scharfrichters handanlegung; sie ist demnach eine blosz wörtige oder thätige torturandrohung *constitutio crim. Theresiana* (1769) 108

TRAMPEL- • *in zusammensetzungen, für gewöhnlich, um dem begriff des zweiten compositionsgliedes ein ironischübertreibendes oder leise verächtliches schlaglicht aufzusetzen:* • -bude: die verdrieszliche stimmung hat sich auch dafür an dem gebäude durch den unästhetischen beinamen der „trampelbude“ gerächt H. Jahn *badeleben in Karlsbad* 165 • -charmante, *„verehrte mädchen, denen der bursche – trampelnd – seine fensterpromenade macht“* *hospitium* (1747) *bei* Kluge *dtsche studentenspr.* 19; *vgl.* trämpel [3] • -fest, *„ländliches tanzvergnügen“* Woeste *westfäl. ma.* 273b; Köppen *Dortmund* 60 • -galan Schnabel *irrgarten d. liebe* (1738) 520; *vgl.* trämpel [3]; trampler [1] • -gunde, *scherzhafte analogiebildung zu frauennamen wie* Kunigunde, Hildegunde: selbst wenn sie mit ihrer magd schalt, wurde leicht ein förmlicher vortrag daraus, sodasz jene trampelgunde ... W. Chezy *erinn.* 2, 12 • *als* tramplagunda *bei* v. Polenz *Grabenhäger* 1, 86; *vgl.* trampel [1]; trampelthier [2] • -loge, *im Berliner volksmund ironisch für stehplatz im theater, zircus u. s. w.:* Meyer-Mauermann *richt. Berliner* 9 178a • mittlerweile waren die herrschaften in der trampelloge ungeduldig geworden Stinde *fam. Buchholz* 4, 104 • -marsch: die ganzen versammelten studenten beantworteten ihm die verweisungen mit schnautzen, räuspern und einem kleinen trampelmarsche Eichendorff s. w. 11, 30 *Kosch-Sauer* • -menuett: sie schertzte wie ein kalb und konte niedlich tantzen / die trampelmenuet v. Langnau *geistl. u. weltl. ged.* (1735) 201 • -seite: der abgeordnete

Reichensperger, mitglied der trampelseite (*in d. nationalversammlung*) Berliner *krakehler* (1848) *nr.* 10, 3 • -thier, *s. alphab. stelle* • -wetter Pfister 1. *ergänz.-heft* 25

TRÄUFELSCHULDEN *pl.* • *kleine schulden:* er (*habe*) in ouch einmal ergriffen, daz er für in umb ein sum gelts müessen bürg sin, daselbst er bezahlen müessen und im darnach nutzit dan ettlich tröufelschulden daran worden (1563) Staub-Tobler *schweiz. id.* 8, 656

TRAUMICHNICHT *m.* • *s.* trauen *vb.*, I F 4 d sp. 1346

TRENNENSCHIMPF *m.* • *trenn-den-schimpf, spielverderber, spaszverderber:* serenitati nubem inducit ... gut frölich gesellschafft zerstören. wider die trenn den schimpf, die iedem für das liecht stehn und der niemand kein guten mut laszt zu lieb werden S. Franck *sprichw.* (1541) 1, 4b • Eurymnus. ein trennenschimpf. stakebrand. er sihet gern frid, er macht aber kein *ebda* 2, 131b • da heisset man einen, ein verdrosznen, melancholischen menschen, einen rechten trennenschimpf, so lieblos ist die welt worden Huberinus *spiegel d. hauszucht* (1553) 58b • *auch* trenneschimpf Fischer *schwäb.* 6, 1773 • *woselbst weitere belege des* 16. *jh.*

TREUWOHLMEINLICH *adj.* • dessen dich hiermit treuwohlmeinlich verwarnen wollen Butschky *hdtsche kanzley* (1659) 715

TRIANGELKLIMPERER *m.* • trompetenbläserin, paukenschläger und triangelklimperer v. Gaudy (1844) 5, 48

TRIBSCHEN *verb.* • *ein mundartliches wort* • *„trödeln" o. ä.:* aber ich habe so mancherley zu tribschen und zu treiben frau rat Göthe *in den schr. d. Götheges.* 4, 195 • *anders,* dripschen *„geschäftig hin und her laufen", auch „auskundschaften"* Borchardt-Wustmann *sprichw. redensarten* (1925) 479 • *eine bedeutung „aneifern" liegt dem nomen agentis* tribscher *zu grunde:* doctor S. (*Schloszer*), der mein literarischer trippscher ist frau rat Göthe *a. a. o.* 307

TRITSCHELN *verb.* • *verschiedener bedeutung und herkunft.* • *iterativbildung zu* tritschen (*s. d.*); fabuliren, schwätzen, reden, unnütz plaudern, tritscheln, klatschen Sperander *handlex.* (1727) 252a • *„sagen, ausplaudern, was man geheim halten sollte"* Schmeller Fr. 1, 681 • *dazu* tritschler; *mundartlich auch: „plätschern, stark regnen oder tauen"* Jakob *Wiener dial.* 195. 2 • *pedere* Unger-Khull 172 • *„pfiste lassen"* Schmeller-Fr. 1, 681

TROPFENBELOHNUNG f. •

von der Vaticana habe ich mich völlig losgemacht und mich erklärt, von den römischen tropfenbelohnungen weiter nichts anzunehmen
Winckelmann s. w. 11, 352

TROTZMÜTIGLICH adv. • *„unerschrocken, kühn“*: vil waren, die gleich mit gewalt trotzmuttiglich die ketzerey Luteri hilten, in nichts widderfure Grunau *preusz. chron.* 1, 335 • *in anderer form als „hochmütig, stolz“*: wan sie den bann des heiligen vatters des babsts ... trutzmutlich verachtet haben und verschmehet 2, 177

TRÜBETÜMP(E)LIG adj. • *„traurig, niedergeschlagen“, zu* trübetümpel *gebildet:*

so reizend dieser baum (die lärche) im frühling, im sommer ziert, so trübetümpelig und nackt trauert er im winter D. v. Liliencron s. w. (1896) 2, 142

• erst dummheiten machen und dann trübetümplich dasitzen, anstatt selbst zuzugreifen, um alles wieder ins richtige geleis zu bringen – das ist mir schon das rechte H. v. Zobeltitz in: *daheim* 31, 367b • *vgl. dialektisch* trübetimpelicht *verdutzt, dämlich* Anton Oberlaus. 13, 20 • trübetümplig *trübselig, niedergeschlagen* Müller-Fraureuth 1, 254a • *wo belege; auch in Ostund Westpreuszen von Insterburg bis Deutsch-Krone als tribetimplix allgemein verbreitet, selten literarisch:* trübetimplig sein, so etwas gibts ja garnicht El. Brönner *die sendung d. Rohrmosers* 161 (*mitteilung* v. W. Ziesemer)

TRUNKENBOLDSTAT f • verdacht ... die trunkenboldsthaten ... ausgeführt zu haben *tägl. rundschau* (*Berlin* 1899), *unterh.-beil.* 360b

TRUTSCHELN, TRÜTSCHELN verb. • *brett spielen, mit würfeln spielen:* trütscheln, bôzen unde schîben / gebent nu schuolern frîen muot Hugo v. Trimberg *renner* 17574 *E.* • sô kumt aber einer und siht hin în, / der lernet trütscheln üm wîn: / mit bretspil und mit kriechelîn / verzert er jârs die koste sîn *ebda* 16762 • trutscheln *brett spielen* (ältere *sprache*) Unger-Khull *steir.* 177 • *vgl.* drüsch *knöchelspiel* Martin-Lienhart *elsäss.* 1, 766

TUBÄKELN verb. • *tabak rauchen,* vgl. tabakeln *teil* 11, 1, 1, *sp.* 6: alsdann sagt der bauer, ... der berggeist koche, der herr

pfarrer tubäkle E. L. Rochholz *Schweizersagen a. d. Aargau* (1856) 1, 137 • *vgl.* „**tabäckeln** *tobak rauchen sowohl als nach tobak riechen oder schmecken*“, „**tabäckler, tubäckler** *wer tobak rauchet*“ *Stalder* schweiz. id. 1, 255 • **dubäkle** *tabak rauchen* Seiler *Basler ma.* 89

TÜCHTIGKEITSPROBE *f.* • *zu* **tüchtig** B 1 a ε:

dem anschein nach sollte alles dises die richtigkeit unsrer beobachtung von der allgemeinheit der ehlichen tüchtigkeitsprobe bei den neuen gatten bezweifeln
Fr. Chr. Fischer *üb. d. probenächte d. teutschen bauernmädchen* (1780) 98

TUDDELN *verb.* • *verworren, undeutlich reden, stottern* Gangler *Luxemb.* 458; *wb. d. luxemb. ma.* 445a; Follmann *Lothr.* 110b • *einfach als „schwatzen“* Leihener *Cronenberger wb.* 127 • **tottelen** *„stottern“* *wb. d. luxemb. ma.* 440a • *vgl.* **totteln, tüdern**

TUMMELKÜHN *adj.* • *gelegenheitsbildung zu* **tummel** *rausch:* **Eponios ... / mit einer masse wein ein hertz hat eingenommen, war voll von forne dran mit tummelkühnen sinn auszfordrend alle welt** W. H. v. Hohberg *habspurg. Ottobert* (1664) Ff 3b

TUMULTBRUDER *m.* • *unruhestifter:* **solche klumpenschmeltzer solten billich vber vnd für alle tumultbrüder on barmhertzigkeit gestrafft werden** Pape *bettelu. garteteuffel* (1586) D 3a

TUMULTUIEREN *verb.* • *unruhe erregen, unruhig sein, im* **16.** *jh. aus lat.* **tumultuari** *entlehnt. verzeichnet zuerst* **1621** *bei* Londorp *acta publica* 2, 947b • *vgl. mundartliches* **tumulieren** *ratsprotokoll* **(1612)** *s.* Unger-Khull *steir.* 182 • *in einem politischen gemeinwesen unruhe, aufruhr stiften* (*vgl.* **tumult** A): **das nach gestiltem krieg ... alle gelegenheit zu tumultuieren auffgehoben wurde** *Jan de Serres frantz. history* (1574) 147a • **wenn ... Franz von Sickingen ... am Rhein und Mosel herum tumultuirte** G. Arnold *unpart. kirchenu. ketzerhist.* (1699) 2, 13a • **... wird ein solches tumultuiren nur von wenigen erregt und theilt sich erst nach und nach mit** Göthe IV 12, 149 *W.* • *übertragen gebraucht:* **in der kirchen Christi tumultuirt und rumort noch der leidige antichrist** L. Pollio *zehn pred.* (1601) *vorw.* (4b. • *sich gegen die obrigkeit empören:* **fingen auch ein gleichen an zu tumultieren ... setzten den alten rath abe** G. Schütz *hist. rer. Pruss.* (1592) 3, Y 1a •

türckische kriegsleut tumultuiren wider ihren kayser theatr. Europ. 1, 681b • Abelinus. *auch sonst:* **um zum tumultuiren zu kommen, ... sollte dann Stillings haus gestürmt und die fenster eingeworfen werden** Jung-Stilling s. schr. (1835) 1, 489 • *unruhe stiften,* **übermütig** *lärmen* (*vgl.* **tumult** [B]): **der ... in ihr hausz käme und fienge an ... wie der sausewind zu schnauben und brausen, zu schnarchen und pochen, zu tumultuiren, zu wüten und toben** Prätorius phil. colus (1662) 184 • **mit den tumultuirenden gesellen ..., die mich ... zu einem nachtbanket ... einluden** Bräker s. schr. (1789) 2, 86 • (*sie*) **hätten sich betrunken, tumultuirt und wären schuldig geblieben** Göthe IV 23, 27 W. • **gehörig tumultuirend und laut sind übrigens diese kinder** Görres ges. br. (1858) 1, 428 • *als ausdruck einer gemütsbewegung:* **was tumultuirt und weinet ihr?** Zinzendorf biblia (1739) (Mark. 5, 39) • *übertragen, lebhaft sein, lebendig sein:* **die Armenier ... sind gegen die warmblütigen und tumultuirenden abendländer viel consequenter, sprechen wenig** Ritter erdkde (1822) 16, 295 • **von so zahllosen millionen menschen, die in so vielen jahrhunderten vor uns wie wir tumultuirten** Bräker mann in Tockenburg (1852) 239 • *im seelischen bereich:* **bei der fülle von kräften, die in meiner brust tumultuiren** Hebbel br. (1904) 2, 4

TÜNTELIG *adj.* • *zu* **tünteln** *(s. u.)* • *mundartlich und umgangssprachlich: ungeschickt, umständlich, unsicher auf den füszen (infolge altersschwäche)* Mensing schlesw.-holst. 5, 205 • *nie zu rechter zeit fertig werdend* Flemes Kalenberg in: Hann. geschichtsbl. 2, 109 • *kleinlich, verhätschelt, verzärtelt, zimperlich* Hönig Köln 157 • **tünteleh** *langsam* Bauer-Collitz Waldeck 106b • **tuntlig** *unbeholfen* Lemke volksthüml. 1, 186 •

Rosine zeigte sich sehr tüntlig und Anna sehr brauchbar und praktisch
(1842) A. v. Droste-Hülshoff br. 2, 46 Schulte-K.

• **was mich ärgert, ist ihre tüntlige schamhaftigkeit** (1840) ebda 1, 455

TURTELTÄUBCHENSCHAFT *f.* • *vereinzelte suffixbildung zu* **turteltäubchen** (2 b) • *„zärtlicher bund, liebesverhältnis“:* **aber konnte die gute frau anders als auf turteltäubchenschaft das also deuten?** J. T. Hermes f. töchter edler herkunft 2 (1787) 216

TURTELTÄUBERICH(T) *m.* • *erweiterung von* **turteltäuber** (*s. dort u. vgl.* **täuberich** *teil* 11, 1, 1, *sp.* 178 *sowie* Henzen *dt. wortbildg.* [1947] 169) • *diese pleonastische maskulinbezeichnung findet sich nur vereinzelt in älterer sprache:*

so haltestu demnach den hammel für des schafes feind? den ochsen der kuhe? den turteltäubericht der getreuen turteltaube? M. Schneider *Amintas* (1632) 86

• **ein einsamer turtelteuberich, dem sein teublein gestorben** Zesen *Assenat* (1679) 512

TUSCHKASTENKÜNSTLER *m.* • *gelegenheitsbildung bei* Gutzkow: **bilderbogen zum ausmalen für Nürnberger tuschkastenkünstler** *ges. w.* (1872) 9, 251.

TUSELN *verb.* • *schlagen, ohrfeigen* (*s.* **duseln** *teil* 2, *sp.* 1759 *u. vgl.* **tuschen**): **du sakramentischer hallunke, hast dich bisher unnütze gemacht, butz, butz, tuselt und schmeisst ihn um den kopf, dass ihm die nase blutet.** Zach. Allert *tageb. a. d. j.* 1627, 50

U • *um* u *hervorzubringen, wird die zunge nach hinten gezogen und in ihrem hinteren theile zum weichen gaumen gehoben, während sich die lippen vorschieben und zu einer kleinen kreisrunden öffnung zusammenziehen, so dasz im vordermunde ein ziemlich groszer resonanzraum entsteht, der die dumpfe klangfarbe dieses vocales bedingt. diese lippenrundung wird auch schon früh als hauptmerkmal dieses vocals erkannt: das* u *ist ein laut gemacht mit spitzigen lefftzen und zůsammen gezogen mund.*

S. 322–325

ÜBELANSTÄNDIG *adj. u. adv.* • *zu* übelanstehen, *gegens.:* wohlanständig: die zarten glieder (*der pferde*) werden ausgemattet, tun alles mit einem übelanständigen zwang, und verlieren den lust Hohberg *georgica curiosa* 2, 184 • *meist in moralisch-ethischem sinne: indecente, v.* ungebührlich Kramer (1678) 1065b • wissen euer ... excell. ..., wie übelanständig, ja unverantwortlich einem soldaten fallen würde, wan er einen solchen ort ... einhändigte *Simpl.* 230 *f. neudr.* •

> in Britannien muste ich ... den krieg, ein meinem geschlechte übelanständiges handwerk, treiben
>
> *A. U. v. Braunschweig* Octavia *2, 1198*

• es entwischet ihnen derowegen gar selten ein unbillich oder übelanständiges wort Crasset *Japon. kirch.* (1738) 1, 12 • *substantiviert:* so bald sie etwas abgeschmacktes oder übelanständiges sprechen, so führen sie allezeit zu ihrem schutze die galante welt an J. Ch. Gottsched *deutsche schaubühne* 2, 253

ÜBER

ÜBERBARBARISCH *adj. und adv.* • *sehr grausam. nl.* overbarbaarsch. *im* 17. *jahrh. nicht selten:* die schreckliche tyrannische überbarbarische execution *verhandl. d. schles. fürsten* 4, 174 • die überbarbarische gottsschänderei Dannhawer *catechismusmilch* 1, 363 • weil schwerlich deme zu trawen stand, von welchem man ungeachtet empfangener wolthat überbarbarisch verfolgt worden Chemnitz *schwed. krieg* 2, 676

ÜBERBURZEN, ÜBERBÜRZEN, ÜBERBURZELN, ÜBERPURZELN, ÜBERBÜRZELN *verb.* • *vgl. o.:* burzen, burzeln *th.* 2 *sp.* 555 • *kopfüber stürzen:* so hebt sich der fisch auf im meer, / die schiff mit ungstüm überpürzt / und sie in grund des meeres stürzt Hans Sachs 22, 314 *Keller-Götze* • *meist reflexiv oder absolut: far un capitombolo* Kramer (1678) 1067a • *praecipitem collabi* Kirsch (1723) 298a • unser mitgesell Elponer / hat sich die stieg ab überburtzt / und sein hals ab zu tod gesturtzt Hans Sachs 12, 84 *Keller* • seitdem der witz in den brunnen gefallen / sind steine drüber gebaut von allen. / nun warnt man jeden nicht nahe zu gehen

... / es heiszt: du könntest dich überpürzen, / und ebenfalls wie der witz 'nein stürzen Tieck *schr.* 13, 290 • den berg härab so überburtzlet das häszlin Keisersberg *has im pfeffer* A a 6d • (*der bär*) überbürtzlet auch vil mals Gesner *thierbuch* 17 • sobald er (*der igelfisch*) bemerkt, dasz er gefangen ist, so bläst er sich ... auf, ... überburzelt Oken *naturgesch.* (1839) 6, 116 • Christus helt uns zu gut, wenn wier über die sünd fallen, das wier gleych überburtzeln Luther 103, *vorr.* 58, 26 *Weim.* • Axel gab ihm einen solchen backenstreich, dasz er überpurtzelte Bucholtz *Herkuliscus* 8 • da kommen dan entbor meerhund und schwein geschwind, / die überbürzlend spihlen Weckherlin 2, 170 • die personen, so in der oberkeit sitzen, müssen sich imer überportzeln und daumeln Luther 19, 360 *Weim.* • Don Kichote ... sich da uf der erden überportzelte Bastel v. d. Sohle *Don Kichote* (1648) 89 • (*der schwimmende junge*) überpurzelte sich wie ein tümmler Lichtenberg *br.* 1, 148 • *part.* überpurzelt = *überdeckt:* der bergschlüchtige von felsen überpurzelte waldstrom Mörike 1, 127

ÜBERELEMENTISCH *adj.* • *überirdisch, geistig, im gegensatz zum körperlich-physischen:* nun hat aber der mensch ein uberelementischen leib auch in ihm Paracelsus *opera* (1616) 2, 400 *Huser* • da man allezeit in solchem wachsen des lebens 1. eine elementische, ... und dann 2. eine überelementische und sternische kraft verstehet Böhme *schr.* (1620) 4, 62

ÜBERKEUSCHEN *verb.* • *reflexiv: zu strenge enthaltsamkeit üben:*

wer sich überkeuschet, dasz ihm die leber verdorret Coler *hausapothek* 225

ÜBERKOLOSSAL *adj.* • *steigernd zu* kolossal: (*in der Nicolauskirche zu Prag steht*) das kleine und kleinliche neben dem überkolossalen so ruhig und fest wie die sterne gegen das universum Zelter *an Göthe* 3, 61 • das ... überkolossale der natur eignet man ... sich nicht an *schr. d. Göthegesellsch.* 21, 264

ÜBERPFORTENFENSTER *n.* • *fenster über der pforte, superlimen-fenster:* blondes mädchen ruft herunter / von dem überpfortenfenster Göthe I 3, 217 *Weim.*

ÜBERÜBERMORGEN *adv.* • *der* 4. *tag von heute gerechnet:* heute nicht, aber morgen, übermorgen, überübermorgen O. Ludwig *ges. schr.* 1, 283

ÜBERUNBEGREIFLICH adj. • *wortbildung der mystiker:* **das gemüthe ... vereinige sich mit dem überunbegreifflichen gott** Arnold *hist. u. beschr. der myst. theologie* (1703) 125

ÜBERVOLLWICHTIG adj. • *mehr als das volle (= normale) gewicht habend:* **übervollwichtige münzen** *handwb. d. staatswiss.* 2 5, 909; *bildlich:* Kortum *Jobsiade* 3, 39

UCHTELEN verb. • *morgens oder abends bei licht arbeiten, von handwerkern gesagt,* s. Müller a. a. o.

ULPSEN schallmalendes verb. •

diesmal räusperte sich Lina so laut und auffallend, ... „sagen sie mal, Lina – was haben sie immer zu ulpsen“
Kretzer *irrlichter und gespenster* (1892) 1, 103

UMHUDELN verb. • *trennbar, umherhudeln, sich umhertreiben, umherbummeln, vgl.* **hudeln** 1b**: wer sich gsellet und umbhudelt / mit den hoffertigen in gesellschaft, / der wird auch mit hoffart behafft** H. Sachs 19, 52 *G.* • *uneigentlich:* **soll nuhn die artzney new sein, was hudlend ihr dann in den alten büchern umb?** Paracelsus *chirurg. bücher* (1618) 289 A

UMSCHWANZIEREN verb. • *trennbar, dass. wie* **umschwanzen** 1**: die vipernatern sind ein figur / auff erd einer losen gsellschaft / vol sünden, schand und lasterhaft, / in müssiggang stett umbschwantzirn** H. Sachs 16, 490 *G. u. ö.*

UMUNDUMKEIT f. • *circumferentia* **umme und ummekeit** Diefenbach 639c

UNABKÖMMLICHKEITSBESCHEINIGUNG f. • *bescheinigung der* **unabkömmlichkeit** *durch die vorgesetzte behörde bei heranziehung zum heeresdienst* Brockhaus 1714, 335b

UNACHTSAMKEITSSÜNDE f. • *peccatum negligentiae* Pierer univ.-lex.2 (1845) 32, 221b • *ähnlich:* **unachtsamkeitsfehler, -vergehen, -teufel** *u. a.*

UNANGENEHMSEIN n. • *vereinzelte subst.-bildung:* **wer denkt sich wohl z. e. bey unangenehmseyn im umgange das theophrastische** *αηδια*? *allg. deutsche bibliothek* 112, 234

UNAUFKNÜPFLICHKEIT *f.* • Campe
UNBESCHNAUBERT • Schweinichen 157
UNBESCHNEITELT • Mathesius 3, 147, 1; *vgl. th.* 9, 1286
UNBESCHUFTIGKEIT *f.* • Landois *Essink* 1, 192
UNBESINGBARKEIT *f.* • Campe
UNBIEDERMÄNNISCH *adj.* • *gegentheil von* biedermännisch • *veraltet:* sie heissen mich auch einen unbidermännischen brůder Nas *antip.* 6, 244a; Osiander *ursach* 26; Franck *mor. enc.* 128, 18

UNDAUS, UNTAUS • *s. th.* 2, 1756 (Zwingli *freih. d. sp.* 27. 32 *neudr.*); Schmeller 1, 546

UNEDELHERZIG • -keit Campe
UNEHEMANN *m.* • Guarinonius *gr.* 1307
UNEINVERLEIBLICH • Lessing 10, 38
UNENDLICHEN *verb.* • Birken *lorb.* 107 • *vgl.* verunendlichen, verendlichen.
UNFALLSSCHWANGER • Mendelssohn 6, 151
UNFRAUENZIMMERLICH • J. A. Cramer *aufseher* 3, 294
UNGEDANKENSTRICH *m.* • *geistreiche gelegenheitsbildung zu* gedankenstrich (*th.* 4, 1, 1, 1980):

gar oft denke ich mehr, als ich schreiben will, und mache deswegen doch keine gedankenstriche, die man mit besserem rechte ungedankenstriche heiszen möchte Reiske *leb.* 60

• weil ... der streicher ... sich einbildet, seine ungedankenstriche seien taktstriche der sphärenmusik des alls J. Paul 33, 57; Börne *th.* 4, 1, 1, 1980

UNGEFÄHRBESUCH *m.* • Hippel *kreuzu. querzüge* 1, 485; *s.* ungefähr I B 2 b

UNHERZZERTRÜMMERT • Scultetus *bei* Lessing 11, 194, 11
UNTERLÜMPCHEN *n.* • H. Heine 2, 175 *E.*
UNZEITNOTHWENDIGKEIT • Moltke 5, 299
URURURSTINKPFUDINASE • Zschokke 13, 231.
URURURURÄLTERAHN • Lessing 1, 8 *M. in der th.* 1, 192 *mitgetheilten stelle.* • *vgl.* Scheffels urururwald *bei* Behaghel von deutscher sprache 82

F
V
W
Y
K

V • da man die capitalbuchstaben gern zu überschriften und im capitelanfang, die uncialbuchstaben im contexte benützte, bildete sich die neigung in den latein. hss. aus, v *als anfangsbuchstaben der sätze und in überschriften,* u *innerhalb der sätze und der wörter, und weiter* v *als anfangsbuchstaben im anlaute,* u *im inlaute der wörter zu setzen.*

☞ S. 328–335

VATERBESCHWERUNG *f.* • *unannehmlichkeit, die man als vater zu erdulden hat • scherzhaft gebildetes wort im gegensatze zu* **mutterbeschwerung,** *s. theil* 6, 2813: **bei mehren völkern legen sich daher die väter ins kindbette, um sich von den bisherigen mutter- oder vaterbeschwerungen der schwangerschaft zu erholen.** J. Paul 54, 21

VATERBRUDERSKIND *n.* • *patruus,* **vatternbruderskint** Dief. 417b (von 1530) • **als ein wort, getrennt** *bei* Dasyp.: *patruelis,* **des vatters brůders kind.**

VÄTERHIMMEL *m.* • *himmel, in welchem sich die vorfahren befinden, speciell nach mittelalterlicher anschauung himmlischer aufenthaltsort der vorchristlichen ahnherren des menschengeschlechts:* **väterhimmel** *sive* **wartehimmel,** *alias* **vorhimmel** *limbus.* Stieler 840

VERÄHNLICHUNGSVERMÖGEN *n.* •

> **der witz paart heterogene vorstellungen ... und ist ein eigenthümliches verähnlichungsvermögen, welches dem verstande ... sofern er die gegenstände unter gattungen bringt, angehört.**
>
> Kant *anthropol.* (1820) 152

VERBRITTEN *verb.* • *zum Engländer machen:* **wer mich (***die deutsche sprache***) verbrittet, ich hasz ihn! mich gallicismet, ich hasz ihn!** Klopstock 7, 4

VERBRÖCKELN *verb.* • *transitiv, in bröckchen theilen; intransitiv, zu bröckchen werden. • reflexiv, sich in bröckchen zerkrümeln.*

VERBRUSTLATZEN *verb.* • *mit einem brustlatz versehen. bildlich, beschützen:* **secht solch fürtugenden lisen sich in diesem des Socrats unachtsamen und nicht auf aronisch verprustlatztem hertzenschrein finden.** Garg. (1590) 29

VERDAMMNISWALZER *m.* • *tanz der verdammten seelen:*

> **die sämmtliche hölle ist los fürwahr,**
> **und lärmet und schwärmet in wachsender schaar,**
> **sogar der verdammniswalzer erschallt.**
>
> H. Heine 15, 40

VERDEUTSCHUNGSVERSUCH *m.* • **nur dasz die in meinen früheren verdeutschungsversuchen mit unterlaufenden verunglückten wortbildungen ... von uns ausgelassen wurden.** Campe wb. 1, *vorrede* xiii.

VERFENSTERUNGSMITTEL *n.* • unter der intensiver brennenden sonne des südhimmels konnte man der glasfenster eher entbehren, da ja das wärmere klima weniger luftabschlusz erforderte und die lichtminderung durch weniger durchsichtige verfensterungsmittel ... weniger unannehmlichkeiten hatte, als diesseits der alpen. *weim. ztg.* 1887 *nr.* 261, 2 (*aus: schweizerisches gewerbeblatt*)

VERFLACHUNGSGEDANKE *m.* •

sie (*die honoratioren der mittelmäszigkeit*) begreifen ganz gut den republikanismus, eine lehre, wozu nicht viel vorkenntnisse gehören, die zugleich allen ihren kleingefühlen und verflachungsgedanken zusagt.
H. Heine 9, 62

VERFOLGUNGSWETTER *n.* • *tempus persecutionum* Stieler 2462 • *vgl.* verfolgungsgewitter.

VERFUCHSSCHWÄNZEN *verb.* • *durch fuchsschwänzerei (heuchelei) in nachtheil bringen. das einfache zeitwort* (*theil* 41, 854) *nur selten transitiv, durch* ver *transitiv gemacht:* wie er gen hof wieder kömpt, hinderkoset, verfuchsschwenzet, verleumdet er seinen vater. Mathesius *Syr.* (1586) 1, 122a • wie es an fürstlichen höfen pfleget zuzugehen, dasz einer verfuchsschwänzet und ausgebissen wird. Schweinichen 2, 328 • wie sie mich denn ... bei ... meinem herrn angaben und mich verfuchsschwänzten. 3, 61 • zumal andere, so auch zu gebrauchen tauglich von ihnen verachtet und verfuchsschwänzt werden. *exilium melanch.* 6 • einer schenckte mir hier, der andere dort ... etliche (*gaben*) darum, dasz ich sie nicht verfuchsschwäntzen solte, andere aber eben deszwegen, dasz ich ihrentwegen solches thun solte. *Simplic.* 1, 164, 20. *Kurz.* • (*ich*) vernam endlich ausz des Welschen geradbrechten worten, dasz er seinen abschied begehrte, dann der jäger verfuchsschwäntze ihn bei der frau und sage, er warte der pferde nicht recht. 1, 358, 12 • die da hingegen ander leut / verfuchsschwänzen zu jeder zeit. Zach. Polens *trag. v. d. belag. Samariae* A viii • eur gnaden haben gut zu lachen, / wenn er ander leut so veracht, / verfuchsschwenzt, verlügt und verlacht, / wie er mir schon offt hat gethan. J. Ayrer *fastn. sp.* F 102 (*5, 2850, 19 Keller*).

VERFÜHRSCHAMLEHRE *f.* • *lehre von falscher schamhaftigkeit, die, statt zu behüten, zum unerlaubten verleitet, ein* von J. Paul *für einen einzelnen fall gebildetes wort:*

zur erzieherischen verführschamlehre gehörten die spanischen wände und bettschirme aus glas, die man vor das geistige auge der kinder stellt; nämlich das unverständige zudecken einer decke, d. h. die schafkleider eines – schafs.
J. Paul 38, 69

VERFUMFEIEN *verb.* • *eigentlich unter spiel und sang herrichten, in liederlicher weise machen, dann* **überhaupt** *verderben, zu grunde richten. ein eigentlich nur in den mundarten heimisches wort; es scheint nd. ursprungs, gebildet aus* **bumfei, fidelfumfei,** *violine, bierfidel* *brem. wb.* 1, 467. Richey 67 • *und ahmt den schall der geige nach, vgl.* **dideldumdei** *und das daran sich anlehnende* **verdiedeln** Stürenburg 310 • *weitverbreitet durch die niederd. mundarten* Hupel 247. Sallmann 42b. 105a. Hennig 287. Frischbier 2, 430b. *brem. wb.* 1, 467. Stürenburg 310. Vilmar 111 (*Niederhessen, Diemelgegend*). Schmidt *westerw. id.* 291, *md.* Anton 14, 10. Kehrein 1, 422 • **ähnliche** *wörter, die ebenfalls dem schalle der geige oder des gesanges nachgebildet sind:* **verbombeisen, verpopeizen** (*vgl.* **heia, popeia**) *in Hessen* Vilmar 47, *sind wol selbständig neben obigem worte entstanden.* **verfumfeien** *nur in übertragener bedeutung nachweisbar und stets von dingen gesagt „verderben"; das gewisz nahe verwandte* **verfomfädeln** *im preuszischen dialekte auch auf menschen angewandt „schwängern"* Frischbier 2, 429a • **verfumfeien** *ist nicht in der schriftsprache heimisch geworden, wird aber manchmal angewandt, um die sprache des gemeinen mannes zu charakterisieren:* **die natur ganz gottsjämmerlich verfumfein.** Schink *marionettentheater* 122 • **die menschheit verfumpfein.** 44 • **ach, sagte der töpfer, vor dem teuflischen geschiesze** (*bei der belagerung*) **zittert dem menschen arm und bein und da verfumfeiet er freilich jeden bettel.** J. Paul 34, 125 • **das prinzchen, ein jüngerer sohn eines verarmten hauses, streifte, ein leichtsinniger junge, in allen bädern und um alle spielhöllen der bäder herum und verfumfeite dort ... sein ärmliches bischen erbtheil.** Arndt *wanderungen mit Stein* 131

VERGISZMEINNICHTSAUGE, VERGISZMEINNICHTAUGE *n.* • *auge, wegen seiner blauen farbe dem* **vergiszmeinnicht** *vergleichbar:* **du aber auch mit deinen vergiszmeinnichtsaugen.** Schiller *kab. u. liebe* 2, 4 (*hist.-krit. ausg.* 3, 408) •

sie tauchte sich blosz tiefer zum fuszschemel ... um zwei vergiszmeinnichtaugen ... zu verstecken. J. Paul 20, 69

VERGNÜGENERGREIFUNGSFÄHIGKEIT *f.* • **und man hülle sich in ein bischen ständigkeit und vergnügenergreifungsfähigkeit, so gut als man kann.** Karl August *bei Merck briefs.* 1, 283

VERGNÜGUNGSDUFT *m.* • Brockes 8, 75

VERGRÄSZLICHEN *verb.* • *gräszlich machen, gräszlicher machen, darstellen* Heinsius 4, 2, 1296

VERHÄSZLICHUNGSKUNST *f.* •

dagegen wäre nichts zu sagen, wenn nur nicht die freunde der verhäszlichungskunst auch das in ihr gebiet zögen, was bessern regionen angehört. Göthe 15, 266

VERHOMERISIEREN *verb.* • *dem Homer ähnlich, gleich machen:* **wie wenn nun, zum beispiele, der Grieche eine vortreffliche schilderei in den herrlichsten hexametern dargestellt hätte, den armen Deutschen aber verliesze völlig seine ganz anders articulirte sprache, diese schilderei nach sinn, ausdruck und wohlklang in deutschen hexametern zu verhomerisiren?** Bürger 177a

VERHUNDASEN *verb.* • *zu grunde richten, nd.* **verhundaten** Schiller-Lübben 5, 372 • *zusammensetzung mit* **hundasen,** *welches nach* 42, 1953 *zu einem älteren* **hundaʒan** *zu stellen ist. das zeitwort ist zu den zahlreichen bildungen auf* **ezen, izen** *zu stellen* Grimm *gramm.* 2, 217 • **verhunzen** *ist alsdann eine zusammenziehung aus obigem, die bedeutung ist ursprünglich „zu einem hunde machen, einem hunde gleich machen, zu einem minderwerthigen machen, verderben“.* • *neben* **verhundasen** *die form* **verhundösen** *häufig, die dann einem* **älteren verhundeʒen** *entspräche. hieher gehört wohl auch mundartlich* **verhondesten** (*henneb.*) Reinwald 181 •

ein einfaches **verhunden,** *völlig verderben* Stalder 2, 62 • **dann das ist eben das allerbest, / dasz er mein weib hat verhundöst.** Ayrer *Kab. u. Urs.* 2, 276a • **was were ich für ein eselskopf, wenn ich das habe und wolt nemen reinischen wein und Zerbster bierlichen bauch mit der elementischen liebe verhundösen.** *engl. kom.* 2, G 6

VERKALFAKTERN *verb.* • *eigentlich einen zu einem menschen machen (ihn als solchen bezeichnen), der niedere dienste versieht, daher herabsetzen, anschwärzen:*

> **es sind alte kameraden von mir, die haben mich wollen verkalfaktern bei euch und sind mir zuvorgekommen.**
>
> Hebel *schwänke (d. dreifache r. Diether).*

VERKEILSPITZEN *verb.* • **mit verkeilspitzen versehen.** Adelung *versuch* 4, 1454. Heinsius 4, 2, 1307

VERKLEINSTÄDTELN *verb.* • *zu einem kleinstädtischen, beschränkten machen:* **die gesichter sind offenbar alle ... mit Einem worte verkleinstädtelt.** Lavater 3, 1, 5b *fragment*

VERLAGSVERWANDTE *m.* • *einer, der durch das verlegen von bücher in verbindung steht:* **wenn wir diesen winter unsern vorsatz ausführen und ein epitome unserer reise und nichtreise zusammen schreiben, so wollen wir abwarten, was unsere verlagsverwandten für einen werth auf unsere arbeit legen.** Göthe 43, 233

VERLASSENSCHAFTSSACHE *f.* • *eine zum nachlasse jemandes gehörige sache, dann die gerichtliche, den nachlasz jemandes betreffende verhandlung:* **in der verlassenschaftssache des verstorbenen X** • *in verlassenschaftssachen.*

VERLEUMDUNGSDUNST *m.* • **kommt, die ihr euch mit lasten nie befleckt, / der warheit sonnenschein tilgt die verleumdungsdünste, / der unschuld zirckel hemmt der boszheit zaukerkünste.** Lohenstein *Agripp.* 21, 677

VERMETAMORPHOSIEREN *verb.* • **wunderseltsame dauben und kauderwelsche grillen stiegen mir damals ins hirn, denn ich bildete mir ein, weil ich auf einem solchen thier säsze, dergleichen ich niemals gesehen hatte, so würde ich auch in einen eisernen kerl vermetamorphosirt werden.** *Simpl.* 1, 19, 11 *Kurz.*

VERMUNKELN *verb.* • *in heimlichem gespräch besprechen, unbekannt machen (zu* **munkeln** theil 6, 2696*)*: **war so lange vermunckelt und verdunckelt blieben.** *Simpl. tom.* 2, 5, 25 (1701)

VERMUTTERSPRACHEN *verb.* • *in die muttersprache übersetzen, verdeutschen:* **ein deutscher notarius publicus oder dasz ichs vermuttersprache: ein offenbahrer vereydeter notarius.** H. Reinhold *reime dich etc.* 10 (Nordhausen 1673) • M. Val. Martialis **vermuttersprachtes augenlust** *buch.* 59

VERNEUDEUTSCHEN *verb.* • **im landesüblichen kauderwelsch zigarre, / doch glimmstengel berlinerisch verneudeutscht.** Rückert 241

VERNUNFTLANGSAM *adj.* •

alle diese versuche zur sprache werden nicht gemacht um philosophische versuche zu seyn, die ersten erfahrungen sind nicht kalte vernunftlangsame sorgsam abstrahirte experimente. Herder *zur phil. u. gesch.* 2, 117 (1820)

VERPIMPELN *verb.* • *weichlich, zart machen, zu* **pimpeln** *s. oben* 7, 1858 • *in der bedeutung „nichtig sein“*: **eben damals war mein höchster wunsch, dasz ich nur kein weibsbild wäre; aber was wars darumb? es war null und verbimpelt.** *Simplic.* 3, 43, 3 • *vielfach in der mundart, z. b. (preuszisch)* Frischbier 2, 437

VERSCHLAMPAMPEN *verb.* • *durch nachlässigkeit, schlemmerei durchbringen. zusammensetzung zu slampamp, welches zuerst niederd. nachzuweisen* Schiller – Lübben 4, 226: **verschlecken, verschlemmen, verschlampampen, ligurire** Calepin (1570) 858 • **heutzutage durch viele deutsche mundarten verbreitet** Schmeller *(Baiern)* 2, 523. Stalder *(Schweiz)* 223. Kehrein *(Nassau)* 430. Reinwald *(Henneberg)* 140. Vilmar *(Hessen)* 353. Schmidt *(Westerwald)* 186. Danneil *(Altmark)* 193b. *brem. wb.* 5, 800 • **in den jahren, wo andre burschen ihr geld für hunde, pferde und mädchen verschlampampen.** Klinger 1, 123 •

denn wer bei christen und heiden / wie ich sein geld verschlampampt, / der verzieh sich geräuschlos bei zeiten. Scheffel *Enderle v. Ketsch.*

VERSCHMADDERN *verb.* • *durch schmieren verbrauchen:* **viel tinte, papier verschmaddern.** Heinsius 4, 2, 1346

VERSCHNAPPSEN *verb.* • *durch schnapstrinken aufbrauchen:* **viel geld verschnappsen.** Heinsius

VERSCHWAUKSEN *verb.* • *(mundartlich), flüssigkeit aus ungeschicklichkeit verschütten.* Frischbier *preusz. wb.* 2, 329 • *eine lautmalende bildung.*

VERSCHWUBBCHEN *verb.* • *verspielen.* v. Train *wb. der gauner- u. diebssprache* 132a.

VERSICHERUNGSFERNROHR *n.* • *controllfernrohr der astronomen.* Jacobsson *techn. wb.* 8, 82a

VERSPRECHENSEMPFÄNGER *m.* • *wer eine zusicherung erhält; unschöne neubildung der rechtsprache:* soll die leistung an den dritten nach dem tode desjenigen erfolgen, welchem sie versprochen ist, so erwirbt der dritte das recht auf die leistung im zweifel nach dem tode des versprechensempfängers *bürgerl. gesetzbuch* § 331

VERSTANDESUNENDLICHKEIT *f.* • *unbeschränktheit des verstandes:* die beziehungen des äuszerlichen daseyns fallen in die verstandesunendlichkeit Hegel 8, 295

VERTRIPPLISTREICHELN *verb.* • *vereinzelt, mit trippeln und streicheln hinbringen:*

behüte gott, das führt euch weit!
caffee und billard! weh dem spiel!
die mägdlein, ach sie geilen viel.
vertripplistreichelt eure zeit
Göthe 39, 282 *W.*

VERWILDUNGSNACHT *f.* • da unser teutsches land von der verwildungsnacht und dunklem kriegesrauch stokfinster ward gemacht Rist *neuer teutscher Parnasz* (1652) 874

VERZODERLOPPEN *verb. bezeugt als adj. part. prät.* • verzoderloppt „*zerlumpt*“: (*die frau*) die nit anders verzoderloppet auszsahe, sam wäre sie von einem gantzen flug ratten geflügelt worden *frz. Simpl.* (1683) 2, 403 • *dazu vgl. gleichbedeutendes* verzoderlockt, *ferner* verhoderlocken *bei* Fischer *schwäb.* 2, 1432

VESPERVERDAUUNGSSTÜNDCHEN *n.* • *nach* vesper 3: die arme Puschmeyer, die ... ihr vesperverdauungsstündchen ... feierte Holtei *erz. schriften* 7, 150

VEXIERSELBSTMORD *m.* • *gelegenheitsbildung, vorgetäuschte ohnmacht* (*vgl.* vexieren 2 c): einen solchen vexierselbstmord konnte er begehen, wenn er wollte J. Paul *unsichtb. loge* 2, 103

VIELSPRACHMALERISCH *adj.* • *gelegenheitsbildung.* Fischart *gebraucht es von einem kalendermacher, der die tage nach ihrer eigenschaft, mehr oder weniger unglück zu bringen, mit farben bezeichnet:* **item macht nicht vilsprachmalerisch Eisenthurn in seinen calendern etlich tag mit schwartzen widerwertigen etlich mit roten unglückhaft** Fischart *Garg.* 191 *neudr.*

VOLLDEUTLICH *adj.* • *ganz und gar deutlich.*

VOLLFAUL *adj.* • *ganz und gar faul:* **vollfaul: studfaul** Fischart *Garg.* 100 *ndr.*

VORSÜNDFLUTELEFANT *m.* • **bezeichnung des mammuts** bei Baggesen *poet. w.* (1836) 4, 65

VORSÜNDFLUTSWELTGESCHICHTE *f.* • *gelegenheitsbildung: (ein junger pastor)* **liesz sich aus: er würde eine vorsündfluthsweltgeschichte schreiben und der bibel vorfluth verschaffen** Hippel *lebensl.* (1778) 3, 2, 635

W • *das arm* w *ist so unmer und unbekannt, dasz man schier weder seinen namen noch sein gestalt waiszt, die Lateiner wöllen sein nit, wie* sy *dann auch sein nit bedürffen, so wissen die Teütschen sonderlich die schůlmaister noch nitt was* sy *mit im machen oder wie* sy *in nennen sollen, an ettlichen enden nennet man in* we, *die aber ein wenig latein haben gesehen, die nennen in mit zwaien unterschidlichen lauten* u *auff ainander, also* uu ...

S. 338–343

WÄCHELWIND *m.* • *warmer wind.* einem einen wächelwind machen (*s.* wind), *einem etwas vormachen:*

> etliche führen einen grossen stand, also, dasz sie sänger vor ihnen, weise leute zur seiten, und hinter ihnen solche frauen haben, die ihnen einen wechelwind machen, dardurch sie so verzaubert und bethöret werden können, dasz sie von denselbigen zu lassen nicht vermögen.
> Olearius *Barthrouherri sprüche* 102 (I, 7, 5)

WACKELTHRÄNE *f.* • *im auge sich bewegende thräne:* freilich hat er's seiner wackelthräne zu danken. Claudius I. II. 120

WAHL

WAHLFAUL *adj.* • *zu faul zum wählen:* wohl hört man häufig die entschuldigung solcher wahlfaulen, dasz es auf ihre stimme auch nicht mehr ankomme. *Leipziger neueste nachrichten* 31. 1. 1903

WAHLFLECKENVERWANDTSCHAFT *f.* • *sarkastisch nach* wahlverwandtschaft *gebildet:* der graf Platen weisz nämlich von jedem flecken, der in seiner eignen brust ist, auch bei irgend einem groszen manne eine spur, und sei sie noch so klein, zu entdecken und sich wegen solcher wahlfleckenverwandtschaft mit ihm zu vergleichen. Heine 3, 359 *Elster.*

WAHLKREISGEOMETRIE *f.* • *die willkürliche, im interesse der regierung oder einer partei getroffene eintheilung der wahlbezirke:* es war im jahre 1869, da haben wir in Bayern es erfahren, was es heiszt mit der wahlkreis-eintheilung. es kam daselbst der berühmte ausdruck „wahlkreis-geometrie" auf. *stenogr. berichte des reichstages* 18. 4. 1871, s. 261 • wie künstlich hatten die herren landräthe es so zusammengeschachtelt, dasz die polnischen urwähler bei den urwahlen überstimmt wurden von den deutschen. diese künstliche wahlkreisgeometrie hat ... abgenommen. *stenogr. berichte des preusz. abgeordnetenh.* 14. 3. 1893, s. 1587

WAHLUMARMUNG *f.* • *die umarmung frei sich wählender:* emporblühen wird ein neues geschlecht, das erzeugt wor-

den in freier wahlumarmung, nicht im zwangsbette und unter der kontrolle geistlicher zöllner. Heine 3, 281 *Elster.*

WAMMENFRESSER *m.* • *eingeweideesser: mangeur de tripes, grigon.* Rondeau *(als verächtlicher ausdruck)* • **vgl. wamme** 2, *b*, *δ*, 3)).

WANDELHIRN *n.* • *nur in wörterbüchern vorkommend:* **das wandelhirn, der wandelsinn, ein wanckelmüthiger mensch,** *a light-spirited, unconstant fellow; a right weathercock* Ludwig 2378 • **wandelgeist, wandelhirn,** *esprit inconstant; humeur inconstante; volage* Rondeau

WANDERWEISHEIT *f.* • **mit den abenteurern, welche darauf (***auf den handelsstraszen***) schritten, zog auch mancher geistige erwerb aus dem griechischen leben in das deutsche: wanderweisheit, sage und kluge erfindung** Freytag 17, 40 (*bilder* 1, 1)

WARMFREUNDLICH *adj.* • **Walt, dem die vespersonne so warmfreundlich ins angesicht fiel, sehnte sich in den abendglanz hinaus** J. Paul *flegelj.* 2, 31

WARTEHIMMEL *m.* • **väter-** *sive* **wartehimmel,** *alias* **vorhimmel** *limbus* Stieler 840

WARTEINWEILCHEN *n.* • **ein silbern nixle und ein gülden warteweile (***verspricht man ungeduldig bettelnden kindern***)** Reinwald 1, 212, ähnlich Ruckert 193. Meisinger 227. Hertel 254. Frischbier 2, 456. Brendicke 191 •

ich war lange zeit gar traurig, als habe sich das paradies in meinen händen in ein goldenes „wart ein weilchen" und ein „silbernes nichtschen" in einem niemaligen büchschen verwandelt

Brentano 5, 14

WASSERWAHRSAGER *m.* • *der aus dem wasser wahrsagt, hydromant, dazu* **-wahrsagerei** Campe • **-wahrsagung** Welcker *alte denkmäler* 4, 195

WAUELIG *adj.* • *bellend, auch von menschen* Stalder 2, 438

WECHSELDURCHDRINGUNG *f.* • *wechselseitige durchdringung:* **alles produciren ruht auf einer ... w. des allgemeinen und besonderen** Schelling I, 5, 242

WECHSELWÖRTLICH adj. und adv. • *„participial“* Campe

WEDELLUMM • *obd.* **wadellumm** • *adj. zeugungsschwach* (*zu* **wadel** II 5 a, **lumm** *„schlaff, matt“* s. th. 6, 1298): **ihre kinder** (*die unter dem einflusz des mondes geborenen*) **sind handkrumm ... nierenfrum, wadellum, runds angesichts, bleich glatt gesellen, grawen und sterben bald** Fischart *prakt. groszm.* 623 *Scheible*

WEDELWETTER n. • *schneetreiben. ein nordthüringisches wort* (*s.* **wedel** II 1 c, **wedeln** 1) Damköhler *mundartliches aus Cattenstedt a. H.* 11. *zeitschr. f. d. mda.* 1911, 27 (*Hohegeisz*). Hentrich *Eichsfeld* 90. Döring *Sondershäuser mda.* 2, 87 (*hier auch von aufgewirbeltem staub*)

WEGWEISERVERDIENST n. •

ich nehme hier, wie überall, nur das wegweiserverdienst für mich in anspruch Hebbel *briefe* 4, 40

WEHMUTHACCORD m. • *vom schwermüthigen liede der nachtigall:* **sanfter hallt nicht / Aeolsharfengetön in Philomelens / wehmutsakkorde** Matthisson *schriften* 1 (1825) 184 *(phantasie)*

WEHWENZELN verb. • *rheinpfälz.* **wehwenzele** *„klagen“* Autenrieth 150 *aus der gegend von Zweibrücken. erster bestandtheil ist* **weh,** *zweiter* nach Autenrieth **winseln,** *wozu die form* **wintzelen** Keisersberg *post.* 3, 17b *etwa stimmen würde.*

WEIBERHIMMEL m. • *scherzhaft vom mond als dem jenseitigen aufenthaltsort der frauen nach Muhammed* Fischart *Garg.* 349 *neudr.* • *vom tanzplatz* Jean Paul 27/29, 409

WEIBERLIEBHABEREI f. • *hinneigung zu frauen* Jean Paul 7/10, 153. 155 • *neigung der frauen.*

WEIBERWANKELMUTH m. • O. Ludwig 4, 243

WEICHLINIENHAFT adj. •

und nun deutet er, was er noch sieht, in's schöne um, das will sagen: in's symmetrische, weichlinienhafte, unbestimmte Nietzsche 4, 248

WEIHKESSELHALTEND part. • **kein reisebeschreiber versäumt es, der beiden weihkesselhaltenden marmorkinder am eingange zu gedenken** Gaudy 21 (1844) 156

WEILWESEN n. • *„creatura temporalis“, neben gleichbed.* **zeitwesen** (Lexer 3, 1141) *ackerm. a. Böhmen* 90

WELTBEGLÜCKUNG f. • *menschheitsbeglückung:* **lieblingsträume von allgemeiner weltbeglückung und ausgleichung**

aller rechte und lebensgüter P. A. Pfizer *briefw. zweier Deutschen* (1831) 252 • sie wollten ihres deutschen wesens wieder so recht von herzen froh werden ... ohne jede rücksicht auf fremdländische weltbeglückung und weltbeherrschung Treitschke *dt. gesch.* (1897) 1, 315

WERDENICHTS-GENIE *n.* • *gelegenheitsbildung bei* C. Spitteler:

ja, eins von den zehntausend werdenichtsgenies, von denen jede familie eins auf lager hat *Imago* (1906) 60

WICKELWACKEL, WICKELDIEWACKEL *adv. m.* • *eine bildung aus* wickeln *und* wackeln, *ursprünglich die bewegung des wackelns wiedergebend, dann auch übertragen gebraucht* (*vgl. mnl.* wikewake, *engl.* wiggle-waggle). • *wackelnd:* wenn du nun wirst noch weiter wandern, so wirst du kommen für einen grossen walt, da werden die vogel singen jung und alt. da werden die bäume gehen wickel die wackel, wickel die wackel *d. schleiffen d. bötticher-handwerckes* (1693) A 7b • de disch steit wick'lwack'l Danneil *altmärk.* 246 • *ohne festen grund; bald so, bald so; obenhin: cahin, caha* wickel wackel Duez *le vray guidon* (1657) 71 • seine kenntnisz der geschichte ist wickelwackel und seine kritik kikelkakel, loteriengewäsch Zelter *in: br. zw. Goethe u. Zelter* 6, 174 *Riemer* • *österreichisch:* wickelwackel, wigelwagel *m., unentschiedenheit, unentschlossenheit* Unger-Khull *steir.* 631b • in wiglwågl sain *unentschlossen seyn* Castelli *Österr. unter d. Enns* 266 • die mutter schwankt ... auf diesen mütterlichen wickelwackel bau ich mir eine thurmhohe aussicht ins feenreich des glücks Nestroy *ges. w.* (1890) 2, 32 • *eine person mit wackelndem gange:* er ist ein wiggelwaggel Frischbier *pr.* 2, 469 • *meckl.* wickelwackel *ente* H. Teuchert *in: wissensch. zs. d. univ. Rostock* 8 (1958/59), *gesellschaftsu. sprachwiss. reihe* • *dazu das verb:* wygelwageln *wackeln, hin und her schwanken* Richey *id. Hamb.* (1755) 338 • wickelwackeln Crecelius *oberhess.* 887

WILDBAHNSVERDERBER *m.* • *selten für* wilderer: wo er (*der forstmeister*) ... jemanden ... dergleichen dero landfürstl. wildbahnsverderber betreten werde, ob er ... wagen oder rosz zum wildpretführen hergeliehen Hohberg 2, 596

WILLWANKEN *schw. v.* • willwänkig, *adj., zu* wille *m. und* wanken *v.,* wankig adj. • „*von schwankendem willen sein*", „*unbeständig, ungeduldig*". • *mhd.* willewenken *v.* Lexer.

• **wilwenkig,** *wandelbar, unstät* Frisius 265b • *lubricus* Diefenbach *gloss.* 337a • *daneben* **wil-, williwentiger** *revola* 497b • **willwänkig, wankelbar** Emmelius *sylva* O o 7d • **das gemüt schwäbt hin und här, ist wilwenkig** Frisius 4b • **die beweglich und willwänkig jugend** 54a, *ferner* 77b; Maaler 501a • *multivolus* Calepinus xi ling. 919b • *variabilis, instabilis, mobilis* Dentzler 353b • *schweiz.* **willwanken** *v.,* **willewank** *m.,* **willwänkisch, willweihig** Stalder 2, 452 • *basl.* **wellwank** *m.,* **wellwänkig** Seiler 315 • *appenz.* **willwanka** *v.,* **willwenkig (wankig, -winkig)** Tobler 448a • **willwankig** Gotthelf 2, 227 • **willwanken** 5, 261 • *aber els.* **wildwëndig, wilwantik** (*auch im sinn von „muthwillig", da fälschlich zu* **wild** *adj. gezogen)* Martin-Lienhart 2, 836 • *ferner manch nahe kommendes bei* Schmeller 2, 959 • *auffallend ist jedoch* bei Diefenbach *gloss.* 576c *der vergleich mit* **temporalis,** *dessen bedeutung „zeitweilig, vorübergehend" das wort auch neben ahd.* **wîlwandôn, wîlewendigî** Graff 1, 760. 763 • *und neben* **hwîlowanchig** 1, 691. 692 *zu stellen scheint* • *vgl.* Regel *Ruhlaer mundart* 286

WIMMELSINNIG *adj.* • *zu* **wimmeln,** *v., rappelköpfig, schweiz.* Stalder 2, 452

WINDUMSAUST *adj.* • **ihr äuszerste von windumsauster klippe** Stefan George *stern d. bundes* 41

WORT

WORTABBRECHUNG *f.* • *für die rhetorische figur, in der ein bestimmtes wort nicht ausgesprochen wird: aposiopesis, recitenz* **wortabbrechung** Orsäus *nomencl. meth.* (1623) 19

WÖRTERBUCHARBEIT *f.* • *prägnant von der arbeit am deutschen wörterbuch der brüder Grimm:* **Roethe faszte (1908) die wörterbucharbeit zusammen und gab ihr eine autoritative spitze, das war das nötigste** Arthur Hübner *in: forsch. u. fortschr.* 9 (1933) 101

WORTUNGETÜM *n.* • *gleicher bedeutung wie das vorige, aber mehr in jüngerem und jüngstem gebrauch:* **so ... sucht** (*er*) **... gedanken durch wortungethüme ... zu ersetzen** D. Fr. Strausz *ges. schr.* (1876) 9, 315 • **das muster für die von Rückert geliebten wortungetüme** *dt. wortgesch.* 2, 286

WORTWUST *m.* • *zur kennzeichnung eines wortaufwandes im sinne des ungeordneten, unlebendigen oder unverständlichen:*

der dichter *(ohne verstand, wahrheit und inniges leben ist)* versemann ..., das gedächtnisz wortwust und alle anbetung solcher gaben abgötterei Herder 8, 322 *S.* • welchen charakter die ganze sprache der zaubermystik an sich trug und auf wie willkürlichen construktionen der ganze wortwust beruhte Avé-Lallemant *gaunerthum* 3, 181

WUNDERWIRKLICH *adj.* • *als* wunderwürklich, -wurcklich *oder* -werklich; *nur bis ins späte* 18. *jh., an die älteren bedeutungen von* wirklich (*s. d.*) *anknüpfend.* 1) *„wunder verrichtend“*: (*Christus*) bey vns auff erden, in menschlicher gestalt hailligklich, haylperlich vnd wunderwurcklich wol 33 jar gewandert *herzmaner* (1492?) 206a • (*Elisabeth von Thüringen*) starb nach wunderwurcklichem vnd tugentlichem leben ... dann vnder andern vnzallichen wunderzaichen die got durch sie tet hat sie XVI todten erweckt G. Alt *buch d. chron.* (1493) 211a • dieser (wunder)thon ist dreyerley art, natürlich, ohnnatürlich, übernatürlich oder wunder-würcklich Cario *neue hallu. thonkunst* (1684) 152 • *„sehr wirksam, eine auszerordentliche wirkung ausübend“*: (*Polidor*) erzählt ihnen zugleich die wunderwerklichen würkungen seines glükkes, die zeit seines abwäsens fohrgangen wären Zesen *Sofonisbe* (1647) 12 • *adverbial als verstärkungswort:*

durch welches mittel ich zu unserer magd in stall kam, welche wunderwercklich zerstrobelt auszsahe *Simpl.* 19 *Scholte*

WUPPSEN *verb.* • *„hüpfen, springend laufen“, intensivbildung zu* wuppen *vgl.* Hertel *Thür.* 260; Danneil *altmärk.* 248

WUTZELEI *f.* • *vgl.* wutzeln 2 (*ende*): von herzen dank für ihre freundliche mitteilung – die mich freilich zunächst, bedenklich seufzend, an eigene wuzeleien aus früherer zeit denken liesz (1879) Brahms *an H. v. Herzogenberg in: briefw.* 1, 102 *Kalbeck*

X • *die anwendung des zeichens* x *beschränkt sich in hd. texten bis ins 14. jh. auf wohl lat. beeinfluszte einzelschreiber. seit dem 14. jh. wird* x *zunächst im bair. für in- und auslautendes* gs, cks, chs *häufiger; zögernd folgen alem. u. md. texte.*

U
V
E
Y
Z

Y• *in festem gebrauch ist* y *seit dem ahd. – zunächst lat. vorbild folgend – zur bezeichnung des* i*-lautes in fremdwörtern, besonders fremdsprachigen eigennamen, in den griechischen nicht konsequent υ, sondern auch ι vertretend. hier scheint eine wurzel der später deutlicher werdenden entwicklung des* y *zum schmuckbuchstaben ohne lautlichen eigenwert zu liegen.*

Z • die aussprache wird so beschrieben: das, c, wens vorm, e, oder i, steht, und, z, werden mit den öbern zenen vorn an die zungen geschlagen, mit entblössung der zene Ickelsamer teutsche grammatica s. mit dieser geltung ist z als einheitlich empfundener laut innerhalb des germanischen, von entlehnungen abgesehen, auf das hochdeutsche beschränkt.

S. 350/351

ZAHLHOFFNUNG *f.* • *durch zahlen erweckte hoffnung:* eine voraussicht der zukunft aus bestimmten zeitumständen nach analogie der dinge selbst vermische man mit jenen zahlhoffnungen nicht Herder 23, 490

ZAHLLOSTUGENDBEGABT *part.* •

einen zahllostugendbegabten, edel-reichen,
liebgehabten, treuergebnen ehgemahl, ...
ich verlor denselben gatten Rückert 12, 66

ZICKZACKIG *adj.* • *s. u.*

ZUCHTPOLIZEIGERICHTLICH *adv.* • *jem.* z. verfolgen Lassalle *reden u. schr.* 3, 532

ZUCKERFREUNDLICH *adj.* • ich sehe wol, ... dasz mein schöner cavalier jedes wörtlein mit dem süssen mund zuckerfreuntlicher beredung anstreichen kan *jüngst erbawete schäfferey* (1641) f 3a

ZUCKERZIERLICHKEIT *f.* • eine ... tafel ... mit feinem nachtisch und zuckerzierlichkeiten Göthe 25, 193 *W.*

ZUKUNFTSVORGEFÜHL *n.* •

öfne dich, auf wenig augenblicke,
dasz mich zukunftsvorgefühl entzücke,
dichte hülle froher ewigkeit!
K. G. v. Brinkmann *ged.* (1789) 2, 386

ZUNGENHONIG *m.* • zungenhonig, hertzensgifften, jenes auszen, dieses innen Logau 178 *Eitner*

ZWICKZWACKEREI *f.* • *zur ablautsformel* zwicken und zwacken *vgl.* zwicken 7, sp. 1120 *sowie das ältere* fickfack, fickfackerei teil 3, 1618*f.* •

alle die kleinen täglichen zwickzwackereien zu
beschreiben, die einen am ärgsten verdrieszen
können, das geht auch schlecht
denkw. u. erinn. e. arbeiters (1903) 109 *Göhre*

ZWIEBELLAND *n.* • *soviel wie „schlaraffenland“:* mehr gewürtz ... dann man in dem gantzen zwibelland braucht Fischart *Gargantua* 62 *ndr.* • daher wuchse ich auff wie ein narr im zwibelland, und meine leibskräfften namen handgreifflich zu; man sahe mir in bälde an, dasz ich mich nicht mehr im wald mit wasser mortificirte, sondern dasz mir bey guten biszlein der rheinische wein ... wol zuschlug Grimmelshausen *Simplic.* 135 *Scholte*

ZWIELICHTSTIMMUNG *f.* • ein landschaftsmaler ..., welcher der natur aus lust am eigenthümlichen hie und da eine geheimnisvolle zwielichtstimmung ablauschte Hebbel *br.* 4, 5 *Werner; (frau v. Krüdener)* • war nur die ... gelegenheitsmacherin der von enttäuschungen aller art genährten zwielichtstimmung, welche nach dem wahnsinnigen getöse der Napoleonischen kriege herrschend wurde J. Scherer *gröszenwahn* 179

ZWINGBURGBRECHER *m.* • mach' dein schurzfell zum freiheitsschilde, zum zwingburgbrecher deinen hammer! Fr. Rückert *ges. poet. w.* (1867) 1, 273

ZWINGTYRANN *m.* • *als* übertragung *von* domptetyrans *im sinne von* zwingherr[2], „*gewaltherrscher*": Achab, fürchstu denn nicht den donner, den der arm schon über dich gericht des zwing-tyrannen herrn? T. Hübner *Bartas' ander woche* (1622), *trennung v. 333*

ZWISCHENLICHTENSTUNDE *f.* • in einer zwischenlichtenstunde nun war es damals ... dem lehr- jungen eingefallen, er wolle den hausvater anfauchen Rosegger *laszt uns v. liebe reden* (1909) 183

Im Buch verwendete Abkürzungen: Verb – *vb.*
[beim Substantiv:]
Maskulinum – *m.*
Femininum – *f.*
Neutrum – *n.*
Pronomen – *pron.*
Numerale – *num.*
Adverb – *adv.*
Konjunktion – *konj.*
Präposition – *präp.*
Interjektion – *interj.*

Ausführliche Informationen über
unsere Autoren und Bücher
www.dtv.de

MIX
Papier aus verantwortungsvollen Quellen
FSC® C083411

2019 dtv Verlagsgesellschaft mbH & Co. KG, München

Umschlaggestaltung: dtv nach einem Entwurf
von 2xGoldstein+Fronczeck/studiostg
Satzanpassung: Katrin Uplegger/dtv
(Satz nach einer Vorlage vom Verlag Das Kulturelle Gedächtnis)
Druck und Bindung: CPI books GmbH, Leck
Gedruckt auf säurefreiem, chlorfrei gebleichtem Papier
Printed in Germany • ISBN 978-3-423-14707-1